论语学蠡测

唐明贵◎著

中国社会科学出版社

图书在版编目（CIP）数据

论语学蠡测/唐明贵著. —北京：中国社会科学出版社，2019.10
ISBN 978 - 7 - 5203 - 5295 - 6

I.①论… II.①唐… III.①儒家 ②《论语》—研究 IV.①B222.25

中国版本图书馆 CIP 数据核字（2019）第 215259 号

出　版　人　赵剑英
责任编辑　孙　萍
责任校对　杨　林
责任印制　王　超

出　　　版　中国社会科学出版社
社　　　址　北京鼓楼西大街甲 158 号
邮　　　编　100720
网　　　址　http://www.csspw.cn
发　行　部　010 - 84083685
门　市　部　010 - 84029450
经　　　销　新华书店及其他书店

印　　　刷　北京明恒达印务有限公司
装　　　订　廊坊市广阳区广增装订厂
版　　　次　2019 年 10 月第 1 版
印　　　次　2019 年 10 月第 1 次印刷

开　　　本　710×1000　1/16
印　　　张　23.75
插　　　页　2
字　　　数　320 千字
定　　　价　109.00 元

目　录

第三编　《论语》的历史地位和当代价值

绪　　论

一　《论语》的结集与早期流传

《论语》的编纂是一个过程，不是一蹴而就的。孔子生前，弟子从游，各记所闻，这可以从《论语》中"子张书诸绅"的记载得知。据《卫灵公篇》记载："子张问行。子曰：'言忠信，行笃敬，虽蛮貊之邦，行矣。言不忠信，行不笃敬，虽州里，行乎哉？'子张书诸绅。"对于"子张书诸绅"，皇侃疏曰："绅，大带也。子张闻孔子之言可重，故书题于己衣之大带，欲日夜在录不忘也。"① 我想听到自己认为比较重要的话而记录下来，恐不只是子张一人在做，其他弟子应该也曾这样做过，只是没有记载而已。

孔子逝世后，弟子皆来守丧，或三年，或六年。在守丧期间，弟子们见夫子已死，微言已绝，恐离居以后，各生异见，而圣言永灭，因此他们便将自己所记所闻汇集在一起，编成了一个类似孔子文集之类的东西。当时所汇集的资料较多，达数十百篇。由于这些材料出于众家弟子之手，故其所反映的乃是众多弟子眼中的孔子，而不是某一个或几个弟子所理解的孔子。这种广泛的基础使其具有一种权威的地位，为孔门各派所尊奉。

---

① 皇侃：《论语义疏》，《儒藏·精华编·四书类论语属》，北京大学出版社 2005 年版，第275—276 页。

不过，由于列国交争，社会动荡，加之书写工具的不完备，孔子的话语，在流传过程中，主要依靠的还是老师与弟子之间的口耳相传，由于受之者非一邦之人，人用其乡，同言异字，同字异言，于兹生矣。同时，由于孔子因材施教，问同答异，故弟子授受不同，有所谓"德行""言语""政事""文学"四科。孔子死后，孔门内部发生分化，形成不同的派别，《韩非子·显学》说："自孔子之死也，有子张之儒，有子思之儒，有颜氏之儒，有孟氏之儒，有漆雕氏之儒，有仲良氏之儒，有孙氏之儒，有乐正氏之儒。"各派"取舍相反不同"，但都自认为是真孔子。如《子张篇》载，子夏之门人问交于子张。子张曰："子夏云何？"对曰："子夏曰：'可者与之，其不可者拒之。'"子张曰："异乎吾所闻：君子尊贤而容众，嘉善而矜不能。我之大贤与，于人何所不容？我之不贤与，人将拒我。如之何其拒人也？"《集解》引包咸曰："友交当如子夏，泛交当如子张。"皇疏引乐肇曰："圣人体备，贤者或偏，以偏师备，学不能同也，故准其所资而立业焉。"① 可见，虽然同属文学科高弟，但他们从孔子那里学到的知识却不一样，所以他们在传授孔子学问时也必有所侧重。如此一来，便出现了不同的口传本。而原来汇集的那个孔子文集之类的东西，由于没有人进行系统的传授以及保存方法的不科学，不久就有所散佚。这些都不利于儒家学派形成合力以对抗其他学派。据《孟子》记载，当时与儒家分庭抗礼的有墨家和杨朱学派，求学者不归于杨，则逃于墨。这就迫切需要有人对儒家经典进行重新增补、修订，以统一学派。

孔子的孙子子思肩负起了这个历史重任。他以孔子嫡孙的身份，召集孔子的再传弟子，以残缺的孔子文集为底本，通过汇集孔子的再

① 皇侃：《论语义疏》，《儒藏·精华编·四书类论语属》，北京大学出版社2005年版，第340页。

传弟子记录的孔子弟子的口传亲授，经过选择、分类、校勘、加工、整理，最后裁定而成《论语》《孔子家语》等文献。

那么，为什么说子思担此重任呢？

其一，从《论语》的结集年代看，其结集者当主要是孔子的再传弟子。

《论语》所记时代最晚的事件是曾子之死，《泰伯篇》记载了"曾子有疾"两章：

> 曾子有疾，召门弟子曰："启予足！启予手！《诗》云：'战战兢兢，如临深渊，如履薄冰。'而今而后，吾知免夫，小子！"
>
> 曾子有疾，孟敬子问之。曾子言曰："鸟之将死，其鸣也哀；人之将死，其言也善。君子所贵乎道者三：动容貌，斯远暴慢矣；正颜色，斯近信矣；出辞气，斯远鄙倍矣。笾豆之事，则有司存。"

这两章写到了曾子临死时所说的话，写到了鲁大夫仲孙捷的谥号"孟敬子"，向我们揭示了《论语》中能够确定时间的、最晚的史料。据《史记·仲尼弟子列传》记载，曾子比孔子小四十六岁，孔子死时，他年仅二十七岁。另据《阙里文献考》载"曾子七十而卒"，可以推知曾子死于鲁元公元年，即公元前 436 年。又，敬子必是仲孙捷死后所获，其卒年虽不可确考，然据《礼记·檀弓》"悼公之卒，季昭子问于孟敬子曰：'为君何食'"可知，鲁悼公死时，孟敬子依然健在。据《史记·六国年表》和《鲁世家》，悼公死于公元前 429 年①，则《论语》的成书自然不可能早于公元前 429 年，这理应是《论语》成书的时间上限。

---

① 王铁：《试论〈论语〉的结集与版本变迁诸问题》，《孔子研究》1989 年第 3 期。

至于《论语》结集年代的下限，我们可以从郭店楚简的研究中找到证据。郭店楚简研究的成果表明，其中的儒家著作大都属于久已佚失的《子思子》，同时也证明《隋书·音乐志》引沈约所云"《中庸》《表记》《坊记》《缁衣》皆取自《子思子》"是有根据的①。《礼记·坊记》中已经出现了"论语"之名，其文曰：

> 子云："君子弛其亲之过，而敬其美。《论语》曰：'三年无改于父之道，可谓孝矣。'高宗云：'其惟不言，言乃欢。'"

《坊记》现为《礼记》之一篇，而《礼记》乃直接汇聚原有典籍而成，《坊记》也应为戴圣取自子思之书。西汉时期，孔安国之孙孔衍曾经上奏朝廷，希望重视《孔子家语》。他说，戴圣"以《曲礼》不足，而乃取《孔子家语》杂乱者，及子思、孟轲、荀卿之书以裨益之，总名曰《礼记》；今见其已在《礼记》者，则便除《家语》之本篇，是为灭其原而存其末也"②。孔衍所说，虽不中，亦不远矣。③

《坊记》中明引《论语》，且《坊记》取自《子思子》，则子思生活的时代《论语》已经成书。子思死于公元前402年④，所以这一年可以定为《论语》结集年代的下限。根据这种推断，《论语》当结集于公元前429年至公元前402年这27年之间。从这个时间看，《论语》的结集者当仅限于孔子的再传弟子。

其二，结集《论语》的再传弟子肯定是曾子之门人。究其原因就在于，第一，据《史记·仲尼弟子列传》，曾子是孔子弟子中年纪最轻、寿命较长的一个，他死时距孔子卒已有四五十年。第二，《论语》

---

① 李学勤：《先秦著作的重大发现》，《中国哲学》第二十辑，辽宁教育出版社1999年版，第13—17页。

② 马端临：《文献通考·经籍考十一》，中华书局1986年版，第1582页。

③ 参见杨朝明《新出竹书与〈论语〉成书问题再认识》，《中国哲学史》2003年第3期。

④ 钱穆：《先秦诸子系年》，商务印书馆2001年版，第527页。

记孔子其他弟子的话都称字，唯独记曾子的话却一律称"曾子"。有若虽也多称子，但记他答哀公则称"有若对曰"。《论语》除《子张篇》外，极少单独记载弟子自己的言论，一般都记载他们与孔子的问答。但全书记曾子单独发表的言论却有十二次，分于五篇：《学而篇》《颜渊篇》《宪问篇》《泰伯篇》《子张篇》。《子张篇》有一章："孟氏使阳肤为士师，问于曾子"，阳肤是曾子弟子，这是孔子再传弟子之唯一见于《论语》者。第三，《泰伯篇》有两章记曾子临死前的事，一是"曾子有疾，召门弟子曰：'启予足，启予手。……'"二是"曾子有疾，孟敬子问之，曾子言曰：'鸟之将死，其鸣也哀，人之将死，其言也善。……'"这两章是《论语》所记事件中最晚的，肯定是曾子死后其学生所记。第四，《论语》编成于曾子门下还有一个很有力的证明，就是《曾子》书与《论语》的关系。《汉书·艺文志》有《曾子》十八篇，注云："名参，孔子弟子。"《曾子》全书早已散佚，今本《大戴礼记》中尚存《曾子立事》《曾子本孝》等十篇。这十篇《曾子》中有大量文句可以说是由《论语》中的文句变化而来，不仅思想一致，遣词造句也极相像，而且相应的《论语》各章，分布于全书的十三篇中。由此我们可以说《论语》一书出于曾子门下是有根据的。①

其三，子思是曾门弟子中之佼佼者。关于子思的师承问题，唐代韩愈和宋代程颐认为子思师承曾子。韩愈说："子思之学盖出曾子。"② 程颐说："颜子殁后，终得圣人之道者，曾子也。观其启手足时之言，可以见矣。所传者子思、孟子，皆其学也。"③ 我认为这种说法还是较为可信的。

基于此，我认为《论语》由子思最后主持完成。关于这一点，前

①　参见王铁《试论〈论语〉的结集与版本变迁诸问题》，《孔子研究》1989 年第 3 期。

②　韩愈：《韩昌黎文集校注·送王秀才序》，上海古籍出版社 1986 年版，第 261 页。

③　朱熹：《四书章句集注·孟子序说》，中华书局 1983 年版，第 198 页。

人不乏卓见，邵博《闻见后录》曰："或曰：'孔子弟子曾子最少，少孔子四十六岁。《论语》书曾子死，则《论语》自曾子弟子子思之徒出无疑。曾子尝与其徒追记孔子称颜渊等之言，曾子以朋友各字之。于孔子称曾子之言，自不记也。果孔子之言，则名之矣……盖《论语》之法，师语弟子则名之，弟子对师虽朋友亦名之，自相谓则字之。'此说最近。"① 李元度《天岳山馆文钞·读大学》谓："《论语》亦子思所作。纵不必尽出子思之手，亦必其所裁定也。然则《论语》《大学》《中庸》皆成于子思，述圣之为功于万世大矣哉！"② 日本学者藤塚邻博士《论语总说》亦曰："编纂《论语》所依据的材料应该是孔门诸弟子的笔记。因诸弟子出生不同、年龄不同、入门时间不同、智力高低不同、个人经历不同，再加上有的是单独向孔子请教，有的是多人相互议论所得，各自的理解又不统一，因此原始记录也难免互有详略，参差不齐。后人将散在各地的材料汇集在一起时也会遇到很多不便，首先是交通不便，是各种文字的誊写也非常麻烦，最后是选择取舍还要非常地慎重。在这些材料中，'牢曰'、'宪问耻'二章可能是原样保留了琴牢、原宪笔记的原始状态。称有子、冉子、曾子、闵子的各章可能是抄自其各自弟子的笔记。因此，柳宗元、胡寅等的观点有一定道理，《论语》很可能是曾子门人子思或其同志所撰。《礼记》一书中的《中庸》《表记》《坊记》《缁衣》四篇据说是取自《子思》二十三篇（《隋书·音乐志》引沈约说），而《论语》一名最早是见于《坊记》。这可能意味着某种暗示。"③

《论语》经子思编纂成书后，它便流传开来。最初，《论语》传播主要在邹鲁地区子思后人及子思学派之间进行。后来，随着儒学的传播，其影响也波及其他地区，如南方的楚国。流传手段不外乎口耳

---

① 邵博：《邵氏闻见后录》，中华书局1983年版，第24页。
② 李元度：《天岳山馆文钞》卷三十八《读〈大学〉》，清光绪四年刻本。
③ 藤塚邻：《论语总说》，陈东译，国际文化出版公司2005年版，第4—5页。

相传和辗转传抄两种，而以口传耳受为主。

邹鲁，在自然地理上，指今山东省南部偏西地区。春秋时期，该地区保存了丰富的文化典籍，重视礼乐文化的研习，成为儒家文化的中心。晋国韩起出使鲁国，在考察了鲁国文物典籍的情况后，慨然叹道："周礼尽在鲁矣！"①吴国季札遍游鲁、齐、郑、卫、晋数国，仅在鲁国看到了保存完整的周乐。他不由得感叹道："观止矣！若有他乐，吾不敢请已！"②不仅礼乐发达，该地区的儒学也很兴盛。《庄子·天下篇》称，古之道术"在于诗、书、礼、乐者，邹鲁之士、搢绅先生多能明之"。司马迁也曾言："邹鲁滨洙泗，犹有周公遗风，俗好儒，备于礼。"③正因为此，《论语》成书后，首先在该地区得到了传播。《史记·孔子世家》谓"鲁世世相传以岁时奉祠孔子冢，而诸儒亦讲礼乡饮大射于孔子冢。……至于汉二百余年不绝"。此一近似宗教意味的"祭祀圣地"，成为象征儒学传递的"正统"。

关于《论语》在该地区的流传情况，我们也可以在传世文献《孟子》中找到例证。孟子，出生于约公元前 372 年，上距子思去世之年公元前 402 年仅仅 30 年，《史记·孟子荀卿列传》说孟子"受业于子思之门人"，可见，孟子乃子思后学，又荀子曾将二人之学说合在一起加以批判，故后人将他们称为思孟学派。《孟子》一书是孟子晚年退居讲学时，与弟子万章等人写定的。该书中有多处内容与《论语》有关。顾炎武曾云："《孟子》书引孔子之言凡二十有九，其载于《论语》者八。"④这在某种程度上可以说明《论语》在战国中期邹鲁地区的流传情况。

《论语》及儒学不仅在邹鲁地区传播，而且远播到了楚国。20 世

---

① 《左传》昭公二年。
② 《左传》襄公二十九年。
③ 《史记·货殖列传》。
④ 顾炎武著，黄汝成集释：《日知录集释》卷七"《孟子》引《论语》条"，岳麓书社 1994 年版，第 263 页。

纪后半叶在楚地出土的楚简中就有很多与《论语》有关的内容。楚国是春秋五霸、战国七雄之一，最强盛时，疆域据有湖北、湖南两省的全部及河南、陕西、山东、四川、江西、安徽、江苏、浙江的一部或大部。由于楚国地盘广大，境内文化流派甚多，所以融合了华夏文化、蛮夷百越文化的楚文化表现出博大精深、绚丽多彩的气象。李学勤先生把东周时代列国划分为七个文化圈，楚文化圈是其中之一。他认为，长江中游的楚国是另一庞大文化圈的中心，这就是历史、考古学界所艳称的楚文化。随着楚人势力的强大和扩张，楚文化的影响殊为深远。在楚国之北的好多周朝封国，楚国之南的各方国部族，都渐被囊括于此文化圈内。楚文化的扩展，是东周时代的一件大事。春秋时期，楚人北上问鼎中原，楚文化也向北延伸。到了战国之世，楚文化先是向南大大发展，随后由于楚国政治中心的东移，又向东扩张，进入长江下游以至今山东省境。说楚文化影响所及达到半个中国，并非夸张之词。这种繁盛的文化，在出土文献中也得到了印证。1993年在湖北荆门市郭店一号楚墓中发现了八百多枚竹简，其中有《缁衣》《尊德义》《六德》《语丛》等多种儒家学派古籍。据李学勤先生考证，这些儒家文献属于"子思学派"。其中有与《论语》相关的文句。如《语丛三》第64、65简："毋意，毋固，毋我，毋必"①，即《子罕篇》第四章："子绝四：毋意，毋固，毋我，毋必"。这些一方面说明《论语》在先秦时期已经在楚地传播，另一方面说明《论语》与"子思学派"关系密切。

我们在仔细阅读上述文句时，会发现虽然《孟子》和出土文献的某些语句与《论语》相同，但同时二者在一些具体文句上也存在某些差异。这些差异究其原因在于，一是先秦时期书籍少，又仅以竹简的形式保存，故寻常人得之不易，其传播主要通过口传耳受来完成，不

---

① 刘钊：《郭店楚简校释》，福建人民出版社2005年版，第210页。

能保证文本的整齐划一。这是造成早期文本驳杂的根本原因；二是先期时期，学术乃天下之公器，学者们在征引某一学派或某人的观点时，其目的在于求得思想上、理论上的某种印证，故他们在摘引、转述他人言论时比较随意，往往以撮录大义的方式引用他人言论。这也在某种程度上造成了文字方面的差异。①

二　"论语学"释义

《论语》自成书以后，传习者甚众，以《论语》名家者代不乏人。然"《论语》学"之名出现却较晚。它作为一个名词最早出现于南宋周必大《文忠集》，卷三《绩溪胡先生宪墓表》云："原仲（胡宪之字）自言少从其从叔文定公传论语学，时时为予诵说，以为治道之要也。"不过，此处"《论语》学"仅是泛言习读《论语》以为进学之一途，并没有学术术语的味道。南宋陈振孙《直斋书录解题》卷三录有喻樗所撰《玉泉论语学》十卷，《文献通考·经籍考》所录同，而《宋史·艺文志》则云四卷。是书之内容乃逐章逐句串讲疏理经文，实为传统传注体式。

1904年1月13日，张之洞等奉旨拟成《初等小学堂章程》《大学堂章程》等，经光绪帝审定颁布，合称《奏定学堂章程》。此章程规定，大学教育分为高等学堂或大学预科、分科大学堂、通儒院三级，大学堂分为八科，设立在京师的大学堂必须八科齐备，设立在省会的不必八科齐备，但至少须设置三科。此八科为经学科大学、政治科大学、文学科大学等，列在首位的是经学科大学。经学分十一门：周易学门、尚书学门、毛诗学门、春秋左传学门、春秋三传学门、周礼学门、仪礼学门、礼记学门、论语学门、孟子学门、理学门。各门设置有相应的主课与补助课。章程还对经学研究法进行了解说，如

---

①　参见单承彬《论语源流考述》，吉林人民出版社2002年版，第46—47页。

"周易学"谓"研究《周易》学之要义",主要包括传经渊源、文字异同、音训、全经纲领、每卦每爻精义、十翼每篇精义、全经通义、群经证《易》、诸子引《易》者证《易》、诸史解《易》引《易》者证《易》、秦汉至今易学家流派、易纬、易经支流、外国科学证《易》、历代政治人事用《易》道见诸施行之实事、经义与后世事迹不相同而理相同之处。"此不过举其大略,余可类推,务当于今日实在事理有关系处,加意考究。"还特别说明"诸经皆同","所注研究各法,为教员者不过举示数条,以为义例,听学生酌量日力,自行研究"。① "《论语》学"自亦应在此皆同之列。章程中说解的经学研究法实际指出了研究儒家经典的诸多角度与切入点,大致概括了诸经研究的内容与范畴。《奏定学堂章程》中出现的"论语学"名目所指已与今人所言无异。因此,《奏定学堂章程》是现代学术意义"《论语》学"名目的渊源所在。②

以此为滥觞,1905 年刘师培著《经学教科书》(第一册)承沿不变,该书第二十一课、二十八课、三十五课,题目分别是"三国南北朝隋唐论语学""宋元明之论语学""近儒之论语学"③。1924 年,梁启超在《中国近三百年学术史》第十三章中也提到了"论语学",其文曰:"论语学在汉代有《齐》《鲁》《古》三家,自张禹合《齐》于《鲁》,郑康成复合《齐》《鲁》于《古》,师法不可复辨。"但他们只是径直使用而已,并未加界说。1933 年经学大师周予同在《群经概论》中谈及《论语》时,论述了《论语》的篇第、《论语》的种类与变迁、《论语》篇数的异说、《论语》的编者及其争辩、《论语》的命名与其别名、《论语》学的沿革等问题。④ 其后杜松柏在《论语

---

① 端方:《大清光绪新法令》第七类《教育一·学堂章程》,清宣统上海商务印书馆刊本。
② 刘立志:《〈论语〉学名目溯源》,《江海学刊》2005 年第 5 期。
③ 同上书。
④ 朱维铮编:《周予同经学史论著选集》(增订本),上海人民出版社 1996 年版,第 270—275 页。

学之形成》一文中主要论述了《论语》之成书及"论语"的含义、
《论语》之篇数与作者、研究《论语》之基本篇目、《论语》之特性
等方面的内容。① 元尚在《我国历史上的论语学》一文中,主要探讨
了《论语》学的分期问题,他把《论语》学的发展划分为三个时期,
依次是《论语》一书的整理、定型和文字的训解,《论语》的哲理性
阐发和解释,最后是对前两个阶段的综合。② 可以说,这些人都或多
或少地探讨了《论语》学的研究内容,并都不全面。实际上,《论
语》学研究的内容十分宽泛,涉及的面也比较广。其内容包括对《论
语》名称的由来及含义的研究,对《论语》的编纂者、结集年代、
文本变迁、篇章结构、海内外注本、海外传播、社会地位及影响的研
究以及《论语》名物考释、文字训诂、篇章真伪、学派风气和《论
语》学发展阶段的研究等,涉及哲学史、经学史、经济史、伦理史、
教育史、法制史、文化史、中外文化交流史、历史学、文字学、版本
学、校雠学等多门学科。③

---

① 杜松柏:《论语学之形成》,《孔孟月刊》第 21 卷 9 期,1983 年 5 月。
② 元尚:《我国历史上的论语学》,《光明日报·国学版》2000 年 2 月 25 日。
③ 张岱年主编:《孔子大辞典》,上海辞书出版社 1993 年版,第 318 页。

第 一 编

论语学的发展与演变

第 一 章

论语学嬗变史(上)

每个历史时期的学术都有其自身发展的内在逻辑，而且无不受到所处时代的诸多因素的制约。"论语学"的发展，自然离不开特定的时代条件。汉唐时期，"论语学"经历了一个滥觞、发展和衰落的历程，这一嬗变是由不同时代的政治与文化政策所决定的。

第一节　论语学成因

汉代，伴随着《论语》文本的定稿，《论语》诠释工作也次第展开，这是由当时的社会历史状况和经典自身发展的需要所决定的。

一　论语学的形成

一门学问的产生，必须具备以下三个条件：第一，有明确的研究对象；第二，有系统的研究方法；第三，有一定的理论和流派。[①] 两汉时期，《论语》文本经历年传抄，已粗具规模，且产生了影响较大的改编本《张侯论》。更重要的是，由于研究方法的不同，产生了不

---

① 参见吴琦幸《汉字文化在认知教育中的投射》，载丁钢主编《文化的传递与嬗变》，上海教育出版社1990年版，第120页。

同的学术流派。

其一，《论语》文本的出现与初步定稿，为《论语》学的产生提供了明确的研究对象。西汉时，《论语》出现了《古论》《齐论》《鲁论》等若干种本子，这些本子文本有别，文字、章句自然也有差异，于是出现了不同的师说家法。这不仅不利于《论语》的研习与传授，而且也与汉代统治者需求的一统的文化政策相左。于是，《论语》一书的整理与定稿便成为汉儒努力的方向，此一工作的开始也标志着《论语》学作为一门学问的诞生。《论语》的首次改编本是《张侯论》的出现。

《张侯论》成于安昌侯张禹之手。他本受《齐论》，后改治《鲁论》，且以《鲁论》名家。据《汉书·张禹传》载：张禹"至长安学，从沛郡施仇受《易》，琅邪王阳、胶东庸生问《论语》，即皆明习，有徒众，举为郡文学"。据《汉志》，琅邪王阳、胶东庸生皆治《齐论》，故张禹应学《齐论》。起初他坚持师法，没有研习《鲁论》。据其本传记载："甘露中，诸儒荐禹，有诏太子太傅萧望之问。禹对《易》及《论语》大义，望之善焉，奏禹经学精习，有师法，可试事。奏寝，罢归故官。"既然有师法，那么此时的张禹只能是研治一家，要么是《齐论》，要么是《鲁论》。联系上文，可以肯定地说张禹研治的是《齐论》。也正是由于他研治的是《齐论》，所以没有得到喜好鲁学的汉宣帝的重用，被"罢归故官"。这对张禹来说无疑是个打击。汉宣帝死后，汉元帝立皇太子，经郑宽中举荐，张禹得以入授太子《论语》。"以上难数对己问经，为《论语章句》献之。"[1] 这里的《论语章句》，说者都以为指《汉志》中的"鲁安昌侯说二十一篇"[2]。"鲁"字当指《鲁论》。为什么本受《齐论》的张禹改治《鲁

---

① 《汉书·张禹传》。

② 参看宋王应麟《汉艺文志考证》、清姚振宗《汉书艺文志条理》所引诸说，《二十五史补编》，开明书店 1936 年版，第 1403、1569 页。

论》了呢？我认为主要有以下两点原因：一是自汉宣帝始，汉政府改变了过去一味重视齐学的文化政策，开始关注侧重于礼学的鲁学，其转折点就是石渠阁会议的召开。自此以后，鲁学大师或贵为丞相，如韦贤父子；或为太子太傅，如夏侯胜、萧望之。这对于汲汲于功利的士人来说无疑具有极大的吸引力。王骏是《齐论》大师王吉的儿子，幼年所学一定是《齐论》，但后来却改治《鲁论》，《汉志》录"鲁王骏说二十篇"即是明证。如此说来，张禹改治《鲁论》看来是时代潮流使然。二是汉元帝的老师均为《鲁论》大师。据《汉书》夏侯胜、萧望之本传，知夏侯胜晚年任太子太傅时曾奉宣帝诏撰《尚书说》《论语说》，稿成后曾得黄金百斤的重酬。而此处的《论语说》，即是《汉志》中的"鲁夏侯说二十一篇"。夏侯胜是《鲁论》大师，其《论语说》自是就《鲁论》而言的。萧望之从夏侯胜受《论语》，继胜任太子太傅，即以夏侯说授汉元帝。张禹在继任太子太傅后，为了迎合汉元帝，避免重蹈甘露年间的覆辙，足以使他背师谀君，改治《鲁论》，他也因此成为《鲁论》名家。如果他本受《鲁论》，晚讲《齐论》的话，《汉志》为何不将其列入《齐论》大师的行列呢？因此，我认为张禹本受《齐论》，后改治《鲁论》，且以《鲁论》名家。

张禹以《鲁论》为本，兼采《齐论》之说而成《张侯论》。这是因为：第一，据《汉书·艺文志》体例：《六艺略》中各家经文不同者都一一标明，如《易》类著"《易》经十二篇，施、孟、梁丘三家"。《诗》类著"《诗》经二十八家，齐、鲁、韩三家"。《书》类著"经二十九卷"。小注："大小夏侯二家。欧阳经三十二卷。"其中如《易》三家，都同出一师，不过偶然脱去"无咎""悔亡"而已。"张侯论"当时既很显贵，且实际上为朝廷所提倡，如果他的经文不同于其他几家，班固理应注明。但"《论语》类"中只著录古、齐、鲁三种经文，"鲁二十篇"下连小注也没有，可以说明张禹并没有产生不同于这三家的第四种《论语》本子。第二，《汉志》"《论语》

类"于"安昌侯说二十一篇"上明冠一"鲁"字，小序又将张禹列于《鲁论语》的传授系统中，这正是因为张禹虽兼采齐说，而所用的经文仍是《鲁论》，所作说解也以沿用鲁师传说为多。应该说明，"安昌侯说二十一篇"，是对《鲁论》的解说，篇数比经多一篇并不足怪，正如《齐论》有二十二篇而齐说有二十九篇一样。《汉志》在此条前还有"鲁夏侯说二十一篇"，当是指夏侯胜的《论语》说。安昌侯说与夏侯说篇数相同，也可作为张禹传《鲁论》的一个佐证。第三，今本《论语》末章"不知命"章，《释文》云："《鲁论》无此章，今从古。"熹平石经所刻《鲁论》确实没有这一章，但韩婴、董仲舒等人都曾引用，很有影响，仲舒且引于对策中。张禹没有收这一章。根据这几点理由再来看《汉书》本传和《集解序》的记述，就很清楚，张禹所采获、所从者是齐说，所谓"张侯论"也只是指说解《论语》的家法罢了。①

另外，从《论语章句》这一名称，我们也可以得到某些启示。所谓章句，钱穆先生在《两汉博士家法考》中曾引《汉书·夏侯建传》予以考论。《汉书·夏侯建传》记载："建师事胜，及欧阳高，左右采获。又从五经诸儒问与《尚书》相出入者，牵引以次章句，具文饰说。胜非之，曰：'建所谓章句小儒，破碎大道。'"钱穆先生由此出发，认为："章句必'具文'，具文者，备具原文而一一说之。遇有不可说处，则不免于'饰说'矣。如蜀人赵宾，好小数书，后为《易》，饰《易》文，以为'箕子明夷'，阴阳气无'箕子'。箕子者，万物方荄兹也。此亦具文饰说，'箕子'与阴阳气无关，说之不能通，又不肯略去不说，必具文，则陷于饰说也。求为具文饰说，乃不得不左右采获，备问《五经》，取其相出入者牵引以为说矣。"② 考

---

① 详见王铁《试论〈论语〉的结集与版本变迁诸问题》，《孔子研究》1989 年第 3 期。

② 钱穆：《两汉经学今古文平议》，商务印书馆 2001 年版，第 225—226 页。

虑到张禹也曾"采获所安"，因此，其采用齐说应是可以理解的。

张禹在《论语》学史上的地位举足轻重。他以《鲁论》为底本，删去了《齐论》比《鲁论》多出的篇章，整合了《论语》文本和经说，为今本《论语》一书的最终定稿付出了心血，所著《张侯论》也成为《论语》结集史上的里程碑式的著作。据本传记载，《张侯论》问世后，"诸儒为之语曰：'欲为《论》，念张文。'由是学者多从张氏，余家寖微"。东汉时，包咸、周氏先后为之"章句"，且列于学官①，汉末熹平石经及郑玄《论语注》均以此为本。

其二，受经学流派的影响，《论语》学也产生了不同的治学方法和学术派别。两汉时期，"独尊儒术"虽然结束了"百家殊方"的局面，但是并未结束学术思想的争鸣，儒学内部的学术争鸣，始终十分活跃，并且形成了不同的流派——今文经学派、古文经学派和"以古学为宗"的综合学派。今文经学派是以今文经为研治对象的学派。所谓今文经是指自文景至平帝刘歆提出置古文博士时，立于中央官学的用隶书传抄的经书。而古文经学派是以古文经为研治对象的学派。所谓古文经是指汉代所发现的同立于学官的今文经稍异的古文本经书（如孔壁古书）、民间抄本经书（如《毛诗》、费氏《易》、高氏《易》、邹氏《春秋》等）和伪经书（如张霸《尚书》）②。两大学派各自形成了不同的治学方法，今文经学派注重阐发经文大义，喜引阴阳灾异以说经。古文经学派则以考证为核心，以文字的形、音、义为基础，上溯本义，下推流变，力图达到对经书思想内容的准确把握。由于两派占有的材料不同、治经的方法有别，因此对经书的解释、对史实的看法也存在分歧，如今文经学家认为西周无世卿、有选举，古文经学家则认为西周有世卿、无选举；今文经学家说周天子立三公为

---

① 陆德明：《经典释文·序录》，上海古籍出版社 1985 年版，第 31 页。
② 参见孙筱《两汉经学与社会》，中国社会科学出版社 2002 年版，第 299—300 页。

司徒、司马与司空，古文经学家则说周天子立三公为太师、太傅与太保，如此等等，不一而足。所谓"以古学为宗"的综合学派是指自觉拆除今文经学与古文经学的藩篱，突破今文经学与古文经学治学方法的限制，融合会通而成的一个学派，其特点是"以古学为宗，兼采今学以附益其义"。

这三大学派，分属于不同的历史时期。在经学初兴的西汉，主要是今文经学的天下。今文经被立于学官，成为教学传授的主要内容。在传授的过程中，形成了各自的师法和家法。"其初专门授受，递禀师承。非惟诂训相传，莫敢同异；即篇章字句，亦恪守所闻，其学笃实谨严。"① 可见，恪守师法家法就是不能随意更改师说。但师说未涉及或疏略的地方，弟子可以填补和扩充。唐长宾、褚少孙向王式问经，王式说："闻之于师具是矣，自润色之。"② 弟子应以师说为是，但也可以对师说进行润色，而作为经师讲义的章句之学的形式正好为弟子的"润色"提供了条件。如《尚书》，最初的《欧阳章句》只有三十一卷，其弟子夏侯建"左右采获，又从《五经》诸儒问与《尚书》相出入者，牵引以次章句，具文饰说"③，扩充了不少内容。起初这种"具文饰说"促进了经学的发展，但经过后学者不断地"具文饰说"，遂使"章句多者或乃百余万言，学徒劳而少功，后生疑而莫正"④，"幼童而守一艺，白首而后能言"，成为"学者之大患"。⑤ 加之方士数术的掺杂，阴阳卜筮的渗透，谶纬迷信的泛滥，更造成了今文经学内部的混乱。在上述两股力量的作用下，今文经学日趋衰弱。在此背景下，古文经学开始兴盛起来。

其实古文经学产生也较早，自汉初起，就有不少学者在解读古文

---

① 永瑢等：《四库全书总目》，中华书局 1965 年版，第 1 页。
② 《汉书·儒林传·王式传》。
③ 《汉书·夏侯胜传》。
④ 《后汉书·郑玄传论》。
⑤ 《汉书·艺文志》。

经传。《汉书·刘歆传》谓孔壁古文经传说："《逸礼》有三十九，《书》十六篇……及《春秋》左氏丘明所修，皆古文旧书……传问民间，则有鲁国〔桓〕公、赵国贯公、胶东庸生之遗学与此同。"以之与《汉书·儒林传》相较，贯公传《毛诗》《左氏春秋》，庸生传《古文尚书》，桓公传则为《古文逸礼》。当时的许多博士也解读古文经传。《汉旧仪》曰："武帝初置博士，取学通性修，博识多艺，晓古文尔雅，能文章，为高第。""晓古文尔雅"乃博士职任之一。按"古文尔雅"乃当时习语，其义即谓通古文训诂之学。《汉书·艺文志》："古文读应尔雅，故解古今语而可知也"，《后汉书·贾逵传》："《古文尚书》与经传尔雅诂训相应"，皆乃此意。这样的例子很多。《史记·儒林传》："孔氏有《古文尚书》，而安国以今文读之，因以起其家。"时安国为武帝博士。又《汉书·儒林传》记载，江博士习《鲁诗》及《穀梁春秋》，又传《左氏春秋》；胡常、翟方进均以习《穀梁春秋》为博士，亦兼传《左氏春秋》。《隋书·经籍志》曰："孔安国、毛公、王璜、贾逵之徒"，"因鲁恭王、河间王所得古文，参而考之，以成其义，谓之古学"。可见，古文经学在汉武帝时已初显端倪。只是由于传习不广，未形成系统的师说体系，也未能立于学官。后刘歆继父业校书中秘，发现中秘古文经，建议哀帝为古文经立博士，虽未成，但古文经发露于世。至王莽立古义经学博士之后，古文经说渐成体系，并通过讲授于太学而扩大其影响。东汉时期，在朝廷的奖掖鼓励下，古文经学大兴。学者们开始摆脱章句之学的束缚，如桓谭"博学多通，遍习五经，皆训诂大义，不为章句"①。班固"博贯载籍，九流百家之言，无不穷究。所学无常师，不为章句，举大义而已"②。卢植"通古今学，好研精而不守章句"③。

---

① 《后汉书·桓谭传》。
② 《后汉书·班彪传附班固传》。
③ 《后汉书·卢植传》。

古文经学的勃兴，引发了今古文经学之间为争夺教席而展开的争论。为了应对挑战，两派的学者不得不互相研究对方的经典，出现了通儒。如尹敏"少为诸生。初习《欧阳尚书》，后受《古文》，兼善《毛诗》、《穀梁》、《左氏春秋》"①。贾逵"弱冠能诵《左氏传》及五经本文，以大夏侯《尚书》教授，虽为古学，兼通五家《穀梁》之说"②，曾受诏撰齐、鲁、韩《诗》与《毛诗》异同。通儒出现之后，遍注今古文经，致使二者相互渗透，并最终导致了今古文经学的合流。今古文经学的合流，至郑玄集其大成，成为综合学派的代表。

《论语》学作为经学的一个分支，受其影响，也大体形成了与之相对应的学术派别和治经方法。出自孔壁的《古论》，由孔安国为之训解。而属于今文经的《齐论》《鲁论》，不但各自形成了自己的师说家法，而且均有说解问世。③综合二论而成的《张侯论》，更有包咸、周氏为之章句。汉末，马融、郑玄《论语注》，则成为综合学派的扛鼎之作。

二 论语学形成的原因

《论语》学的形成，有着深刻的历史背景：

其一，汉政府推行的尊孔重儒的措施以及独尊儒术的文教政策，为《论语》学的形成提供了良好的外部条件。

汉初，为了解决影响中央政权稳固的民生凋敝、经济崩溃、诸侯王作乱等诸多问题，统治者根据特殊形势采取了特殊的治理方略，实行"无为"而治，黄老清静无为思想遂成为政治指导思想。然而，随着经济的恢复，国力的强盛，割据势力的猖獗与消除，汉王朝的国情发生了深刻变化；实现有效的一统政策，成为时代的需要。汉武帝于

---

① 《后汉书·儒林传·尹敏传》。
② 《后汉书·贾逵传》。
③ 说详见《汉书·艺文志》。

是着手建构适应中央集权封建大帝国需要的主流意识形态体系。他接受董仲舒的建议，毅然罢黜百家，独尊儒术，以在先秦原始儒学基础上吸收非儒家思想发展而来的新儒学作为理论基础，重新构建了统治思想体系。由是儒学在"百家"之学中被定于一尊，独占了统治阶级意识形态的宝座。

在确立了独尊儒术的政策后，汉政府采取了兴办儒家教育、推行祭孔及察举制度等措施，推动了儒学在全国的普及和发展。

首先，兴办儒家教育。自汉武帝始，汉代全国的各类教育，在培养目标、选士制度、教学内容上，都体现了儒学"定于一尊"的特殊地位。

太学的建立，标志着汉代以儒家经籍为主的官方教育的开始。汉代太学之创立源自董仲舒之对策，他在策文中建议武帝兴建太学："太学者，贤士之所关也，教化之本原也。今以一郡一国之众，对亡应书者，是王道往往而绝也。臣愿陛下兴太学，置明师，以养天下之士，数考问以尽其材，则英俊宜可得矣。"① 汉武帝接受了这个建议，并责成有关人员筹备此事。元朔五年，公孙弘在与"太常臧、博士平"等人商议后，提出了关于创立太学的计划：

　　闻三代之道，乡里有教，夏口校，殷曰庠，周曰序。其劝善也，显之朝廷；其惩恶也，加之刑罚。故教化之行也，建首善自京师始，由内及外。今陛下诏至德，开大明，配天地，本人伦，劝学兴礼，崇化厉贤，以风四方，太平之原也。古者政教未洽，不备其礼，请因旧官而兴焉。为博士官置弟子五十人，复其身。太常择民年十八以上、仪状端正者，补博士弟子。郡国县官有好文学、敬长上、肃政教、顺乡里、出入不悖，所闻，令、相、

---

① 《汉书·董仲舒传》。

长、丞上属所二千石。二千石谨察可者，常与计偕，诣太常，得
受业如弟子。一岁皆辄课，能通一艺以上，补文学掌故缺；其高
第可以为郎中，太常籍奏。即有秀才异等，辄以名闻。其不事学
若下材，及不能通一艺，辄罢之，而请诸能称者。①

这个计划包括三个方面：第一，为博士置弟子，建立官学。第
二，规定了博士弟子的人数、身份和选送方法。招收博士弟子五十
人，他们可享受免除徭役和赋税的优待。选送方法，一是由太常直接
选补，二是由地方官逐级选拔。两种选拔方法的标准不一样，前者要
求十八岁以上，仪表端庄；后者必须是"好文学，敬长上，肃政教，
顺乡里，出入不悖"。虽宽严不同，但入学后待遇一样。第三，提出
了博士弟子的考试、任用制度。博士弟子每年考一次，成绩中上者可
任官，差者及不勤学者勒令退学。汉武帝批准了这个方案，并在当年
贯彻实施，汉代太学自此建立。

太学的规模在汉代不断扩大。汉昭帝时太学生增至一百人，汉宣
帝时则增至二百人，元帝好儒，"更为设员千人"，"成帝末，或言孔
子布衣养徒三千人，今天子太学弟子少，于是增弟子员三千人"。至
平帝时，王莽执政，为太学兴建校舍"万曲"，增加元士之子"得受
业如弟子"。② 东汉光武帝时，重视儒学教育，据《后汉书·儒林传》
记载："光武中兴，爱好经术，未及下车而先访儒雅，采求阙文补缀
漏逸"，致使四方学士云会京师。建武初年修起太学，"起太学博士
舍、内外讲堂，诸生横巷，为海内所集"③。汉顺帝永建六年，缮修
太学，扩建了"二百四十房，千八百五十室"④。阳嘉元年，又增加

---

① 《汉书·儒林传》。
② 同上。
③ 《后汉书·翟酺传》。
④ 《后汉书·儒林传》。

了太学生的来源："阳嘉元年，以太学新成，试明经下第者补弟子，增甲、乙科员各十人，除郡国耆儒九十人补郎舍人。左雄又奏召海内名儒博士，使公卿子弟为诸生，有志操者加其俸禄。"① 于是太学生大增。汉质帝时，梁太后临朝，表彰儒学，广招太学生。据《后汉书·儒林传》记载："本初元年，梁太后诏曰：'大将军下至六百石，悉遣子就学，每岁辄于乡射月一飨会之，以此为常。'自是游学增盛，至三万余生。"这种情况一直延续到汉末。

太学的博士为儒经博士，以《诗》《书》《礼》《易》《春秋》教。武帝时初设五经博士，除《诗》有鲁、齐、韩三家博士外，《书》《礼》《易》《春秋》各有一家博士："《书》唯有欧阳，《礼》后，《易》杨，《春秋》公羊。"② 以后学者各有发明，宣帝、元帝、平帝时派别有所增加："至孝宣世，复立大小夏侯《尚书》，大小戴《礼》，施、孟、梁丘《易》，《穀梁春秋》。至元帝世，复立京氏《易》。平帝时，又立《左氏春秋》《毛诗》《逸礼》《古文尚书》。"③平帝时，王莽执政，于"元始五年，征天下通知逸经、古记、天文、历算、钟律、小学、《史篇》、方术、《本草》，及以《五经》《论语》《孝经》《尔雅》教授者，在所为驾一封轺传，遣诣京师。至者数千人"④。还立《乐经》，益博士员，经各五人。东汉光武帝时，正式确立了官学五经十四博士，"光武中兴，恢弘稽古，《易》有施、孟、梁丘贺、京房，《尚书》有欧阳和伯、夏侯胜、建，《诗》有申公、辕固、韩婴，《春秋》有严彭祖、颜安乐，《礼》有戴德、戴圣，凡十四博士"⑤。终东汉之世，相沿不变。

太学建立后，郡国官吏肩负为太学举荐博士弟子的职责，因此，

---

① 马端临：《文献通考》卷四十《学校一》，中华书局1986年版，第386页。
② 《汉书·儒林传》。
③ 《汉书·儒林传赞》。
④ 《汉书·平帝纪》。
⑤ 《后汉书·徐防传》注引《汉官》。

汉代的地方官学也发展起来。汉武帝时曾颁布诏令，令郡国皆效法蜀郡太守文翁"立学校官"，地方官学开始起步。汉平帝元始三年，在王莽的提倡和主持下，朝廷颁布了地方官学制度。据《汉书·平帝纪》记载："郡国曰学，县、道、邑、侯国曰校。校、学置经师一人。乡曰庠，聚曰序，序、庠置《孝经》师一人。"至此汉代地方官学得以普遍建立，并一直延续到东汉末年。地方官学也以教授儒家经典为主，成为朝廷推行社会教化的基地。

受官学发展的影响，汉代的私学也有了长足的进步。由于官学名额有限，满足不了众多读书人的求学要求，所以官学的建立，非但没有使私学停顿，反而促进了它的进一步发展。一些硕学名儒成为私学大师，董仲舒、马融自不待言，他如疏广，"明《春秋》，家居教授，学者自远方至。征为博士、太中大夫"[1]。又牟长，"少习欧阳《尚书》，不仕王莽世"，建武二年，大司空宋弘特辟，拜博士，稍迁河内太守，"长自为博士，诸生讲学者常有千余人，著录前后万人。子纡，又以隐居教授，门生千人"。[2] 诚如《后汉书·儒林传》称："若乃经生所处，不远万里之路，精庐暂建，赢粮动有千百。其耆名高义，开门受徒者，编牒不下万人。"其繁盛之景象可以想见。

综上可见，无论是汉代的官学，还是私学，都以讲授经学为主。这种儒家化的教育，不仅为统治者培养了一支以"儒术饰吏事"的官吏队伍，而且促进了儒学的研习和发展，为《论语》研究的兴起奠定了基础。

其次，确立祭孔制度。汉武帝虽然实行了独尊儒术的统治政策，但对于儒术的创造者应给予什么样的尊崇？在国家祭祀中应给予什么样的地位？汉武帝及其臣下并没有作出明确的规定。不过在现实政治

---

① 《汉书·疏广传》。
② 《后汉书·儒林传·牟长传》。

生活中，统治者中的有识之士已经意识到，国家不仅需要君主及王公大臣，还需要一个为国家生产统治思想的人物。而孔子，恰好可以扮演这样的角色。因此，他们积极争取使孔子进入国家正式祀典，以便使其思想更好地发挥作用。①

据《汉书·高帝纪》记载，汉高祖刘邦即位后，曾经拜祭过孔子。"（十二年）十一月，行自淮南还，过鲁，以太牢祀孔子。"但这只是出于个人态度偶尔为之，并没有形成国家定制。其后一直到汉成帝，国家再也没有举行过这样的祭祀仪式。

汉元帝时，匡衡上书以为"王者存二王后，所以尊其先王而通三统也。其犯诛绝之罪者绝，而更封他亲为始封君，上承其王者之始祖。《春秋》之义，诸侯不能守其社稷者绝。今宋国已不守其统而失国矣，则宜更立殷后为始封君，而上承汤统，非当继宋之绝侯也，宜明得殷后而已。今之故宋，推求其嫡，久远不可得；虽得其嫡，嫡之先已绝，不当得立。《礼记》孔子曰：'丘，殷人也。'先师所共传，宜以孔子世为汤后"②。建言按照"尊先王，通三统"的原则，封孔子后以奉汤祀。皇帝以其不合于经，没有采纳。

汉成帝时，梅福复言此事："臣闻存人所以自立也，壅人所以自塞也。善恶之报，各如其事。昔者秦灭二周，夷六国，隐士不显，逸民不举，绝三统，灭天道，是以身危子杀，厥孙不嗣，所谓壅人以自塞者也。故武王克殷，未下车，存五帝之后，封殷于宋，绍夏于杞，明著三统，示不独有也。是以姬姓半天下，迁庙之主，流出于户，所谓存人以自立者也。今成汤不祀，殷人亡后，陛下继嗣久微，殆为此也。《春秋经》曰：'宋杀其大夫。'《穀梁传》曰：'其不称名姓，以其在祖位，尊之也。'此言孔子故殷后也，虽不正统，封其子孙以为

① 参见李申《中国儒教史》，上海人民出版社 1999 年版，第 548 页。
② 《汉书·梅福传》。

殷后，礼亦宜之。何者？诸侯夺宗，圣庶夺嫡。传曰'贤者子孙宜有土'，而况圣人，又殷之后哉！……今仲尼之庙不出阙里，孔氏子孙不免编户，以圣人而欲匹夫之祀，非皇天之意也。今陛下诚能据仲尼之素功，以封其子孙，则国家必获其福，又陛下之名与天亡极。何者？追圣人素功，封其子孙，未有法也，后圣必以为则。不灭之名，可不勉哉！"① 梅福在书中分析了秦和周不同的政策及带来的不同后果后，指出只有"兴灭国，继绝世"，才能"存人以自立"。进而要求封孔子后裔为殷人后代，奉殷商祭祀。在他看来，将孔子的祭祀混同众人，也有悖上天旨意。他建议应据孔子的素功，封孔子的子孙，一来可使国家获福，二来成帝也可因开河之举而流芳千古。

汉成帝并没有立即按照梅福的建议去做，直至绥和元年，"立二王后，推迹古文，以《左氏》《穀梁》《世本》《礼记》相明"②，才下诏封孔子后代为殷绍嘉侯。诏书曰："盖闻王者必存二王之后，所以通三统也。昔成汤受命，列为三代，而祭祀废绝。考求其后，莫正孔吉。其封吉为殷绍嘉侯。"③ 不久，又晋爵为公，赐地百里。这是汉代尊崇孔子的开始。但这种祭祀带有明显的承续王统的意味，还未能形成独立的祭祀系统。

汉平帝元始元年，在王莽的操作下，孔子和周公一起，被列入国家的正式祀典。据《汉书·平帝纪》记载："封周公后公孙相如为褒鲁侯，孔子后孔均为褒成侯，奉其祀。追谥孔子曰褒成宣尼公。"

东汉时期，对孔子的祭祀有了进一步发展。这主要表现在：第一，将祭祀孔子纳入国家祭祀的轨道。汉光武帝建武五年，刘秀幸鲁，使大司空祠孔子。汉明帝永平十五年，刘庄东巡，幸孔子宅，祠仲尼及七十二弟子。"帝时升庙立，群臣中庭北面，皆再拜，帝进爵

---

① 《汉书·梅福传》。
② 同上。
③ 《汉书·成帝纪》。

而后坐。"① 命皇太子、诸王说经。汉章帝元和二年春，帝东巡狩还过鲁，幸阙里以太牢祠孔子及七十二弟子，作六代之乐，大会孔氏男子二十以上者六十三人，命儒者讲《论语》。孔僖陈谢，帝曰："今日之会，宁于卿宗有光荣乎?"对曰："臣闻明王圣主，莫不尊师贵道。今陛下亲屈万乘，辱临敝里，此乃崇礼先师，增辉圣德。至于光荣，非所敢承。"帝大笑曰："非圣者子孙，焉有斯言乎!"② 这里孔僖将祭祀孔子与尊师贵道联系了起来。汉安帝延光二年，东巡狩，祀孔子及七十二弟子于阙里，自鲁相、令、丞及孔氏亲属、妇女、诸生悉会，赐褒成侯以下帛各有差。据《阙里志》卷六载："桓帝元嘉二年，诏孔子庙置百户卒史一人，掌礼器。春秋享礼，出王家钱给大酒直，河南尹给牛羊豕各一，大司农给米。灵帝建宁二年，诏祀孔子依社稷。出王家谷，春秋行礼。"③ 规定了祭孔的规格和时间，为后世祭孔奠定了基础。可见自刘秀始，只要条件允许，东汉皇帝都要祭祀孔子及其弟子，对孔子的祭祀，已纳入国家祭祀的轨道。第二，学校开始祭祀孔子，永平二年，汉明帝驾幸辟雍，行养老礼，并祭祀周公和孔子。据《后汉书·礼仪志上》记载："明帝永平二年三月，上始帅群臣躬养三老、五更于辟雍。行大射之礼。郡、县、道行乡饮酒于学校，皆祀圣师周公、孔子，牲以犬。"这是学校祭祀的开始，是对孔子崇拜的开端。

综上可见，汉政府把孔子逐渐从王统拉到学统，逐步确立了一套祭祀的规章制度，提高了孔子的地位，为人们学习《论语》等儒家经典营造了良好的学术氛围。

最后，实行察举制度。察举是汉代最重要的仕进途径和方式，是选官制度的主体。察举的科目很多，可分为常行科目和特定科目两大

---

① 《后汉书·明帝纪》注引《汉春秋》。

② 《后汉书·儒林传·孔僖传》。

③ 陈镐：《阙里志》第一册，见《孔子文化大全》，山东友谊出版社1989年版，第233页。

类，而常行科目中最主要的一科则是孝廉。由于孝乃立身之本，廉乃为政之方，与儒家所提倡的基本道德规范相符合。所以，两汉孝廉中"以儒者为最多。儒生和兼有儒、吏双重身份的人合计起来，在孝廉中所占比例接近二分之一"①。如师丹"治《诗》"，"举孝廉为郎"②。王吉，"少（时）[好]学明经，以郡吏举孝廉为郎，补若卢右丞，迁云阳令"③。张兴，"习《梁丘易》以教授。建武中，举孝廉为郎"④。杨仁，"建武中，诣师学习《韩诗》，数年归，静居教授。仕郡为功曹，举孝廉，除郎"⑤。汉顺帝时，鉴于察举弊病严重，接受左雄的建议，对察举孝廉进行了改革，增加了考试，为儒生入仕大开方便之门。汉顺帝阳嘉元年，尚书令左雄上言："郡国孝廉，古之贡士，出则宰民，宣协风教。若其面墙、则无所施用。孔子曰'四十不惑'，《礼》称'强仕'。请自今孝廉年不满四十，不得察举，皆先诣公府，诸生试家法，文吏课笺奏，副之端门，练其虚实，以观异能，以美风俗。有不承科令者，正其罪法。若有茂才异行，自可不拘年齿。"帝从之，于是颁下郡国。通过改革，"自是牧守畏慄，莫敢轻举，迄于永熹，察选清平，多得其人"⑥。

而在特定科目中，汉政权又特设明经一科，察举通晓经学的人才，以示对治经儒生的特殊关照。西汉中后期，由于明经而被直接征辟为高官的人很多。如翟方进"受《春秋》。积十余年，经学明习，徒众日广，诸儒称之。以射策甲科为郎。二三岁，举明经，迁议郎。……永始二年迁御史大夫。……十余年间至宰相"⑦。韦贤，"笃

---

① 黄留珠：《秦汉仕进制度》，西北大学出版社 1985 年版，第 143 页。
② 《汉书·师丹传》。
③ 《汉书·王吉传》。
④ 《后汉书·儒林传·张兴传》。
⑤ 《后汉书·儒林传·杨仁传》。
⑥ 《后汉书·左雄传》。
⑦ 《汉书·翟方进传》。

志于学，兼通《礼》《尚书》，以《诗》教授，号称邹鲁大儒。征为博士，给事中，进授昭帝《诗》，稍迁光禄大夫、詹事，至大鸿胪。……本始三年，代蔡义为丞相"①。贡禹，"以明经洁行著闻，征为博士。……元帝初即位，征禹为谏大夫，数虚己问以政事。……为御史大夫数月卒，天子赐钱百万，以其子为郎"②。可以说，西汉武帝后的丞相公卿大都明习经术。无怪乎班固赞曰："自孝武兴学，公孙弘以儒相，其后蔡义、韦贤、玄成、匡衡、张禹、翟方进、孔光、平当、马宫及当子晏咸以儒宗居宰相位，服儒衣冠，传先王语。"③这样的官位利禄，无疑对儒生具有很强的诱惑力。学而优则仕，使得官、私学的学生努力研习儒家经典。老师在教育学生的时候也常以此鼓励学生努力求学，"（夏侯）胜每讲授，常谓诸生曰：'士病不明经术，经术苟明，其取青紫（卿大夫之服——笔者注）'如俯拾地芥耳。学经不明，不如归耕"④。

东汉时更加重视明经科，章帝元和二年规定，郡国依人口举明经，"令郡国上明经者，口十万以上五人，不满十万三人"⑤。汉质帝本初元年，将明经科录取的年长者召入太学任教师，"令郡国举明经，年五十以上、七十以下诣太学。自大将军至六百石，皆遣子受业，岁满课试"⑥。灵帝时举能通经者任议郎官，光和三年，"诏公卿举能通《〔古文〕尚书》《毛诗》《左氏》《穀梁春秋》各一人，悉除议郎"⑦。一些儒生通过这种方式步入仕途。如戴凭"习京氏《易》，年十六，郡举明经，征试博士。拜郎中"⑧。张玄"少习颜氏《春秋》，兼通数

① 《汉书·韦贤传》。
② 《汉书·贡禹传》。
③ 《汉书·匡衡张禹孔光马宫传赞》。
④ 《汉书·夏侯胜传》。
⑤ 《后汉书·章帝纪》。
⑥ 《后汉书·质帝纪》。
⑦ 《后汉书·灵帝纪》。
⑧ 《后汉书·儒林传·戴凭传》

家法。建武初，举明经，补弘农文学，遣陈仓县丞"①。

由于明经取士，极大地调动了士人学习经典的积极性，不仅为汉政府输送了大批人才，而且促进了经学的发展。正如《汉书·儒林传赞》所言："自武帝立五经博士，……劝以官禄，……传业者浸盛，支叶蕃滋，一经说至百余万言，大师众至千余人，盖禄利之路然也。"

其二，语言文字的时空差异性，是《论语》学形成的主要原因。

文本是由文字组合而成的，而文字是语言的符号。语言处在变动不居之中，随时随地都在变化。也就是说，时间上的变迁，空间上的分隔，都会使语言产生差异。对此，清代学者戴震曾言："盖士生三古后，时之相去千百年之久，视夫地之相隔千百里之远，无以异。昔之妇孺闻而辄晓者，更经学大师转相讲授，而仍留疑义，则时为之也。"② 陈澧曾言："盖时有古今，犹地有东西、有南北，相隔远，则言语不通矣。地远则有翻译，时远则有训诂。有翻译则能使别国为乡邻；有训诂，则能使古今如旦暮，所谓通之也，训诂之功大矣哉！"③ 可见，时空不同，同一事物，同一现象，其命名称谓也不一样。语言的差异，不利于历史的延续，妨碍交流思想，传播经验，这就需要用解释加以弥合。

语言的时空差异反映在文字上，是文字形音义的变化。许慎《说文解字叙》说："仓颉之初作书，盖依类象形，故谓之文。其后形声相益，即谓之字。……以迄五帝三王之世，改易殊体，封于泰山者七十有二代，靡有同焉。"④ 由于古今文字的兴废更迭，后人不识古字音义，必须借助训诂，释以今字而后明。

由于《论语》是成文于上古时期的文本，其中使用的语言多为先

① 《后汉书·儒林传·张玄传》。
② 戴震：《尔雅文字考序》，见《戴震集》，上海古籍出版社1980年版，第51页。
③ 陈澧：《东塾读书记》卷十一，中西书局2012年版，第218页。
④ 王筠：《说文解字句读》，中华书局1988年版，第603页。

秦古语，使用的文字也是籀书，历经战国秦朝，迄至汉初已有 200 多年的历史。从时间上来说，语言文字都发生了很大变化，必须予以"今文"读之，方能流传。于是有孔安国《论语孔氏训解》的问世。从空间上来说，语言文字的差异比先秦有过之而无不及，于是有《齐说》《鲁传》《燕传说》等章句义理不同的《论语》训诂著作的出现。

其三，文本的开放性和释读者的再创造性，也是促使《论语》学产生的重要原因。

一是文本的开放性。在解释学看来，对任何文本的解读，都是对它们进行理解和解释。由于一代人有一代人的历史文化背景，因此，文本之所以能够对一代代不同的人发生不同的意义，秘密就在于文本始终让自身向新的生活经验开放，允许每一代人以自己的理解和解释延伸它。过去人们把理解和解释看作是单纯的再现，追求所谓知识的"客观性"。但实际上，任何人都不可能再现或复制传统的文本，因为理解和解释总是有两个视域，一是理解者自己身处现实中的当下视域，二是文本的视域，理解的要求就在于使两种不同的视域得到融合。然任何人都生活在特定的时空中，时空所造成的差异使得理解者不可能彻底摆脱掉自己的视域，完全沉浸于古人的视域之中。这意味着，文本的命运，掌握在解释者手中。文本为它的延续付出的代价是，不断接受新的理解和解释。[1] 揆诸两汉《论语》，亦是如此。不同时期的人，以不同的方式解释《论语》。先是汉初孔安国"道其义、释其理"的《孔氏论语训解》，接着是宣元时期夏侯胜、张禹等人以阐说大义为主的《论语说》，东汉时期包咸、周生等人分断章句进行串讲的《论语章句》，最后是马融、郑玄等以解读字义、考证名物制度为主的《论语注》。不同时期的人，对经文的解释也不一样。

---

[1] 参见王义军《传统的命运与创新的意谓——现代解释学的启示》，《中国青年政治学院学报》2002 年第 2 期；李凯《儒家原典与中国诗学》，中国社会科学出版社 2002 年版，第 308 页。

如《述而篇》"陈司败"，孔安国云："司败，官名，陈大夫也。"郑玄以司败为人名，齐大夫。① 又《先进篇》"先进"，包咸云："谓仕也。"郑玄云："谓学也。"② 正是在这种不同的解释中，《论语》文本得以延续和发展。

二是释读者的再创造性。《论语》学，其中最主要的内容就是对《论语》进行解释，即释读者通过语言的解释和注释揭示《论语》中蕴含的圣人的"微言大义"。这种意义的解释目的，决定了解释的取向是如何发现和理解那已假定蕴藏在《论语》中的圣人的微言大义。因此，历代儒生根据各个时期的不同社会问题和历代统治者的不同政治需要，对《论语》做出旨趣迥异的传、注、疏、解，力图创造性的解读其中蕴含的圣人的微言大义，使之为现实社会服务，使之与时俱进。可以说每一次对《论语》的解释都是一次承传。因为，从解释学观点看，"文本"从来不是"客体"，而是向解释者开放的意义结构，这种意义结构不但离不开解释者，而且恰恰是通过解释者的理解和解释，得以保存和发展的。如果没有这些儒家学者的合乎时代特征的诠释、疏解、阐发，那么《论语》文本只不过是死的毫无生气的物质载体而已。不仅不会在社会上发挥作用，而且自身的流传恐怕也成问题。当然，由于个人"总要处于一定的社会历史条件下，这些条件既包括现实的生产力和生产关系，它们作为客观的物质力量决定和影响着人们，也有在个人的生活经验中不断习得的语言、科学知识、价值观以及思维方式等。它们使得人在理解传统、接纳传统的视野时，心灵不是一块一无所有的白板，而是预先具有一套能动结构，传统的视野只有与这套能动结构相契合，才会被接纳并与之融合为一个新东

---

① 陆德明：《经典释文·论语音义》，上海古籍出版社 1985 年版，第 1363 页。
② 同上书，第 1372 页。

西"①。因此，作为创新与理解主体的解释者，固然有理解和解释
《论语》的主动权，并以他个人的"前理解"作为理解和创新的起
点，但《论语》，因为有历史的特定内容，会限制现实的视野的侵入，
只接受它可能接受的理解，因而接受者并不能任意曲解解释对象。而
现实的视野，即由解释者的历史存在而来的"前理解"也不是可由他
任意选择的，他在意识到现实之前已为现实所占有，他就是他已成为
的存在。因此，创新，也即对《论语》的真正理解与解释，是两个不
同历史存在的对话。解释者不可避免地要对《论语》注入他的理解，
使《论语》被现实之光所照亮，但《论语》的特定历史内容，具有
一种强制性力量，使解释者在理解中，接受了一种新的存在方式，并
改变了自身的历史存在。在对话中诞生的意义世界，既扬弃了传统，
也扬弃了现实，是一个将二者熔铸为一体的新世界。② 但这并不意味
着《论语》在解释者的理解中变得"失真"了。因为理解不但是在
历史进程中并为历史进程所规定的理解，而且由于理解是历史的和连
续性的理解，因此任何个人理解的片面性都会在同时代的和以后时代
的人的理解中得到补充和纠正。正是在这个过程中，《论语》所包含
的潜在意义，才得以越来越充分地被阐释出来。

第二节　魏晋南北朝时期《论语》研究的 发展及成因

魏晋南北朝时期，虽然佛教东传，道教发端，玄学兴盛，儒家经
学受到严峻挑战，但由于统治者的提倡，儒学在政治原则、伦理规

---

① 王义军：《传统的命运与创新的意谓——现代解释学的启示》，《中国青年政治学院学报》
2002 年第 2 期。
② 同上。

范、社会教育上的宗主地位并没有动摇，所以《论语》学的研究并没有因此而衰落。相反，由于儒家学者构建儒学新体系的努力、文字学的兴盛以及援佛解经、援道解经的兴起，《论语》诠释却获得了相当的发展。

一 《论语》诠释的大发展

一是《论语》注释专著数量大增。据王鹏凯统计共有 102 部，其中主要有王肃的《论语注》、周生烈的《论语注》、谯周的《论语注》、梁武帝的《论语注》、沈驎士的《论语训注》、陈群的《论语义说》、王濛的《论语义》、畅惠明的《论语义注》、王朗的《论语说》、缪协的《论语说》、熊埋的《论语说》、沈峭的《论语说》、王弼的《论语释疑》、张凭的《论语释》、李充的《论语释》、何晏的《论语集解》、卫瓘的《论语集注》、缪播的《论语旨序》、皇侃的《论语义疏》、释僧智的《略解论语》、何晏的《论语音》、王弼的《论语音》、卫瓘的《论语音》、徐邈的《论语音》等。①

二是《论语》注释呈现多元化发展趋势。该时期的《论语》研究出现了多元化发展趋势，不仅出现了专门给《论语》注音的《论语音》、专门疏解《论语》文句的《论语君子无所争》，而且出现了专门向郑玄发难的《论语难郑》、修正郑玄错误的《王氏修郑错》；不仅出现了援道解《论》之作，如王弼的《论语释疑》、郭象的《论语体略》等，而且出现了援佛解《论》之作，如释僧智的《论语略解》、应琛的《论语藏集解》等。

三是《论语》注解体例发生了重大变化。根据上文，我们可知两汉时期人们对《论语》的疏解体例主要以"说""注"为主。及至魏晋时期，人们对《论语》的疏解体例发生了变化，主要以"集解"

---

① 王鹏凯：《历代论语著述综录》，花木兰文化工作坊 2005 年版，第 18—26 页。

为主，如何晏等《论语集解》、卫瓘《论语集注》、崔豹《论语集义》、孙绰《论语集解》、江熙《论语集解》等，这种体例的特点是：征引旧说，有不安处，间下己意。而到了南北朝时期，人们对《论语》的疏解体例又前进了一步，主要以"义疏"为主，如褚仲都的《论语义疏》、皇侃的《论语义疏》、刘炫的《论语述义》、徐孝克的《论语讲疏文句义》、张冲的《论语义疏》等，这种体例的特点是：会通经典义理，加以阐释发挥；广搜群书补充旧注，穷明原委；逐字逐句讲解经文，以一家之注为主，根据"疏不破注"的原则，对经注文进行补充、发挥与解释。

二 《论语》诠释繁盛的成因

《论语》学在魏晋南北朝时期之所以取得如此大的发展，究其原因，不外乎以下几点：

其一，统治者尊孔重儒的政策，为《论语》学的发展提供了前提条件。魏晋南北朝时期，历代政权都敬祀孔子。汉末战乱，百祀堕坏。魏文帝曹丕建国伊始，即下诏重修孔子祭祀。黄初二年诏曰："昔仲尼资大圣之才，怀帝王之器，当衰周之末，无受命之运……乃退考五代之礼，修素王之事，因鲁史而制《春秋》，就太师而正《雅》《颂》……可谓命世之大圣，亿载之师表者也。遭天下大乱，百祀堕坏，旧居之庙，毁而不修，褒成之后，绝而莫继。阙里不闻讲颂之声，四时不睹蒸尝之位，斯岂所谓崇礼报功，盛德百世必祀者哉！"① 于是封议郎孔羡为宗圣侯，邑百户，奉孔子祭祀。又令鲁郡修缮孔子旧庙，设置守卫的官吏和兵士。齐王芳正始二年，"帝初通《论语》，使太常以太牢祭孔子于辟雍，以颜渊配"②。其后学通《尚

---

① 《三国志·魏书·文帝纪》。
② 《三国志·魏书·三少帝纪》。

书》《礼记》，都依此办理。晋代礼制稍有变化，太子或皇帝学通一经，均亲行释奠礼，以示敬重。《晋书·礼志上》载："武帝泰始七年，皇太子讲《孝经》通。咸宁三年，讲《诗》通，太康三年，讲《礼记》通。惠帝元康三年，皇太子讲《论语》通。元帝太兴三年，皇太子讲《论语》通。太子并亲释奠，以太牢祠孔子，以颜回配。成帝咸康元年，帝讲《诗》通。穆帝升平元年三月，帝讲《孝经》通。孝武宁康三年七月，帝讲《孝经》通，并释奠如故事。"南朝除齐代有所创获外，其他三朝均依旧行事。齐代规定了祭孔的礼仪、礼器、乐舞，"设轩悬之乐，六佾之舞，牲牢器用，悉依上公"。上公礼仪，仅次于天子。

作为少数民族政权的北魏王朝对孔子也是礼待有加。建国不久即"命乐师入学习舞，释菜于先圣、先师"[1]。魏世祖始光三年，在京城建立太学，依据"始立学，必先释奠先圣先师"的礼制，在太学中祭祀孔子，以颜渊配享。魏孝文帝太和十三年，在京城修建孔子庙，这是孔庙首次走出曲阜。六年后，他又"行幸鲁城，亲祠孔子庙"。并诏令兖州府"为孔子起园柏，修饰坟垅，更建碑铭"，以"褒扬圣德"[2]。

北齐除了沿袭惯例外，还实行在每次给皇帝讲经前都到孔庙去厘定经文，讲通一经后举行释奠礼和宴会的制度。据《隋书·礼仪志四》记载："后齐将讲于天子，先定经于孔父庙，置执经一人，侍讲二人，执读一人，摘句二人，录义六人，奉经二人。讲之旦，皇帝服通天冠、玄纱袍，乘象辂，至学，坐庙堂上。讲讫，还便殿，改服绛纱袍，乘象辂，还宫。讲毕，以一太牢释奠孔父，配以颜回。列轩悬乐，六佾舞。行三献礼毕，皇帝服通天冠、绛纱袍，升阼，即坐。宴

---

① 《魏书·太祖纪》。
② 《魏书·高祖纪》。

毕，还宫。"另外，北齐还规定除正式的祭祀之外，官学学生必须在每月朔日向孔子行礼："后齐制，新立学，必释奠礼先圣先师。每岁春秋二仲，常行其礼。每月旦，祭酒领博士已下及国子诸学生已上，太学、四门博士升堂，助教已下、太学诸生阶下，拜孔揖颜。日出行事而不至者，记之为一负。雨霑服则止。……郡学则于坊内立孔、颜庙，博士已下，亦每月朝云。"

综上可见，魏晋南北朝时期，尊孔祭孔成为每一个政权例行之公事。

在尊孔的同时，各个政权也积极倡导儒学，重视儒学教育。魏文帝黄初五年，在洛阳设太学，制五经课试之法，置《春秋穀梁》博士。魏明帝太和二年，下诏加强太学师资力量建设："尊儒贵学，王教之本也。自顷儒官或非其人，将何以宣明圣道？其高选博士，才任侍中常侍者。申敕郡国，贡士以经学为先。"① 同时期的蜀汉和孙吴政权也都建立了太学。

晋承魏绪，崇儒兴学。不仅保留了太学，而且增设了国子学，以教授五品以上官员子弟，成为高于太学之上的贵族学校。国子学"定置国子祭酒、博士各一人，助教十五人，以教生徒。博士皆取履行清淳、通明典义者，若散骑常侍、中书侍郎、太子中庶子以上，乃得召试"②。东晋中央官学几经兴废，成效不大。

南朝宋文帝重视儒学教育，兴建了国子学，委派著名学者何承天"以本官领国子博士"③。他多次亲临国子学，策试诸生，褒赏师生。如元嘉二十三年，"车驾幸国子学，策试诸生，答问凡五十九人。冬十月戊子，诏曰：'庠序兴立累载，胄子肄业有成。近亲策试，睹济济之美，缅想洙泗，永怀在昔。诸生答问，多可采览。教授之官，并

---

① 《三国志·魏书·明帝纪》。

② 《晋书·职官志》。

③ 《宋书·何承天传》。

宜沾赉。'赐帛各有差"。① 另外，文帝还在鸡笼山北郊立儒学馆，命雷次宗教之。史称元嘉兴学为"一代之盛"②。梁武帝时期，重儒兴教，在他看来，"建国君民，立教为首，砥身砺行，由乎经术"，由是"大启庠校，博延胄子"。③ 通经者，无论身份高低，量才授官，"其有能通一经、始末无倦者，策实之后，选可量加叙录。虽复牛监羊肆，寒品后门，并随才试吏，勿有遗隔"，于是"四方郡国，趋学向风，云集于京师矣"④。

在北方，十六国时期，前赵刘曜曾"立太学于长乐宫东，小学于未央宫西，简百姓年二十五已下十三已上，神志可教者千五百人，选朝贤宿儒明经笃学以教之"，还曾"临太学，引试学生之上第者拜郎中"。⑤ 后赵石勒称帝后，"命郡国立学官，每郡置博士祭酒二人，弟子百五十人，三考修成，显升台府"⑥。前燕、南燕、南凉、成汉、前凉、西凉等政权也都曾设校兴学。在十六国中，前秦的儒学教育成就较为突出。苻坚以汉人王猛为助手，不仅即位伊始就兴建太学，而且经常"亲临太学，考学生经义优劣，品而第之"。他还重视对军队及后宫的儒学教育，"中外四禁、二卫，四军长上将士，皆令修学。课后宫，置典学，立内司，以授掖庭，选阉人及女隶有聪识者置博士以授经"。⑦

在北朝政权中，北魏对儒学教育较为重视。道武帝初定中原，"虽不暇给，始建都邑，便以经术为先。立太学，置五经博士生员千有余人"。孝文帝"天安初，诏立乡学，郡置博士二人，助教二人，

① 《宋书·文帝纪》。
② 《宋书·臧焘胡广傅隆传论》。
③ 《梁书·儒林传》。
④ 《梁书·武帝纪》。
⑤ 《晋书·刘曜载记》。
⑥ 《晋书·石勒载记下》。
⑦ 《晋书·苻坚载记上》。

学生六十人。……及迁都洛邑，诏立国子、太学、四门小学"。① 其后的东魏、西魏、北齐、北周诸政权也采取了一些措施崇儒兴学。

正是在这种尊孔崇儒的大氛围下，儒家经典的研习没有因社会的动荡而中断，《论语》作为攻治五经的入门书和加入知识分子队伍的起步经典，依然受到士人的重视。这在后面有详论，兹不赘述。这就为《论语》学的发展提供了雄厚的基础。

其二，相对自由的学术环境，有利于《论语》学的发展。魏晋南北朝时期是一个长期分裂的时代，是一个战乱频繁的时代，也是一个封建王朝不断更迭的时代。在不足四百年的时间里，除西晋曾实现过短暂（约 37 年）的统一外，全国长期处于分裂割据状态，先后建立过 35 个大大小小的政权。各政权间或争夺势力范围，或欲一统寰宇，群雄角逐，战乱不已，政治风云变幻多端，整个社会处于极度的动荡之中。

国家分裂，政治多元，致使政治中心的权威影响十分有限，思想控制相对松弛，这就为各种思想的形成和发展提供了契机。儒生们生活在这样一个时期，虽然有朝不保夕之感，但在思想上却获得了较多的自由。正如宗白华先生曾指出的那样："汉末魏晋六朝是中国政治上最混乱、社会上最苦痛的时代，然而却是精神史上极自由、极解放，最富于智慧、最浓于热情的一个时代。因此也就是最富于艺术精神的一个时代。""这是中国人生活史里点缀着最多的悲剧，富于命运的罗曼司的一个时期，八王之乱、五胡乱华、南北朝分裂，酿成社会秩序的大解体，旧礼教的总崩溃、思想和信仰的自由、艺术创造精神的勃发，使我们联想到西欧十六世纪的'文艺复兴'。"②

在社会动乱和精神自由的夹缝中生长起来的魏晋六朝学者们，面

---

① 《北史·儒林传》。

② 宗白华：《论〈世说新语〉和晋人的美》，见氏著《美学与意境》，人民出版社 1987 年版，第 183—184 页。

对污浊的政坛和飘忽不定的生与死，开始从不同的角度重新思考人生，强烈地意识到自我的存在。《世说新语·品藻》记载：桓温与殷浩齐名，桓温问殷浩："卿何如我？"殷浩答曰："我与我周旋久，宁作我。"这里，殷浩坦然地对自我作了肯定。正是具备了这种自我意识，许多士人在言行中时时展现自我，表现自我。如《世说新语·品藻》记载："桓大司马下都，问（刘）真长曰：'闻会稽王语奇进，尔邪？'刘曰：'极进，然故是第二流中人耳。'桓曰：'第一流复是谁？'刘曰：'正是我辈耳！'"士人们对自我的大胆肯定，有力地冲击了束缚人性的传统礼法制度，使被剥夺的自由思考的权力、被扼杀的主观能动性和创造性重新焕发出生机与活力。正如刘师培所言："两晋六朝之学，不滞于拘墟，宅心高远，崇尚自然，独标远旨，学贵自得。……故一时学士大夫，其自视既高，超然有出尘之想，不为浮荣所束，不为尘纲所撄，由旷达而为高尚，由厌世而为乐天。……虽曰无益于治国，然学风之善犹有数端，何则？以高隐为贵，则躁进之风衰；以相忘为高，则猜忌之心泯；以清言相尚，则尘俗之念不生；以游览歌咏相矜，则贪残之风自革，故托身虽鄙，立志则高。被以一言，则魏晋六朝之学不域于卑近者也，魏晋六朝之臣不染于污时者也。"[①] "不为浮荣所束，不为尘纲所撄"使他们从过去那种伦理道德和传统思想里解放出来，创造了一种独立的、自由的，敢于争辩、善于争辩的学术氛围，创造了一种开放、会通的良好学风，创造了一种袒露性情、洒脱自如以及既渊综广博，又清通简要的魏晋风度。

其三，儒道会通的思想潮流，为《论语》学的发展注入了新鲜血液。儒术独尊政策的确立，使儒学与王权挂上了钩，这一方面促进了

[①] 刘师培：《论古今学风变迁与政俗关系》，载朱维铮编《刘师培辛亥前文选》，生活·读书·新知三联书店1998年版，第452页。

儒学的发展，另一方面也束缚住了儒学的手脚。在官禄的利诱下，汉儒大多奔竞于通经致仕之途，既影响了学术的正常发展，又使士人陷于政治的旋涡而不能自拔。在利禄的驱使下炮制的烦琐支离的章句之学，荒诞不经的谶纬迷信，故步自封的师法家法，势同水火的今古文之争，使经学走向了没落。政治的黑暗，党锢之祸的打击，禅让的闹剧，名教理想与现实政治的脱节，使士人渐渐感受到自己信奉的"处士横议"的现实批判精神和"知其不可而为之"的理想追求之不可行，其心态和志向开始发生转变。

东汉末期，一些儒者就开始逾越儒学的藩篱和经学的师法家法，不拘儒者之节，杂采老庄之说。如东汉大儒马融"达生任性，不拘儒者之节。居宇器服，多存侈饰。常坐高堂，施绛纱帐，前授生徒，后列女乐"，且曾对其友说："古人有言：'左手据天下之图，右手刎其喉，愚夫不为。'所以然者，生贵于天下也。今以曲俗咫尺之羞，灭无资之躯，殆非老、庄所谓也。"[1] 其言行已与儒者多异，而颇有道家风范。又训注《老子》《淮南子》等道家著作，这也是前儒多不为之事。又"经学深奥"的蔡邕，则憧憬一种"心恬澹于守高，意无为于持盈""情志泊兮心亭亭，嗜欲息兮无由生"[2] 的淡泊、空灵的道家境界。此外，杨厚、范升、虞翻、荀淑、顾凯等儒者，或修黄老之学，或为《老》《庄》训解，或清谈而不涉世事，已杂染道家色彩。

魏晋学者随其波而逐其流，大谈儒道合同。如阮籍《通老论》曰："圣人明于天人之理，达于自然之分，通于治化之体，审于大慎之训，故君臣垂拱，完太素之朴，百姓熙洽，保性命之和。""道者，法自然而为化，侯王能守之，万物将自化。《易》谓之'太极'，《春

---

① 《后汉书·马融传》。
② 《后汉书·蔡邕传》。

秋》谓之'元',《老子》谓之'道'。"其所谓"治化之体""大慎之训""君臣垂拱",显然是儒家观念。在后一句话里,则直接把老子之"道"与儒家的"太极"和"元"合而为一。庾峻,认为山林之士"节虽离世,而德合于主;行虽诡朝,而功同于政"[①],实与在朝之士有异曲同工之妙。道士葛洪认为:"道者儒之本也,儒者道之末也"[②],"得道之圣人,则黄老是也;治世之圣人,则周孔是也"[③]。他反对崇道鄙儒,主张"贵儒""尊道":"仲尼,儒者之圣也;老子,得道之圣也。儒教近而易见,故宗之者众焉;道意远而难识,故达之者寡焉。道者万殊之源也,儒者大淳之流也。……所以贵儒者,以其移风易俗,不唯揖让与盘旋也。所以尊道者,以其不言而化行,匪独养生之一事也。若儒道果有先后,则仲尼未可专信,而老氏未可孤用"[④],因此,应该儒道兼修。隐士李谧作《神士赋》云:"周孔重儒教,庄老贵无为。二途虽如异,一是买声儿。"[⑤] 甚至连皇帝的诏书中也出现了用道家自然点缀儒家名教的字眼,《通典》卷八十载晋康帝司马岳奔丧诏云:"孝慈起于自然,忠孝发于大成。"从如上所述的例子中,我们不难嗅出儒道调和的意味,他们希望把互相对立的儒道两家会通起来,一来用自然来修饰名教,作为名教合理性的注脚;二来用以安顿饱受创伤的心灵,为自己寻求安身立命之所,以期做到"达则兼济天下,穷则独善其身"。

在这种儒道会通的思想潮流中,世人开始作儒道会通的文章,以期通过对儒道两家代表著作的训解,把儒道两家思想贯通起来。被称为儒宗的董遇,既善《左氏传》,"旦夕传讲",又善治《老子》,为

① 《晋书·庾峻传》。
② 葛洪:《抱朴子·明本篇》,上海古籍出版社1990年版,第69页。
③ 葛洪:《抱朴子·辩问篇》,上海古籍出版社1990年版,第88页。
④ 葛洪:《抱朴子·塞难篇》,上海古籍出版社1990年版,第51页。
⑤ 《魏书·逸士传·李谧传》。

之作训注。① 何晏既著有《老子道德经论》《老子杂论》，又著有《周易说》《孝经注》，还与人合作编著了《论语集解》。王弼既著有《老子注》，又著有《周易注》《周易略例》《论语释疑》。阮籍既著有《达庄论》《通老论》，又著有《通易论》。向秀既著有《庄子注》《儒道论》，又著有《周易注》《易义》。郭象既著有《庄子注》，又著有《论语隐》《论语体略》。在对儒家经典的训解过程中，他们中的部分人援道释儒，用"忘象""忘言"，"以求其意"的方法超脱文献的字面意义，借题发挥，穿凿附会，从而创立了一种新的注经方法。这种新方法，促进了儒家经典解释学的发展。汤用彤先生曾对此有过论述，他说："汉代经学依于文句，故朴实说理，而不免拘泥。魏世以后学尚玄远，虽颇乖于圣道，而因主得意，思想言论乃较为自由。汉人所习曰章句，魏晋所尚者曰'通'。章句多随文饰说，通者会通其义而不以辞害义。《左氏传》杜注曰：'诗人之作各以情言，君子论之，不以文害意。故《春秋传》引《诗》不皆与今说者同，后皆仿此。'（隐公元年）不以文害义（文本《孟子》），盖亦源于寄言出意之旨，而为魏晋玄学注解之通则也。魏晋注疏恒要言不烦，自抒己意。书之大旨或备于序文，如郭象注《庄子》之序是也。学问之体要，或具分述于'品目义'（谓篇名下之解释）中，张湛《列子》篇名之注是也。二者均谓之'通'，原在总论大义。至若随文作注，亦多择其证成己意处会通其旨略。未必全合于文句。"② 这样，既能调和儒道学说的根本分歧，又能弥缝具体文字上的抵牾。

同时，从上面儒道会通的著作中不难看出，《老》《庄》《周易》《论语》成为世人表述儒道会通思想的载体。《论语》之所以能从诸多儒家经典中脱颖而出，与"言深意奥"的《周易》一起成为打通

---

① 《三国志·魏书·钟繇华歆王朗传》注引《魏略》。
② 汤用彤：《魏晋玄学论稿·言意之辨》，中华书局 1983 年版，第 217—218 页。

儒道的代表性经典，原因就在于不仅《论语》中有可以和《老》《庄》相贯通的东西，如道不行，"乘桴浮于海"的思想，孔子对隐士的态度，"无为而治"的思想等，而且它还是孔子言行的代表作，又较为集中地、言简意赅地阐述了儒家伦理观念。因此，我认为，儒道会通的思想潮流是促进《论语》学发展的一个重要条件。

其四，援佛入儒，使《论语》学在释经方法上呈现出多元化发展趋势。汉末至魏晋时期，儒家经学的相对衰弱，社会的动荡不安，精神上个体意识的逐渐觉醒，文化学术上玄学思潮的兴起，为源于印度的佛教从西域传入中原，并日益发展且介入思想领域提供了社会的和文化的土壤。随着佛教影响的扩大和佛教教义的传播，儒佛在思想领域的斗争也就不可避免地展开了。

最初，儒学主要从传统伦理的立场对佛教加以拒斥，如据《理惑论》记载，儒家批判佛教削发之举是违背圣人之语："《孝经》言身体发肤，受之父母，不敢毁伤。曾子临没，启予手，启予足。今沙门剃头，何其违圣人之语，不合孝子之道也？""弃妻子"或"终身不娶"是"违福孝之行"："夫福莫逾于继嗣，不孝莫过于无后。沙门弃妻子，捐财货，或终身不娶。何其违福孝之行也？"而佛教为了在中国站住脚，不但没有对儒学大加挞伐，而且引用儒学的观念为佛教作辩护。如牟子对上面第一个问题以孔子所说的"可与适道，未可与权"作解释；对第二个问题拿孔子所谓"孟公绰为赵魏老则优，不可以为滕薛大夫"作反驳的依据。[1] 三国时僧人康僧会更明确地把儒、佛在思想上会通起来，倡言"儒典之格言，即佛之明训"，认为佛教也尊"仁道"："诸佛以仁为三界上宝，吾宁陨躯命，不去仁道也。"[2] 及至东晋，孙绰在《喻道论》中已直言儒即佛、佛即儒："周孔即

---

[1] 释僧佑：《弘明集》卷一，上海古籍出版社1991年版，第3页。

[2] 《大正藏》第三册，台北新文丰出版有限公司1983年版，第18页。

佛，佛即周孔，盖外内名之耳。……周孔救极弊，佛教明其本耳。共为首尾，其致不殊。"① 二者无甚区别，只是名称不同而已。

降及南北朝时期，儒佛关系发生了微妙的变化，出现了相互吸收、融合的趋势，佛教在这一过程中也日益中国化。这首先表现在许多帝王、公卿士大夫以及著名学者往往是儒佛兼综。如梁武帝萧衍"少时学周孔，弱冠穷六经，孝义连方册，仁恕满丹青。践言贵去伐，为善在好生。中复观道书，有名与无名。妙术镂金版，真言隐上清。密行遗阴德，显证表长龄。晚年开释卷，犹日映众星。苦集始觉知，因果方昭明"②。其他如周弘正，乃一代大儒，曾于东宫侍讲《论语》《孝经》，但他又兼明佛典，"虽硕学名僧，莫不请质疑滞"③。其次表现在三教同源说上。佛教为在渊源上与儒学挂搭起来，力倡三教同源说。北周释道安在《二教论·服法非老》中引《清净法行经》云："佛遣三弟子振旦教化：儒童菩萨，彼称孔丘；光净菩萨，彼称颜渊；摩诃迦叶，彼称老子"，认为儒道均源于佛。④ 东晋宗炳《明佛论》认为："孔、老、如来，虽三训殊路，而习善共辙也。"⑤ 也就是说，三家虽具体目的不同，但根本宗旨却是一致的。沈约《内典序》说："中外群圣，咸载训典，虽教有殊门，而理无异趣。故真俗两书，递相扶奖，孔发其端，释穷其致。撤网去纲，仁惠斯在，变民迁俗，宜以渐至。精粗抑引，各有由然。"⑥ 儒佛两家实义均理一。

受儒佛合流的影响，儒家也开始吸收佛教的因素。由于涉及的方面比较多，限于篇幅，这里主要就释经方法谈一谈儒学对佛教的吸收和利用。首先受梵文影响，创设反切法，改进了经典注音法。魏晋南

---

① 释僧祐：《弘明集》卷三，上海古籍出版社 1991 年版，第 17 页。
② 释道宣：《广弘明集》卷三十，上海古籍出版社 1991 年版，第 365 页。
③ 《陈书·周弘正传》。
④ 释道宣：《广弘明集》卷八，上海古籍出版社 1991 年版，第 145 页。
⑤ 释僧祐：《弘明集》卷二，上海古籍出版社 1991 年版，第 12 页。
⑥ 释道宣：《广弘明集》卷十九，上海古籍出版社 1991 年版，第 239 页。

北朝时期，语言文字发生了重大变化，加深了古今语言文字的隔阂，"方俗递变，而声音与文字渐不相应"①，因此增加了研习儒家经典的困难，增加了儒家经典在传抄、解释过程中发生错误的可能性。而前儒采用的"读若某""读与某同""音某"等形式的直音法或譬况描述注音法，由于"古语与今殊别，其间轻重清浊，犹未可晓；加以内言外言、急言徐言、读若之类，益使人疑"②，故已不能再沿用了。时代迫切需要一种新的注音方法，来解决这一时代课题。反切法应运而生。《隋书·经籍志·小学序》曰："自后汉佛法行于中国，又得西域胡书，能以十四字贯一切音，文省而义广，谓之婆罗门书。"受其启发，中国学者创造了反切法，以"某某反"或"某某切"的形式表现，取前一字的声母和后一字的韵母组成。这种方法比前几种方法准确、灵活、实用、完备得多，表现了审音、注音的进一步精密。这一方法自孙炎著《尔雅音义》始，便被广泛地用于注释儒家经典，《论语》也是受益者之一。前有徐邈，后有陆德明，都曾作过这方面的工作，对《论语》的研习、诠释、传播做出了贡献。其次，受佛教影响而成义疏体释经方式。自佛教传入东土以来，讲经说法之风日盛，其内容、风格及仪式，均对儒家之讲经产生了很大的影响。牟润孙先生说："撰疏一事，非仅为诂经之书创辟新体例，即在我国学术史上思想史上亦为大事因缘，影响至为深远。至于其中关键所系厥为儒家讲经之采用释氏仪式一端。僧徒之义疏或为讲经之记录，或为预撰之讲义，儒生既采彼教之仪式，因亦仿之有记录有讲义，乃制而为疏。讲经其因，义疏则其果也。"③ 义疏，以一部经注为主，在此基础上，对经注文所涉及的内容再详加解说、补充、修正、阐释、

---

① 钱大昕：《潜研堂文集》卷十五，陈文和编《嘉定钱大昕全集》第九册，江苏古籍出版社1997年版，第227页。

② 颜之推撰，王利器集解：《颜氏家训集解》，上海古籍出版社1980年版，第473页。

③ 牟润孙：《论儒释两家之讲经与义疏》，《注史斋丛稿》中华书局1987年版，第240页。

发挥。

正是由于统治者的重视和新的解经方法的运用，使魏晋南北朝时期的《论语》学取得了大发展。

第三节　隋唐时期《论语》研究的特点及成因

《论语》学在历经魏晋南北朝的发展期后，随即进入了一个相对衰落的时期，这就是隋唐时期。之所以称这一时期为《论语》学的衰落期，是因为在这个被后人誉为中国古代社会最强盛的隋唐大帝国时期，《论语》研究无论是在数量上，还是在质量上都较前代有所下降。

一　《论语》研究进入低谷

其一，《论语》诠释的论著数量少，据王鹏凯统计共有 18 部，它们分别是张冲的《论语义疏》、无名氏的《论语义疏》、徐孝克的《论语讲疏文句义》、刘炫的《论语章句》、贾公彦的《论语疏》、陈锐的《论语品类》、韩愈的《论语注》、韩愈、李翱的《论语笔解》、侯喜的《论语问》、张籍的《论语注辨》、马總的《论语枢要》、李磎的《注论语》、张氏的《论语注》、无名氏的《论语杂义》、无名氏的《论语剟义》、陆德明的《论语音义》、李涪的《论语刊误》、王勃的《次论语》。①

其二，《论语》研究乏善可陈。在上述所列诸家中，流传至今并对后世有所影响的仅有陆德明的《论语音义》和韩愈、李翱的《论语笔解》。前者虽从音义两方面对汉魏六朝的《论语》研究进行了总结，但治《论》方法没有跳出汉儒的窠臼；后者虽有纠绳汉儒之功，

---

① 王鹏凯：《历代论语著述综录》，花木兰文化工作坊 2005 年版，第 33—35 页。

但其疑经改注的做法也颇为后人诟病。

二 《论语》研究衰落的原因

其一，在统一经学的旗帜下，统治者垄断了经典话语的解释权。

隋唐时期，一个南北统一、民族融合的大帝国再次出现。伴随着政治上的统一，儒家经学也从分立的时代进入了统一的时代，改变了"自正朔不一，将三百年，师说纷纶，无所取正"① 的局面。

隋灭陈统一中国以后，面临的迫切问题是构建维护其统治秩序的意识形态。由于隋文帝曾利用儒家的禅让说完成了北周到隋的权力的和平交替，又凭借儒学的大一统观念完成了南北统一，因而上台伊始，他不仅尽易北周官仪，依照儒家典籍中的规范，复汉魏之旧；而且多次诏令利用儒家礼仪道德以恢复和重建社会秩序。同时，隋文帝及其后继者还试图统一经学。据《隋书·儒林传序》记载："高祖膺期纂历，平一寰宇，顿天网以掩之，贲旌帛以礼之，设好爵以縻之，于是四海九州强学待问之士，靡不毕集焉。""炀帝即位……征辟儒生，远近毕至，使相与讲论得失于东都之下，纳言定其差次，一以闻奏焉。"可见，隋朝统治者凭借手中的政治权力，对待儒家学者是"顿天网""贲旌帛""设好爵"，对待儒家经典是"讲论得失"，"纳言定其差次，一以闻奏焉"，目的在于一统经学，利用儒学为其统治服务。在此形势下，当时的儒家学者也只好将其学术旨趣专注于"考正亡逸，研核异同"，沉潜于浩繁的经典之中，进行考订释疑。因此，即使隋朝不会迅速灭亡，照此态势发展下去，隋代经学充其量也只能是复东汉经学之旧，而不会有创新与发展。

及至唐朝，太宗皇帝发起、组织、领导了刊定经典、统一经说的工作，用官方的解释取代了个人的理解，并借助科举考试，使士子们

————————————

① 《隋书·儒林传》。

失去或放弃了对经典的自由阐释的资格。

贞观四年，太宗以经籍去圣久远，文字多讹谬，诏前中书侍郎颜师古考定《周易》《尚书》《毛诗》《礼记》和《左传》文字。颜师古利用秘府图籍，考订辨析，悉心校勘，多所厘正。书成后，太宗又诏尚书左仆侍房玄龄召集诸儒重加评议。诸儒均拘守所习师说，大加非议。师古引晋宋以来古本，随加晓答，援据详明，皆出诸儒意表，莫不叹服，太宗称善，"颁于天下，命学者习焉"。① 于是颜师古校订的五经定本便以法定形式，颁行全国成为从中央到地方的标准教科书。

贞观十二年（638），太宗又"以儒学多门，章句繁杂，诏国子祭酒孔颖达与诸儒撰定《五经义疏》"②。孔颖达等人融贯诸家，择善而从，经过两年的努力，一部长达180卷的《五经义赞》终于在贞观十五年（641）二月编成。唐太宗对此非常满意，对孔颖达等人大加褒奖，"卿等博综古今，义理该洽，考前儒之异说，符圣人之幽旨，实为不朽"。不过，太宗以为"义赞"之名不甚确切，特下诏更名为《五经正义》，并交付国子监，以为教材。此后又先后于贞观十六年和永徽二年，对《五经正义》两次进行裁定增损，最后于唐高宗永徽四年，颁行全国。次年，唐高宗下诏"依此考试"③，成为官方经学课本。

上述两项工作的开展，具有非同寻常的意义，它不仅真正结束了自两汉以来今古文之争、郑学王学之争及南北学之争引发的经典文字和经说的分歧，在版本和经义两方面达到形式上的统一，而且从思想材料、理论命题、治学方法、思维方式等各个方面为经学的进一步发展奠定了基础，规定了方向。由于此次经典整理是由唐太宗发起、组

---

① 《旧唐书·儒学传上》。
② 同上。
③ 《旧唐书·高宗纪》。

织和领导的，因而整理后的经典最大限度地满足了唐初统治者的需要，成为官方钦定的教科书。故马宗霍在《中国经学史》中评论道："自《五经定本》出，而后经籍无异文；自《五经正义》出，而后经义无异说。每年明经，依此考试，天下士民，奉为圭臬。盖自汉以来，经学统一，未有若斯之专且久也。"① 但同时我们也应看到，《五经正义》的出笼，使得私人的理解已经被官方的解释所取代，个人的学术取向已经让位于官方的政治取向。②《五经正义》"以经过选择的注释文本扩张了经典的知识范围，又以捍卫注释文本的姿态保卫了经典的思想纯洁，其象征的潜在意味是，确认和维护汉魏以来经典的传统权威，确立汉魏以来业已扩张的知识范围，在这个被认可的知识的世界中，思想有理解与解释的自由，但是它也暗示着知识与思想世界的中心是确定的，而边缘是有限的。"③ 统治者通过此种方式垄断了经典话语的解释权，并借助权力建立了常规的世俗利益与经典的知识话语的联系，士子们为切身利益计，在这个话语体系面前，唯有放弃对经典的自由阐释的权力，而成为官方经典的依附品。诚如高濑武次郎所说："令以《五经正义》为登第科目，故经说一定，争端以绝，或惟有以谙诵《五经正义》而自足，不再务求新说，亦为人情所难免也。"④

其二，鼓励诵读的科举制度以及以古为上的学术观念，限制了经学的发展空间。

作为选拔人才的制度，隋以前曾先后实行过察举制和九品中正制。及至隋炀帝时，分设十科拔举人才，创立"文才秀美"一科，即后来的进士科，标志着科举考试的开始。唐代予以完善，以明经、进

---

① 马宗霍：《中国经学史》，上海书店 1984 年版，第 94 页。
② 葛兆光：《中国思想史》第一卷，复旦大学出版社 2001 年版，第 463 页。
③ 同上书，第 465—466 页。
④ 赵南坪：《中国哲学史》（中译本），暨南学校出版部 1925 年版，第 119 页。

士两科为重。其中明经科考试内容主要是儒家经典，考试方法主要有口试、帖经、墨义、策问、诗赋数种。唐统治者对所考儒家经典的注本作了明确规定：《周易》，郑玄、王弼注；《尚书》，孔安国、郑玄注；三《礼》《毛诗》，郑玄注；《左传》，服虔、杜预注；《公羊》，何休注；《穀梁》，范宁注；《论语》，郑玄、何晏注；《孝经》，唐玄宗注①。从上述所列我们不难发现，唐代对汉魏古注极为重视（唐玄宗所注的《孝经》也多取自孔安国和郑玄注本），由此也形成了以古为上的学术观念。"周公制礼，历代不刊。子夏为传，孔门所受。逮及诸家，或变其例。与其改作不如好古，诸服纪宜，一依旧文。"②唐玄宗的这段话可以看作对这一学术观念的最好注脚。这一学术观念使经学只能停留在汉魏诸儒的水平上，儒生不在务求经文本义，唯汉魏诸儒马首是瞻，以领悟汉魏注本为能事，这在实际操作上就意味着剥夺了唐人发挥经义的权利，限制了唐代经学的学术空间。

　　这一保守的学术观念还体现在当时的考试制度上。唐代的科举考试中经学有两项，一是帖经，主要考察对经文的记诵情况。所谓"帖经者，以所习经掩其两端，中间开唯一行，裁纸为帖，凡帖三字，随时增损，可否不一，或得四、得五、得六者为通"③。即是经书任揭一页，将其左右两边盖住，中间只开一行，再用纸帖盖若干字，令应试者填出来，这种考试本不难，只要熟读经文即可对付。"后举人积多，故其法益难，务欲落之，至有帖孤章绝句，疑似参互者以惑之。甚者，或上抵其注，下余一二字，使寻之难知，谓之'倒拔'。"为了应对考试，士子们先将经文中一些难记之处，编为十数篇诗赋，加以记诵，"则难者悉详矣。其于平文大义，或多墙面焉"。④ 二是策问

---

①　李林甫等：《唐六典》卷二十一，中华书局 1992 年版，第 558 页。

②　王钦若等：《册府元龟》，中华书局 1960 年影印版，第 562 页。

③　杜佑：《通典》卷十五《历代制下》，中华书局 1988 年版，第 356 页。

④　同上书，第 356 页。

大义，其中有一项主要考察对汉注孔疏的记诵情况。如 1964 年，新疆吐鲁番阿斯塔那二十七号唐墓出土了一些与《论语郑氏注》有关的对策残片。这些残片后经整理者拼接缀合，成为一件对策残卷。残卷由八件残片构成，共存七问七对。王素先生通过研究认为，这件残卷虽然存有七问七对，但对策内容应均由五个部分组成。第一部分为经义解说。经义解说不限于策问句，实际包括策问句的全章或全节。对策者是想以此说明自己对策问句有全面了解。由于是《郑注》对策，经义解说不能违背郑义，所以解说文字存在有意模仿郑氏注文之嫌。第二部分为全章或全节经文。对策者引全章或全节经文，是想说明自己对策问句的全面的了解符合全章或全节经文。第三部分为该章或该节的郑氏注文。对策者引该章或该节的郑氏注文，是想说明自己对策问句的全面的了解也符合郑义。第四部分为对郑氏注文的解释。这种解释可能是多方面的，不限于追根溯源。对策者是想借此说明自己对郑氏注也有全面的了解。第五部分为策问篇名。最后点出策问篇名，是古代文章结构的一种定式，即起承转合的"合"，又称为"点题"，表示该对策至此结束。仅从这件经义对策残卷来看，策问条目虽多，却是片言只语，断章取义，对策内容虽有条不紊，却是呆板滞涩，要求的只是死记硬背的功夫，实际考不出对策者的真正学识。① 可见在这种考试制度下，士子们唯以记诵为能事，儒家经典成为士人记诵的教条，而不复是研究的对象。"士人需要的只是其中的结论，对汉儒在求义过程中的原始考辨工作以及后儒的异义都忽略不顾了，这大大减少了经学的学术性。同时，传统的章句之学和对经义本身的理解与发挥因已不再与士人功名仕途相联系，也使得学人对它缺乏兴趣。"②

其三，崇道尊佛政策的实行，也在一定程度上冲击了儒家经学的

---

① 王素：《唐写〈论语郑氏注〉对策残卷与唐代经义对策》，《文物》1988 年第 2 期。

② 查屏球：《盛唐经学的窘境——论开、天文化特点与经学发展关系》，《中国文化研究》2000 年秋之卷，第 40 页。

地位。唐代在利用儒学来维系现实的封建宗法制度的基础上，还利用佛、道二教光饰朝廷和神化政权。这主要表现在两个方面：首先，抬高道教的地位。道教与李唐王朝的建立有着特殊的关系，隋末，道士王远知假托奉老君之旨，向李渊"密传符命"，还预告李世民将成为"太平天子"①。道士薛颐在武德初年就跑到秦王府中，密谓李世民"德星守秦分，王当有天下"②。后来，李渊、李世民果然平定天下，使得他们对道教格外青睐。此外由于唐初门阀士族的传统势力还很强大，为提高自己的门第出身，李氏皇室便利用道教始祖李聃姓李、自己也姓李的巧合，附会自己是老子的后代，是"神仙之苗裔"。道教因而也就成为李唐王朝信奉的重要宗教。为了抬高道教的地位，朝廷采取了"兴道"的政策，唐高祖曾下诏曰："老教孔教，此土先宗，释教后兴，宜崇客礼。令老先、次孔，末后释宗。"③唐太宗也主张三教按道、儒、佛的次序排列，并下诏，令道士女冠居僧尼之前。及至高宗，他不仅亲到亳州拜谒老君庙，而且还追号老君为"太上玄元皇帝"，为之立祠堂，其庙置令、丞各一员，并改阳谷县为真源县，县内宗姓特免除徭役一年。上元元年（674）十二月，天后上表，以为国家圣绪出自玄元皇帝，请令王公百僚皆习《老子》，每岁明经一准《孝经》《论语》例试于有司，玄宗准奏。仪凤三年（678）五月，高宗下诏："自今已后，《道德经》并为上经，贡举人皆须兼通。"④唐玄宗李隆基鉴于武氏、韦氏均依靠佛教势力篡夺李家王朝的事实，自即位之日起，便大力推行崇道政策，以提高道教地位，从而形成了唐代道教的全盛时期。他采取的措施主要有：一是不断提高老子封号，天宝二年（743）追尊为"大圣祖玄元皇帝"，天宝八载又尊为

---

① 《旧唐书·王远知传》。
② 《旧唐书·薛颐传》。
③ 陆心源：《唐文拾遗》卷一，《续修四库全书》本，上海古籍出版社。
④ 《旧唐书·礼仪志四》。

"圣祖大道玄元皇帝"，天宝十三载再次尊为"大圣祖高上大道金阙玄元天皇大帝"。二是为高祖、太宗、高宗、中宗、睿宗五帝及帝后加上"大圣皇帝""顺圣皇后"之字。这样，唐代开国以来的帝、后均和"大圣祖"老子紧密地联系在一起，借以维护李唐王朝的统治。三是设置崇玄馆，实行道举制度。开元二十一年（733）正月，制令士庶家均须藏《老子》一本，每岁贡举人量减《尚书》《论语》两条策，加《老子》策。开元二十五年（737）正月，初置玄学博士，每岁依明经举。二十九年（741）正月，制令两京及诸州各置崇玄学，置生徒，令习《老子》《庄子》《列子》《文子》，每年准明经例考试，称为"道举"。《通典》卷十五《选举三·历代制下》载："元宗方弘道化，至二十九年，始于京师置崇玄馆，诸州置道学，生徒有差。谓之'道举'。举送、课试与明经同。""生徒有差"下注曰："京、都各百人，诸州无常员。习《老》《庄》《文》《列》，谓之四子。荫第与国子监同。"只要通过科举考试，就和其他举人享受的待遇一样。又玄宗开元二十九年正月颁布的《令两京诸路各置玄元皇帝庙诏》曰：

> 三皇之时，兆庶淳朴，盖繇其上，以道化人。我烈祖元元皇帝，禀大圣之德，蕴至道之精，著五千文，用矫时弊，可以理国家。超乎象系之表，出彼明言之外。朕有处分，令家习此书，庶乎人用向方，政成不宰。虑兹下士，未达微言是以重有发明，俾之开悟。期弱丧而知复，宏善贷于无穷。两京及诸州各置玄元皇帝庙一所，每年依道法斋醮。兼置崇玄学，生徒于当州县学生数内，均融量置，令习《道德经》及《庄子》《文子》《列子》。待习业成后，每年准明经例举送至省。置助教一人，委所由州长官于诸色人内精加访择补授，仍稍加优奖。①

---

① 董诰等编：《全唐文》卷31，中华书局1983年版，第350页。

通过道举获得官职的人还真不少。《唐阙史》卷下"大清宫玉石像条"载："明皇帝崇尚玄元圣祖之教，故以道举入仕者，岁岁有之。"著名的有姚子彦、靳能、元载、陈希烈等人，其中陈希烈位至宰相。为了进一步弘扬道教，天宝元年（743）二月，玄宗又规定将庄子号为南华真人，文子、列子、庚桑子分别号为通玄真人、冲虚真人和洞虚真人，四子所著书改为真经。崇玄学置博士、助教各一员，学生一百人。次年正月，又将崇玄学改为崇玄馆，博士为学士，助教为直学士，更置大学士员。并规定大学士以宰相为之，领两京玄元宫及道观。这使得道举制度道举制度进一步完善。四是搜集、整理和传播道书。继位之初，玄宗便发使搜求道经，纂修成藏，目曰《三洞琼纲》，总三千七百四十四卷，这是历史上第一次编纂的《道藏》。为了使道经广为流布，开元二十一年，玄宗亲注《道德经》，两年后又修《义疏》。天宝二年（744），诏令崇玄馆学士于三元日讲《道德》《南华》诸经，群公百辟，咸就观礼。为了突出《道德经》的地位，两年后又下诏规定：其坟籍中有载玄元皇帝、南华等真人犹称旧号者，并宜改正；宜以《道德经》列诸经之首，其《南华真经》等，不宜编在子书。天宝八载又下敕，令崇玄馆缮写《一切道经》，分送诸道采访使，令馆内诸郡转写，其官本便留采访郡太一观持诵。天宝十载又命写《一切道经》五部，颁赐诸观。天宝十四载十月，颁示《御注老子》并《义疏》于天下，令学者习之。安史之乱以后，藩镇割据日益严重，与盛唐时期相比，道教也相对由盛而衰。但唐玄宗以后的统治者仍然奉行崇道政策，继续扶植道教，不断给道教上层人士封官晋爵，馈赠财帛，乃至延入宫闱侍奉，亲受法箓，并不断兴建宫观，发展道徒，促使道教在新的历史条件下仍然继续得以恢复和发展。

其四，佛教的地位也有所提高。唐代隋后，很重视对于佛教的利用。高祖武德二年（619），就在京师聚集高僧，立十大德，管理一般僧尼。太宗即位之后，有鉴于战乱后佛教之寺宇破败、僧徒凋丧之惨状，因而下诏度僧于天下，并赞扬佛教"三乘结辙，济度为先；八正归依，慈悲为主。流智慧之海，膏泽群生；剪烦恼之林，津梁品物"①。又在《为战亡人设斋行道诏》中诏令于当年起兵打天下的主要战场各建一寺，建斋行道，说是"冀三途之难，因斯解脱；万劫之苦，藉此宏济，灭怨障之心，趋菩提之道"②。贞观十九年（645），玄奘从印度求法回来，太宗隆重奉迎，置之左右，日夕谈论不倦，又亲为玄奘所译经作《大唐三藏圣教序》，赞扬"佛道崇虚，乘幽控寂，弘济万品，典御十方"，"民仰德而知道"。③ 稍后，武后借助于佛教徒怀义等伪造的《大云经》将其夺取政权说成符合弥勒的授记，随后在全国各州建造了大云寺，又造了白司马坂的大铜佛像，并封沙门法朗等为县公，又授怀义为行军总管等，这使佛教和政治的关系益加密切。在她的推动下，佛教势力迅速发展，"里閈动有经坊，阛阓亦立精舍"，"膏腴美业，倍取其多，水碾庄园，数亦非少"，"逃丁避罪，并集法门，无名之僧，凡有几万"。④ 中宗时，实行了一种试经度僧制度，《佛祖统纪》卷三九载："（神龙元年）诏天下试经度人，山阴灵隐僧童大义年十二，诵《法华经》，试中第一。"这种制度被不少僧人看作是僧中科举。如宋僧志磐认为："唐中宗始诏天下试经度僧，是犹汉家以科举取士，最可尚也。"⑤ 元代僧人妙源亦说："汉唐以来，设官置局，试经得度，至于海内奇髦俊彦，冒历寒暑，

---

① 董诰等编：《全唐文》卷5，中华书局1983年版，第66页。
② 董诰等编：《全唐文》卷4，中华书局1983年版，第58页。
③ 慧立、彦悰著，孙毓棠、谢方点校：《大慈恩寺三藏法师传》卷六，中华书局2000年版，第142页。
④ 《旧唐书·狄仁杰传》。
⑤ 志磐：《佛祖统纪》卷39，见《大正藏》第49册，台北新文丰出版有限公司1983年版，第371页。

穷经讨论，以试所业。其间获中僧科者，官给黄牒，剃度为僧。"①
试经度僧早期由祠部主持，后期由功德使主持，《佛祖统纪》卷四二
载，代宗大历九年，"敕两街建方等戒坛，左街安国寺，右街兴福寺，
以中护军刘规充左右街功德使，择戒行者为大德。令试童子能背经百
五十纸，女童诵百纸者，许与剃度"②。考试的内容涉及经、律、论，
《佛祖统纪》卷四一曰："（大历）八年，敕天下童行策试经律论三
科，给牒放度。"③ 至德元年（756），肃宗"敕五岳各建寺。妙选高
行为之主。白衣诵经百纸，赐明经出身，时僧标中首选"④。这一制
度的实行，进一步促进了佛教的发展。

崇道尊佛政策的实行，道举制度和试经度僧制度的确立，一方面
促进了道教和佛教的发展；另一方面也在一定程度上削弱了儒家经学
的统治地位。

如此的学术观念，如此的考试制度，如此的宗教政策，奢望儒家
学术有大的创新与发展是不可能的。因此，经学衰落了，《论语》学
也衰落了。

① 妙源：《虚堂和堂语录》卷4，见《大正藏》第47册，台北新文丰出版有限公司1983年版，第1013页。
② 志磐：《佛祖统纪》卷42，见《大正藏》第49册，台北新文丰出版有限公司1983年版，第384页。
③ 志磐：《佛祖统纪》卷41，见《大正藏》第49册，台北新文丰出版有限公司1983年版，第379页。
④ 志磐：《佛祖统纪》卷40，见《大正藏》第49册，台北新文丰出版有限公司1983年版，第376页。

第 二 章

论语学嬗变史（下）

宋元明清四朝是经学史上的"宋学"时期，在此期间内，程朱理学兴起并长期占据主导地位；阳明心学异军突起，考据学滥觞肇迹，而这一切无不与当时的历史背景和社会思潮息息相关。

第一节　宋代《论语》研究的勃兴及成因

唐代以降，中国的封建社会开始由鼎盛走向衰落，作为传统政治的合法性依据的儒学也不断受到人们的质疑，新形势呼唤新理论的诞生，而鉴于中国特殊的理论表达方式，这必须通过创造性解释来完成。因此，许多硕儒名士纷纷著书立说，希冀通过对儒家经典的创造性解释，来重建儒学的合法性依据之地位。于是有"四书"及其注释书的出笼，有《论语》及其注释书的大发展。

一　《论语》诠释的大发展

其一，《论语》诠释著述数量大增。两宋时期的主要的政治家、思想家，为了接续道统，重树儒学的雄风，大都借助于以《论语》为核心的儒家经典，用以解构自己的学术思想体系。因此，这一时期的

《论语》研究如火如荼，三百多年间，见于著录的《论语》著述，综理诸家目录所得共计 303 种，其中《论语》部分共 233 种，《四书》部分共 69 种，另外，还有刘敞的《七经小传》等。在这些著作中，以朱熹的《论语集注》对后世的影响最大。该书在吸取汉魏古注的基础上，集宋人释《论》之说，兼下己意，并存疑说，融注音、训诂、考据、义理于一体，而以义理见长，是继何晏《论语集解》、邢昺《论语注疏》之后《论语》学发展史上的又一座丰碑。此书一出，备受后世统治者青睐，甚至被定为科考的基本内容，成为各级学校的必学教材。

　　其二，《论语》注解方式发生了重大变化。汉唐时期的《论语》注本，由于受汉学研究模式的影响，大都以名物典制的考据训诂和章句的串讲为主，"间或有一些政治、伦理思想的解说，这些解说也大多停留在政治实践需要的层次上，缺乏深刻的理论思维"①。及至宋代，《论语》学的注解方式大为扩展，一方面有承袭汉唐治学遗风的训诂章句之学，如邢昺的《论语注疏》、周式的《论语集解辨误》、纪宣的《论语摘科辨解》、杜莘老的《论语集解》、余象的《论语集解》、阮逸的《论语增注》等。《四库全书总目》评价邢昺《论语注疏》说："今观其书，大抵剪皇氏之枝蔓，而稍傅以义理，汉学、宋学兹其转关。……《中兴书目》曰：'其书于章句、训诂、名物之际详矣。'盖微言其未造精微也。"② 可见，四库馆臣以邢昺《论语注疏》书含义理之学，而作为宋学有别于汉学的一个转关。然而，此书又因详于章句、训诂、名物，仍是汉学的模式，因此不能作为宋代义理《论语》学兴盛的重要代表。另一方面，宋代《论语》学又能站在哲学高度上对经典义理的解读和阐发，而且这一部分逐渐成为《论语》注释中的主要内容，《论语》学由此而进入宋学时期。宋代学者

---

① 董洪利：《孟子研究》，江苏古籍出版社 1997 年版，第 193 页。
② 永瑢等：《四库全书总目》，中华书局 1965 年版，第 291 页。

对于经书的注释不仅仅是为了以今释古、扫除阅读理解上的障碍，他们欲以注释经书为手段，借以阐发新儒学，即由训诂以通义理。因此，尽管其注释中也重视文字训诂，但其目的不是为了释读而作，而是为了通经明道而作，为重建政治的合法性依据而作。如"宋初三先生"之一的胡瑗著有《论语说》，对《论语》义旨颇多发挥。他在释读《先进篇》"柴也愚，参也鲁，师也辟，由也喭"时，指出："命者禀之于天，性者命之在我。在我者修之，禀于天者顺之。愚、鲁、辟、喭，皆道其所短而使修之者也。"① 谈到了性命问题和心性修养问题，为宋代性命之说之滥觞。又程颐著有《论语解》，从体用的角度来重新释读"忠恕"："忠者天道，恕者人道；忠者无妄，恕者所以行乎忠也；忠者体，恕者用，大本达道也。"② 又用自家体贴出来的"理"解释孔子的"仁"："仁者天下之正理，失正理则无序而不和。"③ 朱子曾评价说："《论语》惟伊川所解，语意含蓄，旨味无穷。"④ 其后程门弟子大都有《论语》注本，如吕大临有《论语解》、谢良佐有《论语解》、游酢有《论语杂解》、杨时有《论语解》、尹焞有《论语解》，这些人皆以义理释《论》，其中尤以谢氏之《论语》学最为有名。他在《序》中强调《论语》难读，想读懂《论语》，不仅要"反其心"，而且要"体之身"，做到人书合一，"心与天地同流，体与神明为一"，唯其如此，才能"识圣人之心"⑤，才能言能中伦、行能中虑。其中富含"明心见性""格物穷理""知行合一"的思想萌芽，这正是宋学的研究主题。胡寅在其书后序中说："上蔡谢公，得道于河南程先生。元祐中，掌秦亭之教，遂著《论语解》，发其心之所得，破世儒穿凿附会浅近胶固之论，如五星经乎太虚，与日

---

① 黄宗羲、全祖望：《宋元学案·震泽学案》，中华书局1986年版，第26页。
② 朱熹：《四书章句集注》，中华书局1983年版，第72—73页。
③ 同上书，第62页。
④ 朱彝尊：《经义考》卷二百十四，中华书局1998年影印版，第1099页。
⑤ 同上书，第1099—1100页。

月为度数，不可易也。其有功于吾道也卓矣！而学者初不以为然也。某年二十一……在太学得其书，时尚未盛行也。后五年，传之者盖十一焉。"① 可见，随着程门弟子的发展壮大，《论语》学的义理化已蔚然成风。及至南宋，以朱熹、张栻、陆九渊为代表的闽学、湖湘学和陆学学派，以《论语》解读为抓手，从中不断生发出本体论、心性论和工夫论等思想，"从而建构了一种理学型的《论语》学，使《论语》学发展到一个新的高峰"②。

二 《论语》诠释大发展的原因

宋代的《论语》诠释在数量上超过了以往任何朝代，在注解方式上也开创了义理学的新时代。之所以会取得如此大的成就，究其原因，我认为不外乎有以下几点：

其一，统治者"兴文教，抑武事"③ 治国方略的确立，为《论语》诠释的大发展提供了良好的外部条件。宋朝统治者鉴于唐末五代以来世风败坏、文化失序的状况，在消除武将专权、藩镇割据等隐患的同时，确立了"兴文教，抑武事"的治国方略，尊孔崇儒就是这个治国方略的重要内容。在尊孔方面，宋太祖登基伊始，便下令"增修国子监学舍，修饰先圣、十哲像，画七十二贤及先儒二十一人像于东西廊之板壁"④，并亲自为孔子、颜渊写赞词，"令宰臣、两制以下分撰余赞"⑤。建隆二年（961），下令贡举人到国子监拜谒孔子，并著为定例。次年又下令用一品礼祭祀孔子庙。太宗即位第三年，召见孔子后裔孔宜，"问以孔氏世嗣，擢右赞善大大，袭封文宣公"⑥，并蠲

---

① 朱彝尊：《经义考》卷二百十四，中华书局 1998 年影印版，第 1100 页。
② 朱汉民、张国骥：《两宋的〈论语〉诠释与儒学重建》，《中国哲学史》2008 年第 4 期。
③ 李焘：《续资治通鉴长编》卷十八，中华书局 1995 年版，第 394 页。
④ 徐松：《宋会要辑稿·崇儒》，河南大学出版社 2001 年版，第 38 页。
⑤ 李焘：《续资治通鉴长编》卷三，中华书局 1995 年版，第 68 页。
⑥ 李焘：《续资治通鉴长编》卷十九，中华书局 1995 年版，第 435 页。

免其所有赋税。太平兴国八年（983），又下诏重修曲阜孔庙。宋真宗大中祥符元年（1008），东封泰山。十一月初一驾幸曲阜，备礼祭拜孔庙。"内外设黄麾杖，孔氏宗属陪位，帝服靴袍，行酌献礼。又幸叔梁纥堂，命官分奠七十二弟子、先儒泊叔梁纥、颜氏。初，有司定仪肃揖，帝特展拜，以表严师崇儒之意，亲制赞，刻石庙中。复幸孔林，以树拥道，降舆乘马，至文宣王墓，设奠再拜。诏追谥曰玄圣文宣王，祝文进署，祭以太牢，修饰祠宇，给便近十户奉莹庙。"①真宗还不顾当时"肃揖"的规定，"特再拜，以表严师崇儒之意"。同时，下令追封孔子父亲叔梁纥为鲁国公，母颜徵在为鲁国太夫人，妻亓官氏为郓国太夫人。二年五月，又"诏追封十哲为公，七十二弟子为侯，先儒为伯或赠官。亲制《玄圣文宣王赞》，命宰相等撰颜子以下赞，留亲奠祭器于庙中，从官立石刻名。既以国讳，改谥至圣文宣王。赐孔氏钱帛，录亲属五人并赐出身，又赐太宗御制、御书一百五十卷，银器八百两。"②同时诏令"太常礼院定州县释奠器数：先圣、先师每坐酒尊一、笾豆八、簠二、簋二、俎三、罍一、洗一、篚一，尊皆加勺、幂，各置于坫，巾共二，烛二，爵共四，坫。有从祀之处，诸坐各笾二、豆二、簠一、簋一、俎一、烛一、爵一"③。将祭拜孔子制度化，这是此前所没有的。

宋代还改定贡士始入辟雍时拜谒孔子之礼。宋以前，只有贡举人拜谒先师孔子之礼（此礼始于开元二十六年）。所谓"诸州贡举人见讫，就国子监谒先师，官为开讲，质问疑义，所司设食"④。宋徽宗大观初年，大司成强渊明说："考之礼经，士始入学，有释菜之仪。请自今每岁贡士始入辟雍，并以元日释菜于先圣。"此议得到宋帝的

---

① 《宋史·礼志八》。
② 同上。
③ 同上。
④ 同上。

恩准，并对释菜的仪式等也都作了规定："献官一员，以丞或博士。分奠官八员，以博士、正录。大祝一员，以正录。应祀官前释菜一日赴学，各宿其次。至日，诣文宣王殿常服行礼，贡士初入学者陪位于庭，其他亦略仿释奠之仪。"① 此礼于南宋高宗绍兴十年（1140）被诏与大社、大稷一起被尊为国家之大祀。

宋廷还优礼孔子后裔，改封孔子嫡系后裔为衍圣公。宋初，沿用唐制，封孔子后裔为文宣公。仁宗至和初，太常博士祖无择认为孔子后裔之袭封爵名"文宣公"是不对的，请求朝廷为孔子后裔另定封号。他说："按前史，孔子后袭封者，在汉、魏曰褒成、褒尊、宗圣，在晋、宋曰奉圣，后魏曰崇圣，北齐曰恭圣，后周、隋并封邹国，唐初曰褒圣，开元中，始追谥孔子为文宣王。又以其后为文宣公，不可以祖谥而加后嗣。"②

仁宗皇帝将其建议进行廷议，得到了大臣们的认可，于是，下诏改封"文宣公"为"衍圣公"。其诏文说："孔子之后，自汉元帝封其爵为褒成君，以奉其祀，至平帝改为褒成侯，始追谥孔子为褒成宣尼公。褒成，其国也；宣尼，其谥也；公、侯，其爵也。后之子孙，虽更改不一，而不失其义。至唐，去国名而袭谥号，礼之失也。谓宜去汉之旧，革唐之失。稽古正名，于义为允。宜改封至圣文宣工四十六代孙宗愿为衍圣公。"③ 从此之后，孔子嫡系后裔爵号为"衍圣公"，沿袭达八百多年。

在崇儒方面，宋太祖采用"杯酒释兵权"的方式，解除了武将的权力，重用读书人。宋太宗时，明确提出"王者虽以武功克定，终须用文德致治"④，因而任用大批文臣执政，竭力提高儒学地位。宋真

① 《宋史·礼志八》。
② 《宋史·礼志二十二》。
③ 庄绰：《鸡肋篇》卷中，中华书局1983年版，第48页。
④ 李焘：《续资治通鉴长编》卷二十三，中华书局1995年版，第528页。

宗即位后，对儒家思想倍加推崇。他亲撰"崇儒术论"以张扬儒学在历代王朝和国家崇替中的指导效应："儒术汙隆，其应实大，国家崇替，何莫由斯。故秦衰则经籍道息，汉盛则学校兴行。其后命历迭改，而风教一揆。有唐文物最盛，朱梁而下，王风寖微。太祖、太宗丕变弊俗，崇尚斯文。朕获绍先业，谨导圣训，礼乐交举，儒术化成，实二后垂裕之所致也。"① 站在封建帝王的立场上评述了儒家思想学术在社会生活中化民移俗和国家崇替的历史变迁中的指导作用。

与此同时，宋代统治者十分重视儒家教育。他们不仅亲自习经，如宋太祖召王昭素讲《易》，真宗从崔颐正、崔偓佺学《尚书》，召邢昺"讲《孝经》《礼记》《论语》《书》《易》《诗》《左氏传》"②，而且亲自讲经，如宋真宗，"在东京，讲《尚书》凡七遍，《论语》《孝经》亦皆数四"③。为了强化儒学教育，宋太宗端拱时，曾诏令国子监镂版孔颖达《五经正义》，以为科举取士之本。为了保证版本的质量，在镂版前，宋太宗委派专人对《五经正义》予以了校勘。据《玉海》载，当时参与校勘工作的《易》《书》有孔维、李说等人，《春秋》有孔维、王炳、劲世隆等人，《诗》有孔维、李觉、毕道升等人，《礼记》有胡迪、纪自成、李至等人。淳化五年，李至上言："《五经》书疏已板行，惟'二传''二礼'《孝经》《论语》《尔雅》七经疏未备，岂副仁君垂训之意？今直讲崔颐正、孙奭、崔偓佺皆励精强学，精通经义，望令重加校雠，以备刊刻。"④ 此建议获得了恩准，于是，校勘的范围扩大了。其后真宗咸平二年，诏命邢昺"与杜镐、舒雅、孙奭、李慕清、崔偓佺等校定《周礼》《仪礼》《公羊》《穀梁春秋传》《孝经》《论语》《尔雅》义疏"⑤。为了扩大儒家经典

---

① 李焘：《续资治通鉴长编》卷七十九，中华书局 1995 年版，第 1798—1799 页。
② 《宋史·邢昺传》。
③ 李焘：《续资治通鉴长编》卷二十八，中华书局 1995 年版，第 1635 页。
④ 《宋史·李至传》。
⑤ 《宋史·邢昺传》。

的影响，宋真宗还恩赐郡县学校，及聚徒讲诵之所九经书一部。又据南宋李心传《建炎以来系年要录》卷 148 记载，宋高宗曾手书儒经，刻石立学。绍兴十三年十一月丁卯，"秦桧奏前日蒙附出御书《尚书》，来日欲宣示侍从官，不惟观陛下书法之妙，又令知陛下圣学不倦如此"，"时上所写六经与《论语》《孟子》之书皆毕，桧因请刊石于国子监，仍颁墨本赐诸路州学，诏可"。南宋石经当时立石太学并将石刻墨本颁赐各州学，起到了标准教科书的作用。

宋代统治者在科举考试的科目设置中也以儒学为主。《宋史·选举志一》说："初，礼部放举，设进士、九经、五经、开元礼、三史、三礼、三传、学究、明经、明法等科。皆欲取解，冬集礼部，春考试。合格及第者，列名放榜于尚书省。"这些科目在录取时都要或多或少地考儒家经典。

从中国儒学史、哲学史的角度上说，宋代诸帝的尊孔崇儒活动作为一种学术和思想导向，支持、鼓励了儒学的复兴和宋明新儒学的形成，为国家、社会的稳定做出了重大的努力，对中国封建社会后半期统治思想的形成具有重大影响。同时，也为《论语》研究的大发展营造了良好的政治氛围。

其二，儒家道统的提出和确立，为《论语》诠释的大发展提供了丰厚的土壤。佛、道有道统之说，以标榜自身渊源久远，根基深厚。韩愈为确立儒学在中国文化上的正统地位，效法二教所为，创立了儒家道统说。他在《原道》中说："斯吾所谓道也，非向所谓老与佛之道也。尧以是传之舜，舜以是传之禹，禹以是传之汤，汤以是传之文武周公，文武周公传之孔子，孔子传之孟轲，轲之死，不得其传焉。"[1] 在这里，他建立了一套由尧、舜、禹、汤、文、武、周公、孔、孟前后传承的道统体系。宋儒在此基础上，又进一步予以充实和

---

[1]　韩愈：《韩昌黎全集》，世界书局 1935 年版，第 174 页。

发展，将曾子和子思加在孔孟之间，并以"孔、曾、思、孟"相传之道统为正宗。他们遥承孟子，以接续孟子之统续为己任。如二程曾说："孔子没，传孔子之道者，曾子而已。曾子传之子思，子思传之孟子，孟子死，不得其传，至孟子而圣人之道益尊。"① 在接续道统时，他们撇开了韩愈，遥承孟子。朱子曾说："此道更前后圣贤，其说始备。自尧舜以下，若不生个孔子，后人却何处讨分晓？孔子后若无个孟子，也未有分晓。孟子后数千载，乃始得程先生兄弟发明此理。今看来汉唐以下诸儒说道理见在史策者，便直是说梦！只有个韩文公依稀说得略似耳。"② 其弟子黄榦更进一步说："道之正统待人而后传。自周以来，任传道之责者不过数人，而能使斯道章章较著者，一二人而止耳。由孔子而后，曾子、子思继其微，至孟子而始著。由孟子而后，周、程、张子继其绝，至熹而始著。"③ 认为孟子之后，周、程、张、朱接续了中华文脉。及至南宋，理宗对周敦颐、程颢、程颐、张载、朱熹大加表彰，确认了他们的道统地位。淳祐元年（1241），理宗把亲撰的《道统十三赞》"就赐国子监，宣示诸生"④，正式肯定了从二程到朱熹是孔孟以来道统的真正继承人，使程朱理学成为封建正统思想和钦定的官方哲学。儒家道统说的建立，确立了儒学在中华文化上的正统地位。

宋儒为了将孔、曾、思、孟的道统落实到实处，便将《论语》《大学》《中庸》《孟子》四书与之相对应，指出《论语》反映了孔子的思想，《大学》是孔子之遗言而曾子述之，《中庸》出于子思之手，《孟子》出于孟子之手，他们之间是师徒关系，学统一以贯之，道统依次传承。经过宋儒的努力，四本经典逐渐聚合在一起，形成了

① 程颢、程颐：《二程遗书》，上海古籍出版社 2000 年版，第 384 页。
② 黎靖德编：《朱子语类》，中华书局 1994 年版，第 2350 页。
③ 《宋史·朱熹传》。
④ 《宋史·理宗纪》。

一门新的学问——"四书"学。这其中尤以程朱贡献最大。在他们看来，《论语》《孟子》《大学》《中庸》是整个儒家典籍的基础，学者的入德之门。学者们只有首先研读这四部经典，从中领悟圣人之道的精蕴，在心中确立基本的价值取向，才能为整个儒家经典的研习打下良好的基础。李方子曾评价说："《语》《孟》二书，世所诵习，为之说者亦多，而析理未精，释言未备。《大学》《中庸》，自程子始表章之。然《大学》次序不伦，阙遗未补；《中庸》虽为完篇，而章句浑沦，读者亦莫知其条理之粲然也。先生（指朱熹）搜集先儒之说而断以己意，汇别区分，文从字顺，妙得圣人之本旨，昭示斯道之标的。又使学者先读《大学》以立其规模，次及《语》《孟》以尽其蕴奥，而后会其归于《中庸》。尺度权衡之既当，由是以穷诸经、订群史，以及百氏之书，则将无理之不可精，无事之不可处矣。"① 朱熹将《大学》《中庸》《论语》《孟子》结集在一起，并加以训释，名之曰《四书章句集注》，在南宋末年得到了最高统治者的青睐，开始流行起来。《续资治通鉴长编》卷一四六载理宗宝庆三年（1227）诏曰："朕每观朱熹《论语》《中庸》《大学》《孟子》注解，发挥圣贤之蕴，羽翼斯文，有补治道。朕方励志讲学，缅怀典型，深用叹慕！可特赠大师，追封信国公。"由于受到朝廷的推崇，"四书"的地位逐步提高，"四书"学遂蔚然成为大观。作为"四书"之一的《论语》在此大背景下自然也受到了学者的重视，《论语》学也随着"四书"学的兴盛而发展起来。

其三，疑经思潮的盛行加速了经学的转型。北宋肇基伊始，政治上相对宽松，形成了"与士大夫治天下"② 的政治格局，这不仅有助于士人们施展才智、阐发见解，自由争鸣，而且有助于士大夫们走出

---

① 朱彝尊：《经义考》卷二百五十二，中华书局 1998 年影印版，第 1271 页。
② 李焘：《续资治通鉴长编》卷二百二十一，中华书局 1995 年版，第 5370 页。

传统的章句训诂之学的牢笼。因此，表现在学风上也是一方面仍承汉唐之余绪，还有些保守，但另一方面自中唐以来兴起的"解经不拘传注且注重探求义理的学术风气也在潜流暗涌。仁宗时期，随着内外交困的渐趋加剧，要求改革的呼声越来越高。在政治改革大潮的激荡下，经学研究领域内又再度焕发生机，出现了一股推陈出新、去伪存真的势头"。范仲淹、欧阳修等人"一方面通过改革科举制度，要求考生鄙薄章句，不惑传注，注重经义的阐发，一方面又身体力行，怀疑经传，引导传统经学的变革，最终形成了左右社会时局、影响学术走向的疑经变古思潮。这一思潮，既与当时的儒学复兴运动大致同步，又与摒弃章句注疏之学、倡导义理之学的经学变革相隼接，彼此包容，相互促进"①。

宋儒的疑经肇始于孙复，他在写给范仲淹的书信中说："专主王弼、韩康伯之说而求于大《易》，吾未见其能尽于大《易》者也；专守左氏、公羊、穀梁、杜预、何休、范宁之说而求于《春秋》，吾未见其能尽于《春秋》者也；专守毛苌、郑康成之说而求于《诗》，吾未见其能尽于《诗》者也；专守孔安国之说而求于《书》，吾未见其能尽于《书》者也。彼数子之说，既不能尽于圣人之经，而可藏于太学、行于天下哉？又后之作疏者，无所发明，但委曲踵于旧之注说而已。"由此可见，孙复对由唐政府钦定的经典旧注提出了全面挑战。同时他在书中还请求范仲淹建议皇帝，"广诏天下鸿儒硕老，置于太学，俾之讲求微义，殚精极神，参之古今，覆其归趣，取诸卓识绝见大出王、韩、左、谷、公、杜、何、毛、范、郑、孔之右者，重为批注，俾我六经廓然莹然，如揭日月于上，而学者庶乎得其门而入也。如是则虞、夏、商、周之治可不日而复矣"②。此一建议，可说是对

① 参见张涛、任利伟《疑经变古思潮中的宋代易学考辨》，《古籍整理研究学刊》2009 年第 2 期。

② 孙复：《孙明复小集·寄范天章书二》，《四库全书》本，台湾商务印书馆影印文渊阁本。

传统注疏的全面否定，故清人钱大昕认为，宋人怀疑旧说，由孙复"实倡之"。① 以此为滥觞，宋代疑辨风气蔓延开来。司马光在《论风俗札子》中描述了当时的情形：

> 新进后生，口传耳剽，读《易》未识卦爻，已谓《十翼》非孔子之言；读《礼》未知篇数，已谓《周官》为战国之书；读《诗》未尽《周南》、《召南》，已谓毛、郑为章句之学；读《春秋》未知十二公，已谓三《传》可束之高阁。循守注疏者，谓之腐儒；穿凿异说者，谓之精义。②

可见疑经已演变为当时的社会思潮，成为躁动一时的社会风气。

在疑经思潮盛行的同时，几乎所有的儒家学者转而讲求儒经经义、探究名理、自出新义，从而形成了一门新的学问——"义理之学"。此学重在别出新见以阐发经文的微言大义，超越旧来儒者注疏而自出议论。欧阳修、孙复等为开风气之先的代表人物。风气使然，一时学者，莫不以此为尚。如张载《经学理窟·义理》云："须是自求，已能寻见义理，则自有旨趣，自得之则居之安矣。"③ 所谓自己求寻义理，即是发明己说，概见当时学者治学，已显现出"自出义理"的价值取向。

这种价值趋向，经王安石的推动，遂蔚为大观。神宗年间，王安石改革科举考试。规定进士考试，每试四场，"初本经，次兼经，并大义十道，务通义理，不须尽用注疏"④。改革后的考试方法，在实

---

① 钱大昕：《潜研堂文集》卷二十六《重刻孙明复小集序》，载陈文和主编《嘉定钱大昕全集》第九册，江苏古籍出版社 1997 年版，第 411 页。

② 司马光：《司马文正公传家集》卷四十二，《四库全书》本，台湾商务印书馆影印文渊阁本。

③ 《张载集》，中华书局 1978 年版，第 273 页。

④ 李焘：《续资治通鉴长编》卷二百二，中华书局 1995 年版，第 5334 页。

施过程中得到了宋神宗的称赞："今岁南省所取，多知名举人，士皆趋义理之学，极为美事。"① 另据《宋史·王安石传》云："初，安石训释《诗》《书》《周礼》，既成，颁之学官，天下号曰'新义'。……一时学者，无敢不专习，主司纯用以取士，士莫得自名一说。先儒传注，一切废不用。"《三经新义》的颁布，更加促进了汉唐注疏之学向宋代义理之学的转型。

宋代的义理之学主要研究前儒罕言的性理问题，在宋儒看来，只有深究"性命义理"之学，才能通达天理。张载曾言："穷理尽性，则性天德，命天理。""所谓天理也者，能悦诸心，能通天下之志之理也。"② 这种思想，成为当时学者的共同理念，他们纷纷以道德性命之学，作为发挥义理之学的思想核心，几至非性命之说不谈。苏轼《议学校贡举状》有云："夫性命之说，自子贡不得闻，而今之学者，耻不言性命。"③ "性命之说"之流行，由此可见一斑。

受此影响，对性命之学的探讨也体现在宋儒对《论语》的阐释中。如《公冶长篇》"夫子之言性与天道，不可得而闻"章，杨时解曰："天命之谓性，率性之谓道，性命道三者，一体而异名，初无二致也。故在天曰命，在人曰性，率性而行曰道，特所从言之异耳。所谓天道者，率性是也，岂远乎哉！夫子之文章，乃所以言性与天道，非有二也，闻者自异耳。"④ 在杨时看来，这个万物一源之性和天命本是一物，性就是天命。朱熹解释说："性者，人所受之天理；天道者，天理自然之本体，其实一理也。"天道就是"天理自然之本体"，人性也就是人所禀赋的天理，人性将人与天道搭挂了起来。可见，宋儒的聚焦点已有前儒所关注的"尽伦""尽制"问题转向了"天道性

---

① 李焘：《续资治通鉴长编》卷二百四十三，中华书局 1995 年版，第 5917 页。
② 《张载集》，中华书局 1978 年版，第 23 页。
③ 苏轼：《苏轼文集》，中华书局 1986 年版，第 725 页。
④ 朱熹：《论语精义》，见朱杰人等编《朱子全书》第七册，上海古籍出版社、安徽教育出版社 2002 年版，第 180 页。

命”问题，对此，杨儒宾评论说，宋儒的关注点“已转至夫子罕言的‘天道性命’议题”，“‘尽伦’‘尽制’不是不重要，但圣王这些事业现在被认定只有建立在‘性命’的基础上，它们才可以具有更深刻的意义”①。

其四，儒家学者从哲理层面对佛、道思想的吸收融合，为《论语》诠释的大发展注入了新鲜的血液。

两宋时期的儒学，经过魏晋六朝隋唐的洗礼，已经成为融合释老的新儒学。活跃于北宋中期诸大学派的领袖人物，在求学过程中，除了钻研传统儒家《六经》之外，都曾不约而同地濡染于佛、老之学。如王安石“少学孔、孟，晚师瞿、聃”②。苏轼“初好贾谊、陆贽书，论古今治乱，不为空言。既而读《庄子》，喟然叹息曰：‘吾昔有见于中，口未能言，今见《庄子》，得吾心矣！’后读释氏书，深悟实相，参之孔、老，博辩无碍，浩然不见其涯也”③。又如张载，吕大临撰《横渠先生行状》曰：“年十八上书谒范文正公。公劝读《中庸》。先生读其书虽爱之，犹未以为足也；于是又访诸释、老之书，累年尽究其说，知无所得，反而求之《六经》。”④又如程颢，程颐撰《明道先生行状》亦曰：“先生为学：……泛滥于诸家，出入老、释者几十年，返求诸《六经》而后得之。”⑤程颐也曾“泛滥诸家，出入于老释者几十年”，在他看来，“释氏之道诚弘大”⑥，“佛说直有高妙处，庄周气象大，故浅近”⑦，认可了佛学的合理之处，甚至赞扬

①　杨儒宾：《〈中庸〉、〈大学〉变成经典的历程：从性命之书的观点立论》，见李明辉编《中国经典诠释传统》（二），《儒学篇》，台湾喜马拉雅研究发展基金会，2002年，第154页。
②　苏轼：《苏轼文集》，中华书局1986年版，第1077页。
③　苏辙：《东坡先生墓志铭》，见《苏东坡全集》上册，中国书店1986年版，第37页。
④　朱熹编、杨廉新增：《伊洛渊源录新增》卷六，日本京都中文出版社1972年版，第188—189页。
⑤　程颢、程颐：《二程集》，中华书局1981年版，第638页。
⑥　同上书，第272页。
⑦　同上书，第425页。

说："今之学释氏者，往往皆高明之人。"① 南宋诸儒亦是如此，据《崇安县志》卷22记载，朱熹"少年即慨然有求道之志，博求之经传，遍交当时有识之士，虽释老之学，亦必究其归趣，订其是非"。由此可见，宋代学者许多人虽以大儒著称，但其学说思想，都存在着或隐或显的佛、老思想的影子，以至于后儒评论宋儒，有所谓"论宋儒，谓是集汉、晋释、道之大成者则可，谓是尧、舜、周、孔之正派则不可"② 之说。

受释老之学的影响，宋儒在创建思想体系时，常常借用佛道思想。如张载的人性论在同时代的儒家学说中独树一帜，提出了"天地之性""气质之性"的观点，然这种观点与当时的道教金丹派南宗创始人张伯端之说别无二致："夫神者，有元神焉，有欲神焉。元神者，乃先天以来一点灵光也。欲神者，气质之性也。元神者，先天之性也。形而后有气质之性，善反之，则天地之性存焉。自为气质之性所蔽之后，如云掩月，气质之性虽定，先天之性则无有。然元性微，而质性彰。如人君之不明，而小人用事以蠹国也。且父母媾形，而气质具于我矣。将生之际，而元性始入，父母以情而育我体，故气质之性，每遇物而生情焉。今则徐徐划除，主于气质尽，而本元始见。本元见，而后可以用事，无他。百姓日用，乃气质之性，胜本元之性，善反之。则本元之性，胜气质之性。以气质之性而用之，则气亦后天之气也。以本元之性而用之，则气乃先天之气也。气质之性本微，自生以来，日长日盛，则日用常行，无非气质。一旦反之矣，自今以往，先天之气纯熟，日用常行，无非本体矣。此得先天制后天，无为之用也。"③ 又，二程吸纳佛学本体论思想，建立了"理本论"的哲学思想体系，陈确曾言："'本体'二字，不见经传，此宋儒从佛氏

---

① 程颢、程颐：《二程集》，中华书局1981年版，第196页。
② 颜元：《习斋记余·上太仓陆桴亭先生书》，见《颜元集》，中华书局1987年版，第427页。
③ 张伯端：《青华秘文·神为主论》，《道藏》第4册，上海书店出版社1988年版，第364页。

脱胎来者。"① 二程还吸收佛学的"真性""自性"说，借以改造和发展儒家的人性论。在他们看来，"性即理也，所谓理，性是也"②，"性"是天理在人身上的体现，此"性"的内容是仁、义、礼、智、信，是天命之性，乃"天然完全自足之物"③，它只要不为外物所染，就会长期保持下去。但受气禀的影响，故"人生气禀，理有善恶"④，"其所以不善者才也。受于天之谓性，禀于气之谓才，才之善不善由气之有偏正也"⑤。这是说禀清气则为善，禀浊气则为恶，此即谓气禀之性，这种气禀之性受后天影响颇多，因此人们可以通过学习修养而恢复天命之性，这与佛家所谓的"真性""自性"通过修养而成佛的道理是完全相通的。此外，二程的"去人欲，存天理"的禁欲主义思想是由佛教《法华经》"诸苦所困，贪欲为本，若灭贪欲，无所依止"的思想承袭熔铸而成的。在二程看来，天理和人欲是完全对立的，"不是天理，便是私欲"⑥，只有灭人欲，才能明天理。这一主张与佛教"禁欲"观亦步亦趋。⑦ 宋代理学集大成者朱熹的思想博大而精深，这也与其能够吸收佛老之学有关，他为论证"理一分殊"的原理，曾大量吸收了佛教华严宗关于"一"与"多"及"月映万川"的思想。与朱熹理学思想相对立的陆九渊的心学派，其思想中关于"本心""明心"的心学观念就显然受禅宗"万法尽在自心"，"内外明澈，识自本心"，"若识自心见性，皆成佛道"⑧ 等思想的影响。他引导启发学生体悟"本心"，也明显是借用了禅宗的直指本心的"顿

---

① 陈确：《陈确集》，中华书局 1979 年版，第 466 页。
② 程颢、程颐：《二程集》，中华书局 1981 年版，第 292 页。
③ 同上书，第 1 页。
④ 同上书，第 10 页。
⑤ 同上书，第 393 页。
⑥ 同上书，第 114 页。
⑦ 参见高建立《两宋时期"以儒摄佛"的思想暗流与传统儒学的新生》，《哲学研究》2006 年第 8 期。
⑧ 徐文明：《顿悟心法：六祖坛经导读·般若品第二》，金城出版社 2010 年版，第 40 页。

悟"方法。《坛经》有言:"言下便悟,顿见真如佛性。是以将此教法流行,令学道者顿悟菩提,各自观心,自见本性。"① 宋儒对佛老的吸收,成为宋代学术史上的一个重要特征,学者全祖望说:"两宋诸儒,门庭径路,半出于佛老。"② 诚非虚言。这一点也是宋代能够实现"三教归一",确立儒学主体地位的重要原因。③

由于具有这样的学术背景,所以宋儒在《论语》解释中亦常常杂有佛道思想。如苏辙的《论语拾遗》,在解释《为政篇》"思无邪"时说:

> 《易》曰:"无思无为,寂然不动,感而遂通天下之故。"《诗》曰:"思无邪。"孔子取之,二者非异也。惟无思,然后思无邪;有思,则邪矣。火必有光,心必有思。圣人无思,非无思也。外无物,内无我,物我既尽,心全而不乱。物至而知可否,可者作,不可者止,因其自然,而吾未尝思。未尝为此,所谓无思无为,而思之正也。若夫以物役思,皆其邪矣。如使寂然不动,与木石为偶,而以为无思无为,则亦何以通天下之故也哉?故曰"思无邪。思马斯徂。"苟思马而马应,则凡思之所及无不应也。此所以为感而遂通天下之故也。④

这里,苏辙以《易》曰"无思"解释《诗》曰"思无邪",认为"惟无思,然后思无邪",而圣人无思则是指"外无物,内无我,物我既尽,心全而不乱",此处的圣人颇有些道家、佛家的意味。但毋庸置疑的是,苏辙从一个独特的角度阐释了孔子用"思无邪"三字来

---

① 程颢、程颐:《二程集》,中华书局1981年版,第40页。
② 全祖望:《鲒埼亭集外篇》卷三《题真西山集》,《全祖望集汇校集注》,上海古籍出版社2000年版,第1371页。
③ 参见朱汉民等《中国学术史·宋元卷》,江西教育出版社2001年版,第25—26页。
④ 苏辙:《论语拾遗》,见《栾城集》下册,上海古籍出版社1987年版,第1536页。

评价《诗经》的真正命意。因为人非土木，不能无思，孔子之所
"尽心"处，正在于如何能使"有思"之人无邪思。孔子希望通过教
人们学《诗》达到道德和人格完善的目的，发挥《诗经》的社会教
化作用。

第二节 明代《论语》研究的特点及成因

在中国《论语》学史上，明代《论语》诠释研究是不可或缺的
重要一环。其间，诸种学说以独特的社会政治架构为背景，相激相
荡、融合兼采，不仅凸显了心学的因子，而且出现了修朱订王、调和
朱王的诠释专著；不仅兴起了注重名物训诂的风气，而且会通儒释道
的色彩亦日趋明显，在薪续宋元《论语》学研究成果的基础上，为清
代《论语》研究的兴盛奠定了厚实基础。

一 明代《论语》诠释的特色

明代《论语》学的发展与演变，大致可分为三个时期来考察，从
洪武元年（1368）至宣德十年（1435）为前期，从正统元年（1436）
至嘉靖四十五年（1566）为中期，从隆庆元年（1567）至崇祯十七
年（1644）为晚期①。每个时期都有自己的学术特色和关注点。

明前期，虽然有《四书大全》的出笼，虽然确立了以《四书章
句集注》为主的科举考试制度，但这一时期受元末战争和靖难之役的
影响，学术元气还未恢复，68 年间，不计与之相关联年代的著作，
总共才 28 部。虽数量不多，但这些著作大都尊奉《论语集注》，信守

---

① 参见周翔宇《经典诠释的新发展——明代〈春秋〉学研究》，博士学位论文，华中师范大
学，2015 年。

朱子《四书》学。其中有代表性的著作有熊钊的《论孟类编》、周是修的《论语类编》、蒋允汶的《四书类编》、陶宗仪的《四书备遗》、景星的《四书集说启蒙》、郑济的《四书讲解》、赵新的《四书说约》、刘醇的《四书解疑》、胡广等人的《四书大全》、周士显的《删定四书大全》、王逢的《四书通义》、何英的《四书释要》等。这些著作"非程朱之学不载,足为学者准绳"①,究其原因就在于,明初诸儒"皆朱子门人之支流余裔,师承有自,矩蠖秩然"②。他们"承宋元诸儒理学大明之后,黑白昭然,不必登堂入室之士然后能知圣人之道"③。在其看来,朱子集圣人之道之大成,"自孟子之殁,大道晦冥,世人摘埴而索涂者,千有余载。天生濂洛关闽四夫子,始揭白日于中天,万象森列,无不毕见,其功固伟矣!而集其大成者,唯考亭子朱子而已"④,其所著《四书》相关著作乃载道之体,"四书《集注》《章句》《或问》,皆朱子萃群贤之言议,而折衷以义理之权衡,至广至大,至精至密,发挥先圣贤之心,殆无余蕴",因此,"学者但当依朱子精思熟读,循序渐进之法,潜心体认而力行之,自有所得"⑤。在上述著作中,尤以胡广等人编纂的《四书大全》为翘楚,其体例为先列《四书》正文,次列朱熹《四书集注》及诸儒之说,"凡《集成》《辑释》(吴真子《四书集成》、倪士毅《四书辑释》——笔者注)所取诸儒之说有相发明者,采附其下,其背戾者不取。凡诸家语录、文集,内有发明经注,而《集成》《辑释》遗漏者,今悉增人"⑥。该书将朱子后学之说"会而通之,去其驳而录其纯",使"圣贤之道昭然大明";颁布天下后,"凡从事于圣贤之学

---

① 陆陇其:《松阳钞存》,《四库全书》本,台湾商务印书馆影印文渊阁本。
② 《明史·儒林传》。
③ 陆陇其:《松阳钞存》,《四库全书》本,台湾商务印书馆影印文渊阁本。
④ 宋濂:《宋濂全集》,浙江古籍出版社1999年版,第1450页。
⑤ 王云五:《薛文清公读书录》卷二,商务印书馆1937年版,第19页。
⑥ 《四书大全·凡例》。

者，莫不欣焉，若披云雾而仰青天，若剪荆棘而寻大路，坦然无疑，释然有悟，诚万世之宝也"①。

明中期，虽然经济趋于好转，人才储备日增，但受"土木堡之变"和景泰、天顺之际政局动荡的影响，《论语》学好长一段时间内发展较为缓慢，与之相关的著作寥寥无几；直至嘉靖中晚期出现了"天下翕然称治"到"百余年富庶治平之业，因以渐替"②的转折后，《论语》学才得到长足发展。这一时期，尽管尊朱学派依然占据主导地位，但《论语》注释也出现了心学化倾向和考据学特色。

一是朱学依然占据主导地位。这期间撰写的著作主要围绕两方面展开，一方面是株守朱学的传注类著作，如杨守陈的《四书私抄》、吕柟的《四书因问》等。其中杨守陈的《论语私抄》"独抄经与《集注》以诵味之，《集注》间有义尤深辞甚简者，择抄他说以明之，然亦罕矣。若蒙见未逮朱子，而不能无疑者，以附之各篇之末，俟异日学进而无疑直削耳"③。另一方面是出现了为应付科举考试而撰写的著作，如蔡清的《四书蒙引》、刘剡的《四书通义》、林希元的《四书存疑》等。其中蔡清的《四书蒙引》，凡合于朱子者取之，异者斥之，"发明朱子《集注》最为详明"④，所以，清人蔡廷魁在《蔡文庄公集序》中说："文庄公崛起于明，远寻坠绪。殚毕生精力，著《易》《四书蒙引》，阐孔孟之微言，发明濂洛关闽之正学，刊学官而布天下，至今学士文人确守其说毋变。钩深括奥，振落抉衰，文庄公讵非紫阳（朱熹）功臣哉!"⑤高度地评价了蔡清对朱学的造诣和贡献。可见，宗主朱学，依然是明代中期《论语》研究的主流。

二是《论语》的心学化诠释开始涌现。明代学术的心学化趋势自

---

① 朱彝尊：《经义考》卷二百五十六引杨荣语，中华书局 1998 年影印版，第 1290 页。
② 《明史·世宗本纪》。
③ 朱彝尊：《经义考》卷二百二十一引杨守陈语，中华书局 1998 年影印版，第 1127 页。
④ 朱彝尊：《经义考》卷二百五十六引陆元辅语，中华书局 1998 年影印版，第 1291 页。
⑤ 蔡廷魁：《蔡文庄公集序》，《蔡文庄公集》卷首，乾隆七年逊敏斋刻本。

陈献章、王阳明始。《明儒学案》卷五谓："有明之学，至白沙始入精微。其吃紧工夫，全在涵养。喜怒未发而非空，万感交集而不动，至阳明而后大。两先生之学，最为相近。"陈氏一脉"其传不远"①，其后学中这一时期于《论语》有所研究者唯推湛若水，所著《古本四书测》意欲"以心测心"，他说："夫《四书测》，何者也？测也者，测也，不敢知之谓也。是故其词谦，其指严，其忧患深，其析义也微。夫圣贤之弘训奥义，其普矣，畸矣，如天之无不覆矣，如地之无不载矣，如天地阴阳之变化而不可以典要索矣。知在此乎？在彼乎？而生乎百世之下，神会乎百世之上，以意逆志，研精覃思，钓深致远，犹徐徐正以待其自来，而不敢强探力索焉，以自得夫先得我心之同然者，故曰'测'。"② 突出强调了学贵自得的观点。在回答"夫四书者，子朱子已传之矣，而子复有测焉，何居？是亦不可以已乎"这一问题时，他解释说："传解其词，测明其义，以翼乎传，以发挥夫圣人之训，是亦不得已也已。将使藏诸家塾，凡我子弟。学之者由言以自得其心，而会诸理之同然者也。"③ 表明了与朱学诠释立异的态度。至于王阳明，他"虽然没有专门的《论语》诠释著作，但他在《传习录》及《文录》中对《论语》诠释的方法及内容体现了其鲜明的心学特点。他在诠释的方法方面主张反之于心、向内求理、统合归一、诸经互释，在诠释的内容方面提出以理释礼、以理释知、以乐释学、以良知释无知、以去欲存心释克己。他在诠释的方法及内容上确立了以心解经的新典范，打破了朱子对《论语》乃至《四书》诠释的学术垄断，对明代中后期乃至清代初期的儒学经典诠释产生了广泛而深远的影响"④。其后学罗汝芳有《近溪子论语答问集》和

---

① 《明史·儒林传》。
② 湛若水：《修复〈四书〉古本测序》，见洪垣等编《泉翁大全集》卷三，台北图书馆藏，嘉靖十九年朱明书院刊。
③ 同上。
④ 孙宝山：《王阳明的〈论语〉诠释》，《孔子研究》2014 年第 1 期。

《四书一贯》、王艮在《语录》中也有关于《论语》的诠释。

三是《论语》诠释也开始注重考据。明中叶开始，部分学者有感于宋学的种种缺失，开始冲破宋学的窠臼，转而注重名物制度的考订和文字、音韵的研究。受此影响，这一时期的《论语》研究亦呈现出考据学的特色，出现了一批以考据为主的著作。如陈士元的《论语类考》、薛应旂的《四书人物考》、蔡清的《四书图史合考》、商辂的《四书正体校定字音》、李果的《四书音考》、周宾的《四书音考》、周寅的《四书音考》、王觉的《四书明音》等。其中陈士元的《论语类考》"每条必先列旧说，而搜讨诸书，互相参订，皆以'元案'二字列之"①，于一切杜撰浮谈，悉为纠正之。又，蔡清的《四书图史合考》，于《论语》中的人物、历史事实、典章制度、天文地理、礼器乐器兵器、生产用具以及日用杂品等，以篇、章、段、句的顺序为序，随文出具条目，然后杂引他书以证之。这些著作取材广泛，具有工具书的性质，有一定的参考价值。

明代晚期，虽然时间短（仅有 77 年），但与之相关的著作数量却很多，远超前两个时期，《论语》学发展进入了爆发期。这一时期《论语》学的特色为：

一是尊朱类的《论语》学著作仍然十分强劲。与前两个阶段朱学占据主导地位相比，这一时期虽受到了方方面面的冲击，但尊朱类的《论语》学著作依然保持着强劲的势头。此阶段代表作主要有范谦等人的《二刻礼部增补订正四书合注篇主意》、许獬的《四书合喙鸣》、白翔的《四书群言折衷》、张居正的《论语集注阐微集解》、孙应鳌的《论语近语》、章一阳的《论语正学渊源》、孙肇兴的《论语约说》等。其中范谦等人所作"遵守朱注，阐众家之纷纭，一以朱注为

① 永瑢等：《四库全书总目》，中华书局 1965 年版，第 302 页。

准"①, 白翔折中群说,"必以紫阳为依归"②。

二是阳明心学派的《论语》学著作数量大增。这些著作主要有焦竑的《焦氏四书讲录》、周汝登的《四书宗旨》、张岱的《四书遇》、鹿善继的《四书说约》、周宗建《论语商》、寇慎的《四书酌言》等。这些学者扬弃了传统朱注的《四书》诠释观点,普遍以"心学"观点来诠释《论语》。如焦竑在《焦氏四书讲录·下论》卷七中诠释"女闻六言六蔽"章"好学"一词时指出:"好学之学,心学也。心本神明,具众理而应万事者,格物、致知、诚意、正心皆心学的工夫。有此工夫,便是好学,便神明所照,无蔽不彻,众理时出而万事妙应矣! 六德有不尽善乎?"认为孔子所谓"好学"之义是指能致力于"心学的工夫",格物、致知、诚意、正心就是属于"心学的工夫";能致力于此等工夫,本心就能灵明通彻,发挥最佳的道德理性来应对万事。张岱在阐释"舞雩"章"崇德、修慝、辨惑"之义时说:"'德'字、'慝'字、'惑'字皆从心。一心去先事,则'德'日起;专心去除恶,则'慝'日消;耐心去惩忿,则'惑'日解。大抵圣贤教人,只在心上做工夫,不在外边讨求。"③ 从文字的结构和属性上,指出"德""慝""惑"三字都与"心"相关,"崇德、修慝、辨惑"主要是"心"的修养工夫,即"一心去先事、专心去除恶、耐心去惩忿"。认为圣贤讲述的道理主要是教人"在心上做工夫"。以上这些"心学"观点的《论语》诠释,说明阳明心学对当时学者以及《论语》的诠释观点产生了深远的影响,也展现出晚明《论语》诠释所特有的时代风貌。

三是调和朱王的《论语》学著作不断涌现。这方面的著作主要有顾宪成的《四书讲义》、高攀龙的《四书参解》、刘宗周的《论语学

---

① 《续修四库提要》,齐鲁书社 1996 年版,第 1367 页。
② 朱彝尊:《经义考》卷二百五十九引顾宸语,中华书局 1998 年影印版,第 1303 页。
③ 张岱:《四书遇》,浙江古籍出版社 1985 年版,第 265 页。

案》、钱大复的《四书证义笔记》、郝敬的《论语详解》等书中。其中刘宗周《论语学案》力倡"慎独"，以救王学放纵之弊；但亦直言非气质即为性，与朱学立异。① 钱大复"其书要旨在以阳明证紫阳……论学而专事调停，多见其牵强无谓耳"②。

四是会通儒释的《论语》学著作次第出现。这方面的代表作有李贽的《四书评》《读四书》，林兆恩的《四书正义》、来斯行的《四书小参》《四书问答》《论语颂》、管志道的《论语订释》和蕅益大师的《论语点睛》等。这些著作会通儒释，通过对《论语》等经典的佛学解读，力图"发圣言之精蕴，阐日用之平常"③。

五是考据类的《论语》学著作持续升温。这方面的著作主要有朱焯的《注解四书人物考》、金大材的《四书事类通考》、钟惺的《增补四书聚考》、顾梦麟的《四书通考》、陈禹谟的《四书名物考》、陈仁锡的《增补四书精繡图像人物备考》、张星的《四书人物考》、徐邦佐的《四书经学考》、吴苍舒的《四书图考》、薛寀的《四书杂考》、林可成的《四书音义考辩》、赵师尹的《四书正音》《四书句读考异》等。此类著作"大多供时文者獭祭之用，因而评价不高"④，如徐邦佐的《四书经学考》被四库馆臣称为"杂钞故实，疏漏实甚"⑤ 之作，陈禹谟的《四书名物考》被四库馆臣称为"多疏舛"⑥。

六是应举类的《论语》学著作大量涌现。此类著作主要有两种：一种是带"讲""说""解"等名的讲章类著作，如葛寅亮的《四书湖南讲》、陈元晖的《论语讲意》、郑晓的《四书讲义》、蔡瓒的《四

---

① 永瑢等：《四库全书总目》，中华书局1965年版，第303页。
② 《续修四库全书总目》，齐鲁书社1996年版，第1367页。
③ 李贽：《焚书续焚书·自序》，中华书局1975年版，第1页。
④ 王鹏凯：《历代论语著述综录》，花木兰文化工作坊2005年版，第117页。
⑤ 永瑢等：《四库全书总目》，中华书局1965年版，第313页。
⑥ 同上书，第311页。

书集讲》、沈志言的《四书说义》、李廷机的《四书口义》、毛尚忠的《四书会解》、张振渊的《四书说统》、顾梦麟的《论语说约》等，如葛寅亮的《四书湖南讲》"是书分标三例，凡剖析本章大义者曰'测'，就经文语气顺演者曰'演'，与其门人问答辨难者曰'商'。间有引证他书及先儒之论，则细书于后。大抵皆其口授于门弟子者也。"① 一种是围绕科举考试而做的制义类著作，如陈际泰的《四书读》、张自烈的《四书大全辨》、华允诚的《四书大全纂编》、张溥的《四书注疏大全合纂》、杨彝的《四书大全节要》、桑拱阳的《四书则》、冯梦龙的《论语指月》等。其中陈际泰"以制义名一代，是编诠发《四书》大义，亦略如制艺散行之体……去说经之道远"②。张自烈的《四书大全辨》于《四书大全》"条析而辨之"，但"自烈所辨又往往强生分别，不过负气求胜，借以立名"③。

二　明代《论语》研究嬗变的原因

在明代，由于帝王对儒学的青睐、对孔子的尊崇，以及对程朱理学的高度重视，为《论语》研究的发展提供了良好的外部条件；而阳明心学的兴盛、儒释道三教合一思潮的泛滥，以及由反思朱学和阳明学而兴起的经世思潮，为《论语》学的发展注入了新的活力。

（一）外在社会条件

第一，帝王注重对儒学的研读和阐发。虽然明太祖朱元璋出身寒微，没有接受过多少儒学知识，但他在立国前后却非常注重了解、学习儒学。在征战过程中，他就"命有司访求古今书籍藏之秘府，以资览阅"。在他看来，"古先圣贤，立言以教后世，所存者书而已。朕每观书，自觉有益。……盖读书穷理，于日用事物之间自然见得道理分

---

① 永瑢等：《四库全书总目》，中华书局 1965 年版，第 312 页。
② 同上书，第 313 页。
③ 同上书，第 314 页。

明，所行不至差谬。书之所以有益于人也如此"。因此，他"每于宫中无事，辄取孔子之言观之"，从而认识到《论语》所言"节用而爱人，使民以时"，"真治国之良规"①。在他看来，"经之不明，传注害之。传注之害，在于辞踪而旨深"，于是洪武六年（1373），诏命孔克表、刘基、林温"取诸经要言析为若干类，以恒言释之，使人皆得通其说而尽圣贤之旨意"。考虑到孔氏等人或许不能深领其意，乃亲注《论语》二章以赐孔克表，"俾取则而为之"②。孔克表等人遵而则之，释《四书》《五经》以上，诏赐名曰《群经类要》。

朱元璋本人对《尚书》情有独钟，洪武十五年（1382）五月，国子监落成时，他曾亲自为师生讲说《尚书》，取《尚书》"《大禹》《皋陶谟》《洪范》，亲御讲说，反复开谕，群臣闻者莫不悚悦"③。他还"尝命儒臣书《洪范》揭于御座之右，朝夕观览，乃自为注"。书成后，谓刘三吾曰："朕观《洪范》一篇，帝王为治之道，所以叙彝伦、立皇极、保万民、叙四时、成百榖，原于天道而验于人事。箕子为武王陈之，武王犹自谦曰：'五帝之道，我未能焉！'朕每为惕然，遂疏其旨为注，朝夕省览。"④

其后继位的朱棣也勤于读书，在他看来，自古帝王"未有不读书明理而能齐家、治国、平天下者"⑤，因此，他每每"视朝罢，宫中无事，亦恒观书，深有启沃"⑥。读书往往能够有所得，他曾说："朕守藩时，闲暇喜观《易》。时王府官亦有三二人知《易》，然皆不若周文切实。但所言亦有拘滞不流动处。盖《易》道妙在变通，不失其

---

① 《明太祖宝训》卷二。
② 《宋学士文集》卷第七十五。
③ 《明太祖宝训》卷二。
④ 《明太祖宝训》卷六。
⑤ 《明太宗实录》卷二百一五。
⑥ 《明太宗实录》卷四十六。

正耳。古人'随时从道'之说，最为要领，亦在虚心以玩之耳。"①
深得《易》之"变通"之道。明成祖不仅自己读书，而且还听儒
臣讲经。永乐四年（1406），他躬诣太学将《五经》授予国子监
祭酒胡俨，并率三品以上文武官吏及翰林儒臣听胡俨等讲授儒
经，又谕曰："《六经》，圣人之道，昭揭日星，垂宪万世。朕与
卿等勉之。"②

明成祖后的几位皇帝也大都注重儒学的研究和阐发，尤其是明世
宗朱厚熜，为宣扬儒学，教化天下，于嘉靖六年（1527）特将自己所
作《敬一箴》（并序）和所注解的程子"视箴""听箴""言箴""动
箴""宋儒范氏心箴"颁行天下，立石于各地孔庙中。在箴言中，他
提出了"主敬协一"的思想，指出"凡诸事至物来究夫至理，惟敬
是持，惟一是协。所以尽为天子之职，庶不忝厥祖厥亲，由是九族亲
之，黎民怀之，仁泽罩及于四海矣。"在他看来，皇帝"敬则不失天
下，诸侯敬则不失其国，卿大夫敬则不失其家，士庶人敬则不失其
身"，字里行间无不透显着对儒学的关注。

第二，高举尊孔大旗。自建国伊始，明政府就举起了尊孔的大
旗。在朱元璋看来，"孔子非常人等也"，他"垂教于世，扶植纲
常"，"明先王之道，立教经世，万世之下，君君、臣臣、父父、子
子，实有赖焉"。③ 因此，要想国治民安，必须揭举孔子之大纛。于
是乎洪武元年（1368）二月，朱元璋不仅"诏以太牢于国学祀先师
孔子"，而且"遣使谒曲阜致祭"，临行前谕诫使臣要恭敬得对待此
事。他说："仲尼之道，广大悠久，与天地并。有天下者莫不虔修祀
事。朕为天下主，期大明教化，以行先圣之道。今既释奠成均，仍遣

---

① 《明太宗宝训》卷一。
② 《明太宗实录》卷五十二。
③ 《明太祖宝训》卷二。

尔修祀事于阙里，尔其敬之。"① 与此同时，还沿袭了自唐以降实行
的春、秋二丁日祭孔之制，"又定制，每岁仲春、秋上丁，皇帝降香，
遣官祀于国学。以丞相初献，翰林学士亚献，国子祭酒终献。先期，
皇帝斋戒。献官、陪祀、执事官皆散斋二日，致斋一日。前祀一日，
皇帝服皮弁服，御奉天殿降香。至日，献官行礼"②。此举颇具象征
意义，通过祀孔、尊孔，朱元璋实际上就确立了以孔子之道治国理政
的指导思想。

洪武十五年（1382），新太学建成，朱元璋不仅"遣官致祭"，
而且亲幸之向孔子行释菜礼。时有侍臣以"孔子虽圣人，臣也"为
由，建议"礼宜一奠再拜"为宜，而朱元璋执意要按照大礼参拜。他
说："昔周太祖如孔子庙，左右谓不宜拜，周太祖曰：'孔子，百世帝
王师，何敢不拜？'今朕有天下，敬礼百神，于先师礼宜加崇。"乃令
礼部尚书刘仲质定仪，"仲质请帝服皮弁执圭，诣先师位前，再拜，
献爵，又再拜，退易服。乃诣彝伦堂命讲，庶典礼隆重"③，从之。
与此同时，朱元璋还以"孔子之功，与天地并立"为由，诏令天下通
祀孔子，"以致崇报之意"④。同时，命刘仲质"与儒臣定释奠礼，颁
行天下学校。每岁春秋仲月，通礼孔子如仪"⑤，规定"凡府州县学，
笾豆以八，器物牲牢，皆杀于国学。三献礼同，十哲两庑一献。其
祭，各以正官行之，有布政司则以布政司官，分献则以本学儒职及老
成儒士充之。每岁春、秋仲月上丁日行事"⑥。

明成祖继位后，依然延续了朱元璋尊孔的政策，多次褒扬孔子，
如他说："孔子，帝王之师。帝王为生民之主，孔子立生民之道。三

① 《明史·礼志四》。
② 同上。
③ 《明史·刘仲质传》。
④ 《明太祖宝训》卷二。
⑤ 《明史·刘仲质传》。
⑥ 《明史·礼志四》。

纲五常之理，治天下之大经大法，皆孔子明之，以救万世。"① 永乐
四年（1406）春，他释奠于先师，且曰："礼不可简，必服皮弁，行
四拜礼。"② 其后，他依礼部奏请，亲制祭孔视学碑文，称赞孔子
"上以承尧、舜、禹、汤、文、武之传，下以为后世植纲常，开太平
于无穷。而世之极其尊崇之礼者，非于孔子有所增益，特以著明其道
之至大，天下不可一日而无也"③。可谓是推崇备至。

其后的继任者在很长一段时间里对孔子依然尊崇有加，大都到亲
自参加释典，以示对孔子的尊崇和优渥。之所以皇帝会亲自参加祭祀
孔子的活动，明宪宗一语道破，他说："自孔子后，有天下者无虑十
余代，其君虽有贤愚之不同，孰不赖孔子之道以为治？其尊崇之礼愈
久而愈彰，愈远而愈盛。"④

第三，推崇程朱理学。明太祖在统一天下后，十分重视程朱理
学，"即位之初，首立太学，命许存仁为祭酒，一宗朱氏之学，令学
者非《五经》、孔、孟之书不读，非濂、洛、关、闽之学不讲"⑤。试
图以程朱理学来统一人们的言行。次年，朱元璋又下令在科举制度的
乡试、会试中，一律采用程朱一派理学家对儒家经典的标准注本。
《明通鉴》卷一载："凡乡试、会试，试各三场，经义四道，《四书》
主朱子《集注》，《易》主程、朱《传》《义》，《书》主蔡沈《传》
及古注疏，《春秋》主三《传》以胡安国、张洽《传》，《礼记》主
古注疏。"洪武十七年（1384），明太祖颁布科举考试科目，规定：
"科目者，沿唐、宋之旧而稍变其试士之法，专取四子书及《易》
《书》《诗》《春秋》《礼记》五经命题试士，盖太祖与刘基所定。其
文略仿宋经义，然代古人语气为之。体用排偶谓之八股，通谓之制

① 《明太宗实录》卷四十一。
② 《明太祖实录》卷五十二。
③ 同上。
④ 骆承烈：《石头上的儒家文献》（上），齐鲁书社2001年版，第403页。
⑤ 《东林列传》卷二《高攀龙传》。

艺。三年大比，以诸生试之。初设科举时，初场试经义二道、《四书》义一道。后颁科举定式，初场试《四书》义三道，经义四道。《四书》主朱子《集注》，《易》主程《传》、朱子《本义》，《书》主蔡氏传及古注疏，《诗》主朱子《集传》，《春秋》主左氏、公羊、穀梁三《传》及胡安国、张洽传，《礼记》主古注疏。"① 可见明太祖竭力提高程朱理学在官方学说中的地位，致使程朱理学出现了前所未有的盛况。

　　及至明成祖，为宣耀其"孳孳图治""倡明圣道"，使"家孔孟而户程朱"的用心，敕令胡广、杨荣等人汇整历来程朱学人的经学著作，编成《四书大全》《五经大全》《性理大全》作为士人准备科举考试的教科书。② 据《明太宗实录》卷一百五十八载："（永乐十二年十一月）甲寅，上谕行在翰林院学士胡广、侍讲杨荣、金幼孜曰：'《五经》《四书》，皆圣贤精义要道。其传注之外，诸儒议论，有发明余蕴者，尔等采其切当之言，增附于下。其周、程、张、朱诸子性理之言，如《太极》《通书》《西铭》《正蒙》之类，皆六经之羽翼，然各自为书，未有统会。尔等亦别类聚成编。二书务极精备，庶几以垂后世。'命广等总其事，仍命举朝臣及在外教官有文学者同纂修。开馆华门外，命光禄寺给朝夕馔。"第二年九月，《五经大全》《四书大全》《性理大全》修纂告成。明成祖亲为之序，然后颁行于天下，用为科举考试的准绳。明成祖之所以迫切地编纂和颁布三部《大全》，其目的就在于借程朱理学来统一意识形态，巩固自身的统治，"以成熙嗥之治"。这三部《大全》，可谓是程朱之学的汇编，其中《四书大全》是朱子《四书集注》的放大，《五经大全》也以学熹的传注为主，《性理大全》也同样打上了程朱理学的烙印。三部《大全》的成

---

① 《明史·选举志二》。
② 《明史·金幼孜传》。

书，标志着作为治国齐家的统一法理和准则的程朱理学取得了独尊的官学地位，真正成为牢笼天下人心和维护专制统治的工具。《四友斋丛说》卷三说："成祖既修《五经》《四书》之后，遂悉去汉儒之说，而专以程朱传注为的。"在这种形势下，学者们只能唯程朱之学是尊，不敢有丝毫异议，否则便会被斥之"异端"而遭到严厉制裁。如三部《大全》颁行不久，"饶州儒士朱季友诣阙上书，专诋周、程、张、朱之说。上览怒曰：'此儒之贼也是。'命有司罪杖遣，悉焚其所著书，曰：'毋误后人。'于是邪说屏息。"① 这意味着程朱理学已经成为评定天下学术是非的唯一钦定标准。

其后的继任者对程朱理学依然推崇有加，一个主要表现体现在孔庙从祀人员的遴选上。虽然孔庙主要是祭孔，但在其中接受祭祀的还包括孔子弟子及后世儒家圣贤，以彰显儒学的衍续，此之谓从祀。对此，明儒王世贞有过非常精辟的论述："太庙之有从祀者，谓能佐其主，衍斯世之治统也，以报功也。文庙之有从祀者，谓能佐其师，衍斯世之道统也。"② 因此，儒生能从祀孔庙是莫大的荣幸，而为政者也借此来达到控制儒生的目的。由于明朝政府推崇程朱之学，所以从祀人员主要是从程朱后学中遴选。如宣德十年（1435），明宣宗应慈利教谕蒋明之请，将元儒吴澄列入从祀之列。正统二年（1437），明英宗以宋儒胡安国、蔡沈、真德秀从祀。弘治八年（1495），明孝宗列杨时入从祀者，位司马光之次。嘉靖十年（1531），明世宗从尚书李时言，重新厘定了从祀人员，其中涉及的程朱学人士有程颢、程颐、杨时、胡安国、朱熹、张栻、吕祖谦、蔡沈、真德秀、许衡等③。而后，隆庆五年薛瑄从祀。万历中，罗从彦、李侗、胡居仁先后从

---

① 陈鼎：《东林列传》卷二，中华书局 2000 年版，第 123 页。
② 王世贞：《弇州四部稿》卷一百十五《文部·策四首·山西第三问》，《四库全书》本，台湾商务印书馆影印文渊阁本。
③ 《明史·礼志四》。

祀。由于孔庙祭祀属于少数国家祭典，因此理学重要人士入祀孔庙也是政府推崇程朱之学的一个标志。

（二）内在学术条件

第一，阳明心学的兴盛。明初占据学术和思想统治地位的是程朱理学，诸儒"皆朱子门人之余裔，师承有自，矩矱秩然"①，主要代表人物有曹端、薛瑄、胡居仁等。其治学共性体现在两个方面：一是在治学上一本程朱，"谨绳墨，守先儒之正传，无敢改错"②。在他们看来，"圣贤言行，尽于《六经》、《四书》，其微词奥义，则近代先儒之说备矣。由其言以求其心，涵泳从容，久自得之，不可先立己意，而妄有是非也"③。二是主张躬行践履，专事下学工夫。如薛瑄认为"自考亭以还，斯道已大明，无烦著作，直须躬行耳"，因此他主张"修己教人，以复性为主，充养邃密，言动咸可法"④。曹端、胡居仁等人亦"笃践复"，尤其是胡居仁，他"尝作《进学箴》曰：'诚敬既立，本心自存。力行既久，全体皆仁。举而措之，家齐国治，圣人能事毕矣。'"⑤重点强调力行。故黄宗羲认为他们"专尚修，不尚悟，专谈下学，不及上达也"⑥。上述治学特点，一方面带来了程朱之学的繁荣，另一方面也不可避免地使之日趋呆滞、僵化，最突出的表现便是不仅思想上鲜有创造，而且学术上也极少创新。这预示着一旦时机成熟，它必然会发生变化。

明中叶开始，出现了严重的社会政治危机，明王朝由盛转衰，农民战争、国内少数民族暴动风起云涌，北方民族不断入侵，明王朝陷入内外交困、危机四伏之中，这给当时的儒生以极大的刺激。他们首

---

① 《明史·儒林传》。
② 同上。
③ 同上。
④ 同上。
⑤ 同上。
⑥ 《明儒学案·莫晋序》。

先对作为意识形态核心的朱学展开了反思，对其维系封建秩序的社会功能产生怀疑，纷纷寻找新的儒学形式以弥补其失。他们既然要建立新的儒学形式，以便给统治阶级提供新的理论武器，就不得不在传统儒学中去寻找其思想源泉，于是他们将目光转向了学术上与朱熹存在严重分歧的陆九渊，因而明中叶出现了由朱熹理学向陆九渊心学转变的趋向，形成了崇尚心学的时代潮流。①

这一潮流由陈献章发其端。献章"之学，由濂、洛、关、闽以溯洙泗"②，这就是说，最初他也是信奉程朱之学的，只是后来终觉无所得而转变而已。他曾自诉道："吾年二十七，始从吴聘君学，于古圣贤之书无所不讲，然未知入处。比归白沙，专求用力之方，亦卒未有得。于是舍繁求约，静坐久之，然后见吾心之体隐然呈露，日用应酬随吾所欲，如马之御勒也。"③ 经历了一个由理学向心学转变的过程。在他看来，读经要透过经典文字来掌握其中蕴含的思想意蕴，而不能仅仅满足于记诵其文；要抱着求我之心目的去读书，而不能仅仅满足于耳目闻见之需要；读书的目的是致养我心，达到"心"与"六经"的契合，因此要做到以我观书，而不能以书博我。他说："六经，夫子之书也。学者徒诵其言而忘味，六经一糟粕耳，犹未免于玩物丧志。今是编也，采诸儒行事之迹与其论著之言，学者苟不但求之书而求诸吾心，察于动静有无之机，致养其在我者，而勿以闻见乱之，去耳目支离之用，全虚圆不测之神，一开卷尽得之矣。非得之书也，得自我者也。盖以我而观书，随处得益；以书博我，则释卷而茫然。"④ 主张为学问道不但要求之于经书，更要求诸吾心，"夫人所以学者，欲闻道也。苟欲闻道也，求之书籍而道存焉，则求之书籍可

---

① 参见史炳军《阳明心学的意义》，《西北大学学报》1997 年第 3 期。
② 《陈献章集》，中华书局 1987 年版，第 901 页。
③ 《明史·儒林传》。
④ 《陈献章集》，中华书局 1987 年版，第 20 页。

也；求之书籍而弗得，反而求之吾心而道存焉，则求之吾心可也。恶累于外哉！"① 欲求诸于心，需静思内省以得之，"为学当求诸心，必得所谓虚明静一者为之主，徐取古人紧要文学读之，庶能有所契合，不为影响依附，以陷于构外自欺之弊，此心学法门也"②。此外，陈献章还主张解经需"贵疑"，"前辈谓学贵知疑。小疑则小进，大疑则大进。疑者，觉悟之机也。一番觉悟，一番长进"③。指出，不能盲从圣贤、轻信经典，要勇于质疑；只有敢于提出疑问，才能有所觉悟、有所长进。陈献章的上述学贵自得、学贵知疑的思想，"为儒家解释学注入了新的特质元素，让其获得了更多的诠释空间与生命活力"④，由此也确立了他在明代心学史上的地位。

心学至王阳明而蔚为大观。实际上王阳明早年亦是程朱之学的拥趸，尝"遍求考亭遗书读之"，甚至因其"谓众物必有表里精粗，一草一木，皆涵至理"，曾"取竹格之"，但"沉思其理不得"⑤，并因此大病一场。由是他对程朱之学产生了怀疑，待龙场悟道后，遂展开了对程朱之学的批判，指出，按照程朱之学的要求，"从册子上钻研，名物上考索，形迹上比拟，知识愈广而人欲愈滋，才力愈多，而天理愈蔽"⑥，这必然会导致人们的思想"为一字一句所牵蔽"⑦，"被一种似是而非之学兜绊羁縻"⑧，最后走向错解与僵化。因此，应打破权威，不以前贤之是非为是非。他说："夫道，天下之公道也；学，天下之公学也，非朱子可得而私也，非孔子可得而私也。"⑨ "道"和

① 《陈献章集》，中华书局1987年版，第974页。
② 同上书，第295页。
③ 同上书，第170页。
④ 康宇：《论明代"江门心学"的经典诠释思想——以陈献章、湛若水为中心》，《中国哲学史》2012年第2期。
⑤ 王阳明：《王阳明全集》，上海古籍出版社1992年版，第1223页。
⑥ 同上书，第28页。
⑦ 同上书，第195页。
⑧ 同上书，第201页。
⑨ 同上书，第78页。

"学"是天下之公器，而不是专属于孔子和朱子的。进而，王阳明直接否定了居于官学地位的朱子《大学章句》，宣称："《大学》古本乃孔门相传旧本耳。朱子疑其有所脱误，而改正补辑之。在某则谓其本无脱误，悉从其旧而已矣。失在于过信孔子则有之，非故去朱子之分章而削其传也。"① 这不啻为空谷绝响，在当时学界的震撼力可想而知。既然前贤不能定是非，那么何以衡之？曰求之吾心。他说："夫学贵得之心。求之于心而非也，虽其言之出于孔子，不敢以为是也，而况其未及孔子者乎！求之于心而是也，虽其言之出于庸常，不敢以为非也，而况其出于孔子者乎！"② 孔子之论不能作为标准，关键看其是否合乎吾之本心。只有能与吾心契合，虽众人以为非，而我以为是；反之亦然。他还说："夫君子之论学，要在得之于心。众皆以为是，苟求之心而未会焉，未敢以为是也；众皆以为非，苟求之心而有契焉，未敢以为非也。"③ 这无疑是对汉宋以来圣贤崇拜的挑战。为什么要求之于吾心呢？究其原因就在于"六经者非他，吾心之常道也"，这就是说，六经的核心内容就在吾心中，"六经者，吾心之记籍也，而六经之实则具于吾心"，故治六经在于治心："君子之于六经也，求之吾心之阴阳消息而时行焉，所以尊《易》也；求之吾心之纪纲政事而时施焉，所以尊《书》也；求之吾心之歌咏性情而时发焉，所以尊《诗》分也；求之吾心之条理节文而时著焉，所以尊《礼》也；求之吾心之欣喜和平而时生焉，所以尊《乐》也；求之吾心之诚伪邪正而时辩焉，所以尊《春秋》也。"④ 将六经视为吾心之印证。

既然如此，那么如何来治经呢？王阳明针对世儒治经溺于训诂注释的做法，创造性地提出了臆说五经的经学方法。在《五经臆说序》

---

① 王阳明：《王阳明全集》，上海古籍出版社 1992 年版，第 75—76 页。
② 同上书，第 76 页。
③ 同上书，第 808—809 页。
④ 同上书，第 254—255 页。

中，他直抒胸臆说："龙场居南夷万山中，书卷不可携，日坐石穴，默记旧所读书而录之。意有所得，辄为之训释。期有七月而《五经》之旨略遍，名之曰《臆说》。盖不必尽合于先贤，聊写其胸臆之见，而因以娱情养性焉耳。"① 在这里，王阳明强调指出，解经无须过多地受前人思想之束缚，只要符合内心之想法，达到"娱情养性"的目的就足够了。如此一来，解经的终极目的就由原来侧重于"外王"转向侧重于"内圣"。在他看来，当时儒者通过训诂与解释文义来理解六经本义的方法，难以求得"六经之实"："世之学者，不知求六经之实于吾心，而徒考索于影响之间，牵制于文义之末，硁硁然以为是六经矣。"② 强调读经务求把握经书的精神实质，不可被文字语言名物训诂所束缚。

陈献章、王阳明这种求诸吾心、贵疑的治经方法，与明初诸儒格守先儒章句、莫敢改易的治经风格迥然有别。此治学精神被后来的学者所继承，他们抛弃传统的解经方式，而采取"学贵得之心"的方法重新解读经典，在学术界和思想界产生了广泛而又强烈的影响。《明史·儒林传序》载："学术之分，则自陈献章、王守仁始。宗献章者曰江门之学，孤行独诣其传不远。宗守仁者曰姚江之学，别立宗旨，显与朱子背弛，门徒遍天下，流传逾百年，其教大行，其弊滋甚。嘉、隆而后，笃信程、朱，不迁异说者，无复几人矣。"

第二，对朱学和心学反思思潮的兴起。明代中期以降，社会危机日益加剧，"今之时，政繁矣，风侈矣，民劳矣，财困矣，生促矣，天下之大灾也"③。在反思这些社会问题时，学者们把矛头直接指向了程朱理学和阳明心学，认为由其倡导的不实之学风是使得世风日下、误国误民的主要原因。如王廷相指出："夫自南宋以来，儒者议

---

① 王阳明:《王阳明全集》，上海古籍出版社 1992 年版，第 876 页。
② 同上书，第 255 页。
③ 王廷相:《王廷相集》，中华书局 1989 年版，第 786 页。

论，迁就时俗，采据异道，已与孔子之道多相背驰。"① 程朱之学"率性缘识，守而不化；圣规神矩，日与之远，无怪乎旁行多岐，诡伪百出，日异乎孔子之学矣"②。这就是说，程朱之学已经与孔子之学、孔子之道相去甚远，"日从事乎清虚之谈"，"空寂寡实"。③ 而阳明心学有过之而无不及，"近世好高迂腐之儒，不知国家养贤育才，将以辅治，乃倡为讲求良知，体认天理之说，使后生小子澄心白坐，聚首虚谈，终岁嚣嚣于心性之玄幽，求之兴道致治之术，达权应变之机，则黯然而不知。以是学也，用是人也，以当天下国家之任，卒遇非常变故之来，气无素养，事无素练，心动色变，举措仓皇，其不误人家国之事者几希矣"④。

另一位学者杨慎也对朱、陆进行了批评，在他看来，"经学之拘晦"，始自朱熹；"削经铲史，驱儒归禅"⑤，始自陆九渊。朱学之弊在于"以杂博相高"，遗本溺心而流于俗，"学而无用"；而陆学之弊在于"以空索为一贯"，趋简凭虚而入于禅，"学而无实"。⑥ 两者对学风和学术的发展都产生了不良影响。承袭宋儒之学风而流行于明世的所谓程朱理学、陆王心学，尽管名称不同，形式有别，而其实都是"阔论高谈""虚饰文词"，"教人领会于渺茫恍惚之间而不可着摸"⑦的空洞无用之物。其恶果就造成了明代中后叶知识界的空疏浅陋："今士习何如哉！其高者凌虚厉空，师心去迹，厌观理之烦，贪居敬之约，渐近清谈，遂流禅学矣。卑焉者则掇拾丛残，诵贯酒魂，陈陈相因，辞不辨心，纷纷竞录，问则呿口，此何异瞍蒙诵诗、阉寺传令

---

① 王廷相：《王廷相集》，中华书局1989年版，第477页。
② 同上书，第873页。
③ 同上书，第604页。
④ 同上书，第873页。
⑤ 杨慎：《升庵集》卷六《答重庆太守刘嵩阳书》，《四库全书》本，台湾商务印书馆影印文渊阁本。
⑥ 杨慎：《升庵集》卷七十五《禅学俗学》，《四库全书》本，台湾商务印书馆影印文渊阁本。
⑦ 杨慎：《升庵集》卷七十五《道学》，《四库全书》本，台湾商务印书馆影印文渊阁本。

乎？究高者既如此，卑论者又如此，视汉唐诸儒且恧焉，况三代之英乎！"①

在对宋儒及时儒批判的过程中，有识之士一方面开始从治学方法和致思路线的视角来反思朱学和王学，试图修朱订王、和会朱王，如顾宪成提出朱学与王学应互补互救，而不能相互排斥："朱子揭格物，不善用者流而拘矣；阳明以良知破之，所以虚其实也。阳明揭致知，不善用之流而荡焉；见罗以修身收之，所以实其虚也。皆大功于世教。"故二者"相发明则可，以之相补救则可，以之相排摈则不可"②。又，刘宗周认为朱学和王学殊途同归，"朱子以察识端倪为下手，终归涵养一路"，"阳明先生宗旨不越良知二字，乃其教人惓惓于去人欲、存天理，以为致良知之实功"，二者"递相承，亦递相胜，而犹不互无得失"③，可互为补充。这些思想也充分体现在顾宪成《四书讲义》、高攀龙《四书参解》、刘宗周《论语学案》等书中。

另一方面，有部分学者力图恢复汉唐经学，开始注重考据之学，不仅汲汲于广搜材料以为证，"凡宇宙名物、经史百家，下至稗官小说、医卜技能、草木虫鱼，靡不究心多识，阐其理，博其趣，而订其讹谬焉"④，而且重视文字音韵训诂研究，强调小学的作用，指出："备万物之体用，莫过于字；包众字之形声，莫过于韵，是理事名物之辨当管库也。"⑤ 把小学看成是载道纪事，传播知识的"薪火"，"以之载道法、纪事物，世乃相传"⑥。

---

① 杨慎：《升庵集》卷三《云南乡试录序》，《四库全书》本，台湾商务印书馆影印文渊阁本。
② 顾宪成：《小心斋札记》卷十一，《四库全书》本，台湾商务印书馆影印文渊阁本。
③ 刘宗周：《刘子遗书》卷一，《四库全书》本，台湾商务印书馆影印文渊阁本。
④ 陈文烛：《杨升庵太史慎年谱》，见焦竑《国朝献征录》卷二十一，《续修四库全书》本，上海古籍出版社。
⑤ 方以智：《通雅》卷首二《读书类略》，中国书店 1990 年版，第 37 页。
⑥ 方以智：《浮山文集前编》卷三《四书大全序》，《续修四库全书》本，上海古籍出版社。

这些学者对宋儒及时儒的批判，一方面这种批判以经世致用为宗旨，反思和总结当时的治学方法和致思路线，对于打破理学和王学末流对思想界的束缚，具有积极的历史意义；另一方面，这种批判又具有浓厚的复古倾向，即回归经典，通经学古以治世。这种复古倾向，在经学注释上就表现为抛弃宋明理学的哲学思辨，转而走向朴实考证经史的途径。①

第三，儒释道的融汇。明开国伊始，便倡导儒释道合一。究其原因就在于，一是儒释道三教在思想上有一致之处。朱元璋指出，儒释有相同之处："佛因是而起大悲愿心，立忍辱苦行之法门，意在消愆而息祸，利济群生。时乃登雪岭而静居，观心省性，六载道成。及其归，演大乘，虽有二千五百人俱，人皆未解幽防。佛见愚多而贤少，改演小乘之法，使昏愚者听之如醉而复醒，睡而还觉；人各识祸而知愆，惟修善而可弭。呜呼！佛之心为世人，乃有若是之举。吾中国圣人有云'天命之谓性，率性之谓道，修道之谓教'，今闻佛有二乘之说，岂不修道之谓教乎？"②儒道亦是："古今以老子为虚无，实为谬哉！其老子道，密三皇五帝之仁，法天正已，动以时而举合宜，又非升霞禅定之机，实与仲尼之志齐，言简而意深。时人不识，故弗用。"③二是儒释道均能有利于统治。朱元璋说："夫三教之说，自汉历宋，至今人皆称之。故儒以仲尼，佛祖释迦，道宗老聃……若崇尚者从而有之，则世人皆虚无，非时王之治。若绝弃之而杳然，则世无神鬼，人无畏矣，王纲力用焉。于斯三教，除仲尼之道，祖尧舜，率三王，删诗制典，万世永赖。其佛仙之幽灵，暗助王纲，益世无穷，惟常是吉。尝闻天下无二道，圣人无两心。三教之立，虽持身荣俭之

---

① 参见亢学军、侯建军《明代考据学复兴与晚明学风的转变》，《河北学刊》2005年第5期。
② 《明太祖文集》卷十《释道论》。
③ 《明太祖文集》卷十《三教论》。

不同，其所济给之理一然。于斯世之愚人，于斯三教，有不可阙者。"① 认为儒释道均有益于维系政治稳定，"二教初显化时，所求必应，飞悟有之，于是乎感动化外蛮夷及中国假处山薮之愚民，未知国法，先知虑生死之罪，以至于善者多而恶者少，暗理王纲，于国有补无亏"②。他还对历史上欲消灭佛道二教的做法予以了批判："有等愚昧，罔知所以，将谓佛仙有所误国扇民，特赦令以灭之，是以兴灭无常。此盖二教遇小聪明而大愚者，故如是。"③

为了更好地发挥佛道二教的作用，朱元璋一方面亲自撰写《释道论》《三教论》《习唐太宗圣教论》《明施论》《心经序》《集注金刚经》《道德经注》等论著；另一方面还正式设立了系统的僧道衙门，礼部为最高机构，下设僧录司和道录司，地方上设立僧纲司和道纪司等，以加强对佛道的管理。

受明太祖的影响，其后诸帝无不崇佛奉道。一是他们大肆兴建寺观，浪费严重。二是优渥佛道之士，如有明一代，僧人、道士被授予国师、真人、高士乃至赐爵封官者为数甚众。尤其在宪宗、世宗当政期间，一些人位极人臣，威福在手，恩渥终身，且其荫子孙，致使"天下士大夫靡然从风"④。三是编修道教文献。明英宗正统十年（1445）刊板五千三百零五卷的《正统道藏》，颁赐天下。神宗万历三十五年（1607），又编印《续道藏》一百八十卷，称为《万历续道藏》。两次道书的汇辑，对道教文化的保存和传播，具有积极的历史意义。

上所好之，下必从之。由于最高统治者的信奉，遂使三教合一之风盛行于学界。明初兼通儒释道者就大有人在，如宋濂"上究六经之

---

① 《明太祖文集》卷十《三教论》。
② 《明太祖文集》卷十《释道论》。
③ 《明太祖文集》卷十《三教论》。
④ 《明史·佞幸传》。

源，下究子史之奥，以至释老之书，莫不升其堂而入其室。其为文则主圣经而奴百氏，故理明辞腴，道得于中，故气充而出不竭。至其驰骋之余，时取老佛语以资嬉戏，则犹饭粱肉而茹苦荼、饮茗汁也。"①其学虽以儒学为本，但对佛道亦能登堂入室。在他看来，儒释是可以并用的，"盖宗儒典则探义理之精奥，慕真乘则荡名相之粗迹，二者得兼，则空有相资，真俗并用，庶几周流而无滞者也"②；儒道是没有差别的，"濂闻老子之旨可以治国，可以修身，可以炼真，其大者与孔氏或不异也"③。这就是说，三者是可以相互互通融合的。如果说这一时期上至皇帝下至学者所主张的三教合流，其"本质，不过是藉佛、道的威慑作用，暗助王纲。所注意的是佛、道的善化功能，所采用的方法亦不过是流于表面的援佛、道助儒"④，那么到了王阳明，这一情况发生了变化，由政治层面开始转向学术层面，他援佛道入儒而创制心学，使得三教合一的潮流影响到整个晚明思想界。明末清初的张履祥就曾指出："三教合一之说，莫盛于阳明之门。察其立言之意，盖欲使墨尽归儒，浸淫至于今日，此道日晦，彼说日昌，未有逃禅以入儒，只见逃儒以入释，波流风煽，何所底极！"⑤ 事实确乎如此。在晚明，以阳明后学为中心，加之其他学者的附庸，三教合一之说一时甚嚣尘上。如袁中道指出："道不通于三教，非道也。学不通于三世，非学也。"⑥ 尤其是林兆恩，他"以儒为表，以道为里，以释为归"⑦，创立了独特的"三一教"，宣称要

① 刘基：《潜溪后集序》，见《宋濂全集》，浙江古籍出版社1999年版，第2491页。
② 《宋濂全集》，浙江古籍出版社1999年版，第721—722页。
③ 同上书，第655—656页。
④ 陈宝良：《明代儒佛道的合流及其世俗化》，《浙江学刊》2002年第2期。
⑤ 张履祥：《杨园先生全集》卷二十八《愿学记》三，《四库全书存目丛书》，齐鲁书社1997年影印本。
⑥ 袁中道：《珂雪斋近集》卷二《示学人》，上海书店1982年版，第208页。
⑦ 顾大韶：《炳烛斋稿·易外别传序》，《四库禁毁书丛刊》，北京出版社1998年影印本。

"以三教归儒之说，三纲复古之旨，而思易天下后世"①，甚至"立庙塑三教之像：释迦居中，老子居左，以吾夫子为儒童菩萨塑西像，而处其末座。缙绅名家亦安然信之奉之"②，将三教在信仰崇拜体系上实现了合一。

儒家学人的"三教合一"主张，也得到了释、道二教人士的响应。如紫柏大师把儒家的"五常"即仁、义、礼、智、信援入佛语当中，说："南无仁慈佛。爱人如爱己，此心常不昧，如来即出世。南无义气佛。爱人必得所，临事不苟且，立地成正觉。南无礼节佛。事事要明白，长幼序不乱，世尊即是你。南无智慧佛。变通无滞碍，扶正不扶邪，化苦而为福。南无信心佛。真实无所改，一念与万年，始终常若一。如是五如来，人人本自有，善用佛放光，不善佛灭度。我愿一切众，死生与好恶，务须善用心，莫被情欲转。生时佛不死，死时佛岂灭，不灭不生处，此是吉祥地。"③ 实现了对儒、佛的整合。德清大师则提出了为学则儒释道不可或缺，指出："为学有三要：所谓不知《春秋》，不能涉世；不精《老》《庄》不能忘世；不参禅，不能出世。此三者，经世、出世之学备矣，缺一则偏，缺二则隘，三者无一而称人者，则肖之而已。"④ 而道教人士在对待三教方面，也有合流的趋势。如内丹清修派的集大成者伍守阳认为儒释道都是性命之学，只是论述详略不同而已。他指出："孔氏之言性命，言其影，不言其形者也。释氏之言性命，以性为形，以命为影者也。老氏之言性命，言其影，并言其形者也。"⑤

---

① 转引自马西沙、韩秉方《中国民间宗教史》第十三章，上海人民出版社 1992 年版，第 828 页。

② 陆世仪：《思辨录辑要》卷三十一，《四库全书》本，台湾商务印书馆影印文渊阁本。

③ 紫柏大师：《紫柏老人集》卷二十，清光绪思念重刻本。

④ 憨山德清：《憨山大师梦游全集》卷三九《学要》，见蓝吉富编《禅宗全书·语录部十六》，文殊文化有限公司 1989 年版，第 573 页。

⑤ 《藏外道书》第十一册，巴蜀书社 1992 年版，第 251 页。

第三节　清代《论语》研究的特点及原因

　　清代是《论语》研究的鼎盛期和总结期，不仅著述如林，而且名家辈出，气魄之博大，思想之开阔，考据之精审，影响之久远，在中国古代《论语》学史上，罕能出其右者。受统治者文化政策、社会思潮和社会变迁等因素的影响，这一时期的《论语》学在综合中有创新，呈现出注重"经世致用""实事求是""汉宋兼采"的基本特征。

一　清代《论语》研究的特点

　　第一，清代《论语》研究具有强烈的经世色彩。以儒家思想为中心的传统学术文化是典型的入世哲学，"经世致用"是儒家学者们梦寐以求的人生理想。所谓经世，即治世，治理天下。① 这种经世思想往往在遇有国难民瘼时借助于对经典章句的释读生成。清初和嘉道以后的《论语》学著作中就有明显的经世思想。其主要代表作有颜元的《四书正误》、陆陇其的《松阳讲义》、孙奇逢的《四书近指》、刘逢禄的《论语述何》、宋翔凤的《论语发微》、戴望的《论语注》、康有为的《论语注》等。如清初的颜元在注释《论语·尧曰篇》"何谓惠而不费"节时说："看秦、汉史尝说：汉高只行得'惠则足以使人'一句，便定四百年统业。看韩淮阴那等大豪杰，所感激的只在'解衣推食'，楚霸王只犯了'出纳之吝'一句，便杀身败业。假使汉高能行四、五句，便是三王。"② 直接道出了《论语》的经世作用。又如清中期以后的公羊学者们力图贯通《论语》学和公羊学，掘发《论

---

　　① 王先明：《近代新学——中国传统学术文化的嬗变与重构》，商务印书馆 2000 年版，第41 页。

　　② 《颜元集》，中华书局 1987 年版，第 229 页。

语》中的改制思想。其中刘逢禄"追述何氏《解诂》之义，参以董子之说，拾遗补缺，冀以存其大凡"①，作《论语述何》。在刘氏看来，孔子为"受命素王"，《八佾篇》仪封人所说的"天将以夫子为木铎"，即是以孔子为"素王"之意。《论语》中处处包含着《春秋公羊传》的微言大义，"《论语》总六经之大义，阐《春秋》之微言"②，如《子路篇》"叶公问政，子曰：'近者悦，远者来'"下，刘氏注曰："《春秋》大一统，必自近者始。"③ 认为这句话体现了《春秋》公羊学"大一统"的微言大义。

有鉴于当时的社会状况，刘逢禄着力利用公羊学的变易理论来解释《论语》。如《八佾篇》"周监于二代，郁郁乎文哉，吾从周"下，刘氏解曰："正朔三而改，文质再而复，如循环也。故王者必通三统。周监夏、殷，而变殷之质，用夏之文。夫子制《春秋》，变周之文，从殷之质，所谓从周也。乘殷之辂，从质也。服周之冕，从文也。"④ 这是说，周处夏、商之后，对前代制度因革损益，故得以强盛。因此，新王朝的兴起，必定对前代之制既有所改易，亦有所承袭，在变易中求发展。刘氏此书，虽然往往牵强附会，但却开清代以春秋公羊学释《论语》之风，对中国近代的托古改制思想产生了一定的影响。⑤

接着宋翔凤又撰写了《论语说义》，以证实在《论语》中充满了春秋公羊学的"微言大义"。宋氏认为，"孔子受命作《春秋》，其微言备于《论语》"，"《论语》一书，皆圣人微言之所存"，《论语》二

---

① 刘逢禄：《刘礼部集》卷二《论语述何叙》，《续修四库全书》本，上海古籍出版社。
② 同上。
③ 同上。
④ 同上。
⑤ 参见孔祥骅《〈论语〉〈公羊〉相通说——略论清代刘逢禄的〈论语〉学》，《华东师范大学学报》1999 年第 5 期。

十篇，"寻其条理，求其旨趣，而太平之治，素王之业备焉"①。该书解说《论语》多牵引公羊家说，如《为政篇》"五十而知天命"下，宋氏注曰："天命者，所受之命也。德有大小，则命有尊卑。大夫命于诸侯，诸侯命于天子，天子受命于天，胥此命也。孔子知将受素王之命，而托于学《易》，故曰：假我数年，五十以学《易》，可以无大过矣。……孔子应素王之运，百世不绝，故可以无大过。"②宋氏尊孔子为素王，认为孔子受天命于乱世。

此后，戴望撰《论语注》亦据《公羊》义注《论语》、以考见《论语》何休注之遗义。戴氏所注《论语》，一是宣究"素王之事，改周受命之制"。如其注《为政篇》"五十而知天命"曰："性与天道，故知天命。命者，天所教令，人所禀受，度命信也。殷继夏，周继殷，孔子为素王，作法五经，以继周，治百世，天所命也。"③二是发挥今文"三统"说，言损益因革，言"若循连环"。如其注《为政篇》"其或继周者，虽百世可知也"章时，曰："三王之道若循连环，周则复始，穷则反本，故虽百世可知也。孔子成《春秋》，绌夏存周，以《春秋》当新王，损周之文，益夏之忠，变周之文，从殷之质，兼三王之礼，以治百世。有王者起，取法《春秋》，拨乱致治，不于是见与？"④三是阐明《公羊》"三世"说，言孔子"制《春秋》之义以俟后圣"。如其注《宪问篇》"知我者，其天乎"曰："谓述先王之道，以作《春秋》，起衰乱，治升平，以极太平。人事浃，王道备，精和圣制，上通于天而麟至。故曰：'知我者，其天乎？'《春秋传》曰：末不亦乐乎？尧、舜之知君子也，制《春秋》之义以俟后

---

① 宋翔凤：《论语说义》，见阮元、王先谦《清经解·续清经解》第十册，凤凰出版社 2005 年版，第 1985 页。

② 同上书，第 1995 页。

③ 戴望：《论语注》，清同治刻本。

④ 同上。

圣，以君子之为，亦有乐乎此也。"① 可见，戴氏的《论语注》，力言《春秋》与《论语》之相通，于《论语》中推演《春秋》"改制"、《公羊》"三世"之义，成为由清代经今文学运动向改良主义运动过渡的中介人物。②

最后由康有为集其大成，将《论语》与《春秋》公羊学所阐发的"通三统""张三世""孔子改制"等微言大义结合在一起，改造成为维新变法服务的理论根据，在晚清的救亡图存的政治变革中，掀起了公羊议政、公羊改制的狂飚。

由上可见，《论语》学在清代生发出了强烈的经世色彩。

第二，清代《论语》研究具有浓厚的考据学色彩。考据学，也称考证，指对古籍文献的字音字义以及古代社会的典章制度等的考核和辨正。③ 有清一代特别是乾嘉时期，考据学大兴，由考经而考史，大家辈出。这一时期，有关儒家经典的笺注、古代制度的考订、文字训诂、音韵、史事考辨，以及校勘、辑佚、考异、辨伪等领域都有专著问世，学者们在考证工作上形成了一套很有特点的治学方法，这就是：实事求是，无征不信，广参互证，追根求源。④ 受此影响，重考证也成为清代《论语》学的重要特点，由此产生了不少以辑佚、考异、辨伪、校勘为主的《论语》研究成果。

一是与《论语》有关的辑佚之作大量涌现。有清一代，《论语》古本、古注的辑佚之作层出不穷，惠栋、丁杰、王谟、袁钧、孔广林、宋翔凤、马国翰、黄奭、王仁俊等人先后来做这项工作，其中以《论语郑氏注》的辑本最多，以马国翰的功劳最大，他一人就辑了四十种六十六卷：包括《古论语》十卷、《齐论语》一卷、《论语孔氏

---

① 戴望：《论语注》，清同治刻本。
② 参见孔祥骅《略论戴望的〈论语〉学》，《管子学刊》1999 年第 4 期。
③ 庞朴：《中国儒学》第四卷，东方出版中心 1997 年版，第 47 页。
④ 参见陈其泰《清代公羊学》，东方出版社 1997 年版，第 150 页。

训解》十卷、《安昌侯论语》十卷、《论语包氏章句》二卷、《论语周氏章句》一卷、《论语马氏训说》二卷、《论语郑氏注》十卷、《论语弟子目录》一卷。以上乃汉朝人所为。另有魏晋南北朝时陈群、王朗、王肃、周生烈、王弼、谯周、卫瓘、缪播、缪协、郭象、乐肇、虞喜、庾翼、李充、范宁、梁觊、袁乔、江熙、殷仲堪、张凭、蔡谟、颜延之、释惠琳、沈麟士、顾欢、梁武帝、太史叔明、褚仲都、沈峭、熊埋等三十一家《论语》注本。这些古本、古注集中在汉魏六朝时期，为后人研究那段《论语》学史乃至经学史提供了方便。

二是有关《论语》的校勘、考异之作不断出现。如翟颢的《四书考异》（其中《论语考异》二十卷）、冯登府的《论语异文考证》、吴骞的《皇侃论语义疏参订》、阮元的《论语校勘记》、叶德辉的《日本天文本论语校勘记》等。其中冯登府的《论语异文考证》"以《论语》异文散见于经史传注诸子百家，以逮石刻，罔弗搜罗遗佚，萃为一编。并援前人之说，稽其同异之恉，以阐明古义。其称引既博，而诠绎复精审"，"稍涉歧异，即接据师说而一一疏证之，于是二千年来之古义得以复明于世"，"是编其可以广见闻，通古训，而庶免于专己守残之陋矣乎"①。这些校勘、考异之作，多为作者多年研究之结晶，创获颇多。

三是辨伪之作陆续问世。辨伪之作主要围绕两个问题展开：一是孔安国《古文论语注》。陈鳣在其《论语古训》中认为，孔注《古论》据何晏叙"世既不传"，《集解》所采多不类，且与《说文解字》所称《论语》古文不合，反不如包氏章句之古，疑为后人假托。接着沈涛又在此基础上，以"《汉志》于《古论》下不云有孔氏说若干篇"等为据力证其为伪书，断言孔注出于何晏之伪托；而丁晏《论语孔注证伪》则从"汉儒无人提及""不讳汉高祖名"、安国早卒及

---

① 冯登府：《论语异文考证序》，《续修四库全书》本，上海古籍出版社。

《孔注》与《书传》《家语》《孔丛》说多相似，而断言为王肃所伪托；崔适《论语足征记》从《鲁》《古》异读，率《鲁》用假字，而《古》用本字为据，断言《古论》显然后出于《鲁论》，实为刘歆伪造，托之安国所传，并为作注以证之。二是今本《论语》的真伪问题。清代乾嘉年间，袁枚、赵翼、崔东壁三人，相继对《论语》的真实性问题提出了质疑。其中前两人只是提及而已，而后者则用力甚勤，写下了《洙泗考信录》《论语余说》等专著，认为《论语》后五篇中，除《子张篇》外，《季氏》《阳货》《微子》《尧曰》四篇，可疑处甚多。而前十五篇中亦间有一二章不类者。

四是考《论语·乡党篇》名物制度的专著出现。如江永的《乡党图考》、黄守僎的《乡党考》、金鹗的《乡党正义》、胡薰的《乡党义考》、魏晋的《乡党典义》、谭孝达的《乡党类纂》等，这些著作对《乡党》篇涉及的内容多有考订，有的还附图以说明之。这些研究成果，积累了大量的材料，其中不乏考订精审之处，为后人进一步研究《论语》打下了一定的基础。

第三，清代《论语》研究呈现出"汉宋兼采"的特点。所谓"汉宋兼采"，是指治学不讲门户之见，不论汉学宋学，一切以合于孔门义旨为标准。这里，汉学是指在治经方法上重训诂、辨名物的汉代经学和继承并发展这种学风的清代考据学，宋学是指在治经方法上注重阐发义理的程朱陆王之学。二者在治经方法上各有优长，汉学家强调实事求是，力求广稽博征，言必有据，事必有本，不穿凿附会，不驰骋议论，但这种"实事求是"，"只向纸上与古人争训诂形声，传注驳杂，援据群籍，证佐数百千条，反之身己心行，推之民人家国，了无益处，徒使人狂惑失守，不得所用"[①]。宋学讲求微言大义，好为新说，以义理见长，但"其所谓学，不求之于经，而但求之于理；

---

① 方东树：《汉学商兑》，商务印书馆1937年版，第39页。

不求之于故训典章制度，而但求之于心"①，致使其学日益流于空疏。有鉴于此，有识之士乃主张兼采二者之长，考据义理并重。这在《论语》学方面也有体现。主要代表作有焦循的《论语补疏》和《论语通释》、戚学标的《四书偶谈》、刘宝楠父子的《论语正义》等。其中以刘氏父子的《论语正义》最具代表性，该书"搜辑汉儒旧说，益以宋人长义，及近世诸家，仿焦循《孟子正义》例，先为长编，次乃荟萃而折衷之"②，做到了训诂、考据、校勘、义理并重。由于该书网罗众家，引证博赡，集前人及清代各派整理研究成果之大成，所以成为古代《论语》学史上的扛鼎之作。

二 《论语》诠释特色成因

清代《论语》研究之所以具有上述特点，究其原因有二：

其一，明末和晚清的社会变迁。明末和晚清的社会变迁，使经世致用思潮在清代两度勃兴，这两次勃兴，都影响到《论语》学。经世思潮的兴起，与社会变迁密切相关，"一般而言，社会生活平稳，文化专制强有力，经世观念往往作为一种'潜质'埋藏在士人古色古香的学术外壳内，隐而不彰；到了社会危机四伏的关口，国家民族面对纷至沓来的内部或外部的挑战，文化专制有所松动，士人的忧患意识便会大觉醒，其学术也在现实生活的冲撞、磨砺下，沿着经世方向发展"③。在清初，伴随着王朝兴替、天崩地解的社会大变动，学者们痛定思痛，纷纷把亡国之恨发泄到空淡心性的王学身上。许多学者认为："明之天下不亡于盗寇，不亡于朋党，而亡于学术。学术之坏，

---

① 凌廷堪：《校礼堂文集》卷三五《戴东原先生事略状》，中华书局 1998 年版，第 312 页。
② 《清史稿·刘宝楠传》。
③ 冯天瑜：《道咸间经世实学在中国文化中的方位》，载葛荣晋主编《中国实学史研究》，中国社会科学出版社 1992 年版，第 179 页。

所以酿成寇盗、朋党之祸也。"① 经过反思，他们自觉地以匡济天下自命，力矫王学末流的空疏误国，不约而同地倡导学术必须"经世致用"。"他们的目标是要重构古典儒学，重估经典中治理现世的主张。"② 可以说，"众多思想家学者从反思明亡教训，清算理学弊害中发出的崇实黜虚，经世致用的呼声，既是明清之际实学思潮本质内容的反映，也是明清之际时代精神精华的体现。它鲜明地表现了一代思想家学者的觉醒与思考，并直接促成了明清之际学术风气的转换"③。这种学术风气的转换，表现在《论语》学上就是在《论语》注释中出现了经世实学色彩。

嘉道以降，清朝的统治陷入内忧外患之中，在政治层面，内则"不祥之气，郁于天地之间……人畜悲痛，鬼神思变置"④；外则西方殖民者挟着鸦片，带着炮舰一次次打开中国的大门。在学术层面，内则烦琐的考证与注解经义，使乾嘉汉学亟亟于在故纸堆中讨生活，避而不谈现实问题；外则西学伴随着欧风美雨阵阵袭来，中华文化面临着巨大的挑战。由于政治、社会形势的变迁，打破现状、革除积弊、救亡图存成为时代最强音。具有经世思想的学者在变动了的近代社会中，积极主动地追随时代变化，直面中国社会现实，他们"虽言经学，而其精神与正统派之为经学而治经学者则既有异"⑤。在"求变""图新"的追求中，他们纳入了西方的声光化电、政治制度和思想文化，以求致用。"士林中遂形成了一股'经世致用'的新思潮和讲求实学的新学风。"⑥ 这种新学风也影响到《论语》学。

---

① 陆陇其：《三鱼堂文集》卷二，《学术辨上》，《四库全书》本，台湾商务印书馆影印文渊阁本。

② Benjamin A. Elma , From Philosophy to Philology, Harvard University Press, 1984，p. 54.

③ 黄爱平：《朴学与清代社会》，河北人民出版社2003年版，第29页。

④ 龚自珍：《平均论》，见《龚自珍全集》，中华书局1959年版，第78页。

⑤ 梁启超：《清代学术概论》，《梁启超论清学史二种》，复旦大学出版社1985年版，第119页。

⑥ 许纪霖、陈达凯：《中国现代化史》，生活·读书·新知三联书店1995年版，第55页。

其二，清政府的文化政策。学术的兴衰，与统治者实施的文化政策息息相关。诚如马克思所言："统治阶级的思想在每一时代都是占统治地位的思想。这就是说，一个阶级是社会上占统治地位的物质力量，同时也是社会上占统治地位的精神力量。支配着物质生产资料的阶级，同时也支配着精神生产的资料。"① 可见，在王权支配一切的时代，统治者的文化政策对学术具有支配作用。清朝亦可作如是观。

第一，清政府"崇儒重道"的文化政策，促进了宋学和汉学的兴盛与结合。清朝建立后，为了长享国祚，依然祭起了理学的大纛，尊崇儒学正统。顺治三年（1646），规定科举考试内容采用程朱理学著作，《四书》主朱子《集注》，《易》主程颐《易传》和朱子《易本义》，《诗》主朱子《集传》，《书》主蔡沈《书集传》，《春秋》主胡安国《春秋传》，《礼记》主陈澔《集说》。康熙主政后，极力抬高朱子的地位，四十五年敕令李光地主持编纂《朱子全书》，并颁行全国。五十一年，将朱子陪享孔庙，升大成殿十哲之次。及至乾隆时，下令选录明清诸大家有关《四书》的时文，辑成《钦定四书文》，以为士子科考的程式。又通过追谥、褒奖明末死难忠臣之士和编写《贰臣传》《逆臣传》，强化理学的纲常伦理观念，程朱理学遂成为清廷治国安邦的正统思想和官方学术。

在宋学蒸蒸日上的同时，顾炎武等在野学者则倡导"经学即理学"，清代学术走上了"回归原典"的不归路，儒学重心也从"四书"转"五经"。这不仅一改明儒空谈性理、束书不观的积习，而且在宋学之外另辟蹊径，形成考据儒经的趋向。惠栋治《易》标举汉学旗帜，一些人解经、注经皈依于东汉经师，汉学亦成考据儒经之别称。而清廷为了扩大统治基础，对汉学也予以了关注，如乾隆帝就明

---

① 马克思、恩格斯：《德意志意识形态》，《马克思恩格斯全集》第 3 卷，人民出版社 2002 年版，第 52 页。

确规定"发挥传注，考核典章""细及名物象数"的汉学"有所发明"，"有裨实用"①，并利用编纂《四库全书》的机会，延揽了戴震、纪昀等一大批汉学家给予特殊的待遇。同时还在科考中予以扶持，增加了经、史考据方面的内容，使汉学迅速加入进官方学术中。诚如马宗霍所言："治经确守汉师家法，不入元明人谰言者，实始于乾隆时，分塐树帜，则有东吴、皖南两派。吴学惠栋主之，皖学戴震主之。……论者谓汉学之绝者千有五百余年，至是而粲然复章。"②

由于汉学、宋学治经方法迥异，所以二者同为官方学术时难免会发生一些冲突，如惠栋的再传弟子江藩撰成《国朝汉学师承记》，批评"濂、洛、关、闽之学，不究礼乐之源，独标性命之旨。义疏诸书，束诸高阁，视如糟粕，弃等弁髦。盖率履则有余，考镜则不足也"③。而理学学者方东树则撰成了《汉学商兑》，与江藩针锋相对。他指斥江藩著书"以辟宋儒、攻朱子为本"，又一一反驳江氏对宋学的批评，列举汉学弊端，并攻击其"名为治经，实足乱经，名为卫道，实则畔道"④。集中体现了护宋斥汉的激烈态度。

有鉴于此，乾隆帝采取了调和的方法，他在下发的征书谕中说："其历代流传旧书，内有阐明性学治法，关系世道人心者，自当首先购觅。至若发挥传注，考核典章，旁暨九流百家之言，有裨实用者，亦应当备为甄择。"⑤ 表明了政府的态度——汉宋学著作兼收。受其影响，如纪晓岚在《四库提要·经部总叙》中辨二学之关系时说："要其归宿，则不过汉学、宋学两家互为胜负。夫汉学具有根抵，讲

---

① 王重民辑：《办理四库全书档案》，乾隆三十七年正月初四日谕，国立北平图书馆1934年印本。

② 马宗霍：《中国经学史》，上海书店1984年版，第145页。

③ 江藩：《国朝汉学师承记》卷一，《汉学师承记（外二种）》，生活·读书·新知三联书店1998年版，第6页。

④ 方东树：《汉学商兑·序例》，商务印书馆1937年版，第1页。

⑤ 王重民辑：《办理四库全书档案》，乾隆三十七年正月初四日谕，国立北平图书馆1934年印本。

学者以浅陋轻之，不足服汉儒也。宋学具有精微，读书者以空疏薄之，亦不足服宋擂也。消融门户之见，而各取所长，则私心去而公理出，公理出而经义明矣。"在谈到二学各自长短时说："宋儒之攻汉儒，非为说经起见也，特求胜汉儒而已。平心而论，王弼始变旧说，为宋学之萌芽。宋儒不攻《孝经》，词义明显，宋儒所争只今文古文字句，亦无关宏旨，均姑置弗论。至《尚书》、三《礼》、三《传》、《毛诗》、《尔雅》诸注疏，皆根据古义，断非宋儒所能。《论语》《孟子》，宋儒积一生精力，字斟句酌，亦断非汉儒所及。盖汉儒重师传，渊源有自，宋儒尚心悟，研索易深。汉儒或执旧文，过于信传；宋儒或凭臆断，勇于改经。计其得失，亦复相当。惟汉儒之学，非读书稽古不能下一语；宋儒之学，则人人皆可以空谈，其间兰艾同生，诚有不能尽餍人心者。"① 不难看出，纪晓岚辨二学之长短，未袒护任何一方，反对峻门户，固壁垒，此乃持平之论，门户之见，与此固殊。所以有人评论这段文字说："此论出，虽起郑、孔、程、朱于九泉问之，当亦心折也。"②我们说，纪昀是乾隆帝钦定的《四库全书》的总纂官之一，他的观点自然代表了皇帝的意志，因此我们可以说，当时政府的文化政策是支持汉学、宋学兼采的。兼采汉宋遂成为乾隆帝中期以后清代学术的一大特点。《论语》学亦不能例外。

第二，清政府的文化专制政策，是乾嘉考据学兴盛的一个重要因素。清政府在提倡宋学、汉学的同时，也对文化学术中的反清排满思想采取了强硬措施，钳制言论，大兴文字狱。如康熙时有《明史》案，《南山集》案，雍正时有汪景棋，查嗣庭，吕留良之狱等。乾隆时，文字狱达于极点，文网之严密，罗织之苛细，是康雍时所未有的。在《四库全书》纂修期间，文字狱几乎连年不断，一度呈冤滥酷

---

① 转引自方溶师《蕉轩随录》卷七，中华书局1995年版，第279—280页。
② 方溶师：《蕉轩随录》卷七，中华书局1995年版，第280页。

烈之势。为了配合文字狱，乾隆帝还在全国范围内采取了大规模的禁书运动，这次禁书运动时间长，从乾隆四十年至五十八年；危害大，据今存档案及有关资料统计，总共禁毁书籍 3100 余种、151000 多部，销毁书版 80000 块以上，这还不包括被文人学士和一般民众自行毁掉的书籍。① 这是中国文化的又一次大浩劫。"清统治者实行的文化专制政策，乾隆帝直接操纵的禁书运动，给中国古代尤其是宋代以后的典籍带来了无可弥补的损失，也给当时整个社会的思想文化造成了极为深重的影响。"② 专门汉学就是在这样的环境中发展起来的。诚如梁启超所言："凡当权者喜欢干涉人民思想的时代，学者的聪明才力，只有全部用去注释古典。"③ 清政府对汉学的提倡和大兴文字狱的做法，就把学者们赶向了纯学术的领域，萧萐父先生曾说："政治上的强控制使独立的思想探索领域荆棘丛生，举步维艰。文字狱的惨祸使学者们对中国社会走出中世纪的政治改革几乎不敢置一辞，惟有在远离政治的考据学领域和虽然远离政治，但却与经济发展和人民的感性生活有密切联系的理欲、情理、义利诸哲学问题探讨中，学术文化才得到了一定的发展。"④ 学者们动辄得咎，终日惴惴不安，学术之触时讳者，皆不敢讲习，所谓经世之务，终不免成为空论。于是他们只能钻进故纸堆，诠释古训，究索名物，于世无患，与人无争。故乾嘉以降，治经学、史学、地理者，亦全趋于考证方面，无复以议论行之。

---

① 黄爱平：《四库全书纂修研究》，中国人民大学出版社 1989 年版，第 72—78 页。
② 黄爱平：《朴学与清代社会》，河北人民出版社 2003 年版，第 183 页。
③ 梁启超：《中国近三百年学术史》，中国书店 1985 年版，第 21 页。
④ 萧萐父：《明清启蒙学术流变》，辽宁教育出版社 1995 年版，第 628 页。

第 二 编

历代主要《论语》注本研究

第 一 章

汉唐时期的《论语》注本研究

汉唐时期是经学史上的"汉学"时期，这一时期《论语》注本繁多，异代异色，其中郑玄《论语注》反映了今古文经学的特色，何晏的《论语集解》代表了"集解体"的经学范式，皇侃的《论语义疏》则代表了南北朝时期"义疏体"的注经范式，而韩愈、李翱的《论语笔解》则揭开了汉学转向宋学的序幕。

第一节　郑玄的《论语注》

郑玄（127—200），字康成，北海高密（今山东高密西南）人，东汉末期著名经学大师。他先师从第五元先，通《京氏易》《公羊春秋》《三统历》《九章算术》，继师张恭祖，受《周官》《左氏春秋》《韩诗》《古文尚书》。而后游学于周秦之都，往来幽、并、兖、豫之域十余年，遍学诸儒。最后，又拜师扶风马融。虽未亲承謦欬，但郑玄日夜寻诵，未尝怠倦，三年后学成返归。此时他已精通今古文诸经，成一通儒矣。返回山东后，郑玄见社会政治黑暗，仕途可畏，遂一面客耕东莱，一面教授学生。由于受"党锢"事件的牵连，他曾长达十七年杜门不出，沈潜于经典之中。见当时学界今古文相攻击，意欲参合其学，自成一家之言。于是括囊大典，网罗众家，遍注群经，著书立说，凡百余万言。其中涉及《论语》的著作就有《论语注》《论语释义》《古文论语注》和《论语孔子弟子目录》等。其中《论语注》是郑玄晚年之作。据《文苑英华》卷七六六引自序说："遭党锢之事，逃难注《礼》。党锢事解，注《古文尚书》《毛诗》《论语》。为袁谭所逼，来至元城，乃注《周易》。"可见，《论语注》成书于以三《礼》为中心的学问体系完成之后。

由于郑玄博学多识，贯通今古，故其注经，"虽以古学为宗，亦兼采今学以附益其义"①。因此，其注具有明显的会通特色。这在《论语注》中体现得也很充分。

一　重训诂

古文经学最明显的学术特色就是训诂，"诂训者，诂者，古也。古今异言，通之使人知也。训者，道也。道物之形貌以告人也"，故"训诂者，通古今之异辞，辨物之形貌，则解释之义尽于此"②。它不仅包括对字词的音义注解和校勘，而且包括对名物制度的训解。

首先，重视版本校勘。郑玄在注释时面临的首要问题就是整合《论语》版本，对此，前人多有记载。何晏《论语集解序》曰："汉末，大司农郑玄就《鲁论》篇章，考之《齐》《古》，以为之注。"皇侃疏曰："郑康成又就《鲁论》篇章，及考校《齐》《古》二《论》，亦注于《张论》也。"③陆德明《经典释文·序录》则说："郑玄就《鲁论》张、包、周之篇章，考之《齐》《古》，为之注焉。"④《隋

---

① 皮锡瑞：《经学历史·经学中衰时代》，中华书局1959年版，第149页。
② 孔颖达等：《诗经·周南·关雎》疏，《十三经注疏》本，上海古籍出版社1997年版，第269页。
③ 皇侃：《论语义疏·论语序》，《儒藏·精华编·四书类论语属》，北京大学出版社2005年版，第17页。
④ 陆德明：《经典释文·序录》，上海古籍出版社1985年版，第61页。

书·经籍志》确指郑玄"以《张侯论》为本，参考《齐论》《古论》而为之注。"邢昺疏曰："就《鲁论》篇章，谓二十篇也，复考校之以《齐论》《古论》，择其善者而为之注。"① 前贤所说虽不尽同，但都离不开汉初的《鲁论》《齐论》《古论》以及在此基础上形成的《张侯论》。宋翔凤《师法表》云，《张侯论》"合《齐》《鲁》两家之学，特其篇章与《鲁论》同，故多以《张论》为《鲁论》。后汉熹平石经即用《张论》。"② 因此，我们可以说，郑玄《论语注》在版本问题上主要还是依据《鲁论》《齐论》《古论》展开的，这也可以从敦煌吐鲁番地区出土的唐写本《论语郑氏注》所保存的郑注中得到证明。唐写本《论语郑氏注》残卷中有些篇题之下赫然写有"孔氏本，郑氏注"六字，也可证明郑玄只是以《古论》读正《鲁论》。20世纪在敦煌、吐鲁番地区出土了唐写本《论语郑氏注》。在这些出土文献中，有些篇题之下赫然写有"孔氏本，郑氏注"六字，如吐鲁番阿斯塔那三六三号墓八／一号写本《八佾篇》《里仁篇》《公冶长篇》；吐鲁番阿斯塔那一八四号墓一二／一（b）〜一二／六（b）号写本《雍也篇》；伯希和二五一○号写本《太伯篇》《子罕篇》《乡党篇》，篇题下都有这六个字。另日本龙谷大学藏吐鲁番写本《宪问篇》残卷篇题下标有"孔氏本"三字，其注亦郑注也。这种标法颇令人费解。罗振玉先生认为："今此卷明著'孔氏本'，一若所注为古论者；而考其篇次，则《太伯》第八，《子罕》第九，《乡党》第十，固明明同鲁论，知何序皇注为可信。顾孔训世既不传，此卷乃题孔本，初不可晓。且陆氏《经典释文》亦言，郑校周之本以齐古读正，凡五十事，与何、皇说略同。乃反复考之，《释文》所举郑氏校正诸字，则皆改鲁从古，无一从齐者，始悟此卷所谓'孔氏本'者，乃据孔氏古论改

---

① 邢昺：《论语注疏·论语序》，《儒藏·精华编·四书类论语属》，北京大学出版社2005年版，第6页。

② 刘宝楠：《论语正义》，中华书局1990年版，第780页。

正张侯鲁论；而何、皇诸家谓考校齐、鲁者，盖张禹本受鲁论，兼讲齐说，善者从之（见《集解序》）。郑君既注于张论，则不异兼采齐论，其实固仅据古以正鲁也。此卷写官漫题孔本，虽不免小疏，然因此而得知其实，亦可喜矣。"①

王国维先生就此认为，郑玄《论语注》篇章全从《鲁论》，字句全从《古论》即"孔安国本"，后者是称郑注《论语》为"孔氏本"的原因。他在《书〈论语郑氏注〉残卷后》中说：

郑氏所据本固为自《鲁论》出之《张侯论》，及以《古论》校之，则篇章虽仍鲁旧，而字句全从古文。《释文》虽云郑以《齐》、《古》正读凡五十事，然其所引廿四事及此本所存三事，皆以《古》正《鲁》，无以《齐》正《鲁》者，知郑但以《古》校《鲁》，未以《齐》校《鲁》也。又，郑于礼经，或从古文改今文，或以今文改古文，而正《论语》读五十事中，所存二十七事，皆以《古》改《鲁》，无以《鲁》改《古》者。故郑注《论语》以其篇章言，则为《鲁论》；以其字句言，实同孔本。虽郑氏容别有以《齐》校《鲁》之本，然此本及陆氏《释文》所见者，故明明以《古》校《鲁》之本，非以《齐》《古》校《鲁》之本也。后汉以后，《张侯论》盛行，而《齐》《鲁》皆微。石经所刊《鲁论》，虽不知为谁氏之本，而其校记，但列盍、毛、包、周异同，不复云齐。盍、毛虽无考，然包、周则固张氏之学也。疑当时《齐论》已罕传习，何氏"考之《齐》《古》"之说，或因《古论》而牵连及之也。然则郑本文字固全从孔本，与其注他经不同。此本直题为"孔氏本"，虽篇章之次不同，固

① 罗振玉：《〈论语〉郑注〈述而〉至〈乡党〉残卷跋》，载郑学檬、郑炳林编《中国敦煌学百年文库·文献卷》第二册，甘肃文化出版社 1999 年版，第 2 页。

未为失实也。①

由上可见，郑注在版本问题上多以《古》改《鲁》事，而无以《齐》改《鲁》事。今将《释文》及唐写本《论语郑氏注》所存以《古》改《鲁》之条，罗列如下：

《学而篇》"传不"下，郑注云："鲁读传为专，今从古。"②

《公冶长篇》"崔子"下，郑注云："鲁读崔为高，今从古。"③

《述而篇》"无诲"下，郑注云："鲁读为悔字，今从古。"④

《述而篇》"学易"下，郑注云："鲁读易为亦，今从古。"⑤

《述而篇》"正唯"下，郑注云："鲁读正为诚，今从古。"⑥

《述而篇》"荡荡"下，郑注云："鲁读坦荡为坦汤，今从古。"⑦

《子罕篇》"冕"下，郑本作弁，云："鲁读弁为緜，今从古。"⑧

《乡党篇》"下如"下，郑注云："鲁读下为趋，今从古。"⑨

《乡党篇》"瓜祭"下，郑注云："鲁读瓜为必，今从古。"⑩

《乡党篇》"人傩"下，郑注云："鲁读为献，今从古。"⑪

《乡党篇》"赐生"下，郑注云："鲁读生为牲，今从古。"⑫

《乡党篇》"车中不内顾"下郑注云："鲁读车中内顾，今

---

① 王国维：《书〈论语郑氏注〉残卷后》，《观堂集林》第一册，中华书局 1959 年版，第 169—174 页。

② 陆德明：《经典释文》，上海古籍出版社 1985 年版，第 1350 页。

③ 同上书，第 1359 页。

④ 同上书，第 1362 页。

⑤ 同上书，第 1363 页。

⑥ 同上书，第 1364 页。

⑦ 同上。

⑧ 同上书，第 1367 页。

⑨ 同上书，第 1369 页。

⑩ 同上书，第 1371 页。

⑪ 同上。

⑫ 同上。

从古。"①

《先进篇》"仍旧"下，郑注云："鲁读仍为仁，今从古。"②

《先进篇》"而归"下，郑本作馈，馈，酒食也。鲁读馈为归，今从古。③

《颜渊篇》"以折"下，郑注云："鲁读折为制，今从古。"④

《卫灵公篇》"行小慧"下，郑注云："鲁读慧为惠，今从古。"⑤

《季氏篇》"躁"下，郑注云："鲁读躁为傲，今从古。"⑥

《阳货篇》"归孔子"下，郑本作馈，鲁读为归，今从古。⑦

《阳货篇》"廉"下，郑注云："鲁读廉为贬，今从古。"⑧

《阳货篇》"天何言哉"，郑注云："鲁读天为夫，今从古。"⑨

《阳货篇》"而窒"下，郑注云："鲁读窒为室，今从古。"⑩

《微子篇》"已而已而，今之从政者殆而"下，郑注云："鲁读期斯已矣，今之从政者殆，今从古。"⑪

《尧曰篇》"孔子曰：'不知命，无以为君子也'"下，郑注云："鲁读无此章，今从古。"⑫

以上出《经典释文》。

《子罕篇》：弁衣裳者。注：鲁读弁为緛，今从古。

《子罕篇》：沽之哉沽之哉。注：鲁读沽之哉不重，今从古也。

---

① 陆德明：《经典释文》，上海古籍出版社1985年版，第1371页。
② 同上书，第1373页。
③ 同上书，第1374页。
④ 同上书，第1375页。
⑤ 同上书，第1382页。
⑥ 同上书，第1384页。
⑦ 同上书，第1385页。
⑧ 同上书，第1386页。
⑨ 同上。
⑩ 同上书，第1387页。
⑪ 同上书，第1388页。
⑫ 同上书，第1391页。

《子罕篇》：不为酒困。注：鲁读困为魁，今从古。

以上出郑注残卷。

以上二十七条中，除一条重复外，共得二十六条，已超过陆德明"郑玄校《鲁论》以《齐论》《古论》，读正凡五十事"中的"五十事"的半数。

这二十六条注释，具有同一个特点，即统一使用了"鲁读某为某，今从古"句式，此一训诂术语的使用，"不仅保留了大量的异读异文，而且体现了郑玄的版本选择观念，郑玄首创了从古正鲁的术语后，无疑也在一定程度上丰富了训诂术语体系"①。

其次，重视字词校勘。在郑玄看来，"读先王典法，必正言其音，然后义全"②。因此，在《论语注》中，他运用了两种注音体例，以求得对经典的正确音读。一是用"读为""读曰"破其假借。如《八佾篇》"从之，纯如也"下，郑玄注云："从，读曰纵。从之，谓既奏八音皆作。"③ 从为假借字，纵为本字，理解经文当按本字。《子罕篇》"巽与之言"下，郑注云："巽，读为诠，诠，言之善者。"④ 诠假借为巽，理解时应回归本字。《子张篇》"信而后劳其民，未信，则以为厉己也"下，郑注云："厉读为赖，恃赖也。"⑤《经典释文·春秋公羊音义·僖公十五年》"伐厉"下："如字，旧音赖。"⑥ 可知厉、赖字通音同。

二是用"当为""字之误"定其形音之误。如《子罕篇》"今也纯，俭"下，郑玄注云："纯当为缁，古之缁字以才为声，此缁谓黑

---

① 王嘉琦、李玉平：《郑玄〈论语注〉训诂术语系考论》，《唐山师范学院学报》2014 年第 6 期。

② 何晏：《论语集解》，《儒藏·精华编·四书类论语属》，北京大学出版社 2005 年版，第 26 页。

③ 王素：《唐写本论语郑氏注及其研究》，北京大学出版社 2005 年版，第 22 页。

④ 同上书，第 108 页。

⑤ 陆德明：《经典释文》，上海古籍出版社 1985 年版，第 1389 页。

⑥ 同上书，第 1227 页。

缯也。"①《雍也篇》"与之粟九百"下，郑注云："九百者，九百釜，为□。岁班禄，人食三釜，中士食十八人米五□，□□仕十月，禄太多，非其数。□字之误也。"②

再次，注重字词训诂。为求得《论语》之确义，郑玄在《论语注》中还运用了声训、义训两种训解词义的方法。

一是因声求义。所谓因声求义，是利用词与词之间声音相同或相近的关系来解释词义的一种方式。郑玄在《论语注》中也运用了这样的释词手段。如《八佾篇》"文献不足故也"下，郑注云："献，犹贤也。"③ 献，从犬，鬳（yàn）声。"犬"代表进献之物，故其本义就是献祭。引申可指掌握历史典故以献言之人，即贤人，所以可说"献，犹贤也"。《宪问篇》"霸诸侯，一匡天下"下，郑注云："霸者，把也，言把持王者之政教，故其字或作'伯'，或作'霸'也。"④ 霸，原意为指古代诸侯联盟的盟主，引申可为把持诸侯联盟事务，故可说"霸者，把也"。《季氏篇》"友便佞"下，郑注曰："便，辩也，谓佞而辩也。"⑤ 便从人，从更，本意为"安"。引申可为通过花言巧语使人安，即巧辩，故可说"便，辩也"。

二是义训。所谓义训，就是"在训释语词时，仅从现有意义的角度来选择训释词或作出义界，而不考虑词义来源与形义关系"⑥ 的说解方式。郑玄在《论语注》中运用较多的便是义训的方法，其方式主要有：

---

① 王素：《唐写本论语郑氏注及其研究》，北京大学出版社 2005 年版，第 104 页。

② 同上书，第 57 页。

③ 何晏：《论语集解》，《儒藏·精华编·四书类论语属》，北京大学出版社 2005 年版，第 8 页。

④ 邢昺：《论语注疏》，《儒藏·精华编·四书类论语属》，北京大学出版社 2005 年版，第 218 页。

⑤ 何晏：《论语集解》，《儒藏·精华编·四书类论语属》，北京大学出版社 2005 年版，第 66 页。

⑥ 苏宝荣、武建宇：《训诂学》，语文出版社 2005 年版，第 81 页。

第一，同义相训。对其中某个字词的含义常常用其同义词予以直接解释。如《为政篇》"子张学干禄"下，郑注曰："干，求也。"①《公冶长篇》"于予何诛"下，郑注云："予，我。"②《泰伯篇》"师挚之始"下，郑注曰："始，犹首也。"③

在同义相训中，郑玄还采用了一种较为特殊的训解方法，即以共名释别名，换言之，也就是指出被释词所属的类。④ 如《公冶长篇》"虽在缧绁之中，非其罪"下，郑注曰："缧绁，徽纆之属，所以执缚罪人之绳索。"⑤ 把缧绁归入绳索之类。《乡党篇》"不得其酱，不食"下，郑注云："不得其酱不食，谓韭菹酏醢醯醢梅鱼胲芥酱之属也。"⑥ 列出了没有调料就不吃的食物。《阳货篇》"礼云礼云，玉帛云乎哉"下，郑注云："玉，圭璋之属；帛，束帛之属。"⑦ 对玉、帛归属之类予以了说明。又，《子罕篇》"既竭吾才，如有所立卓尔"下，郑注云："卓尔，绝望之辞也。"⑧ 把卓尔归入"绝望之辞"属下。

第二，设立义界。所谓义界，就是阐述并确定经典中字词的含义的界限。如《为政篇》"非其鬼而祭之"，郑注曰："人神曰鬼。"⑨《雍也篇》"以与尔邻里乡党乎"下，郑玄注云："五家为邻，五邻为

---

① 何晏：《论语集解》，《儒藏·精华编·四书类论语属》，北京大学出版社 2005 年版，第 5 页。

② 王素：《唐写本论语郑氏注及其研究》，北京大学出版社 2005 年版，第 43 页。

③ 同上书，第 95 页。

④ 周大璞主编，黄孝德、罗邦柱分撰：《训诂学初稿》，武汉大学出版社 2002 年版，第 218 页。

⑤ 王素：《唐写本论语郑氏注及其研究》，北京大学出版社 2005 年版，第 41 页。

⑥ 同上书，第 120 页。

⑦ 何晏：《论语集解》，《儒藏·精华编·四书类论语属》，北京大学出版社 2005 年版，第 70 页。

⑧ 王素：《唐写本论语郑氏注及其研究》，北京大学出版社 2005 年版，第 106 页。

⑨ 何晏：《论语集解》，《儒藏·精华编·四书类论语属》，北京大学出版社 2005 年版，第 6 页。

里，万二千五百家为乡，五百家为党也。"① 对邻、里、乡、党予以了说明。《颜渊篇》"盍彻乎"下，郑注云："周法十一而税，谓之彻。彻，通也，为天下之通法也。"② 对彻的内涵做了解读。《卫灵公篇》"军旅之事"下，郑注云："万二千五百人为军，五百人为旅。"③ 明确了军、旅的含义。

第三，形象描写。通过对词所标识事物的形状的描述来解释词义。如《述而篇》"君子坦荡荡"下，郑注曰："坦荡荡，宽广貌也。"④ 坦荡荡表示心胸宽广的样子。《乡党篇》"孔子于乡党，恂恂如也"下，郑注云："恂恂，恭顺貌也。"⑤ 将"恂恂"释为恭谨温顺的样子。《先进篇》"子路，行行如也"下，郑注云："行行，刚强之貌也。"⑥ 行行在这里读 hàng hàng，是一个形容词，表示刚强的样子。

第四，比拟事物，即把两种类似的事物加以比拟。⑦ 如《子罕篇》"子见齐衰者、弁衣裳者与瞽者，见之，虽少，必作；过之，必趋"下，郑注云："孔子哀丧者，敬君礼乐之人，坐见之，必为之起；行见之，必为之趋。趋，今时吏步也。"⑧ 同篇"衣弊缊袍"下，郑注云："袍，今时襦也。"⑨《乡党篇》"必有寝衣"下，郑注云："今时卧被。"⑩ 此三例都是以今拟古。

---

① 何晏：《论语集解》，《儒藏·精华编·四书类论语属》，北京大学出版社 2005 年版，第19 页。
② 同上书，第46 页。
③ 同上书，第60 页。
④ 何晏：《论语集解》，《儒藏·精华编·四书类论语属》，北京大学出版社 2005 年版，第28 页。
⑤ 王素：《唐写本论语郑氏注及其研究》，北京大学出版社 2005 年版，第 118 页。
⑥ 何晏：《论语集解》，《儒藏·精华编·四书类论语属》，北京大学出版社 2005 年版，第41 页。
⑦ 周大璞主编，黄孝德、罗邦柱分撰：《训诂学初稿》，武汉大学出版社 2002 年版，第218 页。
⑧ 王素：《唐写本论语郑氏注及其研究》，北京大学出版社 2005 年版，第 106 页。
⑨ 同上书，第108 页。
⑩ 同上书，第120 页。

最后，注重对人名、地名和名物典制的注释。《论语》中涉及许多古代的人物、地名和名物典制，尤其是地名和名物典制，随时代的变迁或消失，或变异，这就要求后人对此作出训释，以便人们阅读。郑玄自不例外。

一是释读人物。《论语》中涉及众多人物，记载较为简单，后人多有不知，需要加以注释才能弄清。如《学而篇》"子禽问于子贡曰"下，郑注云："子禽，弟子陈亢也。子贡，弟子，姓端木，名赐，字子贡也。"① 《为政篇》"子张学干禄"下，郑注曰："子张，弟子。姓颛孙，名师，字子张。"② 以上都是有关孔子弟子的，不借助解释，人们很难搞清他们姓字名谁。又，《公冶长篇》"季文子三思而后行"下，郑注曰："季文子，鲁大夫季孙行父也，文，谥也。"③ 对季文子的名字、官职和谥号予以了说明。《颜渊篇》"季康子问政于孔子"下，郑注曰："季康子，鲁上卿，诸臣之帅也。"④ 交代了季康子的职务和地位。

二是释读地名。《论语》中也有多处涉及孔子生活时代的地名，时过境迁，这些地名业已发生了变换，人们无从知晓，需要予以说明。如《述而篇》"互乡难与言"下，郑注曰："互乡，乡名也。"《子罕篇》"达巷党人曰"下，郑注曰："达巷者，党名也。"⑤ 同篇"子畏于匡"下，郑注云："匡，卫下邑也。"⑥ 《子路篇》"子夏为莒父宰"下，郑注曰："旧说云：莒父，鲁下邑也。"⑦

---

① 何晏：《论语集解》，《儒藏·精华编·四书类论语属》，北京大学出版社 2005 年版，第 2 页。

② 同上书，第 5 页。

③ 同上书，第 17 页。

④ 同上。

⑤ 王素：《唐写本论语郑氏注及其研究》，北京大学出版社 2005 年版，第 104 页。

⑥ 同上书，第 105 页。

⑦ 何晏：《论语集解》，《儒藏·精华编·四书类论语属》，北京大学出版社 2005 年版，第 51 页。

三是释读名物典制。主要包括：对器物的注释，如《雍也篇》"与之臾"下，郑注云："臾，《周礼》作庾。庾，凡器名，实容二簋，厚半寸，唇厚一寸。"① 《子路篇》"斗筲之人"下，郑注云："筲，竹器，容斗二升者也。"②《微子篇》"长沮桀溺耦而耕"下，郑注曰："耜广五寸，二耜为耦。"③ 对政府机构的注释，如《先进篇》"鲁人为长府"下，郑注曰："长府，藏名也，藏货曰府。"④ 这是对鲁国国库的解读。又，《里仁篇》"里仁为美"下，郑注曰："里者，民之所居也。"⑤ 这是对政府基层机构的解读。对宾礼的注释，如《先进篇》"如会同，端章甫，原为小相焉"下，郑注曰："诸侯时见曰会。殷见曰同。端，玄端也。衣玄端，冠章甫，诸侯日视朝之服也。小相，谓相君之礼者也。"⑥ 诸侯时见是有事而会，殷眺是多国使者同时聘问，小相是诸侯祭祀、盟会时的司仪官。将国君接待外来宾客之礼仪交代得非常清楚。

二 以礼说《论》

由于郑玄精通礼学，且《论语注》完成于其礼学体系建成后的晚年，所以《论语注》中有多处引用礼经和从礼的角度进行注释和说明的地方。

一是引用《周礼》《礼记》经文以释《论》。在《论语》诠释过程中，郑玄为了增加诠释的可信度和权威性，有时直接引用《周礼》《礼记》为诠释作注脚。如《雍也篇》"汝为君子儒，无为小人儒"

---

① 王素：《唐写本论语郑氏注及其研究》，北京大学出版社 2005 年版，第 57 页。
② 何晏：《论语集解》，《儒藏·精华编·四书类论语属》，北京大学出版社 2005 年版，第 52 页。
③ 同上书，第 73 页。
④ 同上书，第 41 页。
⑤ 同上书，第 10—11 页。
⑥ 同上书，第 43 页。

下，郑注曰："儒主教训，谓师也。子夏性急，教训君子之人则可，教训小人则愠恚，故戒之。《周礼》曰：'儒以道德教人。'"① 《乡党篇》"傩，朝服而立于阼阶"下，郑注云："乡人傩者，谓驱疫。朝服而立于阼阶者，为鬼神或惊恐，当依人。《周礼》：'十二月，方相氏率百隶而傩，以索室中驱疫。'"② 以上两条直接援引《周礼》。又，《八佾篇》"礼，与其奢也宁俭；丧，与其易也宁戚"下，郑注云："易，犹简〔略〕。〔礼〕本意失于〔奢，〕〔不如俭；〕丧，失于简略，不如哀戚。《礼记》曰：'斩衰之哭，若往而不返；〔齐衰〕之哭，若往而返；大功之哭，三曲而哀；小功、缌麻，哀容可〔也〕。'"③ 该条直接援引《礼记》。

二是从礼的角度对《论语》进行注释和说明。如《八佾篇》"邦君为两君之好，有反坫，管氏亦有反坫"下，郑注曰："反坫，反爵之坫也，在两楹之间。人君有别外内，于门树屏以蔽之也。君与邻国君为好会，其献酢之礼更酌，酌毕则各反爵于坫上，今管仲皆僭为之，如是，是不知礼也。"④ 在介绍诸侯国君宴会之礼的基础上，从僭越礼制的角度对管仲予以了批评。

又，《乡党篇》"入公门，鞠躬如也，如不容。立不中门，行不履阈。过位，色勃如也，足躩如也，其言似不足者。摄齐升堂，鞠躬如，屏气似不息者。出，降一等，逞颜色，怡怡如也。没节，趋进，翼如也。复其位，踧踖如也"下，《论语集解》在解释这段经文时，分别引用了孔安国注、包咸注，对其中的个别字词进行了讲解，没有进行串讲。而郑玄注则在讲解个别字词的基础上，将其视为一个整体，从礼的角度进行了重新解读。郑注云："此谓君燕见与之图事之

① 王素：《唐写本论语郑氏注及其研究》，北京大学出版社 2005 年版，第 59 页。
② 同上书，第 121 页。
③ 同上书，第 18—19 页。
④ 何晏：《论语集解》，《儒藏·精华编·四书类论语属》，北京大学出版社 2005 年版，第 10 页。

时。鞠躬,自翕敛之貌也。入公门,如不容,自卑小也。立不中门,行不当枨阇之中央。阈,门限也。过位,位揖也。入门北面时,君揖进之,必避后,故言足躩如也。其言似不足者,谦以待君问也。自此已上,谓图事于庭。摄齐升堂,谓图事于堂。降阶一等,申其颜色。怡怡如,悦怿貌也。没,尽也。阶即庭。翼如,股肱舒张之貌也。复其位,向时揖处。踧踖如,让君为之降也。"① 这里,郑玄把这段文字看成是君主召见臣下与之商议国事时的场景,很形象地描述了臣下见君时应遵循的礼节。

三 注重经世致用思想的阐发

东汉末年,黑暗的社会现实,使得郑玄从青年就不喜欢从政,但这并不表明他不关心国难民瘼。儒家士人的历史使命感,促使其将自己的心志寄托于对经典的注释之中。

一是陈古讽今。身处乱世的郑玄,感时伤世,常常于注释中陈古讽今。如《八佾篇》"夷狄之有君,不如诸夏之亡"下,郑玄注云:"为时丧乱,以矫人心。亡,无也。"② "为时丧乱,以矫人心"是经文的题外之义,表达了郑玄对东汉末年社会衰乱的痛心。同篇"子夏问曰:巧笑倩兮,美目盼兮,素以为绚兮,何谓也"下,郑玄注云:"言有好女如是,欲以洁白之礼成而嫁之。此三句诗之言。问之者,疾时淫风大行,嫁娶多不以礼者。"③ "问之者"之后的文字,是郑玄脱离经文所作的引申性解释,表达了对世人不以礼行事的气愤。

二是阐发善政思想。所谓善政,就是政治清明。东汉末年,政治昏暗,灾变连连。《后汉书·臧宫传》曰:"今国无善政,灾变不息。"生活在此时的郑玄非常希望国家能够实行善政,救民于水深火

---

① 王素:《唐写本论语郑氏注及其研究》,北京大学出版社 2005 年版,第 119 页。
② 同上书,第 19 页。
③ 同上。

热之中。这在《论语》注中也有体现。如《子罕篇》"譬如为山，未成一篑，止，吾止也。譬如平地，虽覆一篑，进，吾往也"下，郑玄注云："篑，盛土器也。以言有人君为善政者，少未成篑而止，虽来求我，我止不往也。何者？人之懈倦日日有甚也。覆，犹写也。以言有人君为善政者，昔时平地，今而日益，虽少行进，若来求我，我则往矣。何者？君子积小以成高大也。"① 《论语集解》在解释此章时，引用了包咸和马融的注释，包曰："篑，土笼也。此劝人进于道德也。为山者，其功虽已多，未成一笼而中道止者，我不以其前功多而善之，见其志不遂，故不与也。"马曰："平地者，将进加功，虽始覆一篑，我不以其见功少而薄之也，据其欲进而与之也。"② 相比较而言，包、马二注侧重于道德层面，而郑注则侧重于政治层面。他引申、发挥孔子之意，把施行善政的君主是否追求上进作为孔子是否接受聘请的依据。如果施行善政且矢志不渝的国君招聘，孔子就接受聘请，欣然前往；如果仅施行善政而不能持之以恒的君主来招聘，孔子就拒绝受聘。这是因为施行善政的君主一旦停止下来，就会日渐消沉。这样注释，郑玄就通过孔子表达了自己的心志。

三是抉发社会安宁思想。如《八佾篇》"子谓《韶》，尽美矣，又尽善也。谓《武》，尽美矣，未尽善也"下，郑玄注云："《韶》，〔舜乐名。美舜以圣德受禅于〕尧。又尽善者，谓致太平也。《武》，谓周〔武王乐，美武王以武功定〕天下。未尽〔善者〕，谓未致太平也。"③ 《论语集解》引孔安国注曰："《韶》，舜乐也。谓以圣德受禅，故曰尽善也。《武》，武王乐也。以征伐取天下，故曰未尽善也。"④

---

① 王素：《唐写本论语郑氏注及其研究》，北京大学出版社 2005 年版，第 107 页。

② 何晏：《论语集解》，《儒藏·精华编·四书类论语属》，北京大学出版社 2005 年版，第 34 页。

③ 王素：《唐写本论语郑氏注及其研究》，北京大学出版社 2005 年版，第 23 页。

④ 何晏：《论语集解》，《儒藏·精华编·四书类论语属》，北京大学出版社 2005 年版，第 10 页。

二者相比较，孔注根据所谓禅让与征伐的不同解释了"尽善"与"未尽善"，认为以圣德受禅而得天下者，为尽善；以征伐得天下者，为未尽善。而郑注则不同，郑玄把禅让与征伐都看作是"尽美"的，把能否致天下于安宁作为"尽善"与否的标准：舜受禅之后出现了太平盛世，故《韶》乐是"尽善"的；周武王从商纣手中夺取天下后不久就死了，其后不久便发生了武庚叛乱，经过周公和成王的努力，才达至天下太平，所以《武》乐未能"尽善"。郑玄根据"致太平""未致太平"来解释"尽善""未尽善"有着深刻的含义。在此，我们可以看作是郑玄自身的政治理想的表现。身处乱世的郑玄是非常渴望"致太平"的。因而产生了此章特殊的解释。在他看来，无论采取何种方式夺取政权，只要是能够使天下获得安宁，便是尽美又尽善的。后世学者顾炎武与郑玄所见略同。顾氏曰："观于季札论文王之乐，以为美哉，犹有憾，则知夫子谓《武》未尽善之旨矣。犹未洽于天下，此文之犹有憾也。天下未安而崩，此《武》之未尽善也。《记》曰：'乐者，象成者也。'又曰：'移风易俗，莫善于乐。'武王当日诛纣伐奄，三年，讨其君，而宝龟之命曰：有大艰于西土，殷之顽民迪屡不静。商俗靡靡，利口惟贤，余风未殄。视舜之从欲以治四方风动者何如哉。故《大武》之乐虽作于周公，而未至于世变风移之日，圣人之时也，非人力之所能为矣。"[1]

四 引用公羊说及阴阳说以解《论》

《春秋公羊传》是西汉公羊寿对《春秋》的解释，喜言微言大义，属今文经学。对于该书内容，郑玄在注释时有时也加以引用。如《八佾篇》"子贡欲去告朔之饩羊"下，郑玄注云："牲生曰饩。礼，

---

[1] 顾炎武著，黄汝成集释：《日知录集释》卷七"武未尽善"条，岳麓书社 1994 年版，第236 页。

人君每月告朔，于庙有祭，谓之朝享也。鲁自文公始不视朔。子贡见其礼废，故欲去其羊也。"① 其中"鲁自文公始不视朔"，是郑玄依据《公羊传·文公十六年》"公四不视朔"之说下的断语。对此，清儒刘台拱《论语骈枝》云："夫谓文公始不视朔者，据十六年'夏五月，公四不视朔'之文言之也。夫四不视朔，而谓之始不视朔可乎？四不视朔，旷也；始不视朔，废也。旷之与废，则必有分矣。旷四月不视朔，犹必详其月数而具书之，而况其废乎？变古易常，《春秋》之所谨也。初税亩，作丘甲，用田赋，皆谨而书之。始不视朔，岂得不书？郑君此言，出于《公羊》，彼欲迁就其大恶讳、小恶书之例，因虚造此言尔。如其说，自十六年二月公有疾，至十八年公薨，并闰月数之，其为不视朔者二十有六，而《春秋》横以己意为之限断，书于前而讳于后，存其少而没其多，何以为信史乎？"②

郑玄在《论语注》中，还引用了五行说。五行是指木、火、水、金、土五种元素，在中国古人看来，它们相生相成，共同维系着自然界的平衡。《春秋繁露·五行对》说："天有五行：木、火、土、金、水是也。木生火，火生土，土生金，金生水。水为冬，金为秋，土为季夏，火为夏，木为春。春主生，夏主长，季夏主养，秋主收，冬主藏。"③ 在解释《阳货篇》"钻燧改火，期可已矣"时，郑注也将这种说法引入其中，云："《周书》有更火：春取榆柳之火，夏取枣杏之火，季夏取桑柘之火，秋取柞楢之火，冬取槐檀之火。一年之中，钻火各异木，故曰改火也。"④ 对此，皇侃曾做了详细的说明："改火之木，随五行之色而变也。榆柳色青，春是木，木色青，故春用榆柳

---

① 何晏：《论语集解》，《儒藏·精华编·四书类论语属》，北京大学出版社 2005 年版，第 9 页。

② 刘宝楠：《论语正义》，中华书局 1990 年版，第 115 页。

③ 赖炎元：《春秋繁露今注今译》，台湾商务印书馆股份有限公司 1984 年版，第 278 页。

④ 贾公彦：《周礼·夏官·司爟》疏，《十三经注疏》本，上海古籍出版社 1997 年版，第 843 页。

也。枣杏色赤，夏是火，火色赤，故夏用枣杏也；桑柘色黄，季夏是土，土色黄，故季夏用桑柘也；柞楢色白，秋是金，金色白，故秋用柞楢也；槐檀色黑，冬是水，水色黑，故冬用槐檀也。所以一年必改火者，人若依时而食其火，则得气又宜，令人无灾厉也。"① 这就是说，改火是按照五行而随季节变换的。

综上所述，郑注"以古学为宗"，注重对《论语》字词的释义注音；同时也"兼采今学以附益其义"，注重对经文的微言大义的阐发，自成一家之言，成为会通今古学以释《论》的代表作，在《论语》学史上占有重要的地位。

第二节　何晏的《论语集解》

何晏（约190—249），字平叔，三国时期魏国宛（今河南南阳）人。著有《道德论》《孝经注》《周易讲说》《论语集解》（与人合著）等，完整传之后世的唯有《论语集解》。

一　创立了经学注释中的"集解"体例

一是从《论语集解》中所收录的七家注释看，孔安国、马融的注释以训诂见长，包咸以今文章句见长，郑玄以会通今古学见长，陈群、王肃、周生烈以义说（谓作注而说其义，故云义说——邢疏）见长。他们"所见不同，互有得失"②，何晏为了使研习者学有所宗，遂打破学派界限，博采诸家训注之善，开创出了新的注经体例——

① 皇侃：《论语义疏》，《儒藏·精华编·四书类论语属》，北京大学出版社2005年版，第320页。

② 何晏：《论语集解·论语序》，《儒藏·精华编·四书类论语属》，北京大学出版社2005年版，第1页。

"集解"体。他在《论语序》中对该体例进行了解说："今集诸家之善说，记其姓名，有不安者颇为改易，名曰《论语集解》。"① 邢疏曰："此叙《集解》之体例也。今谓何晏时，诸家谓孔安国、包咸、周氏、马融、郑玄、陈群、王肃、周生烈也。集此诸家所说善者而存之，示无剿说，故各记其姓名。注言'包曰'、'马曰'之类是也。注但记其姓而此连言名者，曰著其姓所以名其人，非谓'名字'之名也。'有不安者'，谓诸家之说于义有不安者也。'颇为改易'者，言诸家之善则存而不改，其不善者颇多为改易之。"② 由此可见，"集解"体例的特点就是"集诸家之善"，间下己意。此例一出，学界群起效之，一时间，蔚为大观。不仅研治《论语》者仿效此体例，出现了卫瓘的《集注论语》、崔豹的《论语集义》、孙绰的《集解论语》、江熙的《集解论语》，而且研治其他经典者也袭用之，如范宁《春秋穀梁传集解》，因此前注释者"皆肤浅末学，不经师匠"，"乃与二三学士及诸子弟，各记所识，并言其意"，"敷陈疑滞，博示诸儒同异之说"③ 以解《穀梁传》。

　　二是保存了大量的汉魏古注。《论语集解》为汉魏时期研治《论语》集大成之作，其书兼采汉孔安国、包咸、马融、郑玄、魏陈群、王肃、周生烈等注训，并间下己意而成书。据笔者粗略统计，知不足斋版《论语集解》共征引孔安国注 473 条，包咸注 194 条，马融注 133 条，郑玄注 111 条，王肃注 36 条，周生烈注 13 条，陈群注 3 条，另存"一曰"之说 5 条，合计达 968 条，约占《论语集解》总注条目的 88%。而何晏等人新注仅 131 条，约占总注条目的 12%。在目前《论语集解》中所征引著者原书大都亡佚的情况下，透过这些征引

　　① 何晏：《论语集解·论语序》，《儒藏·精华编·四书类论语属》，北京大学出版社 2005 年版，第 1 页。
　　② 同上书，第 7 页。
　　③ 范宁：《春秋谷梁传注疏序》，《十三经注疏》本，上海古籍出版社 1997 年版，第 2361 页。

条目的吉光片羽，可以使我们得窥汉魏《论语》学之崖略。

三是改易先儒，自下己意。何晏所言"有不安者，颇为改易"，其中"颇为改易"一词，反映了何晏以新的义理来注释《论语》，改变原有注经方法的思想。皇侃在疏解这四个字时说："若先儒注非何意取安者，则何偏为改易，下己意也。"① 可谓得其仿佛。如《述而篇》"加我数年，五十以学《易》，可以无大过矣"章，前儒郑玄、王朗均有注，郑玄注曰："加我数年，年至五十以学此《易》，其义理可无大过。孔子时年四十五六，好《易》，习读不敢懈倦，汲汲然，自恐不能究竟其意，故云然也。"② 王朗注曰："鄙意以为，《易》盖先圣之精义，后圣无间然者也，是以孔子即而因之，少而诵习，恒以为务，称五十而学者，明重《易》之至，故令学者专精此书，虽老不可以废倦也。"③ 何晏均弃之未用，而自注云："《易》穷理尽性以至于命，年五十而知天命，以知命之年读至命之书，故可以无大过矣。"④ 对比上述三条注释，郑注认为"年至五十以学此《易》，其义理可无大过"，王注认为"称五十而学者，明重《易》之至"，而何晏则借用《易·说卦》和《论语·为政》之文，说明孔子以知天命终始之年，读穷理尽性以至于命之书，则能避凶之吉而无过咎。

由此，不难看出何晏之注不仅文简意赅，而且凸显了学《易》的使用价值，确较郑注、王注为优。作为《十三经注本》中的第一个集注本，《论语集解》得到了后世儒者的认可。钱大昕《何晏论》说："予尝读其疏，以为有大儒之风，使魏主能用斯言，可以长守位而无迁废之祸，此岂徒尚清谈者能知之而能言之者乎！""自古以经训专门

---

① 皇侃：《论语义疏》，《儒藏·精华编·四书类论语属》，北京大学出版社 2005 年版，第 18 页。

② 王素：《唐写本论语郑氏注及其研究》，文物出版社 1991 年版，第 78 页。

③ 马国翰：《玉函山房辑佚书》，上海古籍出版社 1990 年版，第 1688 页。

④ 何晏：《论语集解·论语序》，《儒藏·精华编·四书类论语属》，北京大学出版社 2005 年版，第 26 页。

者列于儒林，若辅嗣之《易》，平叔之《论语》，当时重之，更数千载不废；方之汉儒，即或有间，魏、晋说经之家，未能或之先也。宁既志崇儒雅，固宜尸而祝之，顾诬以罪深桀、纣，吾见其蔑儒，未见其崇儒也。论者又以王、何好老、庄，非儒者之学。然二家之书具在，初未尝援儒以入《庄》《老》，于儒乎何损。且平叔之言曰：'鬻庄躯，放元虚，而不周于时变，若是，其不足乎庄也。'亦毋庸以罪平叔矣。"①

第三节　皇侃的《论语义疏》

皇侃（488—545），南朝梁吴郡（今江苏苏州市）人。他少好学，曾师事"首膺时儒之选"、号为"儒者宗"的五经博士贺玚，"尽通其业，尤明三《礼》《孝经》《论语》"。② 撰有《礼记义疏》《礼记讲疏》《孝经义疏》和《论语义疏》等著作，可惜前三本均亡佚，今日能见到的只有《论语义疏》。其特点主要有：

一　旁征博引，内容翔实

皇侃《论语义疏》是一部集汉魏六朝《论语》学之大成的著作，它以何晏《论语集解》为底本，兼采江熙《论语集解》、汉魏以来通儒遗说汇编而成。具体操作过程如下："先通何集。若江集中诸人有可采者，亦附而申之。其又别有通儒解释，于何集无妨者，亦引取为说，以示广闻也。"③ 江熙《论语集解》所集均为晋代儒家注释，包

---

① 钱大昕：《潜研堂文集》卷二，陈文和编《嘉定钱大昕全集》第九册，江苏古籍出版社1997年版，第28—29页。

② 《梁书·皇侃传》。

③ 皇侃：《论语义疏自序》，《儒藏·精华编·四书类论语属》，北京大学出版社2005年版，第13页。

括卫瓘、缪播、栾肇、郭象、蔡谟、袁宏、江淳、蔡系、李充、孙绰、周环、范宁及王珉。除十三家外，亦采江熙本人之说。至于其他通儒，包括沈居士、熊埋、王弼、王朗、张凭、袁乔、王雍、顾欢、梁冀、颜延之、沈峭、释惠林、殷仲堪、张封溪、太史叔明、缪协、庾翼、颜特进、陆特进、贺瑒均在征引之列。由于其疏文引证广博，所以保存了大量的六朝《论语》古注，为我们研究这一时期的《论语》学提供了绝好的史料。诚如武内义雄所言："根本本（根本，即根本逊志，字伯修，号武夷。根本本，即足利学藏本——笔者注）皇疏之输入，彼土之学士，盛讲究之。《四库全书提要》之作者，有汉晋经学之一线，由此而存于今之称扬。其后从事于研究《论语》之人，殆无不参考之。翻刻《七经孟子考文》之阮元，于《〈论语〉校勘记》中，举邢本与皇本之异同，其门下邹伯奇、章凤翰、潘继李、桂文灿诸人，各作皇疏证十卷跋。又从皇疏中，辑江熙之解，编纂为《缉江氏集解》二卷（《续碑传集》七十五）。又马国翰从皇侃书中，辑录郑玄、王朗、王弼、卫瓘、缪播、郭象、乐肇、虞喜、庾冀、李充、范宁、孙绰、梁觊、袁乔、江熙、殷仲堪、张凭、蔡谟、颜延之、释慧琳、沈骥士、顾欢、太史叔明、褚仲都、沈峭、熊埋诸家之说，复成六朝经学之佚书。此种论语古注，现今无传者，今乃断片的而再现之，大体上是由此书所留之恩惠矣。《提要》谓汉晋经学一线，自此书而存者即是故也。"①

二 援玄释《论》

魏晋之际，玄学之风盛行，其对南朝学术风气的影响也是毋庸置疑的。清人皮锡瑞在谈到《论语义疏》时云："如皇侃之《论语义疏》，名物制度，略而弗讲，多以老、庄之旨，发为骈俪之文，与汉

---

① 江侠庵编译：《先秦经籍考》中册，上海文艺出版社 1990 年影印版，第 73—74 页。

人说经相去悬绝。此南朝经疏之仅见于今者，即此可见一时风尚。"①
该书中具有浓厚的玄学色彩，书中掺杂玄说的地方占全书总章节的五
分之一以上，涉及疏语共一百零二则。② 这主要表现在：

首先，运用道家术语释《论》。在《论语》中，"道"是指儒家
的"仁道"，而在皇侃的疏解中，则被提升为形而上的天道。他在解
释"道"时，特别注重强调它的"通"性，如《述而篇》"志于道"
下，皇疏曰："道者，通而不拥也。道既是通，通无形相。"③ 又《卫
灵公篇》"人能弘道，非道弘人"下，皇疏曰："道者，通物之妙也。
通物之法，本通于可通，不通于不可通。"④ 在皇侃看来，"道"的特
性就是"通"，通之原因就在于道是虚灵的"无"，无形无相，而又
在形相之中。进而，皇侃又将"道""器""无""有"做了理论上
的关联，他在疏解《为政篇》"吾与回言，终日不违，如愚"时说：
"自形器以上，名之为无，圣人所体也；自形器以还，名之为有，贤
人所体也。"⑤ 这里，皇侃借用了《易传·系辞》中的"形而上者谓
之道，形而下者谓之器"，将道与器、有与无通过体用关系关联了
起来。

其次，采用"得意忘言"的方法，推陈出新。针对汉儒支离烦琐
的解释方法，玄学家们等强调在论证问题时应注意把握义理，反对执
着言、象，提出"得意忘言""寄言出意"的方法。皇侃在疏解时，
也承袭了这种方法。如《里仁篇》"事父母几谏。见志不从，又敬而
不违，劳而不怨"，皇侃指出，以往经记说法不一，《檀弓》云"事

---

① 皮锡瑞：《经学历史》，中华书局1959年版，第176页。
② 参见李文献《皇侃〈论语义疏〉中之玄学思想》，《"国立"侨生大学先修班学报》1998年
第6期。
③ 皇侃：《论语义疏》，《儒藏·精华编·四书类论语属》，北京大学出版社2005年版，第
111页。
④ 同上书，第284页。
⑤ 同上书，第25页。

亲有隐无犯，事君有犯无隐"，但《孝经》《曲礼》《内则》并云君亲有过皆宜微谏，有大过则极于犯颜。于是他下断案说："《檀弓》所言，欲显真假本异，故其旨不同耳"，"父子天性，义主恭从，所以言无犯，是其本也。而君臣假合，义主匡弼，故云有犯，亦其本也。"①

三 援佛释《论》

皇侃《论语义疏》不同于何晏等《论语集解》和王弼《论语释疑》的最大特点，是援佛释《论》。皇侃所处时代，正是六朝佛教的全盛时期。此时南朝最高统治者梁武帝佞佛，于是号令公卿百官侯王宗族舍道事佛，一时间，"伽蓝精舍，宝刹相望"，"万邦回乡，俱禀正识"，佛教大盛。受其影响，文人学士也兼通儒、玄、佛，融"合内外之道"。皇侃《论语义疏》产生于这一时代，具有代表性地反映了这一时代思潮。

首先，受佛教之影响，皇侃采用新的注释体例来解释《论语》。皇侃《论语义疏》所采用的"义疏"体就与佛教有很大关系。马宗霍先生曾经说过："缘义疏之兴，初盖由于讲论。两汉之时，已有讲经之例，石渠阁之所平、白虎观之所议，是其事也。魏晋尚清谈，把麈树义，相习成俗，移谈玄以谈经，而讲经之风益盛。南北朝崇佛教，敷坐说法，本彼宗风，从而效之，又有升座说经之例。初凭口耳之传，继有竹帛之著，而义疏成矣。"②"义疏"体之要旨就在于，举经典之大义而不拘滞于其文字，这一解经体例正好迎合了自汉末以来崇尚"清通简要"的注经风气，所以此体例一经出现，便受到了学者们的青睐。《尚书义疏》《毛诗义疏》《周易义》《三礼义宗》《左氏经传义》《公羊文句义》《穀梁文句义》《孝经义》《论语义》等次第

---

① 皇侃：《论语义疏》，《儒藏·精华编·四书类论语属》，北京大学出版社2005年版，第67—68页。

② 马宗霍：《中国经学史》，上海书店1984年版，第85—86页。

涌现。皇侃在此学风影响下，总义疏著作之大成，而成《论语义疏》。

义疏在文体上的特点，据现代学者研究，主要有二："一为其书之分章段，二为其书之中有问答。"① 所谓分章段，是指义疏在解经时对经注文进行解构，分章、分段来讲解，在讲解时往往先论一章大义，而后再分段讲论，这是义疏与其他注解体例不同之处。如《为政篇》"子曰吾十有五而志于学"章，疏文曰："此章明孔子隐圣同凡，学有时节，自少迄老，皆所以劝物也。（吾十有五而志于学）志者，在心之谓也。孔子言：我年十五志学在心也。十五是成童之岁，识虑坚明，故始此年而志学也矣。（三十而立）立，谓所学经业成立也。古人三年明一经，从十五至三十，是又十五年，故通五经之业，所以成立也。（四十而不惑）惑，疑惑也。业成后已十年，故无所惑也。故孙绰云：'四十强而仕，业通十年，经明行修，德茂成于身，训洽邦家，以之莅政，可以无疑惑也。'（五十而知天命）天命，谓穷通之分也。谓天为命者，言人禀天气而生，得此穷通，皆由天所命也。天本无言，而云有所命者，假之言也。人年未五十，则犹有横企无厓，及至五十始衰，则自审己分之可否也。故王弼云：'天命废兴有期，知道终不行也。'孙绰云：'大易之数五十，天地万物之理究矣。以知命之年，通致命之道。穷学尽数，可以得之，不必皆生而知之也。此勉学之至言也。'熊埋云：'既了人事之成败，遂推天命之期运，不以可否系其理治，不以穷通易其志也。'（六十而耳顺）顺，谓不逆。人年六十，识智广博，凡厥万事，不得悉须观见，但闻其言，即解微旨，是所闻不逆于耳，故曰耳顺也。故王弼云：'耳顺，言心识在闻前也。'孙绰云：'耳顺者，废德之理也。朗然自玄悟，不复役而后得，所谓不识不知，从帝之则也。'李充云：'耳顺者，听先王之法言，则知先王之德行，从帝之则，莫逆于心，心与耳相从，故

---

① 牟润孙：《论儒释两家之讲经与义疏》，《注史斋丛稿》，中华书局 1987 年版，第 294 页。

曰耳顺。'（七十而从心所欲不逾矩）从，犹放也。踰，越也。矩，法也。年至七十，习与性成，犹蓬生麻中，不扶自直，故虽复放纵心意，而不踰越于法度也。所以不说八十者，孔子唯寿七十三也。说此语之时，当在七十后也。李充曰：'圣人微妙玄通，深不可识，所以接世轨物者，曷尝不诱之以形器乎。黜独化之迹，同盈虚之质，勉夫童蒙而志乎学。学十五载，功可与立。爰自志学迄于从心，善始令终，贵不踰法。示之易行，而约之以礼。为教之例，其在兹矣。'"① 这段近八百字的疏文，先明本章要旨，而后逐段讲解，充分体现了义疏体疏通经文的特色。

所谓有问答，是说义疏在解经时采用了"自设问，自解答"的释注方式。皇侃在疏通《论语》经注文的过程中，为了释疑答难，采用了"自设问，自解答"这样一种新的注经方式。如疏《学而篇》"父在观其志"章时，皇侃自设问答，说："或问曰：'若父政善，则不改为可；若父政恶，恶教伤民，宁可不改乎？'答曰：'本不论父政之善恶，自论孝子之心耳。若人君风政之恶，则冢宰自行政；若卿大夫之恶，则其家相、邑宰自行事，无关于孝子也。'"② 通过这种方式，皇侃表明虽然孝子由于内存哀慕之情，不忍心改父之恶政，但可以听任臣下去做。又如疏同篇"信近于义"章时，皇侃自设问答，说："或问曰：'不合宜之信云何？'答曰：'昔有尾生，与一女子期于梁下，每期每会。后一日急暴水涨，尾生先至，而女子不来，而尾生守信不去，遂守期溺死。此是信不合宜，不足可复验也。'"③ 这里，皇侃通过自设问答的方式，用一个古代的事例，形象地说明了什么是不合宜之信，易于人们理解和把握。通过以上分析，我们不难看出，皇

---

① 参见皇侃《论语义疏》，《儒藏·精华编·四书类论语属》，北京大学出版社 2005 年版，第 21—22 页。

② 同上书，第 13 页。

③ 同上书，第 14 页。

侃这种自设问答的方法，使之对《论语》的疏解常能推陈出新，而且能起到"群疑冰释"的效果，从而开辟了《论语》学训释的新径。

其次，经注文兼疏。义疏之学与汉代章句训诂之学不同，"汉代的经学家治经，都以经文为主要依据，所做的传或注，为的是解释经文。南北朝时期的经学家治经，多数以经注为主要根据，或引一家的注予以诠释，或引诸家的注作比较研究。总之，他们的写作目的都是为了明注。于是以明注为目的的讲疏、义疏一类的作品，构成了这一时期经学著作的主流。所以在佛学的影响下，中国经学史以传明经，以注明传，以疏明注的治经体系得以完善，并成为唐代疏注之学的先河"①。因此在《论语义疏》中，皇侃不管有无注文，对于经文基本是每句必释。如《公冶长篇》"子曰十室之邑"章，《集解》无注，而皇侃则详加解说："丘，孔子名也，孔子自称名，言十室为邑，其中必有忠信如丘者焉也，但无如丘之好学耳也。孙绰曰：'夫忠信之行，中人所能存全，虽圣人无以加也。学而为人，未足称也，好之至者必钻仰不怠，故曰："有颜回者好学，今也则亡。"今云十室之学不逮于己，又曰："我非生而知之，好古敏而求耳。"此皆陈深崇于教，以尽汲引之道也。'一家云：'十室中若有忠信如丘者，则其余焉不如丘之好学也。'言今不好学，不忠信耳，故卫瓘曰：'所以忠信不如丘者，由不能好学如丘耳。苟能好学，则其忠信可使如丘也。'"②皇侃用了二百多字的篇幅对没有注文的经文进行了疏解，其中引证了孙绰、卫瓘等人的注释。这样，不仅疏解了经文，而且留存了古注；既弥补了《集解》的不足，又为后人研究六朝《论语》古注提供了第一手资料。

皇侃不仅疏通经文，而且也对何晏等《论语集解》中所征引的注

---

① 张岂之：《中国儒学思想史》，陕西人民出版社1990年版，第280页。
② 皇侃：《论语义疏》，《儒藏·精华编·四书类论语属》，北京大学出版社2005年版，第90页。

文进行了释读。在对注文进行释读时，主要是在原有基础上，对注文所涉及的内容再详加补充、解说。如《子罕篇》"子欲居九夷"章下，马融注曰："九夷，东方之夷，有九种也。"但没有说明是哪九种，也没有说其他方向是否有类似情况。皇疏则对此给予了充分的解说，文曰："四方，东有九夷：一玄菟，二乐浪，三高丽，四满饰，五凫臾，六索家，七东屠，八倭人，九天鄙。南有八蛮：一天竺，二吹首，三焦侥，四跂踵，五穿胸，六儋耳，七狗邦，八虎春。西有六戎：一羌夷，二依貊，三织皮，四赭羌，五鼻息，六天冈。北有五狄：一月支，二哞貊，三匈奴，四单于，五白屋也。"①

皇疏在对经注文进行释解的过程中，有时也存列异说。如疏解《学而篇》"巧言令色，鲜矣有仁"时，皇疏曰："巧言者，便僻其言语也。令色者，柔善其颜色也。鲜，少也。此人本无善言美色，而虚假为之，则少有仁者也。然都应无仁，而云少者，旧云：'人自有非假而自然者，此则不妨有仁，但时多巧令，故云少也。'又一通云：'巧言令色之人，非都无仁，政是性不能全，故云少也。'故张凭云：'仁者，人之性也。性有厚薄，故体足者难耳。巧言令色之人，于仁性为少，非为都无其分也，故曰"鲜矣有仁"。'王肃曰：'巧言无实，令色无质。'"②既分别疏解了经文文字，又给出了别解。可见就注疏而言，皇疏内容详瞻，援据广博，并酌存异说，既疏通了经注文，又保存了大量的汉魏六朝遗说。在这些《论语》古注文本及其他经注大都亡佚的情况下，《论语义疏》真可谓是"存汉晋经学之一线"。

最后，皇疏还将佛教的义理用以阐释《论语》。黄侃《皇侃论学杂著》云："皇氏《论语义疏》所集，多晋末旧说，自来经生持佛理

---

① 皇侃：《论语义疏》，《儒藏·精华编·四书类论语属》，北京大学出版社 2005 年版，第 156 页。

② 同上书，第6 页。

以解儒书，殆莫先于是书也。其中所用名言，多由佛籍转化。"① 皇疏中确实论及了若干佛教的义理。如佛教里讲"因果有必定之期，报应无迁延之业"② 的因缘果报说，皇疏也表明了相同的观点。《里仁篇》"德不孤，必有邻"的疏文说："又一云：'邻，报也。言德行不孤失，必为人所报也。'故殷仲湛曰：'推诚相与，则殊类可亲。以善接物，物亦不皆忘，以善应之。是以德不孤焉，必有邻也。'"③

皇侃《论语义疏》，会通儒佛，援玄释《论》，引用新的注释体例，"荟萃各家旧注之本真而保存之，使多数散佚之旧注得以存其吉光片羽，对于治经学者贡献亦诚不少；且皇氏又博极群书以补诸家之未备，补苴之功，又足多焉"④，因此，皇侃《论语义疏》在《论语》学术史乃至经学史上都占有重要的地位。

首先，"《论语》古注之渊薮"。从《论语》学史来看，《论语义疏》是魏晋南北朝时期继踵《论语集解》的又一部《论语》学集大成之作，"何晏《集解》，网罗汉儒旧义"，"皇侃《义疏》，广辑自魏迄梁诸家"，"两书相配，可谓《论语》古注之渊薮"。⑤ 对此，日人武内义雄曾言：

根本本（根本，即根本逊志，字伯修，号武夷。根本本，即足利学藏本——笔者注）皇疏之输入，彼土之学士，盛讲究之。《四库全书提要》之作者，有汉晋经学之一线，由此而存于今之称扬。其后从事于研究《论语》之人，殆无不参考之。翻刻

<hr/>

① 黄侃：《汉唐玄学论》，上海古籍出版社 1980 年版，第 486 页。
② 释道宣：《广弘明集》卷七《叙列代王臣滞惑解下》，上海古籍出版社 1991 年版，第 136 页。
③ 皇侃：《论语义疏》，《儒藏·精华编·四书类论语属》，北京大学出版社 2005 年版，第 69 页。
④ 梁启雄：《论语注释汇考》，《燕京学报》1948 年第 34 期。
⑤ 钱穆：《论语新解·序》，生活·读书·新知三联书店 2002 年版，第 1 页。

《七经孟子考文》之阮元，于《〈论语〉校勘记》中，举邢本与皇本之异同，其门下邹伯奇、章凤翰、潘继李、桂文灿诸人，各作皇疏证十卷跋。又从皇疏中，辑江熙之解，编纂为《缉江氏集解》二卷（《续碑传集》七十五）。又马国翰从皇侃书中，辑录郑玄、王朗、王弼、卫瓘、缪播、郭象、乐肇、虞喜、庾冀、李充、范宁、孙绰、梁觊、袁乔、江熙、殷仲堪、张凭、蔡谟、颜延之、释慧琳、沈驎士、顾欢、太史叔明、褚仲都、沈峭、熊埋诸家之说，复成六朝经学之佚书。此种论语古注，现今无传者，今乃断片的而再现之，大体上是由此书所留之恩惠矣。《提要》谓汉晋经学一线，自此书而存者即是故也。①

可见，皇侃《论语义疏》，既包括了何晏以后的资料，还补充了何晏以前个别没有收集进去的资料，从而与何晏等人的《论语集解》共同构成了《论语》学史上极具权威性的经典文本。

其次，在治学方式与注经形式上，皇侃《论语义疏》在《论语》注释史上开创了新的一页。皇侃《论语义疏》经注文兼释，"对原文及注，或注释，或补充，或评论，或纠谬"②，尤其是对注的疏解，"这是对典籍解释的一次突破，在注释史上翻开了新的一页"③。这种"义疏"之学，不仅是隋唐注疏之学的先导，而且对宋代义理之学的勃兴也起到了一定的启迪作用。这种注经体例，既不同于汉晋的传注或集解，也不同于玄学经学的玄理发挥，而是介乎义理与训诂之间的一种新型经学著述形式。它不仅解释词义，而且串讲句子的意义，甚至还要阐发章旨，申述全篇大意。此外，他们不再像汉儒治经一样着重以传注来解说经典，而是着重在旧注的基础上再作进一步的阐发和

① 江侠庵编译：《先秦经籍考》中册，上海文艺出版社1990年版，第73—74页。
② 曾贻芬、崔文印：《中国历史文献学史述要》，商务印书馆2000年版，第127页。
③ 同上书，第125页。

解释。从学术传承的意义上来说，"义疏"的出现，是经学研究从单纯注释向注释、考据相结合逐步发展的重要标志，对后代的儒家经典及其他文献注解产生了较大影响。皮锡瑞对此予以高度评价："夫汉学重在明经，唐学重在注疏；当汉学以往，唐学未来，绝续之交，诸儒倡为义疏之学，有功于后世甚大。……渊源有自，唐人五经之疏未必无本于诸家者。论先河后海之义，亦岂可忘筚路蓝缕之功乎！"①

第四节　韩愈李翱的《论语笔解》

韩愈（768—824），字退之，河南河阳（今河南孟县西）人，先世曾居昌黎（今辽宁义县），故亦称韩昌黎。唐代著名儒家学者、文学家、思想家。他自幼勤奋好学，自谓："性本好文学，因困厄悲愁无所告语，遂得究穷于经传史记百家之说，沈潜乎训义，反复乎句读，砻磨乎事业，而奋发乎文章。"② 在崇尚古文和尊奉儒学两方面，"欲自振于一代"③。他提出了儒家道统说，提高了孟子的地位，主张排佛抑道，这些新的思想内容，多为后来的理学家所吸收并发挥。

李翱（772—841），字习之，唐陇西成纪（今甘肃秦安东）人，一说为赵郡（今河北赵县）人。唐代文学家、哲学家。他一生崇儒排佛，认为孔子是"圣人之大者也"，并以《中庸》《易传》为理论根据，试图构建儒家的心性理论，其《复性书》三篇开宋儒谈心论性之先河。

由于李翱曾从韩愈学古文，协助韩愈推进古文运动，故两人关系在师友之间。他们曾共同撰成《论语笔解》二卷，在《论语》学史

---

① 皮锡瑞：《经学历史·经学分立时代》，中华书局 1959 年版，第 186 页。
② 韩愈：《韩昌黎文集校注·上兵部李侍郎书》，上海古籍出版社 1987 年版，第 143 页。
③ 《旧唐书·韩愈传》。

上，成为疑经改注的代表作。

一 指斥汉魏诸儒释《论》之失

在韩愈、李翱看来，佛、道二教之所以能够在魏晋以后盛行不衰，并与儒学相抗衡，其内在原因就在于汉魏诸儒拘守章句训诂之学，未能深究《论语》等儒家经典的微言大义，致使孔孟之精髓丧失殆尽。因此，在《论语笔解》中，韩、李二人于多处地方指斥汉魏诸儒释《论》之失。据笔者统计，在《论语笔解》中，共摘录孔安国注43条，其中被驳斥者34条；共摘录包咸注19条，其中被驳斥者18条；共摘录周氏注2条，其中被驳斥者1条；共摘录马融注14条，其中被驳斥者13条；共摘录郑玄注11条，其中被驳斥者10条；共摘录王肃注3条，其中被驳斥者2条。

在韩愈、李翱看来，前儒之失主要有三种：

第一，训诂字词有误。韩愈、李翱认为汉魏诸儒对《论语》经文字词的解释有不当之处。如《论语笔解·学而》"因不失其亲，亦可宗矣"下引孔安国注曰："因，亲也。所亲不失其亲，亦可宗敬。"孔注训"因"为"亲"，以"所亲不失其亲"为可敬。韩愈、李翱认为孔注有误，"韩曰：因训亲，非也，孔失其义。观有若上陈信义恭礼之本，下言凡学必因上礼义二说，不失亲师之道，则可尊矣。李曰：因之言相因也。信义而复本，礼因恭而远嫌，皆不可失，斯乃可尊。"① 这里，韩、李否定了孔注，另作新释，韩以不失亲师之道为可尊，李以不失信义、礼恭为可尊。

又如《论语笔解·子路》"冉有退朝"章下引马融注曰："政者，有所改更匡正。事者，凡行常事。（如有政，非常之事——据《集解》补），我为大夫，虽不见任用，必当与闻之。"马注以"政"为

---

① 韩愈、李翱：《论语笔解》，中华书局1991年版，第1页。

"非常之事，故或有所改更匡正"，"事"为"常行之事"。韩愈、李翱认为马注不当，"韩曰：政者，非更改之谓也。事者，非谓常行事也。吾谓凡干典礼者则谓之政，政即常行焉则谓之行，行其常则谓之人事。李曰：政事，犹言文学也。文之义，包乎天地，大矣。学之者人也。政之事，包乎典礼，大矣。事之者，人也。仲尼盖因冉有之对，以明政事不可不分也。"① 韩、李认为凡干典礼者谓之政，事即人事。

第二，解读文意有误。韩愈、李翱认为汉魏诸儒对《论语》经文大义的解读有不当之处。如《论语笔解·为政》"子张问十世可知也"章下引孔注曰："文质礼变"，马注曰："所因谓三纲五常，所损益谓文质三统。"韩愈、李翱均认为孔注、马注未详孔子从周之意，"韩曰：孔、马皆未详仲尼从周之意，泛言文质三统，非也。后之继周者得周礼则盛，失周礼则衰，孰知因之之义，其深矣乎？李曰：损益者，盛衰之始也。礼之损益知时之盛衰。因者，谓时虽变而礼不革也。礼不革，则百世不衰可知焉。穷此深旨，其在周礼乎？"② 这里，韩、李认为所因、所损皆就周礼而言，而不是什么三纲五常、文质三统。

又如《论语笔解·阳货》"子曰：'礼云礼云，玉帛云乎哉！乐云乐云，钟鼓云乎哉'"下引"郑注曰'所贵安上治民'，马注曰'所贵移风易俗'"。韩愈、李翱认为郑注与马注未得圣人之精微，"韩曰：此连上文训伯鱼之词也。马、郑但言礼乐，大略其精微。李曰：虑伯鱼但习《二南》，多知虫鱼鸟兽而已，不达旦、奭分治邦家之本也；但习玉帛钟鼓而已，不达《雅》《颂》形容君臣之美也。有以知《诗》者，礼乐之文；玉帛钟鼓，礼乐之器，兼通即得礼乐之

① 韩愈、李翱：《论语笔解》，中华书局 1991 年版，第 18 页。
② 同上书，第 3 页。

道。"① 这里，韩、李联系上文孔子教训伯鱼学《诗》之词，认为兼通礼乐之文与礼乐之器，则可以不仅达《周南》、召公奭分治邦家之本，亦可以达《雅》《颂》形容君臣之美。

第三，穿凿附会。韩愈、李翱认为汉魏诸儒对《论语》经文的释读有穿凿附会之弊。如《论语笔解·乡党》"乡人傩，朝服而立于阼阶"下引孔注曰："傩，驱逐疫鬼，恐惊先祖，故朝服而立于庙之阼阶。"韩愈认为孔注有穿凿之嫌疑，"正文无庙字，又云恐惊先祖，疑孔穿凿非本旨。"② 指出孔注添字得义，大失孔子原义。

《论语笔解·宪问》"子曰：作者七人矣"下引包注曰："长沮、桀溺、丈人、晨门、荷蒉、仪封人、楚狂接舆。"韩愈、李翱均认为包注乃附会之文，"韩曰：包氏以上文连此七人，失其旨。吾谓别段，非谓上文避世事也。下文子曰，别起义端。作七人，非以隐蔽为作者明矣。避世本无为，作者本有为，显非一义。李曰：其然乎？包氏所引长沮已下苟合于义，若于作者绝未为得。吾谓包氏因下篇长沮、桀溺云'与其从辟人之士，岂若从辟世之士哉'，遂举此为七人苟连上义。殊不知仲尼云'鸟兽不可与同群'，此则非沮桀辈为作者明矣。又况下篇云：'逸民：伯夷、叔齐、虞仲、夷逸、朱张、柳下惠、少连。'七人岂得便引为作者可乎？包谬不攻自弊矣。"③

韩、李二人对汉魏旧注的批驳，有些是对的，如他们对包注关于"作者七人"的驳斥，就得到了朱子的认可。朱子《集注》引李氏曰："作，起也，言起而隐去者今七人矣，不可知其谁何。必求其人以实之则凿矣。"有些则未必然，如关于孔注训"因"为"亲"的驳斥，刘宝楠《论语正义》云："《诗·皇矣》'因心则友。'《传》：'因，亲也。'此文上言'因'，下言'亲'，变文成义。……孔注

---

① 韩愈、李翱：《论语笔解》，中华书局 1991 年版，第 27 页。
② 同上书，第 13 页。
③ 同上书，第 20—21 页。

'因亲'是通说人交接之事。"① 因此，不是孔失其义，而是韩、李失其义。

二　改易《论语》经文

赵歧《孟子题辞》曾言"《论语》者，五经之輨辖，六艺之喉衿也"，其重要性可想而知，所以汉代以来，人们唯《论语》经文是从，即使有文义不通，文句重复之处，也强为之说，不敢有一字之改动，更不用说怀疑其文字错讹，经文颠倒之事了。但韩、李二人却敢于冒天下之大不韪，改易《论语》文字 16 处，变更经文次序 2 处，主张删除经文 1 处。

第一，改易《论语》文字。韩、李二人改易《论语》文字之多，可以说是前无古人。他们不单单是一改了之，而且对改动之原因进行了简单说明。如《为政篇》"六十而耳顺"下，韩愈注曰："耳当为尔，犹言如此也。既知天命，又如此顺天也。"②《公冶长篇》"宰予昼寝"下，韩愈注曰："昼当作画，字之误也。宰予四科十哲，安得有昼寝之责乎？假或偃息，亦未足深诛。"③《先进篇》"童子六七人，浴乎沂"下，韩愈注曰："浴当为沿，字之误也。周三月夏之正月，安有浴之理哉？"④ 上述改易经文之处，并非全是韩愈独创，有的是袭用前人的，如"昼"当作"画"，前儒已多有言说。刘宝楠《论语正义》曰："韩、李《笔解》谓'昼，旧文作画字'。所云'旧文'，或有所本。李匡义《资暇录》：'寝，梁武帝读为"寝室"之寝，昼作胡卦反，且云当为画字，言其绘画寝室。'周密《齐东野语》：'尝见侯白所注《论语》，谓"昼"当作"画"字。侯白，隋人。'二读

---

① 刘宝楠：《论语正义》，中华书局 1990 年版，第 31 页。
② 韩愈、李翱：《论语笔解》，中华书局 1991 年版，第 2 页。
③ 同上书，第 7 页。
④ 同上书，第 17 页。

与旧文合。李氏联琇《好云楼集》：'《汉书·扬雄传》：非木摩而不雕，墙塗而不画。此正雄所作《甘泉赋》谏宫观奢泰之事，暗用《论语》，可证"画寝"之说，汉儒已有之。'"① 有的是前人已有疑窦，二人推波助澜而已。如韩愈对于"浴乎沂"的"浴"字的怀疑，汉儒王充业已怀疑之，《论衡·明雩篇》曰："鲁设雩祭于沂水之上。暮者，晚也。春，谓四月也。春服既成，谓四月之服成也。冠者，童子，雩祭乐人也。浴乎沂，涉沂水也。象龙之从水中出也。……说《论》之家以为浴者，浴沂水中也。风，乾身也。周之四月，正岁二月也。尚寒，安得浴而风乾身？由此言之，涉水不浴，雩祭审矣。"② 这些经文改易之处，虽有臆改之嫌，但也并非一无是处。如"昼"当作"画"解就得到了清儒刘宝楠的认可，他说："案：《礼》言天子庙饰'山节藻棁'。《穀梁》庄廿四年传：'礼，天子之桷，斫之砻之，加密石焉；诸侯之桷，斫之砻之；大夫斫之；士斫本。'又廿三年传：'礼，天子诸侯黝垩，大夫仓，士黈。'《周官·守祧》云：'其祧则守祧黝垩之。'皆说宗庙之饰，其宫室当亦有饰。郑注《礼器》云：'宫室之饰，士首本，大夫达棱，诸侯斫而砻之，天子加密石焉。'此本《晋语》。又《尔雅·释宫》：'墙谓之垩。'统庙寝言之。《周官·掌蜃》云：'共白盛之蜃。'《注》云：'谓饰墙使白之蜃也。'此与黝垩异饰，当是宫室中所用。《左》襄卅一年《传》：'圬人以时塓馆宫室。'亦当谓加饰。春秋时，大夫、士多美其居，故土木胜而知氏亡，轮奂颂而文子惧。意宰予画寝，亦是其比。夫子以'不可雕'、'不可杇'讥之，正指其事。此则旧文，于义亦得通也。"③ 今人杨志玖先生亦赞同此说。他在《"宰予昼寝"说》一文中写道，宰予不是昼寝而是画寝，原因在于"昼寝"算不上违礼，最多

---

①　刘宝楠：《论语正义》，中华书局1990年版，第178页。
②　转引自程树德《论语集释》，中华书局1990年版，第808页。
③　刘宝楠：《论语正义》，中华书局1990年版，第178页。

不过是一时懒散或有其他原因，而"画寝"则不然。这是孔子责备宰予的缘由。[①]

又如改"浴"为"沿"，得到了清代硕儒俞樾的认可。其《群经平议》认为："世传韩昌黎《论语笔解》皆不足采，惟此经'浴'字谓是'沿'字之误，则似较旧说为安。风之言放也。《诗北山篇》'或出入风议'，郑笺云：'风，放也。'……风乎舞雩者，放乎舞雩也。沿乎沂，放乎舞雩，犹《孟子》曰'遵海而南，放乎琅邪矣'。"[②] 由此可见，如果我们完全否定韩、李二人的做法，显然有失公允。明代学者都穆曾评价说：

　　唐李汉序韩文曰："有《论语解》十卷传学者，不在集中。"予家藏古本韩文有之，但其说时与今不同。如"六十而耳顺"解云"'耳'当为'尔'，犹言如此也"，如"曾谓泰山不如林放乎"解云"'谓'当作'为'，言冉有为泰山非礼也"，如"宰予昼寝"解云"'昼'当作'画'，宰予四科十哲，安得有昼寝之责？"如"人之生也直"解云"'直'，'德'字之误，言人生禀天地之大德也"，如"子所雅言"解云"'音'作'言'，字之误也"，如"三嗅而作"解云"'嗅'当作'鸣'，鷁之鷁稚之声也"，如"子在回何敢死"解云"'死'当作'先'"，如"浴乎沂"解云"'浴'当作'沿'"，如"君子而不仁者有以夫"解云"'仁'当作'备'"，如"以杖叩其胫"解云"'叩'当作'指'"，如"君子贞而不谅"解云"'谅'当作'让'"，如"孔子时其亡也"解云"'时'当作'待'"，如"乡愿德之贼"解云"'乡愿'当作'内柔'"。已上诸说，朱子尝谓其鄙

---

① 杨志玖：《陋室文存》，中华书局 2002 年版，第 438 页。

② 转引自程树德《论语集释》，中华书局 1990 年版，第 810 页。

浅，复曰"为伊川之学者皆取之"。及观韩文有《答侯生问论语书》曰："愈昔注其书，而不敢过求其意，取圣人之旨而合之，则足以信后生辈耳。"然则朱子之所谓鄙浅，固韩公之欲求信于后生者耶？①

第二，变易《论语》经文次序。韩愈认为《论语》经文，有传写错倒之处，这些错误有碍对经文大义的理解，应该予以纠正。如《子罕篇》"可与共学，未可与适道；可与适道，未可与立；可与立，未可与权"章，韩愈注曰："吾谓正文传写错倒，当云：'可与共学，未可与立；可与适道，未可与权。'如此则理通矣。"② 案《毛诗·绵篇》正义、《说苑·权谋篇》《牟子·理惑论》《三国志·魏武帝纪》注引虞溥《江表传》《北周书·宇文护传》论并引"可与适道，未可与权"，与《笔解》说合。另《唐文粹》冯用之《权论》引孔子曰"可与共学，未可与立；可与立，未可与适道；可与适道，未可与权"③，亦与《笔解》暗合。可见韩愈并不是随意为之，而是有所本的。《卫灵公篇》"由！知德者鲜矣"章，韩愈注曰："此一句，是简编脱漏，当在'子路愠见'下文一段为得。"④ 按，此章向来注者皆以为为问绝粮而发，故移至"子路愠见"下不为无见。

第三，删除经文。对于《论语》文中的"文句重复"之处，韩愈认为应删去。如《颜渊篇》"博学于文，约之以礼，可以弗畔矣夫"章，韩愈注曰："简编重错，《雍也篇》中已有'君子博学于文，约之以礼，可以弗畔矣夫'，今削去此段可也。"⑤ 前儒也有认为该句是重复之文者，但谁也没有勇气和胆量说删除，韩愈成为主张删削

---

① 朱彝尊：《经义考》卷二百十三，中华书局 1998 年影印版，第 1093—1094 页。
② 韩愈、李翱：《论语笔解》，中华书局 1991 年版，第 12 页。
③ 转引自程树德《论语集释》，中华书局 1990 年版，第 626 页。
④ 韩愈、李翱：《论语笔解》，中华书局 1991 年版，第 22 页。
⑤ 同上书，第 17 页。

《论语》经文的首倡者。

三　发明己义

　　韩、李二人在注解《论语》经文时，还喜发新义。如《里仁篇》"君子怀德，小人怀土；君子怀刑，小人怀惠"下，孔安国注曰："怀德，怀安也；怀土，重迁也；怀刑，安于法也。"包咸曰："怀惠，恩惠也。"二人之注，与孔子原意基本符合。韩愈、李翱则认为孔、包二人之说割裂了怀德、怀安、怀土、怀刑四者之间的关系，使之未能形成有机地结合。故韩愈注释说："德难形容，必示之以法制；土难均平，必示之以恩惠。上下二义，转相明也。"李翱注释说："君子非不怀土也，知土均之法，乃怀之矣；小人只知土著乐望之惠，殊不知土之德，何极于我哉！"① 韩愈将怀德与怀刑联系在一起，怀土与怀惠又联系在一起。李翱认为君子也怀土，小人也怀德。在他们看来，德本抽象，难以形容，只有通过法律才能体现；土地分配不可能均匀，只有通过恩赐推让才能使人各得其所。君子与小人既怀德又怀土，二者可以相通，只是有时所怀不当，才有君子、小人之分。从历史的角度看，唐初国家实施"均田制"，后土地兼并严重，"均田制"遂被"两税法"代替。李翱关注社会，极力维护封建君主制，通过修改前人注释，发明己意，这正体现他积极入世、经世致用的思想。②

　　又《先进篇》"德行：颜渊、闵子骞、冉伯牛、仲弓；言语：宰我、子贡；政事：冉有、季路；文学：子游、子夏"下，李翱注曰："仲尼设四品以明学者，不问科，使自下升高，自门升堂，自学以格于圣也。其义尤深。但俗儒莫能循此品第，而窥圣奥焉。"韩愈注曰：

---

　　① 韩愈、李翱：《论语笔解》，中华书局1991年版，第5页。
　　② 参见王宏海、曹清林《韩愈、李翱的经学思想透析》，《河北师范大学学报》2005年第2期。

"德行科最高者，《易》所谓'默而识之'，故存乎德行，盖不假于言也。言语科次之者，《易》所谓'拟之而后言，议之而后动，拟议以成其变化，不可为典要'，此则非政法所拘焉。政事科次之者，所谓'虽无老成人，尚有典刑'。言非文辞而已。文学科为下者，记所谓'离经辩志，论学取友'。小成、大成，自下而升者也。"李翱进而曰："凡学圣人之道始于文，文通而后正人事，人事明而后得于言，言忘矣，而后默识己之所行，是名德行。斯入圣人之奥也。四科如有序，但注释不明所以然。"① 二人不将四科并列，而视为秩序渐进，登堂入室，臻于圣人的阶梯，先文学，次政事，次言语，最后为德行。

由于韩愈、李翱二人身处佛道昌盛，儒学衰微之际，所以他们以重振儒学为宗旨，以"使圣人之道复见于唐"为己任。虽然他们对《论语》经文有所更张，但他们对孔子及《论语》还是非常崇敬的，所为只是匡正流传中出现的在他们看来所谓字替义乖的"谬误"，申《论语》之大义，使孔孟之道"得以不绝于有唐一代"而已。为达此目的，他们疑经破注，改易经文，以期使《论语》释放出具有新质点的东西，改变旧有的学风和文风。正如明儒金玉节所言："自魏晋以后，何晏《集解》而外，嗣音寥寥，几为绝响。已先生起八代之衰，回澜障川，使孔孟之遗绪得以不坠，凡其发为文章者，皆根据六经，排斥百氏，一以孔孟为宗，使洙泗心源得以不绝于有唐一代者，先生之力也。今观其《笔解》一书，大抵皆就孔安国、包咸、马融、郑玄诸君子所已解者，而推其所未到，驳其所未安。虽其所解者，参之以宋儒之说尚为未惬，而要其用心之精微，总无非欲为圣经之羽翼，汉儒之纠绳也。"② 因此，如果从忠实于文本的角度看，《论语笔解》自

---

① 韩愈、李翱：《论语笔解》，中华书局 1991 年版，第 15 页。
② 陈梦雷编，蒋廷锡校订：《古今图书集成》，中华书局、巴蜀书社 1985 年版，第 70452 页。

然被目为师心自用，标新立异；但如果从《论语》学史的发展角度看，《论语笔解》作为一家之言，在《论语》学从汉学系统转向新的宋学系统的过程中所起到的作用亦不容抹杀。

第 二 章

宋代《论语》注本研究

宋代是"宋学"的奠基期,"论语学"也进入了单经研究和"四书"研究并行的时期,注经范式也由重章句训诂之学转向重义理之学。其中邢昺的《论语注疏》吹响了汉学转向宋学的号角,朱熹的《论语集注》成为"论语学"义理化的标志,而张栻的《论语解》则是经学和理学相结合的典范。

第一节　邢昺的《论语注疏》

邢昺(932—1011),字叔明,北宋曹州济阴(今山东曹县西北)人。历官大理评事、泰州、盐城监、国子监丞、国子博士、水部员外郎、金部郎中、司勋郎中、国子祭酒兼翰林院侍讲学士、工部侍郎兼国子祭酒、翰林院侍讲学士、刑部侍郎、工部尚书、礼部尚书等职。其中在国子监任职 32 年,担任国子监祭酒达 10 年之久,曾先后给宋真宗和诸王公及其子弟、国子监学生等主讲过《孝经》《礼记》《论语》《易经》《书经》《诗经》《左氏传》等经典著作。所撰代表作有《论语注疏》《尔雅义疏》《孝经正义》等。其中《论语注疏》是北宋前期《论语》学的扛鼎之作。其诠释特色如下:

一　删减玄虚之说

邢疏虽因皇疏而成，但却对其内容做了较大的改动。皇疏多玄虚色彩，邢疏则归于平实。皇疏详于解说微旨，略于解说名物典制，而邢疏则详于章句训诂。

其一，大量删除皇疏中援佛释经之说。皇侃所处时代，正是六朝佛教的全盛时期。此时南朝最高统治者梁武帝佞佛，于是号令公卿百官侯王宗族舍道事佛，一时间，佛教大盛。受其影响，文人学士也兼通儒、佛，融合内外之道。皇侃《论语义疏》产生于这一时代，具有代表性地反映了这一时代思潮。如佛教里讲"因果有必定之期，报应无迁延之业"[①] 的因缘果报说，皇疏也表明了相同的观点。《里仁篇》"德不孤，必有邻"下，皇疏说："又一云：'邻，报也。言德行不孤失，必为人所报也。'故殷仲湛曰：'推诚相与，则殊类可亲。以善接物，物亦不皆忘，以善应之。是以德不孤焉，必有邻也。'"[②] 邢疏与此不取，释曰："此章勉人修德也。有德则人所慕仰，居不孤特，必有同志相求，与之为邻也。"[③] 去除了皇疏文中的佛教义理，恢复了儒学的平正。

又，《杂阿含经》卷十有言："一切行无常，一切法无我，涅槃寂灭。"诸行无常是说世界万有变化无常，无时无刻都在变化；诸法无我是指一切现象均为因缘和合，没有独立的实在自体；涅槃寂灭是说灭除一切生死的痛苦，达到涅槃的境界。此三者后来演变为佛教的"三法印"——诸行无常印、诸法无我印、涅槃寂静印，即印证是不

---

① 释道宣《广弘明集》卷七《叙列代王臣滞惑解下》，上海古籍出版社 1991 年版，第 136 页。

② 皇侃：《论语义疏》，《儒藏·精华编·四书类论语属》，北京大学出版社 2005 年版，第 69 页。

③ 邢昺：《论语注疏》，《儒藏·精华编·四书类论语属》，北京大学出版社 2005 年版，第 64 页。

是真正佛教的标志。皇侃在疏《述而篇》"不义而富且贵，于我如浮云"章时，阐述了"一切行无常"的佛理："浮云倏聚欻散，不可为常。如不义富贵聚散俄顷如浮云也。"① 在疏解《子罕篇》"毋我"时，阐述了"一切法无我"的佛理："圣人晦迹，功遂而退，恒不自异，故无我也。亦由无意，故能无我也。"② 邢疏在疏解上述两篇时，均删去了皇疏中以佛理释经的部分，严格按照汉魏诸儒的注释予以疏解。

其二，大量删减皇疏中以道家学说解经者。皇侃《论语义疏》大量引用了魏晋六朝时人注解《论语》之语，以广己意。然彼等多受玄学思潮影响，故释读《论语》时，大都杂有玄学意味。此等解释，多为邢疏所删。如《为政篇》"七十而从心所欲不逾矩"下，皇疏曰："从，犹放也。逾，越也。矩，法也。年至七十，习与性成，犹蓬生麻中，不扶自直。故虽复放纵心意，而不逾越于法度也。所以不说八十者，孔子唯寿七十三也，说此语之时，当在七十后也。李充曰：'圣人微妙玄通，深不可识。所以接世轨物者，曷尝不诱之以形器乎。黜独化之迹，同盈虚之质，勉夫童蒙而志乎学。学十五载，功可与立。爰自志学迄于从心，善始令终，贵不逾法，示之易行，而约之以礼。为教之例，其在兹矣。'"③ 其中引李充释语中有"微妙玄通，深不可识"二语，出自河上公注本《老子·显德》，本是道家语。而"独化"一词，乃玄学大师郭象所创制词。邢疏解此句时，删去了李充之语，仅以"矩，法也。言虽从心所欲而不逾越法度也。孔子辄言此者，盖所以欲勉人志学而善始全终者也"④ 一句释之，十分简洁

---

① 皇侃：《论语义疏》，《儒藏·精华编·四书类论语属》，北京大学出版社 2005 年版，第118 页。
② 同上书，第 148 页。
③ 同上书，第 21—22 页。
④ 邢昺：《论语注疏》，《儒藏·精华编·四书类论语属》，北京大学出版社 2005 年版，第23 页。

明了。

二　改善义疏体例

邢疏在注释体例上虽对皇疏多有承袭，但也在章旨归纳、篇名释读和义疏文体等方面做了某些改造，俾使其体例更加完善。

其一，取法皇疏为各章作章旨，但有所改进。皇疏于每篇下的各章大都做了章旨，以彰显各章大意。然非每章皆有。邢疏取法皇疏并略作改进，每章皆有章旨，遇有临近相同的章节则合并几章共下一章旨。皇疏有章旨者，邢疏也并没有完全照抄，许多地方作了改动。如：

《为政篇》"子张学干禄"章，皇疏无章旨，而邢疏则点出了该章章旨："此章言求禄之法。"①

《先进篇》第八章"颜渊死，颜路请子之车以为之椁。子曰：'才不才，亦各言其子也。鲤也死，有棺而无椁。吾不徒行以为之椁。以吾从大夫之后，不可徒行也。'"第九章"颜渊死。子曰：'噫！天丧予。天丧予。'"第十章"颜渊死，子哭之恸。从者曰：'子恸矣。'曰：'有恸乎？非夫人之为恸而谁为？'"第十一章"颜渊死，门人欲厚葬之。子曰：'不可。'门人厚葬之。子曰：'回也视予犹父也，予不得视犹子也。非我也，夫二三子也。'"都以"颜渊死"开头，皇疏均无章旨，而邢疏则在第八章下曰："此并下三章记颜渊死时孔子之语也。"②合并四章做一章旨，既节省了文字，又指出了章旨。

《为政篇》"君子不器"章下，皇疏章旨曰："此章明君子之人，

---

① 邢昺：《论语注疏》，《儒藏·精华编·四书类论语属》，北京大学出版社 2005 年版，第 29 页。
② 同上书，第 162 页。

不系守一业也。"① 邢疏曰："此章明君子之德也。"② 两相比较，皇疏就文字论文字，没有点破孔子的真意。而邢疏则一语道破天机。其高下不言自明。

其二，承袭皇疏为篇名做题解之法，但对篇章内容及篇次排序原因重新作了释读。由于邢昺《论语注疏》是在皇侃《论语义疏》的基础上改定而成的，而皇疏中于各篇名下均对篇名作了题解，并创造性地阐述了二十篇如此编排的原因③，所以邢疏也承袭之。不过，邢疏之题解较之皇疏之题解更加合理、更富于逻辑性。如"学而第一"下，皇疏云："《论语》是此书总名，'学而'为第一篇别目，中间讲说，多分为科段矣。侃昔受师业，自《学而》至《尧曰》凡二十篇，首末相次无别科重。而以《学而》最先者，言降圣以下，皆须学成，故《学记》云：'玉不琢不成器，人不学不知道。'是明人必须学乃成。此书既遍该众典，以教一切，故以《学而》为先也。而者，因仍也。第者，审谛也。一者，数之始也。既谛定篇次，以《学而》居首，故曰'学而第一'也。"④ 而邢疏题解曰："自此至《尧曰》是《鲁论语》二十篇之名及第次也。当弟子论撰之时，以《论语》为此书之大名，《学而》以下为当篇之小目。其篇中所载，各记旧闻，意及则言，不为义例，或亦以类相从。此篇论君子、孝弟，仁人、忠信，道国之法，主友之规，闻政在乎行德，由礼贵于用和，无求安饱以好学，能自切磋而乐道，皆人行之大者，故为诸篇之先。既以学为章首，遂以名篇，言人必须学也。《为政》以下，诸篇所次，先儒不

---

① 皇侃：《论语义疏》，《儒藏·精华编·四书类论语属》，北京大学出版社 2005 年版，第26 页。

② 邢昺：《论语注疏》，《儒藏·精华编·四书类论语属》，北京大学出版社 2005 年版，第27 页。

③ 见拙著《〈论语〉学的形成、发展与中衰——汉魏六朝隋唐〈论语〉学研究》，中国社会科学出版社 2005 年版，第 181—184 页。

④ 皇侃：《论语义疏》，《儒藏·精华编·四书类论语属》，北京大学出版社 2005 年版，第2 页。

无意焉，当篇各言其指，此不烦说。第，顺次也；一，数之始也，言此篇于次当一也。"① 两相比较，不难看出，皇疏认为，《论语》一书自《学而》至《尧曰》，二十篇首末相次，因为《学而篇》言"学"，而且《论语》一书皆言学，故以《学而篇》为首。邢疏则认为，《学而篇》所论内容事关君子、仁人之行，孝弟、忠信之道，为政、为学之法，用礼、乐道之径，"皆人行之大者，故为诸篇之先。既以学为章首，遂以名篇，言人必须学也"。邢疏把《论语》的篇章次序看成是先儒有意安排的思想体系，主要依据《学而篇》的思想内容来分析篇次排序，较之皇疏仅仅根据首章内容确定全篇内容更加合理。

又，在第十九篇和第二十篇排序原因的解释上，邢疏较皇疏更加合理。"子张第十九"下，皇侃疏曰："子张者，弟子也。明其君若有难，臣必致死也。所以次前者，既明君恶臣，宜拂衣而即去，若人人皆去，则谁为匡辅？故此次明若未得去者，必宜致身，故以《子张》次《微子》也。"② 而邢疏则曰："此篇记士行交情，仁人勉学，或接闻夫子之语，或辨扬圣师之德，以其皆弟子所言，故差次诸篇之后也。"③ 检视《子张篇》，内容皆为弟子之言论，其中以论学为主，次以称颂孔子，仅首章有言"士见危致命"，岂得谓"此次明若未得去者，必宜致身，故以'子张'次'微子'也"？

"尧曰第二十"下，皇疏曰："《尧曰》者，古圣天子所言也。其言天下太平，禅位与舜之事也。所以次前者，事君之道，若宜去者拂衣，宜留者致命。去留当理，事迹无亏，则太平可睹。揖让如尧，故

① 邢昺：《论语注疏》，《儒藏·精华编·四书类论语属》，北京大学出版社 2005 年版，第 9 页。

② 皇侃：《论语义疏》，《儒藏·精华编·四书类论语属》，北京大学出版社 2005 年版，第 338 页。

③ 邢昺：《论语注疏》，《儒藏·精华编·四书类论语属》，北京大学出版社 2005 年版，第 286 页。

《尧曰》最后，次《子张》也。"① 而邢疏题解曰："此篇记二帝三王及孔子之语，明天命政化之美，皆是圣人之道，可以垂训将来，故以殿诸篇，非所次也。"② 皇疏认为，事君之道，如果能做到揖让如尧，则天下太平，故《尧曰》次《子张篇》，所论次序之因，太过牵强，不足为据。邢疏以为《尧曰篇》所讲"皆是圣人之道，可以垂训将来"，故列于最后，与前篇之间没有相次关系，解说较为合理。

由上可见，皇疏"大抵篇题之疏，看似诠释全篇主旨，实只解得首章之意而已；看似诠释前后篇之相关，实只撮取前后篇之首章，勉强凑合而已。皆牵强之说也。""邢疏说篇旨虽较繁，然一篇之大要，均于是乎在。其说无牵强意。"③

其三，改造皇侃之义疏体。邢疏对皇疏义疏体的改造体现在两个方面，一是注疏体例的调整，皇疏对经文和注文的疏解是随文而释，没有单列；而邢疏则"疏"下别立"正义"，集中对经注文进行诠释，以阐明己见。此种体例使注释更加清晰明了。二是取消了"自设问，自解答"的释注方式。邢疏在注释时，舍去了皇疏"自设问，自解答"的释注方式，保留了分章段的方法，将文字训诂与章解句释结合起来，边解释文字边串讲句意。如《先进篇》"子路、曾皙、冉有、公西华侍坐"章，邢疏注曰：

此章孔子乘间四弟子侍坐，因使各言其志，以观其器能也。
"子路、曾皙、冉有、公西华侍坐"者，时孔子坐，四子侍侧，
亦皆坐也。"子曰以吾一日长乎尔，毋吾以也"者，孔子将发问，

---

① 皇侃：《论语义疏》，《儒藏·精华编·四书类论语属》，北京大学出版社 2005 年版，第352 页。

② 邢昺：《论语注疏》，《儒藏·精华编·四书类论语属》，北京大学出版社 2005 年版，第295 页。

③ 蔡鹃颖：《论语邢昺疏概说》，《"国立"台湾师范大学国文研究所集刊》第 35 号，纵横出版社 1991 年版，第 16—17 页。

先以此言诱掖之也。言女等侍吾，以吾年长于女，谦而少言，故云"一日"。今我问女，女等毋以吾长而惮难其对也。"居则曰吾不知也，如或知尔，则何以哉"者，此问辞也。言女常居则云："己有才能，人不我知。"设如有人知女，将欲用之，则女将何以为治？"子路率尔而对"者，子路性刚，故率尔先三人而对也。"曰千乘之国，摄乎大国之间，加之以师旅，因之以饥馑。由也为之，比及三年，可使有勇，且知方也"者，此子路所志也。千乘之国，公侯之大国也。摄，迫也。谷不熟为饥，蔬不孰为馑。方，义方也。言若有公侯之国迫于大国之间，又加之以师旅侵伐，复因之以饥馑民困。而由也治之，比至三年以来，可使其民有勇敢，且知义方也。"夫子哂之"者，哂，笑也。夫子笑之也。"求，尔何如"者，子路既对，三子无言，故孔子复历问之。冉求，尔志何如？"对曰方六七十，如五六十，求也为之，比及三年，可使足民。如其礼乐，以俟君子"者，此冉求之志也。俟，待也。求性谦退，言欲得方六七十，如五十里小国治之而已，求也治此小国，比至三年以来，使足民衣食。若礼乐之化，当以待君子，此谦辞也。"赤，尔何如"者，又问公西华也。"对曰非曰能之，愿学焉。宗庙之事，如会同，端章甫，愿为小相焉"者，此赤也之志也。曰，言也。我非自言能之，愿学为焉。宗庙祭祀之事，如有诸侯会同，及诸侯衣玄端、冠章甫，日视朝之时，己愿为其小相，以相君之礼焉。"点，尔何如"者，又问曾皙也。"鼓瑟希"者，时曾皙方鼓瑟，承师之问，思所以对，故音希也。"铿尔，舍瑟而作"者，作，起也。舍，置也。铿，投瑟声也。思得其对，故置瑟起对，投置其瑟而声铿然也。"对曰异乎三子者之撰"者，撰，具也。未敢言其志，先对此辞。言己之所志，异乎三子者所陈为政之具也。"子曰何伤乎？亦各言其志也"者，孔子见曾皙持谦，难其对，故以此言诱之。曰：

"于义何伤乎？亦各言其志也。"欲令任其所志而言也。"曰莫春者，春服既成，冠者五六人，童子六七人，浴乎沂，风乎舞雩，咏而归"者，此曾皙所志也。莫春，季春也。春服既成，衣单袷之时也。我欲得与二十以上冠者五六人，十九以下童子六七人，浴乎沂水之上，风凉于舞雩之下，歌咏先王之道，而归夫子之门也。"夫子喟然叹曰吾与点也"者，喟然，叹之貌。夫子闻其乐道，故喟然而叹曰："吾与点之志。"善其独知时而不求为政也。"三子者出，曾皙后"者，子路、冉有、公西华三子先出，曾皙后，犹侍坐于夫子也。"曾皙曰夫三子者之言何如"者，曾皙在后，问于夫子曰："夫三子者适各言其志，其言是非何如也?""子曰亦各言其志也已矣"者，言三子者亦各言其所志而已，无他别是非也。"曰夫子何哂由也"者，曾皙又问夫子曰："既三子各言其志，何独笑仲由也?""曰为国以礼，其言不让，是故哂之"者，此夫子为说哂由之意。言为国以礼，礼贵谦让，子路言不谦让，故笑之也。"惟求则非邦也与? 安见方六七十如五六十而非邦也者。唯赤则非邦也与? 宗庙会同，非诸侯而何"者，此夫子又言不哂其子路欲为诸侯之事，故举二子所言，明皆诸侯之事，与子路同。其言让，故不笑之，徒笑其子路不让尔。"赤也为之小，孰能为之大"者，此夫子又言公西华之才堪为大相，今赤谦言小相耳。若赤也为之小相，更谁能为大相。[①]

在这段长达一千多字的文字中，邢氏首先概括指出本章文字大意，"此章孔子乘间四弟子侍坐，因使各言其志，以观其器能也"，然后分为 24 小段予以解释。在串讲文意过程中，遇有难懂之字如"摄"

---

① 邢昺：《论语注疏》，《儒藏·精华编·四书类论语属》，北京大学出版社 2005 年版，第 174—176 页。

"哂"等加以注解，充分体现了义疏体的特点。

三　详考名物典制

皇疏于名物制度，略而弗讲，而邢昺则在刊定时，注重引证典籍，详考名物典制。如《泰伯篇》"恶衣服而致美乎黻冕，卑宫室而尽力乎沟洫"中的"黻冕"和"沟洫"，皇疏皆未作深论，而邢疏却做了详尽的解释。其注"黻冕"曰："郑玄注此云：'黻是祭服之衣。冕，其冠也。'《左传》'晋侯以黻冕命士会'，亦当然也。黻，蔽膝也。祭服谓之黻，其他服谓之韠，俱以韦为之，制同而色异。韠，各从裳色。黻，其色皆赤，尊卑以深浅为异：天子纯朱，诸侯黄朱，大夫赤而已。大夫已上，冕服悉皆有黻，故禹言黻冕。《左传》亦言黻冕，但冕服自有尊卑耳。《周礼·司服》云：'王之服，祀昊天上帝则服大裘而冕，祀五帝亦如之，享先王则衮冕，享先公乡射则鷩冕，祀四望山川则毳冕，祭社稷五祀则希冕，祭群小祀则玄冕。''孤之服，自希冕而下。'《左传》士会黻冕，当是希冕也。此禹之黻冕，则玄冕皆是也。"① 通过征引郑注、《左传》、《周礼·司服》解释了"黻""冕"的含义，及它们所表示的等级。人们读后，对"黻冕"有了一个清楚的了解。其解"沟洫"曰："案，《考工记》'匠人为沟洫。耜广五寸，二耜为耦。一耦之伐，广尺深尺谓之圳。田首倍之，广二尺深二尺谓之遂。九夫为井，井间广四尺深四尺谓之沟。方十里为成，成间广八尺深八尺谓之洫。方百里为同，同间广二寻深二仞谓之浍。'郑注云：'此畿内采地之制，九夫为井。井者，方一里，九夫所治之田也。采地制井田，异于乡遂及公邑。三夫为屋。屋，具也。一井之中，三屋九夫，三三相具以出赋税。其治沟也，方十里为成，

---

① 邢昺：《论语注疏》，《儒藏·精华编·四书类论语属》，北京大学出版社 2005 年版，第126 页。

成中为一甸，甸方八里出田税，缘边一里治洫。方百里为同，同中容四都六十四成，方八十里出田税，缘边十里治浍。'是沟洫之法也。"[1] 通过征引《考工记》和郑注，邢氏使人知道了什么是"沟""洫"以及古代的沟洫之法、采地之制。

由上例我们不难发现，邢疏的解释清楚、明白，有理有据，不是凿空之言，令人信服，同时也反映了邢昺深厚的经学功底和扎实的考据功夫。

四 敢于疑注

邢疏对待前人注释，不是一味地盲从，而是采取了审慎的态度，对于错误者指出原因，甚至竟或改正；对于一时无法断定者，则存疑待考。

如《学而篇》"而好犯上者，鲜矣"下，皇疏曰："犯，谓谏诤也。上，谓君亲也。"[2] 稍前的熊埋亦持此观点。邢疏指出二者有误，"皇氏、熊氏以为'上'谓君亲，'犯'谓犯颜谏诤。今案，注云'谓凡在己上者'，则皇氏、熊氏违背注意，其义恐非也。"[3]

《八佾篇》"射不主皮"下，马融注曰："射有五善焉：一曰和，志体和。二曰和容，有容仪。三曰主皮，能中质。四曰和颂，合《雅》《颂》。五曰兴武，与舞同。天子三侯，以熊、虎、豹皮为之。言射者但不以中皮为善，亦兼取和容也。"邢昺指出，"云'一曰和'至'五曰兴武'，皆《周礼·乡大夫职》文也。云'志体和'至'与舞同'，皆马融解义语。案，彼云'退而以乡射之礼五物询众庶：一

① 邢昺：《论语注疏》，《儒藏·精华编·四书类论语属》，北京大学出版社 2005 年版，第 126 页。

② 皇侃：《论语义疏》，《儒藏·精华编·四书类论语属》，北京大学出版社 2005 年版，第 4 页。

③ 邢昺：《论语注疏》，《儒藏·精华编·四书类论语属》，北京大学出版社 2005 年版，第 11—12 页。

曰和，二曰容，三曰主皮，四曰和容，五曰兴舞。'注云'以，用也。行乡射之礼，而以五物询于众民。郑司农云："询，谋也。问于众庶，宁复有贤能者。和，谓闺门之内行也。容，谓容貌也。主皮，谓善射。射所以观士也。故书舞为无。"杜子春读"和容"为"和颂"，谓能为乐也。"无"读为"舞"，谓能为六舞。玄谓和载六德，容包六行也。庶民无射礼，因田猎分禽则有主皮。主皮者，张皮射之，无侯也。主皮、和容、兴舞，则六艺之射与礼乐兴'是也。今此注'二曰和容'，衍'和'字。'五曰兴武'，'武'当为'舞'，声之误也。"①

五 略释微旨

邢疏虽注重名物诂训，但有时也阐明孔子之微旨。如《公冶长篇》"夫子之言性与天道，不可得而闻也"下，何晏注曰："性者，人之所受以生也。天道者，元亨日新之道深微，故不可得而闻也。"邢疏在疏解此注时曰："云'性者，人之所受以生也'者，《中庸》云：'天命之谓性。'注云：'天命，谓天所命生人者也。是谓性命。木神则仁，金神则义，火神则礼，水神则知，土神则信。'《孝经说》曰：'性者，生之质，命人所禀受度也。'言人感自然而生，有贤愚吉凶，或仁或义，若天之付命遣使之然，其实自然天性，故云'性者，人之所受以生也'。云'天道者，元亨日新之道'者，案《易·乾卦》云：'乾，元亨利贞。'《文言》曰：'元者，善之长也。亨者，嘉之会也。利者，义之和也。贞者，事之干也。'谓天之体性，生养万物。善之大者，莫善施生，元为施生之宗，故言'元者，善之长也'。嘉，美也。言天能通畅万物，使物嘉美而会聚，故云'嘉之

① 邢昺：《论语注疏》，《儒藏·精华编·四书类论语属》，北京大学出版社 2005 年版，第46—47 页。

会'也。'利者，义之和也'者，言天能利益庶物，使物各得其宜而和同也。'贞者，事之干'者，言天能以中正之气成就万物，使物皆得干济。此明天之德也。天本无心，岂造'元亨利贞'之名也？但圣人以人事托之，谓此自然之功，为天之四德也。此但言'元亨'者，略言之也。天之为道，生生相续，新新不停，故曰'日新'也。以其自然而然，故谓之道。云'深微，故不可得而闻也'者，言人禀自然之性及天之自然之道，皆不知所以然而然，是其理深微，故不可得而闻也。"① 这里，邢氏不仅解释了"性""元""亨""利""贞""嘉"等词的意思，而且串讲了整个注释的大义，指出天道乃自然而然之道，日新不停。天以中正之气成就万物，利益庶物。人禀自然之性而成。在邢氏的解释话语中，引用了《中庸》《孝经说》《易》等儒家经典，阐明了人禀自然之性和天之自然之道，尔后乃有"贤愚吉凶，或仁或义"的观点，这与其后理学家们的心性论有某种相似之处。

又，《泰伯篇》"兴于《诗》，立于礼，成于乐"下，邢疏于此解释说："此章记人立身成德之法也。兴，起也。言人修身当先学起于《诗》也。立身必须学礼，成性在于学乐。不学《诗》，无以言；不学礼，无以立。既学《诗》、礼，然后乐以成之也。"② 这就是说，在孔子那里，礼乐已不是原初单纯的外在于人的仪式表现，而是与人的内在修养、人生境界相联系的。"诗"兴于情感的层面，"礼"立于行为的层面，"乐"成于精神的层面。诗、礼、乐三者既构成了人格不断提升的几个层次，同时也构成了一个合格的"人"的内在基质。不仅如此，邢昺对统治者个人修养在治国理政中的作用也做了阐述。在疏解《为政篇》"道之以政，齐之以刑，民免而无耻。道之以德，

---

① 邢昺：《论语注疏》，《儒藏·精华编·四书类论语属》，北京大学出版社 2005 年版，第73—74 页。

② 同上书，第119 页。

齐之以礼，有耻且格"章时，他指出："此章言为政以德之效也。'道之以政'者，政谓法教，道谓化诱。言化诱于民，以法制教民也。'齐之以刑'者，齐谓齐整，刑谓刑罚。言道之以政而民不服者，则齐整之以刑罚也。'民免而无耻'者，免，苟免也。言君上化民不以德，而以法制刑罚，则民皆巧诈苟免而心无愧耻也。'道之以德，齐之以礼，有耻且格'者，德谓道德。格，正也，言君上化民以道德，民或未从化，则制礼以齐整，使民知有礼则安，失礼则耻，如此则民有愧耻而不犯礼，且能自修而归正也。"① 透过邢昺的解释，我们不难读出其中包含的"德教优于法教，礼制优于刑制"的大义微言，同时也可以悟出君主的道德修养对社会风气的影响和重要作用，"君上化民以道德"，"制礼以齐整"，则民"能自修而归正"，突出了统治者自身道德修养的重要性。这与理学家的"内圣"思想也是一致的。

清代四库馆臣曾这样评价《论语注疏》："今观其书，大抵剪皇氏之枝蔓，而稍傅以义理.汉学、宋学，兹其转关。是《疏》出而皇《疏》微，迨伊洛之说出而是《疏》又微。故《中兴书目》曰：'其书于章句、训诂、名物之际详矣。'盖微言其未造精微也。然先有是《疏》，而后讲学诸儒得沿溯以窥其奥。祭先河而后海，亦何可以后来居上，遂尽废其功乎？"这段文字确指邢昺是由汉学转向宋学的关键人物，颇有见地。但馆臣从经学史的角度，仅仅用名物训诂来概括汉学，用义理来概括宋学，把变训诂为义理视为汉学转向宋学的铃键，实有不妥之处。"其实汉儒于义理亦有精胜之处，宋儒于训诂未必无可取也。"② 故窃以为应从如下几个方面来看待邢昺在汉学向宋学转型过程中所起的承前启后的作用。

---

① 邢昺：《论语注疏》，《儒藏·精华编·四书类论语属》，北京大学出版社 2005 年版，第 22—23 页。

② 梁章钜：《论语旁证》之俞樾序，南京图书馆藏清同治十二年刻本。

第一，邢昺删除皇疏中以佛老之说解《论》处，使《论语》注解复归于平实。这对理学家排斥佛老异端之学的做法产生了一定的影响。邢昺奉诏改定旧疏，"实因皇侃《义疏》所采旧说而再加刊定也。盖宋学乘魏晋南朝玄虚学风之后，皇疏所搜集晋注凡十五家，宋人注四家，梁人注四家，时代未详者尚有五家，大率均带玄虚色彩；然而宋儒本以抵排异端，攘斥佛老自任，自谓直接孔孟心传，而以革新儒学为职志；此风迄孙复、石介、胡瑗以后乃臻于极盛，然导乎先路者似为邢昺。邢昺之疏《论语》也，举凡旧注中有涉玄冥诡异者多加芟削而使之复归于平实，由是自何晏、王弼、皇侃以来之儒道释糅混《论语》注略加廓清焉！自邢疏出而皇疏微，历百八十余年而绝于中土。此实道术宗派之消长随时代思潮递嬗而兴衰之征象也"①。

第二，怀疑、改易原有注疏，突破了"疏不破注"的成规。义疏学指的是对儒家经典的广搜博采，补充旧注，究明源委。因此，依据旧注作疏解是其固有的特点。但邢疏却敢于怀疑旧注，甚至改易旧注，这就打破了原来"疏不破注"的义疏学原则，形成了自己的学术特色。在唐中期以后，虽也有人做过类似的事情，但他们大都是私家著述，未形成大的气候。而邢疏乃是国家诏令刊定并颁之全国的通用教材，其影响可想而知。窃以为，随后兴起的疑经改注的宋学风气与之有一定的关系。

第三，在义理解说上，邢疏力求通经以求理，堪称朱注之始基。所谓"通经以求理"，就是既注重探求经文之本义，又注重义理阐发，从而将训诂学与义理学熔为一炉，从而既避免了对经文的穿凿附会，又使其阐发之义理建立在对经义的解释之上。朱熹在《论语集注》中充分利用了这种方法，而邢昺的《论语注疏》在此方面亦初露端倪，

----

① 梁启雄：《论语注疏汇考》，《燕京学报》第 34 期，1948 年 6 月。

只是它在通经方面占的分量大了些，而在义理阐发方面还做得不够，没有很好地将二者有机结合起来。周中孚《郑堂读书记》评价该书曰："其于章句、训诂、名器、事物之际甚详，故能与何注并传"，"其荟萃群言，创通大义，已为程朱开其先路矣。"① 可见，称为"朱注之始基"，似不为过。

第二节　朱熹的《论语集注》

朱熹（1130—1200），字元晦，亦字仲晦，号晦庵、晦翁、云谷老人、沧州病叟、遯翁，别号紫阳，安徽徽州婺源人。他一生虽为官多任，但在职仅十年，其余则用于潜心研究学问和讲学授徒，故得以学富五车，著作等身。其著作主要有《朱文公文集》《诗集传》《四书章句集注》等。其中《四书章句集注》是朱熹"覃思最久，训释最精，明道传世，无复遗蕴"② 的旷世之作，最能代表朱熹的学术思想。

《论语集注》是《四书章句集注》的一部分，是朱熹经过四十多年的用心"理会"，并"逐字称等"③ 后，才最终写定的经典之作。在众多儒家经典中，朱熹对《论语》一书用力可谓最为精勤，终其一生完成了《论语要义》《论语训蒙口义》《论孟精义》《论孟集义》《论语或问》《论语集注》六部著作。由于《论语集注》乃朱熹精心结撰之作，且和《孟子集注》《大学章句》《中庸章句》一起被朱熹

---

① 顾宏义、戴扬本等编：《历代四书序跋题记资料汇编》，上海古籍出版社 2010 年版，第 233 页。

② 李性传：《饶州刊朱子语续录后序》，见朱杰人等编《朱子全书》第 18 册，上海古籍出版社、安徽教育出版社 2002 年版，第 4356 页。

③ 朱杰人等编：《朱子全书》第 14 册，上海古籍出版社、安徽教育出版社 2002 年版，第 655 页。

编入《四书章句集注》这一里程碑式的经学巨著中，从而名著于世。

《论语集注》凝聚了朱子的毕生心血，是程朱理学的重要代表作之一。它是"大略本程氏学，通取注疏古今诸儒之说，间复断以己意"① 而成的，具有鲜明的时代特色。

一　博采众说

朱熹为《论语》所作的注解之所以称为《论语集注》，原因就在于该书除了朱熹本人的注解外，还大量引用了前贤和时人的注解。在《论语集注》中，朱熹直接提到姓氏的注解有 26 家 520 处，另有不知姓氏者 15 处，其中引用的注解也以二程及其弟子为主，二程之说达 159 处，约占总数的 30.57%，程门弟子如尹焞、杨时、谢良佐、吕大临、游酢、侯仲良、胡寅、张栻、曾几、黄祖舜、李郁、周孚先等12 家注解共 237 处，约占总数的 45.57%。二者相加达到 396 处，约占总数的 76.15%。这些注解遍布各个篇章。具体分布如下：

人物 篇目	二程	尹焞	杨时	谢良佐	吕大临	游酢	侯仲良	胡寅	张栻	曾几	黄祖舜	李郁	周孚先
学而	12	6	1	3	0	3	0	1	1	0	0	0	0
为政	10	0	0	1	1	0	0	4	1	0	0	0	1
八佾	7	5	5	5	1	1	0	0	0	0	1	1	0
里仁	8	3	2	4	0	1	0	4	0	0	0	0	0
公冶长	13	0	0	2	0	0	0	3	0	0	0	0	0
雍也	17	3	3	2	0	1	2	2	0	0	0	0	0
述而	12	3	2	5	1	0	0	1	0	0	0	0	0
泰伯	9	3	2	1	0	0	0	0	0	0	0	0	0
子罕	11	4	5	3	0	1	0	2	1	0	0	0	0
乡党	2	1	4	0	0	0	0	0	0	0	0	0	0

①　朱彝尊：《经义考》卷二百十七引陈振孙语，中华书局 1998 年影印版，第 1112 页。

续表

人物\篇目	二程	尹焞	杨时	谢良佐	吕大临	游酢	侯仲良	胡寅	张栻	曾几	黄祖舜	李郁	周孚先
先进	8	4	1	0	0	0	0	6	1	0	0	0	0
颜渊	9	4	6	1	0	0	0	4	0	1	0	0	0
子路	12	3	5	3	0	0	0	4	0	0	0	0	0
宪问	9	5	2	4	0	0	0	6	0	0	0	1	0
卫灵公	7	7	4	2	0	0	0	1	0	0	0	2	0
季氏	1	5	1	2	0	0	0	1	0	0	0	0	0
阳货	5	2	3	0	0	0	1	2	2	0	0	2	0
微子	2	2	1	1	0	0	0	2	0	0	0	1	0
子张	4	4	2	3	0	0	0	0	0	0	0	0	0
尧曰	1	2	1	0	0	0	0	0	0	0	0	0	0
合计	159	67	49	47	6	5	4	41	8	1	1	7	1

如在诠释《学而篇》"道千乘之国：敬事而信，节用而爱人，使民以时"章时，朱熹就先后征引了程子、杨时和胡寅的注释：

程子曰："此言至浅，然当时诸侯果能此，亦足以治其国矣。圣人言虽至近，上下皆通。此三言者，若推其极，尧舜之治亦不过此。若常人之言近，则浅近而已矣。"

杨氏曰："上不敬则下慢，不信则下疑，下慢而疑，事不立矣。敬事而信，以身先之也。《易》曰：'节以制度，不伤财，不害民。'盖侈用则伤财，伤财必至于害民，故爱民必先于节用。然使之不以其时，则力本者不获自尽，虽有爱人之心，而人不被其泽矣。然此特论其所存而已，未及为政也。苟无是心，则虽有政，不行焉。"

　　胡氏曰："凡此数者，又皆以敬为主。"①

　　这就清楚地表明，朱熹之《论语集注》，是以二程及其弟子的言论思想为主来解释《论语》的，这样做的结果，就把《论语》纳入了一种新的经学解释范式，代替了汉魏以来对《论语》的解释，成为宋儒解《论》的代表。

二　承袭、增损改易汉唐古注

　　在朱熹看来，汉魏儒者虽在治学方法上存有问题，"惟知章句训诂之为事，而不知复求圣人之意，以明夫性命道德之归"②，但他们在训诂方面取得的成果却相当丰厚，这些成果对于探求圣人之意具有重要的辅助作用。他说："汉魏诸儒正音读、通训诂、考制度、辨名物，其功博矣。学者苟不先涉其流，则亦何以用力于此?"③ 所以，在注解中，朱熹虽然直接引用汉魏古注不多，但他却间接引用了大量汉魏古注，并在某些地方做了发挥。

　　朱熹对《论语》字词的解诂，有许多源自何晏《论语集解》和陆德明《论语音义》辑录的汉魏古注。关于朱注承袭《论语集解》的问题，清儒陈澧曾有过论述。他说："朱子《集注》，多本于何氏《集解》，然不称'某氏曰'者，多所删改故也。"并举例云："'由也果'，包曰：果，谓果敢决断；'赐也达'，孔曰：达，谓达于物理；'求也艺'，孔曰：艺，谓多才艺。《朱注》云：果，有决断；达，通事理；艺，多才能。'克伐怨欲'，马曰：克，好胜人；伐，自伐其功；怨，忌小怨；欲，贪欲也。《朱注》云：克，好胜；伐，自矜；

---

　　① 朱熹：《四书章句集注》，中华书局1983年版，第49页。
　　② 朱杰人等编：《朱子全书》第24册，上海古籍出版社、安徽教育出版社2002年版，第3640页。
　　③ 同上书，第3631页。

怨，怨恨；欲，贪欲。如此之类，皆本于《集解》而整齐之。"①

关于承袭陆德明《论语音义》的问题，有人做过专门研究，认为朱子《论语集注》对陆氏《论语音义》的承袭主要表现在释音和释义两个方面。就释音而言，如《学而篇》"不亦说乎"，《论语音义》云："亦说：音'悦'，《注》同。"《论语集注》云："'说'、'悦'同。"同篇"人不知而不愠"，《论语音义》云："不愠：纡问反，怒也。"《论语集注》云："愠，纡问反。"同篇"吾日三省吾身"，《论语音义》云："省：悉井反，视也。"《论语集注》云："省，悉井反。"三处释音全部袭用陆氏之说，而这仅仅是《学而篇》的例子，它篇还有很多，兹不赘述。就释义而言，如《公冶长篇》"山节藻棁"下，《论语音义》云："藻：音早，水草有文者也；棁：本又作'掇'……梁上短柱也。"《论语集注》云："藻，水草名。棁，梁上短柱也。"其中"藻""棁"两字之义本诸陆氏而来。又《雍也篇》"子曰：'与之釜。'请益。曰：'与之庾。'冉子与之粟五秉"句，《论语音义》云："釜：音父，六升四斗也；庾：十六斗；秉：音丙，十六斛也。"《论语集注》注云："釜，六升四斗。庾，十六斗。秉，十六斛。"三个数量词的意思本诸《论语音义》而来。可见，无论是释音，还是释义，朱熹《论语集注》取诸陆德明《论语音义》之处所在多有。②

当然，对于何晏《论语集解》和陆德明《论语音义》辑录的汉魏古注，朱熹亦非一味尊奉，而是有承袭有改造。有的地方在袭用的基础上做了增加，如《卫灵公篇》"子张书诸绅"句，《论语集解》引孔安国曰："绅，大带也。"③《论语集注》则曰："绅，大带之垂

---

① 陈澧：《东塾读书记》卷二，中西书局 2012 年版，第 31 页。

② 参见邱德修《朱子〈论语集注〉初探》，http://www.hfu.edu.tw/~ph/lbc/BC/4TH/BC0412.HTM。

③ 何晏：《论语集解》，《儒藏·精华编·四书类论语属》，北京大学出版社 2005 年版，第 60 页。

者。书之，欲其不忘也。"① 二者相较，朱注详于孔注，不但使注义更加周密，而且使读者知晓了"绅"之作用。有的地方则在袭用的基础上进行了发挥，超越了前人。如《学而篇》"巧言令色，鲜矣仁"章，《论语集解》引包氏云："巧言，好其言语。令色，善其颜色。皆欲令人说之，少能有仁也。"② 朱熹在《论语集注》中利用古注对其中的个别字词予以了解读，并做了适当的发挥。他说："巧，好。令，善也。好其言也，善其色，致饰于外，务以悦人，则人欲肆而本心之德亡矣。圣人辞不迫切，专言鲜，则绝无可知，学者所当深戒也。"③ 两相比较，可见朱注在承袭包注的基础上，又对该章的意思做了扼要的阐释，比包注更有助于读者清楚地了解经文的含义。

有的地方则对古注予以更换，如《乡党篇》"朝，与下大夫言，侃侃如也；与上大夫言，訚訚如也"下，《论语集解》引孔安国注曰："侃侃，和乐之貌也。訚訚，中正之貌也。"④《论语集注》注云："此君未视朝时也。《王制》，诸侯上大夫卿，下大夫五人。许氏《说文》：'侃侃，刚直也。訚訚，和悦而诤也。'"⑤ 对于"侃侃""訚訚"四字的解释，朱熹弃孔注而采取了许注，个中原因朱熹曾有过解释。《朱子语类》卷三十八载：

　　问："先生解'侃侃、訚訚'四字，不与古注同。古注以侃侃为和乐，訚訚为中正。"曰："'衎'字乃训和乐，与此'侃'字不同。《说文》以侃为刚直。《后汉书》中亦云'侃然正色'。

① 朱熹：《四书章句集注》，中华书局1983年版，第162页。
② 何晏：《论语集解》，《儒藏·精华编·四书类论语属》，北京大学出版社2005年版，第1页。
③ 朱熹：《四书章句集注》，中华书局1983年版，第48页。
④ 何晏：《论语集解》，《儒藏·精华编·四书类论语属》，北京大学出版社2005年版，第36页。
⑤ 朱熹：《四书章句集注》，中华书局1983年版，第117页。

訚訚是'和说而诤'，此意思甚好。和说则不失事上之恭，诤则又不失自家义理之正。"①

亚夫问"朝，与下大夫言，侃侃如也；与上大夫言，訚訚如也"。曰："侃侃，是刚直貌。以其位不甚尊，故吾之言可得而直遂。至于上大夫之前，则虽有所诤，必须有含蓄不尽底意思，不如侃侃之发露得尽也。'闵子侍侧'一章，义亦如此。"

问："《注》云：'侃侃，刚直。''訚訚'是'和悦而诤'，不知诤意思如何？"曰："说道和悦，终不成一向放倒了。到合辨别处，也须辨别，始得。内不失其事上之礼，而外不至于曲从。如古人用这般字，不是只说字义，须是想像这意思如此。如'恂恂'，皆是有此意思，方下此字。如《史记》云：'鲁道之衰，洙泗之间断断如也。''断'、'訚'字同。这正见'和悦而诤'底意思。当道化盛时，斑白者不提挈，不负戴于道路，少壮者代其事。至周衰，少壮者尚欲执其任，而老者自不肯安，争欲自提挈，自负戴，此正是'和悦而诤'。"②

可见，朱熹训解字词真是殚精竭虑，一字一词之训释，皆经过深思熟虑，他曾说："某释经，每下一字，直是称等轻重，方敢写出。"③读罢上述文字，可知绝非虚言。

三　通经以求理

朱熹的《论语》学一方面继承了二程的重义理传统，另一方面也承袭了汉儒的章句训诂传统。在《论语集注》中，朱熹力图将二者融

---

① 黎靖德编：《朱子语类》，中华书局1994年版，第998页。
② 同上书，第999页。
③ 朱杰人等编：《朱子全书》第17册，上海古籍出版社、安徽教育出版社2002年版，第3446页。

为一体，从而拓展其治学方法的兼容性。

对于汉唐诸儒只重训诂而不及义理的治学方法，朱熹提出了批评，他说："圣人教人，只是个《论语》，汉魏诸儒只是训诂，《论语》须是玩味。"① 指出须探求《论语》中的义理。与此同时，他对不事章句训诂、坐谈空妙的宋儒也颇为不满，指出，训诂是探求义理的前提与基础："学者观书，先须读得正文，记得注解，成诵精熟。注中训释文意、事物、名义，发明经指，相穿纽处，一一认得，如自己做出来底一般，方能玩味反复，向上有透处。若不如此，只是虚设议论，如举业一般，非为己之学也。"② 在这里，朱熹实际上已透露出他的解经原则，即重视义理阐发而不废章句训诂，首先通过解释经文字词之义，以达到通经之目的，然后在此基础上达到对经文义理的理解和把握，也就是"通经以求理"。在他看来，训诂是为了通经，通经是为了得理，最终以得理为目的。他说："经之有解，所以通经。经既通，自无事于解，借经以通乎理耳。理得，则无俟于经。"③ 强调治经之目的在于"借经以通乎理"。这样，朱熹便将章句训诂与义理探求有机地结合了起来，使章句之学与义理之学相得益彰。这也成为朱熹《论语》学不同于同时代其他《论语》学著作的一个重要特点。

基于上述解经原则，朱熹在对《论语》予以释读的过程中，注意对原文字词的疏通工作，他说："某所集注《论语》，至于训诂皆子细者，盖要人字字与某着意看，字字思索到，莫要只作等闲看过了。"④ 力求在释读字词的基础之上阐发义理。认为解经要"先释字

---

① 朱杰人等编：《朱子全书》第 14 册，上海古籍出版社、安徽教育出版社 2002 年版，第 652 页。
② 同上书，第 349 页。
③ 同上书，第 350 页。
④ 同上书，第 349 页。

义，次释文义，然后推本而索言之"①。如朱熹在诠释《先进篇》"子路、曾皙、冉有、公西华侍坐"章曾点言志句"'点！尔何如?'鼓瑟希，铿尔，舍瑟而坐。对曰：'异乎二三子之撰。'子曰：'何伤乎?亦各言其志也。'曰：'莫春者，春服既成。冠者五六人，童子六七人，浴乎沂，风乎舞雩，咏而归。'夫子喟然叹曰：'吾与点也'"时说：

> 铿，苦耕反。舍，上声。撰，士免反。莫、冠，并去声。沂，鱼依反。雩音于。四子侍坐，以齿为序，则点当次对。以方鼓瑟，故孔子先问求、赤而后及点也。希，间歇也。作，起也。撰，具也。春服，单袷之衣。浴，盥濯也，今上巳被除是也。沂，水名，在鲁城南，地志以为有温泉焉，理或然也。风，乘凉也。舞雩，祭天祷雨之处，有坛墠树木也。咏，歌也。曾点之学，盖有以见夫人欲尽处，天理流行，随处充满，无少欠阙。故其动静之际，从容如此。而其言志，则又不过即其所居之位，乐其日用之常，初无舍己为人之意。而其胸次悠然，直与天地万物上下同流，各得其所之妙，隐然自见于言外。视三子之规规于事为之末者，其气象不侔矣，故夫子叹息而深许之。而门人记其本末独加详焉，盖亦有以识此矣。②

在这里，朱熹首先正音读，采用反切法、直音法和标声法对"铿""舍""撰""莫""冠""沂""雩"予以了解读；然后又通训诂，对"希""作""撰""春服""浴""沂""风""舞雩""咏"进行了解释；而后用"人欲""天理"等理学家们"发明"的话语阐发原文之

---

① 朱杰人等编：《朱子全书》第 21 册，上海古籍出版社、安徽教育出版社 2002 年版，第 1352 页。

② 朱熹：《四书章句集注》，中华书局 1983 年版，第 130 页。

义，使得这段文字意义显豁，义理通观。但这种阐发生成的思想观点已远远超出原典本身的思想意义，其注解成了表达他自己思想的物质外壳。

又，《颜渊篇》"颜渊问仁"章，朱熹在注释这章时写道：

> 仁者，本心之全德。克，胜也。己，谓身之私欲也。复，反也。礼者，天理之节文也。为仁者，所以全其心之德也。盖心之全德，莫非天理，而亦不能不坏于人欲。故为仁者必有以胜私欲而复于礼，则事皆天理，而本心之德复全于我矣。归，犹与也。又言一日克己复礼，则天下之人皆与其仁，极言其效之甚速而至大也。又言为仁由己而非他人所能预，又见其机之在我而无难也。日日克之，不以为难，则私欲净尽，天理流行，而仁不可胜用矣。程子曰："非礼处便是私意。既是私意，如何得仁？须是克尽己私，皆归于礼，方始是仁。"又曰："克己复礼，则事事皆仁，故曰天下归仁。"谢氏曰："克己须从性偏难克处克将去。"①

在这段注释中，朱熹在对"仁""克""己""复""礼""归"等词语进行了解释，其中关于"仁""己""礼"的解释使用了"本心""私欲""天理"等理学话语，与前人之解释迥然不同，彰显出了浓厚的理学特点。在此基础上，朱熹又串讲了句意，发挥出了"存天理，灭人欲"的理学思想。

朱熹对《论语集注》煞费苦心，其弟子黄榦曾说："朱子《集注》于一字未安，一语未顺，覃思静虑，更易不置，或一二日而未已，用心如此。"在文字训诂方面，他字斟句酌，反复修改，力求通达和洗练。在义理方面，很重视义理的阐发，成为义理解经的代表

---

① 朱熹：《四书章句集注》，中华书局1983年版，第131—132页。

作。因此，《论语集注》既不像汉唐诸儒那样拘泥于章句训诂而"不敢轻有变焉"，"不能精思明辨以求真是"①，也不像一般宋儒那样"全不略说文义，便以己意立论"②，而是既注重探求经文之本义，又注重义理阐发，从而将训诂学与义理学熔于一炉，避免了对经文的穿凿附会，使其阐发之义理建立在对经义的解释之上。陈淳所谓"《集注》明洁亲切，辞约而理富，义精而味长，信为万世不刊之书"，诚非虚言。当然，朱熹《论语集注》也并非完美无缺，但瑕不掩瑜，诚如近人梁启雄所言："朱子殚毕生之心力于《集注》，书成而复屡经修改，至老不辍，直迄易箦之前数日犹有改削；论者谓其书精实切当，深得孔门之真旨，迥非汉魏六朝诸儒所能及；惟亦间有小节未尽契合经义者，此则或沿旧注之讹舛而未及正，或过于求深而反失其实，此正所谓'大醇小疵'未足为《集注》病也。"③ 由此遂使《论语集注》从众多《论语》注本中脱颖而出，成为继郑玄《论语注》、何晏《论语集解》、皇侃《论语义疏》、邢昺《论语注疏》之后《论语》学史的又一个标志性的注本。后世学者纷纷以之为本，或附和之，或发挥之，或补订之，形成了羽翼《集注》的《论语》学著作群。南宋宁宗嘉定五年（1212），朝廷将把《论语集注》和《孟子集注》列入学官，作为法定的教科书。理宗于宝庆三年（1227）下诏盛赞《四书集注》"有补治道"。宋以后，元、明、清三朝都以《四书集注》为学官教科书和科举考试的标准答案。理学成为官方哲学，占据着封建思想的统治地位，而《四书集注》作为理学的重要著作，也被统治者捧到了一句一字皆为真理的高度，对中国封建社会后期思想乃至东南亚文化史上都产生了深远、巨大的影响。因而，可以说朱

---

① 朱杰人等编：《朱子全书》第 23 册，上海古籍出版社、安徽教育出版社 2002 年版，第 3360 页。

② 朱杰人等编：《朱子全书》第 21 册，上海古籍出版社、安徽教育出版社 2002 年版，第 1352 页。

③ 梁启雄：《论语注疏汇考》，《燕京学报》第 34 期，1948 年 6 月。

熹著包括《论语集注》在内的《四书章句集注》是继孔子删订《诗》《书》及纂修《春秋》，董仲舒倡"罢黜百家，独尊儒术"之后，中国经学发展史上的又一件具有历史性意义的重大事件。后人甚至将朱子《四书章句集注》与孔子删定"六经"相提并论，称："呜呼！微夫子《六经》，则五帝三王之道不作；微文公《四书》，则夫子之道不著。"① "夫子之《六经》不得行于再世，而公之《四书》乃得彰于当代。"②《论语集注》也因此而成为《论语》学史上最有影响的一部著作。

第三节　张栻的《论语解》

　　张栻（1133—1180），字敬夫，号南轩，世称南轩先生，南宋汉州绵竹（今四川绵竹县）人，后迁于衡阳（今属湖南）。他幼承庭训，及长师从胡宏，成为湖湘学派集大成者。著作有《论语解》《孟子说》《诸葛武侯传》《南轩集》等。其中《论语解》始撰于乾道三年（1167）前后，历时六年，成于乾道九年（1173）癸巳，故书又名《癸巳论语解》。成于不惑之年的该书，代表了张栻较为成熟时期的思想，是研究其经学和理学思想的重要参考资料。

一　注重义理阐发

　　南宋乾道、淳熙年间（1165—1189）是理学传播的黄金时期，各个学派为了阐发自己的观点，纷纷借助于对儒家经典的注释来构建思想体系。作为湖湘学派代表的张栻，其经学思想以义理之学为主，主

---

① 黄宗羲：《宋元学案·晦翁学案下·附录》，中华书局1986年版，第1584页。
② 同上书，第1586页。

张通过对儒家经典的研究和阐释，来发明义理，为现实社会治理服务。这在《论语解》有明证。张栻说："使之诵诗、读书、讲礼、习乐，以涵泳其情性，而兴发于义理。师以导之，友以成之，故其所趋，日入于善，而自远于利。及其久也，其志益立，其知益新。"①可见，在张栻看来，治经之旨归在于兴发义理，使学者趋善而远利，而不是为了治经学而治经学。

由此出发，张栻一方面对部分篇章之微言大义予以了归纳和总结，如《学而篇》篇后曰："此篇列于《鲁论》之首，所记大抵皆欲学者略文华，趋本实，敦笃躬行，循序而进，乃圣人教人之大方，从事于此，则不差也。其间所载道千乘之国，亦是言为治之本，务其本而后可以驯致。成己成物一也。学者宜深味此意，不然，贪高慕远，而卒无实地可据，岂不殆哉！"②这里，张栻通过总结第一篇《学而篇》，生发出了"舍华取实""敦笃躬行""成己成物"的义理。《乡党篇》篇首曰："此篇所记，于夫子言语、容貌、衣服、饮食之际，可谓察之精矣。门人亦善学圣人哉！盖圣人之道如是其高深也，茫然测度，惧夫泛而无进德之地也，故即其显见之实而尽心焉，存而味之，则而象之，于此有得，则内外并进，体用不离，而其高深者为可以驯致矣。真善学圣人者哉！百世之下，读是篇者，亦可以知所用力也。"③《乡党篇》原本主要是记述孔子日常生活中的吃穿住行等方面的琐事，但张栻却将此看成是学圣成圣的门径和用力之处，在他看来，于此体会省察，则可以"内外并进，体用不离"，进而提升自己的境界。

另一方面，在对《论语》的解读中，他不注重辞语训释，而意在阐释义理。如《雍也篇》"齐一变至于鲁，鲁一变至于道"章，张栻

①　张栻：《张南轩先生文集》卷四《雷州学记》，中华书局1985年版，第67页。
②　张栻：《论语解》卷一，中华书局1985年版，第7页。
③　张栻：《论语解》卷五，中华书局1985年版，第76页。

注曰："自当时观之，则齐强而鲁弱矣。圣人观人之国，盖不如此。齐自管仲相桓公，急于功利，先王之法，废革殆尽矣。鲁虽不能举行先王之法，然其法犹在，未至若齐之变乱也。齐一变而至于鲁，谓当易其功利之为而反之正也。鲁一变而至于道，则神而明之，存乎其人而已。味圣人之意，则知所以为国之道，在此而不在乎彼也。"① 张栻通过创新性解读，生发出了治国之道的微言大义，指出治国之道理应放弃追逐功利之举，而恢复先王之法。联系南宋初年的历史事实，我们不难看出张栻解释的时代价值和政治含义。

又，《述而篇》"冉有曰：'夫子为卫君乎？'子贡曰：'诺，吾将问之。'入，曰：'伯夷、叔齐何人也？'曰：'古之贤人也。'曰：'怨乎？'曰：'求仁而得仁，又何怨？'出，曰：'夫子不为也'"章，张栻解曰："叔齐之让伯夷，以为伯夷之长当立，无兄弟之义，而何以为国乎？伯夷之不受国，以为叔齐之立父命也，无父子之义，而何以为国乎？二人者宁去国而存此矣。卫辄之事，国人论之，以为蒯聩既得罪于先君而出奔，而辄受先君之命，宗国不可以无主，则立辄而拒蒯聩可也。曾不知蒯聩，父也；辄，子也。父子之义先亡，而国其可一日立乎？故子贡以夷、齐之事为问。方是时，夫子在卫，辄立之事，盖难言也。赐也微其辞以测圣人之旨，可谓善为辞者矣。中有所悔慕，皆谓之怨，其曰怨乎者，谓二子委国而去，独不顾其宗国而有所悔于中乎。夫子告之以求仁而得仁，谓二人者求夫天理之安而已，夫岂利害之计乎？明乎此，而后知古人所以处身谋国之宜矣。"② 这里，张栻通过对伯夷、叔齐让国和卫辄、蒯聩争国事件的论述，解读出了处身谋国之道，这就是要讲求父子、兄弟之义，也就是要讲求传统伦理纲常。在他看来，只有这样，才能安乎天理。

---

① 张栻：《论语解》卷三，中华书局 1985 年版，第 45 页。
② 张栻：《论语解》卷四，中华书局 1985 年版，第 52—53 页。

二 阐发理本论思想

张栻遥承二程之学，在《论语解》中，他也将"理"作为宇宙的本原和自己本体论哲学中的基本范畴。他说："所谓天者，理而已。"① 这个"理"无处不有，无时不在，"万理盈于天地间"②，"天理初不外乎人事"③。此"理"落实到具体的事物上，就成为每个事物具有的规律——"则"。张栻说："有是物必有是则，苟失其则，实已非矣。"④ 主张每个事物都有自己的固有法则，离开了"则"，便会导致"乱"。如"好德因人之秉彝，而目之于色，亦出于性也。然此则溺其流而不止，彼则汩其情而不察。是何欤？则以夫物其性故耳。故君子性其性而众人物其性。性其性者，天则之所存也；物其性者，人欲之所乱也。若好德如好色，则天则存而人欲遏，性情得其正矣。"⑤ 在张栻看来，人们之所以会离"则"生"乱"，关键就是不知"所以然"。他说："天下之事，莫不有所以然，不知其然而作焉，皆妄而已。圣人之动，无非实理也，其有不知而作者乎？"⑥ 在这里，张栻"承认每个事物都有自己的规律，这在哲学上具有某种合理性，对宇宙的探讨通过'理'由宏观进入到微观的领域，以'理'为事物的具体规律，这是湖湘学派思想一个特点，也是与程朱学派的重要分歧之一。"⑦

在张栻的《论语解》中，"理"不仅是天地之理，而且也人伦之理，"礼者，理也"⑧，理作为一种伦理道德原则，指称的就是人伦道

---

① 张栻：《论语解》卷七，中华书局 1985 年版，第 120 页。
② 张栻：《论语解》卷十，中华书局 1985 年版，第 162 页。
③ 同上书，第 120 页。
④ 张栻：《论语解》卷三，中华书局 1985 年版，第 45 页。
⑤ 张栻：《论语解》卷五，中华书局 1985 年版，第 72 页。
⑥ 张栻：《论语解》卷四，中华书局 1985 年版，第 56 页。
⑦ 陈谷嘉：《张栻与湖湘学派研究》，湖南教育出版社 1991 年版，第 26 页。
⑧ 张栻：《论语解》卷二，中华书局 1985 年版，第 15 页。

德关系的一种尊卑等级秩序。对此，张栻一再申说："夫礼者，天之秩也。禘之为礼，惟天子得用之，而诸侯不得用之者，盖天理之所当然也。"① "盖幼者当孙弟，是乃天理也。"② "父子之亲，性之理也。"③ "无违，谓无违于理也。礼者，理之所存也。生，事之以礼，以敬养也。死，葬之以礼，必诚必信也；祭之以礼，致敬而忠也。亲虽有存没之间，而孝子之心则一而已。存是心而见于节文者无不顺，所谓以礼也。"④ 把作为儒家伦理道德的"礼"提升到本体论的高度，把父子之亲、兄弟之爱视为理之在人之表现形式，这是湖湘学派以伦理为本位的哲学体系的突出表现。张栻在对儒家经典《论语》的诠释中，把哲学诠释与经学诠释结合起来，通过对儒家经典的注解，在二程思想的基础上，加以理论创新，提出了系统、完整的理学思想体系，从而丰富并发展了中国哲学。

三　抉发求仁之学

在《论语解》中，张栻承袭并深入阐发了儒家的仁学思想。仁是儒家思想中最基本的概念之一，梁启超曾说："儒家言道言政，皆植本于仁。"⑤ 及至宋代，仁学曾一度成为理学关注的核心。黄宗羲在概括程颢之学时就曾明言："明道之学，以识仁为主。"⑥ 在其影响下，门人后学也多着力于仁学的阐发。张栻亦是如此，在其理学思想中，仁学思想和求仁之说也占有重要位置。在他看来，"仁"是后学研读孔孟圣学的首要内容，是圣学的中心，"欲游圣门，以何为先，

---

① 张栻：《论语解》卷二，中华书局 1985 年版，第 18 页。
② 张栻：《论语解》卷七，中华书局 1985 年版，第 123 页。
③ 同上书，第 107 页。
④ 张栻：《论语解》卷一，中华书局 1985 年版，第 8 页。
⑤ 梁启超：《先秦政治思想》，天津古籍出版社 2004 年版，第 67 页。
⑥ 黄宗羲：《黄宗羲全集》，浙江古籍出版社 1994 年版，第 223 页。

其惟求仁乎！仁者圣学之枢，而人之所以为道也"①。因此，他一生汲汲于求仁之学，于此用力颇多。这在《论语解》中也多有体现。

首先，在《论语解》中，张栻对仁之内涵进行了重新解读。如在诠释《颜渊篇》"樊迟问仁"章时，他抉发了"爱之理乃仁"的思想，说："原人之性，其爱之理乃仁也。……仁者视万物犹一体，而况人与我同类乎？故仁者必爱人。然则爱人果可以尽仁乎？以爱人为可以尽仁则未可，而其所以爱人者，乃仁之所存也。"② 仁者必爱人，但不能把爱人说成仁，仁和爱是体用关系。又，在解释《雍也篇》"如有博施于民而能济众"章时，张栻说："夫仁道难名，惟公近之。人惟有己则有私，故物我坐隔，而昧夫本然之理。己欲立而立人，己欲达而达人，于己而譬，所以化私欲而存公理也。然便以此为仁则未可，此仁之方也。于其方而用力，则可以至于仁焉。先言仁者，而后以仁之方结之，圣人之示人至矣。"③ 这里，以公言仁，承袭了程颐的"仁道难名，惟公近之，非以公便为仁"④ 的说法，强调了"公"是践行仁的主要方法，但公却并不就是仁。

其次，在《论语解》中，张栻还阐述了求仁之方。在他看来，"人而不仁，病于有己"⑤，"夫民所以不肯为仁若是其甚者，其故何哉？私欲蔽之也。能克其私，则其于仁也孰御？"⑥ 世人之所以不能达到仁的境界，究其原因就在于人们心中常怀一己之私欲，因此，只有克其私，才能成为仁人。怎样才能克尽己私呢？那就要做到克己复礼。他说："'克己复礼'之说，所谓礼者，天之理也，以其有序而不可过，故谓之礼。凡非天理，皆己私也。己私克则天理存，仁其在

---

① 张栻：《张南轩先生文集》卷二《答陈择之》，中华书局1985年版，第19页。
② 张栻：《论语解》卷六，中华书局1985年版，第101页。
③ 张栻：《论语解》卷三，中华书局1985年版，第46—47页。
④ 程颢、程颐：《二程集》，中华书局1981年版，第63页。
⑤ 张栻：《论语解》卷三，中华书局1985年版，第37页。
⑥ 张栻：《论语解》卷八，中华书局1985年版，第133页。

是矣。"① "克尽己私，一由于礼，斯为仁矣。礼者，天则之不可逾者也。本乎笃敬而发见于三千三百之目者，皆礼也。曰'一日克己复礼'者，此言克己之至也。'天下归仁'者，无一物之不体，无一事之不该也。……或曰：'克己之功，自始学至于成德，皆所当从事乎？'曰：'然。始学者当随事自克，觉其为非礼则克之。克之力则所见渐深，所见深则其克也益有所施矣。及其至也，苟有一毫人为，皆为非礼，克之之功犹在所施。至于大而化之，则成乎天，而后无所用夫克矣。'"② 可见，张栻之说，是要求人们完全克制自己的欲望，视听言动一由乎礼，言行举止合乎社会规范。

四　宣扬复性说

在《论语解》中，张栻提出了变化气禀之性以复其初的思想。人性论问题是宋儒讨论的热点问题之一，如二程就把人性区分为天命之性与气禀之性。其中天命之性是天赋的，是善的；而气禀之性是后天的，决定着人们的智愚与圣凡。张栻承袭了这种观点。在他看来，从本体的意义上来说，性是至善至纯的，"原性之理，无有不善，人物所同也"③，没有人、物之分，没有善恶之别。但是在现实中，不仅性有人性、物性之别，而且人性又有善有不善之分。之所以会出现如此状况，在张栻看来，其原因就在于天命之性衍生出的气禀之性，"论性之存乎气质，则人禀天地之精、五行之秀，固与禽兽草木异。然就人之中，不无清浊厚薄之不同，而实亦未尝不相近也，不相近，则不得为人之类矣。而人贤不肖之相去，或相倍蓰，或相什百，或相千万者，则因其清浊厚薄之不同，习于不善而日远耳。习者，积习而

①　黄宗羲、全祖望：《宋元学案·南轩学案》，中华书局1986年版，第1618页。
②　张栻：《论语解》卷六，中华书局1985年版，第94页。
③　张栻：《论语解》卷九，中华书局1985年版，第143页。

致也。"① 张栻指出，就气质之性而言，虽然人与禽兽草木不同，但人与人之间相去不远。贤者与不肖之人之所以会出现大的差别，主要是由于气质清浊、厚薄不同，且又受后天不善之积习影响的缘故。不过此恶之性是可以改变的，只要变化气质，克气禀之偏，便可复天性之善。其法有二：一曰教，他说："人所禀之质虽有不同，然无有善恶之类一定而不可变者，盖均是人也。原其降衷，何莫而不善？故圣人有教焉，所以反之于善也。教之行，愚者可使之明，柔者可使之强，其有气类之不可变者乎？然尧之子不肖，舜之子亦不肖，则气类又若有异，何也？盖气有可反之理，人有能反之道，而教有善反之功，其卒莫之能反者，则以其自暴自弃而已。"② 通过教育，可恢复人的善性，不能恢复者，是自暴自弃之人。一曰学，他说："上知则不沦于下，下愚则不达于上．苟非上知下愚，则念不念之分固可得而移也。上知下愚一存于气禀乎？曰不然。上知固生知之流，然亦学而可至也。均是人也，虽气禀之浊，亦岂有不可变者乎？惟其自暴自弃而不知学，则为安于下愚而不可移矣。"③ 人受气禀之影响有上智和下愚之分，但这种区分是可改变的，改变的关键就在于"学"，不学就不能改变。在张栻看来，人性之变移，是往"善性"方面转化，是使下愚转变为上智，这是质的变化，而不是位的变换。因而，他说："善学者，克其气质之偏，以复其天性之本，而其近者亦可得而一矣。"④ 改变"气质之偏"，就是要恢复人的天命之性，即人的本性。

张栻宣扬复性说，就是主张通过教和学来改变人的气质，恢复天命之善性，以成就理想人格。此理论把人的教和学目的归结到实现价值目标上，具有劝人改恶从善的社会意义，它强调发挥社会教化和个

---

① 张栻：《论语解》卷九，中华书局1985年版，第143—144页。
② 张栻：《论语解》卷八，中华书局1985年版，第134页。
③ 张栻：《论语解》卷九，中华书局1985年版，第144页。
④ 同上。

人觉醒的作用，消除与理学原则相悖的气质之偏，以利于重建儒家伦理纲常的秩序。①

五 强调"知行互发"

在《论语解》中，张栻阐发了相须并进的知行观。知行观是宋明理学的一个重要内容。二程和朱熹都强调知难行易、知先行后，张栻在扬弃他们知行学说的基础上，进而提出了"知行互发"的主张。他说："学者，学乎孔子者也。《论语》之书，孔子之言行莫详焉。所当终身尽心者，宜莫先乎此也。圣人之道至矣，而其所以教人者，大略则亦可睹焉。盖自始学，则教之以为弟为子之职，其品章条贯，不过于声气容色之间，洒扫应对进退之事，此虽为人事之始，然所谓天道之至赜者，初亦不外乎是。圣人无隐乎尔也，故自始学则有致知力行之地，而极其终则有非思勉之所能及者，亦贵于行著习察，尽其道而已矣。孔子曰：'道之不行也，我知之矣，知者过之，愚者不及也。道之不明也，我知之矣，贤者过之，不肖者不及也。'秦汉以来，学者失其传，其间虽或有志于力行，而其知不明，摛埴索途，莫适所依，以卒背于中庸。本朝河南君子，始以穷理居敬之方，开示学者，使之有所循求，以入尧舜之道。于是道学之传，复明于千载之下。然近岁以来，学者又失其旨，曰：吾惟求所谓知而已，而于躬行则忽焉。故其所知，特出于臆度之见，而无以有诸其躬，识者盖忧之。此特未知致知力行互相发之故也。孔子曰：'学而不思则罔，思而不学则殆。'历考圣贤之意，盖欲使学者于此二端兼致其力，始则据其所知而行之，行之力则知愈进，知之深则行愈达，是知常在先而行未尝不随之也。知有精粗，必由粗以及精；行有始终，必自始以及终。内外交正，本末不遗，条理如此，而后可以言无弊。然则声气容色之

---

① 参见石训、姚瀛艇等《中国宋代哲学》，河南人民出版社1992年版，第1007—1009页。

间，洒扫应对进退之事，乃致知力行之原也。其可舍是而他求乎?"①
这段文字共说明了以下几层意思：首先，张栻虽然承认"知先行后"，
但更主张"知行互发"。在他看来，人们在开始做某事时是根据已有
的知识去行动，但在行动过程中不断深化固有的认识，并进而用这种
发展提高了的认识去指导行动，从而把事情做得更好。不过他同时又
认为知来源于行，虽然这里所讲的"行"仅指"声气容色、洒扫应
对进退"等日常生活琐事，但毕竟是实践活动。因此，知行互相依
赖、互相促进，不可偏废。张栻在其知行观上的见解比其同侪确有高
明之处。其次，张栻关注到了知的层次性及认识是一个逐步深化的过
程，他所谓的"粗"之知相当于感性认识，"精"之知相当于理性认
识，这两个阶段是相互联系的，感性认识必然上升为理性认识。因
此，从某种程度上说，张栻已认识到了知识发展的两个阶段。最后，
行自始至终贯穿于认识事物的整个过程中，所以张栻力主躬行，反对
离行谈知。他认为即使君子、圣人也必须要"躬行""践履"，只有
这样，才能得到真知。他说："圣门实学，贵于践履，隐微之际，无
非真实，盖所谓存乎德行者也。"② 又说："君子主于行，而非以言为
先也，故其言之所发，乃其力行所至，言随之也。夫主于行而后言者
为君子，则夫易于言而行不践者，是小人之归矣。"③

　　为了进一步阐明知行互发的观点，批判知先行后说，张栻对"生
而知之"的重新予以了解读。他说："圣人之所以异于人者，果独在
于好学耶。夫子盖生而知之者，而未尝居焉，使人知圣由学而可至
也。然生而好学，则是其所为生知者固亦莫掩矣，谓圣人所以异于人
者在于好学，亦岂不可乎?"④ 这是说，圣人异于常人之处就在于好

---

① 张栻：《张南轩先生文集·论语说序》，中华书局 1985 年版，第 46—47 页。
② 张栻：《论语解》卷四，中华书局 1985 年版，第 49 页。
③ 张栻：《论语解》卷一，中华书局 1985 年版，第 10 页。
④ 张栻：《论语解》卷四，中华书局 1985 年版，第 54 页。

学，好学是其成为圣人的先决条件。因此，生而知之也就是好学知之。于是好学取代天赋成为能否成圣的重要前提条件。在张栻看来，"圣可学而至，虽有其质而不学，则终身为乡人而已。……圣人不居生知，所以勉人以学也。"① 即使天生具备成圣的资质，如果不学习，也只能终身为常人；如果努力学习，即使天生不具备圣人资质的普通人，也可以成圣。这样一来，张栻就为常人成为圣人开辟了一条学而成圣的路径。强调学而成圣，否认先天的良知说，这是张栻知行观的又一鲜明特色。

六 关注义利之辨

在《论语解》中，张栻详细阐述了自己独特的义利观。宋代理学家都把义利之辨作为"尊德性，道问学"的一个重要问题，张栻自不例外，他将义利视为了解、把握孔孟之学的门径，在他看来，"学者潜心孔孟，必得其门而入，愚以为莫先于义利之辨。"② 既然学孔孟，首先要明义利之辨，那么义利之别何在？张栻认为，"盖圣学无所为而然也。无所为而然者，命之所以不已，性之所以不偏，而教之所以无穷也。凡有所为而然者，皆人欲之私，而非天理之所存，此义利之分也。"③ 无所为即是无私之为，无私欲而为之则循性顺命，故得性之全，所以是义；有所为即是有私之为，有私欲而为之则违性逆命，而得性之偏，所以是利。因此，他指出，"义者，天理之公。"④ "夫义，人之正路也，倚于一偏则莫能遵于正路矣。惟君子之心无适也，而亦无莫也，其于天下，惟义之亲而已。盖天下事事物物皆有义焉。义者，存于中而形于外者也。"⑤ "放于利而行者，凡事每求便利于己

---

① 张栻：《论语解》卷三，中华书局 1985 年版，第 38 页。
② 张栻：《张南轩先生文集·孟子讲义序》，中华书局 1985 年版，第 47 页。
③ 同上书，第 47—48 页。
④ 张栻：《论语解》卷八，中华书局 1985 年版，第 129 页。
⑤ 同上。

也。怨由不得其欲而生，彼虽每求便利，而事亦岂能尽利于己哉？不得其欲则怨矣。"① 故 "自未尝省察者言之，终日之间鲜不为利矣，非特名位货殖而后为利也。斯须之顷，意之所向，一涉于有所为，虽有深浅之不同，而其徇己自私则一而已。"② 此乃理解张栻义利观的要旨所在。

循此思路出发，在对《论语》经文的解说中，张栻首先从公私的视角解读经义。如《里仁篇》"君子喻于义，小人喻于利"章，他注解曰："喻，谓通达其趣也。盖君子心存乎天下之公理，小人则求以自便其私而已，其所趣所行，久且熟也，能无喻乎？喻则好笃而不可反矣。此君子小人之分也。"③ 义即是 "天下之公理"，利则是一己之私而已。其次，他还援天理人欲以辨义利。如《子路篇》"君子和而不同，小人同而不和"下，张栻解释说："和者，和于理也。同者，同其私也。和于理则不为苟同，同其私则不能和义，天理人欲不两立也。"④ 又，《宪问篇》"君子上达，小人下达"句，他注释说："达者，达尽其事理也。上达者，反本天理也；下达者，趋末人欲也。皆云达者，如'君子喻于义，小人喻于利'，皆云喻也。"⑤ 可见，学人理应加强修养，达到私欲净尽而天理纯粹的境界。

虽然强调义利之分，但张栻并没有把义利绝对对立起来，他主张："义所当然，则亦无不利者。"⑥ 这就是说，正常而适当的功利要求，非是人欲，而是义，合乎天理。由此可见，义利并非截然对立的，二者互相包涵，互为表里。这样，张栻就通过孔子义利之说的重新解读，使之成为其理学思想体系的重要内容。

---

① 张栻：《论语解》卷二，中华书局 1985 年版，第 26 页。
② 张栻：《张南轩先生文集·孟子讲义序》，中华书局 1985 年版，第 48 页。
③ 张栻：《论语解》卷二，中华书局 1985 年版，第 27—28 页。
④ 张栻：《论语解》卷七，中华书局 1985 年版，第 108 页。
⑤ 同上书，第 117 页。
⑥ 张栻：《论语解》卷五，中华书局 1985 年版，第 67 页。

可见，通过对《论语》的重新解读，张栻把经学研究与理学研究结合了起来，建构了自己的思想体系，推动了经学以及理学自身的发展，因而在经学史和理学史上均占有重要地位。

第三章

明代的《论语》注本研究

受清儒的影响，明代经学向来被认为是经学史上衰颓的时代，因之成为学者们较少关注、研究较为薄弱的一个领域。实际上，明代经学尤其是《论语》注释也不乏经典之作。其中张居正的《论语直解》是经筵讲义之作，蕅益大师的《论语点睛》乃佛教界人士诠释《论语》的杰作，而林正恩的《论语正义》则是三教会通和融通朱王的产物。

第一节　张居正的《论语直解》

张居正（1525—1582），字叔大，号太岳，湖广江陵人（今湖北省荆州市）人。嘉靖二十六年（1547）进士，历任庶吉士、翰林院编修、侍讲学士令翰林事、吏部左侍郎兼东阁大学士、吏部尚书、建极殿大学士等职，著有《张太岳集》《书经直解》《四书直解》等。其中《四书直解》虽成书于众讲官之手，但由于经筵日讲之初稿均须经内阁看定，故作为内阁主要成员甚至一度为首辅的张居正在其中扮演着重要的角色，这也是好多文本直解署名张居正的原因。这一点也可从他与吕调阳的联名上疏中窥见端倪。其文曰："臣等一岁之间，日侍皇上讲读，伏见圣修益懋，圣志弥坚，盛暑隆寒，缉熙闼间，臣等备员辅导，不胜庆幸。但惟义理必时习而后能悦，学问必温故而后知新；况今皇上睿明日开，若将平日讲过经书再加寻绎，则其融会悟入，又必有出乎旧闻之外者。臣等谨将今岁所进讲章重复校阅，或有训解未莹者，增改数语；支蔓不切者，即行删除；……伏望皇上万几有暇，时加温习，庶旧闻不至遗忘，新知日益开豁，其于圣功实为有补。以后仍容臣等接续编辑，进呈御览；仍乞勅下司礼监镂板印行，用垂永久。虽章句浅近之言，不足以仰窥圣学精微之奥；然行远升高，或亦一助云尔。"① 可见，《四书直解》理应是集体智慧的结晶，所以著者题署"张居正等辑著"为宜。②

《论语直解》是《四书直解》中的一个重要组成部分，因为是为帝王讲解的讲义，所以该书在《论语》诠释史上别具特色。

一 尊崇朱注

伴随着《四书大全》《五经大全》和《性理大全》的出炉，以及在科举考试主导地位的确立，程朱理学成为官学主流意识形态。因此，不论是针对皇帝开展的经筵讲义，还是日讲直解，均唯程朱学马首是瞻。这些讲义在给皇帝讲解前，均需通过内阁审定，不能随意发挥，不能出现有违理学的杂说。明世宗曾明言："讲章由内阁看进，始得明邑，若任由己意为之，必有杂说以阻乱理学者。"③ 这在《论语直解》中，就充分地表现为对朱注的依归上。

第一，袭取朱注的字词训释。在《论语直解》中，对字词的解读主要是承袭朱注。如《学而篇》有子曰："其为人也孝弟，而好犯上

---

① 张居正：《进讲章疏》，见《张文忠公全集》，台湾商务印书馆1968年版，第43页。
② 郑又荣：《张居正等辑著〈论语直解〉研究》，硕士学位论文，"国立高雄师范大学国文学系"，第58—61页。
③ 《明世宗实录》卷九十七。

者，鲜矣；不好犯上而好作乱者，未之有也。君子务本，本立而道生。孝弟也者，其为仁之本与"下，张居正等注曰："有子，是孔子弟子，姓有，名若。善事父母，叫做孝；善事兄长，叫做弟。犯，是干犯。鲜，是少。作乱，是悖逆争斗的事。……务，是专力。本，是根本。为仁，是行仁。"① 反观朱注，其文曰："有子，孔子弟子，名若。善事父母为孝，善事兄长为弟。犯上，谓干犯在上之人。鲜，少也。作乱，则为悖逆争斗之事矣。……务，专力也。本，犹根也。仁者，爱之理，心之德也。为仁，犹曰行仁。"② 两相比较，不难看出，《论语直解》中的解释乃直解约取《论语集注》而来，不曾有多少变化。

又《泰伯篇》"恭而无礼则劳，慎而无礼则葸，勇而无礼则乱，直而无礼则绞。君子笃于亲，则民兴于仁；故旧不遗，则民不偷"下，朱注曰："葸，畏惧貌。绞，急切也。……君子，谓在上之人也。兴，起也。偷，薄也。"③ 张居正等注曰："礼是节文。劳是烦劳。葸是畏惧的模样。乱是悖乱。直是径直。绞是急切的意思。……君子是在上位的人。笃是厚。兴是起。故旧是平日相与或有功劳的旧人。遗，是弃。偷字作薄字。"④ 其中所涉及的"葸""绞""君子""兴""偷"皆与朱注无异，只是说法更为通俗易懂。

第二，在朱注基础上展开经文解说。《论语直解》不仅在字词解释上沿袭朱注，而且在经文解说上也多遵循朱注展开，间或阐发其所未发处。如《子路篇》"子路问政。子曰：'先之，劳之。'请益。曰：'无倦'"下，朱注曰：

---

① 张居正等：《张居正讲解〈论语〉》，中国华侨出版社 2009 年版，第 2 页。
② 朱熹：《四书章句集注》，中华书局 1983 年版，第 48 页。
③ 同上书，第 103 页。
④ 张居正等：《张居正讲解〈论语〉》，中国华侨出版社 2009 年版，第 117 页。

劳，如字。苏氏曰："凡民之行，以身先之，则不令而行。凡民之事，以身劳之，则虽勤不怨。"无，古本作毋。吴氏曰："勇者喜于有为而不能持久，故以此告之。"程子曰："子路问政，孔子既告之矣。及请益，则曰'无倦'而已。未尝复有所告，姑使之深思也。"①

《论语直解》曰：

先，是倡率的意思。劳，是以身勤劳其事。倦，是厌怠。子路问为政之方，孔子告之说："为政有本，不宜徒责于人，惟当反求诸己。以兴民行，毋徒以言语教导之而已，必也以身先之。如欲民亲其亲，则先之以孝；欲民长其长，则先之以弟；欲民之忠，则先之以不欺；欲民之信，则先之以用情。件件都从己身上做个样子与他看，则民自有所观感兴起，而教无不行矣。以作民事，毋徒以政令驱使之而已，必也以身劳之。如欲民勤于耕，则春省以补其不足；欲民勤于敛，则秋省以助其不给。或劝课其树蓄，或巡行其阡陌，件件都亲自与百姓们料理，则民竞相劝勉，而事无不举矣。为政之道，不外此二端而已。"子路自负其兼人之勇，以为政亦多术，恐不止于先之劳之二者而已，故复请增益焉。孔子以勇者喜于有为而不能持久，故又告之说："为政不在多言，前说已尽，无可益也。但天下之事，勤始者多，克终者少，子惟于此二者，持之有常，勿生倦怠。民行虽已兴矣，所以率先之者愈加；民事虽已举矣，所以勤劳之者愈力，则教思无穷容保无疆，为政之能事毕矣。二者之外，更何所益乎？"然先劳无倦，不止居官任职者为然，人君之治天下，非躬行不足以率

① 朱熹：《四书章句集注》，中华书局1983年版，第141页。

人，非久道不足以成化，尤当于此深加之意也。①

由上可见，张居正等人的注解比朱注更为详细，除了对其中的字词予以解释外，还围绕朱注所引苏注和吴注多层面进行了阐发，最后引申出为君者"行足以率人，久道成化"的微言大义。

二 注文简要明白

由于受众是年幼的皇帝或皇太子，因此，《论语直解》中对经文的注释务求简要明白。明孝宗曾告谕讲官："大抵讲书，须要明白透彻，直言无讳；道理皆《四书》上原有的，不是纂出，若不说尽，也无进益。"②《大明会典》在谈及经筵直讲时也多次指出，说解要明白通畅："内阁学士侍班，不用侍卫侍仪执事等官。侍班讲读等官入见，行叩头礼，东西分立。先读《四书》，次读经，或读史。每本读十数遍后，讲官先讲《四书》，次讲经，或讲史。务在直说大义，明白易晓。"③ "讲书直说大义，务要通晓。"④ "务要直言解说，明白易晓。"⑤ 这在《论语直解》中多有体现。

如《季氏篇》"益者三友，损者三友。友直，友谅，友多闻，益矣；友便辟，友善柔，友便佞，损矣"下，《论语集注大全》注曰：

友直，则闻其过。友谅，则进于诚。友多闻，则进于明。

胡氏曰："直者，责善而无所回互；谅者，固执而无所更易；多

---

① 张居正等：《张居正讲解〈论语〉》，中国华侨出版社 2009 年版，第 197 页。
② 黄佐：《翰林记》，中华书局 1985 年版，第 122 页。
③ 李东阳等：《大明会典》卷五十二《礼部十》，江苏广陵古籍刻印社 1989 年版，第 918—919 页。
④ 同上书，第 928 页。
⑤ 同上书，第 921 页。

闻者，有所参订而不胶偏见。《集注》言友之之益，所谓闻过，则真有所闻；所谓进于诚明，则犹有待于进也。盖友谅与多闻，未即至于诚明，而诚明可由是而入耳。"

便，习熟也。便辟，谓习于威仪而不直。

胡氏曰："便，顺适也。《字书》云：'安也。'顺适且安，故云'习熟也'。便辟，《书》注以为足恭是也。"

善柔，谓工于媚悦而不谅。便佞，谓习于口语，而无闻见之实。三者损益，正相反也。

双峰饶氏曰："与直者友，则有过必闻；与谅者友，则信实相示；与多闻者友，则多识前言往行，知识日广。三者虽常情所敬惮，然友之却有益。便辟者，威仪习熟；善柔者，每事阿顺；便佞者，语言可听。三者皆常情所狎悦，而友之却有损。举三者为劝，又举三者为戒。"

尹氏曰："自天子至于庶人，未有不须友以成者。而其损益有如是者，可不谨哉？"

或问："三友之说，尽于《集注》之说而已矣？"朱子曰："是亦释其文之正意云尔。若推而言之，则是三者之于人，皆有薰陶渐渍之益焉，皆有严惮畏谨之益焉，皆有兴起慕效之益焉，不但如彼之所言而已也。"曰："损者之友，其相反奈何？"曰："便辟，则无责善之诚矣；善柔，则无固守之节矣；便佞，则无贯通之实矣。"

南轩张氏曰："友者，所以辅成己德者。直者有过必闻，谅者忠信相与，多闻者知识可广，是三者友之，则使人常怀进修而不敢自足，得不曰益乎！便辟、便佞，谓便于辟与佞者；善柔，谓善为柔者。辟则容止足恭，柔则每事卑屈，佞则巧言为悦，是三者友之，则使人日趋于骄惰焉，得不曰损乎！自天子至于庶人，皆当谨乎此也！"

吴氏曰："益者增其所未能，损者坏其所本有，友道损益，岂止于三？夫子盖略言之，从是推之，皆可求也，三乐亦然。"①

上述注释中，无论是朱子所言所注，还是其他学人之解，皆使用学术语言表述，读来无不透显着学理味，于初学者或年幼者不甚好理解。反观《论语直解》，则读来亲切得多：

> 谅，是信实。便，是习熟的意思。孔子说："人之成德，必资于友，而交友贵知所择。有益于我的朋友，有三样，有损于我的朋友，也有三样。所谓三益者，一样是心直口快、无所回护的人；一样是信实不欺、表里如一的人；一样是博古通今、多闻广记的人。与直者为友，则可以攻我之过失，而日进于善矣；与谅者为友，则可以消吾之邪妄，而日进于诚矣；与多闻为友，则可以广吾之识见，而日进于明矣，岂不有益于我乎？所以说益者三友。所谓三损者，一样是威仪习熟修饰外貌的人；一样是软熟柔媚、阿意奉承的人；一样是便佞口给、舌辩能言的人。与便僻为友，则无闻过之益，久之将日驰于浮荡矣；与善柔为友，则无长善之益，久之将日流于污下矣；与便佞为友，则无多闻之益，久之将日沦于寡陋矣，岂不有损于我乎？所以说损者三友。"人能审择所从，于益友则亲近之，于损友则斥远之，何患乎德之无成也哉？然友之为道，通乎上下，况君德成败，乃天下治忽所关，

---

① 胡广等：《论语集注大全》卷十六，见《四书大全》，《四库全书》本，台湾商务印书馆影印文渊阁本。

尤不可以不谨。故日与正人居，所闻者正言，所见者正行，亦所谓益友也：与不正人居，声色狗马之是娱，阿谀逢迎以为悦，亦所谓损友也。养德者可不辨哉？①

两相比较，后者不仅多为口语化、通俗化的表达，易于领悟和理解，而且针对性比较强，主要是围绕为君者修身治平展开。

由上可见，《论语集注大全》和《论语直解》虽同为官方纂定，同出大儒之手，但对字词大义的解读相去不远，但由于受众不同、目的不同，因此，二者的语言风格、诠释方式却存在巨大的差异。

三 义理阐发重在为君之道

由于《论语直解》是专门针对皇帝开设的经典讲义，所以其目的指向性非常明确。明太祖时，桂彦良《开经筵》云："自昔圣主贤臣治天下之大经大法，具载六经，垂训万世，不可以不讲也。讲之则理明而心正，措诸政事，无不得其当。今当大兴文教之日，宜择老成名儒于朔望视朝之际，进讲经书一篇，敷陈大义，使上下耸听，人人警省，兴起善心，深有补于治化也。"② 认为经筵直讲有补于治化。明成祖也曾告谕讲官："帝王之学，切己实用，讲说之际，一切浮泛无益之语勿用。"③ 认为针对皇帝的讲义应当切己实用。受此影响，《论语直解》的作者们旨在"通过讲读《论语》中的经文义涵，向万历帝灌注当朝所认定的圣人之教，并同时寄寓传统士人欲追复三代治世的憧憬，以希企将幼主教养成理想中如尧舜般的圣君，实现'得君行

---

① 张居正等：《张居正讲解〈论语〉》，中国华侨出版社 2009 年版，第 268 页。
② 孙旬：《皇明书抄》卷一，见刘兆祐《中国史学丛书》第二辑第一册，台湾学生书局 1986 年版，第 98 页。
③ 黄佐：《翰林记》，中华书局 1985 年版，第 121 页。

道'以'致君尧舜',终而遂其'治国平天下'的经世胸怀"①。职是之故，张居正等人在解读过程中，极力阐发为君之道。

第一，注重为君者的修身之道。为了提高为君者的自身修养，明成祖曾昭告翰林诸臣，让其多讲孝弟仁义之道："人于学问，常以先入之言为主。朕长孙天资明睿，尔等宜尽心开导，凡经史所载孝弟仁义，与夫帝王大训可以经纶天下者，日与讲说。浸渍之久，涵养之深，则德性纯而器识广，他日所资甚大，不必如儒生绎章句工文辞为能也。"② 只有从小进行这方面的道德教育，长大后才能实行仁政德治。在此思想的指导下，大臣们在解读《论语》时，也对这方面的内容比较关注。

在张居正等人看来，君主的重要性是不言而喻的："君者，下民之表率。欲化民成俗者，可不知所以自尽也哉!"③ "人君修德于上，则万姓归心，四夷向化，而天下一家，不然，则众叛亲离，不免于孤立而已。可不慎哉!"④ 因此，其一言一行关乎国之兴亡，要想成为明君是件不容易的事：

> 夫人君势分崇高，威福由己。若无难为者，殊不知君之一身，上焉天命去留所系，下焉人心向背所关。一念不谨，或贻四海之忧；一日不谨，或致无穷之患，为君岂不难乎？……人君惟不知其难，固无望于兴邦耳。诚使真知为君之难，而兢业以图之。处己，则不敢有一念之或肆；治民，则不敢有一事之或忽。由是以倡率臣工，皆务勤修职业，以共尽克艰之责。如此，将见

① 郑又荣：《张居正等辑著〈论语直解〉研究》，硕士学位论文，"国立"高雄师范大学国文学系，2007年，第71页。
② 陈治本等编：《皇明宝训》第二册《大明太宗文皇帝宝训》卷一，台湾学生书局1986年版，第599页。
③ 张居正等：《张居正讲解〈论语〉》，中国华侨出版社2009年版，第7页。
④ 同上书，第57页。

君德日以清明，政事日以修治，上而天命于是乎眷佑，下而人心于是乎爱戴，国家之兴，端可必矣。然则为君难一言，不几乎为兴邦之明训乎？吾君有志于兴邦，亦于斯言加之意而已。①

虽然为君不易，但如果人主注重修德，以身率下，则可实现笃恭而天下治：

> 孔子说："人君居万民之上，要使那不正的人都归于正，必有法制禁令以统治之。这叫作政。然使不务修德以为行政之本，则己身不正，安能正人，虽令而不从矣。所以人君为政，惟要躬行实践，以身先之。如纲常伦理，先自家体备于身，然后敷教以化导天下，纪纲法度，先自家持守于上，然后立法以整齐天下，这才是以德而为政。如此，则出治有本，感化有机。由是身不出于九重，而天下的百姓，自然心悦诚服，率从其教化。譬如北极，居天下之中，凝然不动，只见那天上许多星宿，四面旋绕，都拱向他。是人君修德于上，而恭己南面，就如北辰之居所一般，万民之观感于下，而倾心向化，就如那众星之拱极一般。"此古之帝王所以笃恭而天下平者，用此道也。图治者可不务修德以端，出治之本哉！②

可见，人主修德于上，可起到化民成俗的作用，实现天下大治的目的。

既然如此，那么人主如何来修德呢？在张居正等人看来，人主要想修德，主要手段就是要学习："人君之学，尤须广求博采，凡臣下

---

① 张居正等：《张居正讲解〈论语〉》，中国华侨出版社 2009 年版，第 206 页。
② 同上书，第 13 页。

之忠言嘉谟，古今之治乱得失，盖无非身心治理之助者，诚能以圣哲为芳规而思与之齐，狂愚为覆辙而深为戒，是谓能自得师，而德修于罔觉矣。"① 也就是说，除倾听臣下建言外，还需以既往的圣哲和先王为榜样，总结其好的做法，吸收其教训："夫见贤思齐，则日进于高明；见不贤内省，则不流于污下，此君子之所以成其德也。然是道也，通乎上下者也。人君若能以古之圣哲自期，而务踵其芳规，以古之狂愚为鉴，而毋蹈其覆辙，则为圣君不难矣。"② 在师法的过程中，要抱着谦虚的态度，积极进取："若使为人君者能以古之帝王为法，而自视以为不如，必欲仰慕思齐而后已，则其进于圣帝明王也不难矣！"③

就修德内容而言，一是从小抓起，从日常行为入手，且辅之以礼乐诗书。在诠释《学而篇》"弟子入则孝"章时，张居正等人指出："孔子教人说：'但凡为人弟为人子的，入在家庭之内，要善事父母以尽其孝；出在宗族乡党之间，要善事兄长以尽其弟。凡行一件事，必慎始慎终，而行之有常。凡说一句话，必由中达外，而发之信实。于那寻常的众人都一体爱之，不要有憎嫌忌刻之心。于那有德的仁人却更加亲厚，务资其熏陶切磋之益。这六件，是身心切要的工夫。学者须要着实用力，而不可少有一时之懈。若六事之外，尚有余力，则学夫《诗》《书》六艺之文。'盖《诗》《书》所载，皆圣贤教人为人之道，而礼、乐、射、御、书、数亦日用之不可阙者。未有余力，固不暇为此，既有余工，则又不可不博求广览，以为修德之助也。先德行而后文艺，弟子之职，当如此矣。然孔子此言，虽泛为弟子者说，要之上下皆通。古之帝王，自为世子时，而问安视膳，入学让齿，以至前后左右，莫非正人，礼乐诗书，皆有正业，亦不过孝弟、谨信、

---

① 张居正等：《张居正讲解〈论语〉》，中国华侨出版社 2009 年版，第 106 页。

② 同上书，第 54 页。

③ 同上书，第 64 页。

爱众、亲仁与夫学文之事也。至其习与性成，而元良之德具，万邦之贞，由此出矣。孔子之言，岂非万世之明训哉！"① 自幼践行纲常伦理，再加之以礼乐诗书的熏陶，从而养成良好的德行，才能成为齐家治平之才，自天子以至于庶人，皆是如此。

二是要在身心性情方面下功夫，努力做到不迁怒、不贰过。在诠释《雍也篇》"有颜回者好学，不迁怒，不贰过"章时，首先围绕经文大义借孔子之口指出："人之为学，必是潜心克己，深造有得，然后谓之能好。吾门弟子中，独有颜回者，是个好学的人。何以见得他好学？夫人意有所拂，孰能无怒，但血气用事的，一有触发，便不能禁制，固有怒于此而移于彼者。颜回也有怒时，但心里养得和平，容易消释，不曾为着一人，连他人都嗔怪了，何迁怒之有乎！夫人气质有偏，不能无过。但私欲锢蔽的，虽有过差，不知悔改，固有过于前而复于后者。颜回也有过失，但心里养得虚明，随即省悟，不曾惮于更改，致后来重复差失，何贰过之有乎！回之潜心克己如此，岂不是真能好学的人，惜其寿数有限，不幸短命而死。如今弟子中，已无此人，求其着实好学如颜回者，吾未之闻矣。岂不深可惜哉！"明确了潜心克己在涵养身心性情父母的作用。紧接着将其引申到人君上，指出了人君不迁怒、不贰过的危害和"正心"的重要性："夫颜回之在圣门，未尝以辩博多闻称，而孔子乃独称之为好学，其所谓学者，又独举其不迁怒、不贰过言之。是可见圣贤之学不在词章记诵之末，而在身心性情之间矣！然是道也，在人君尤宜深省。盖人君之怒，譬如雷霆之震，谁不畏惧，若少有迁怒，岂不滥及于无辜。人君之过譬如日月之食，谁不瞻睹，若惮于改过，岂不亏损乎大德，故惩忿窒欲之功，有不可一日而不谨者。惟能居敬穷理涵养此心，使方寸之内，如秤常平，自然轻重不差，如镜常明，自然尘垢不深，何有迁怒贰过之

---

① 张居正等：《张居正讲解〈论语〉》，中国华侨出版社 2009 年版，第 5 页。

失哉！所以说，圣学以正心为要。"①

三是要有刚强之德。在解释《公冶长篇》"枨也欲，焉得刚"章时，张居正等人首先指出："孔子之所谓刚，不但是血气强勇而已，是说人得天地之正气，而又有理义以养成之，其中磊落光明，深沉果毅，凡富贵贫贱，祸福死生，件件都动他不得。然后能剖决大疑，而无所眩惑，担当大事，而不可屈挠，此乃大丈夫之所能，而非人之所易及者，故孔子叹其难见耳。或人不知其义，止见申枨血气强勇，就以为刚。乃对孔子说：'夫子之门人如申枨者，其为人岂不刚乎？'孔子答说：'凡刚强的人，必不屈于物欲。枨也多欲，不能以理义为主，则凡世间可欲之事，皆足以动其心。其心一动，则意见必为之眩惑，志气为之屈挠矣，焉得谓之刚乎！'观孔子此言，可见有欲则无刚，惟刚则能制欲，凡学为圣贤者，不可以不勉也。"接着，将其与人君之修养搭挂起来，指出："然先儒有言，君德以刚为主。盖人君若无刚德，则见声色必喜，闻谀佞必悦，虽知其为小人，或姑息而不能去，虽知其为弊政，或因循而不能革，至于优游不断，威福下移，其害有不可胜言者，欲求致治，岂可得哉！然则寡欲养气之功，在人君当知所务矣。"② 这就是说，对于人君而言，必须做到寡欲养气，才能形成刚强之德，才能远离小人，才能做事果敢，才能达至天下大治。

第二，注重培养为君者的治国理政之道。除了挖掘《论语》中的修身之道外，对于在位的皇帝或者将来有可能登基的储君而言，"帝王大训可以经纶天下者"也是必须要讲解的主要内容。《论语直解》中所涉及治国理政思想主要包括：

一是重视察举和使用人才。要想成为好贤之明君，就必须在选人

---

① 张居正等：《张居正讲解〈论语〉》，中国华侨出版社 2009 年版，第 78—79 页。
② 同上书，第 65 页。

和用人上不唯我独尊:"若夫人主之于贤才,又当精其选于未用之先,不使匪人得枉道以求合。专其任于既用之后,不使贤者舍所学而从我。然后为真好贤之明君也。"① 为人才创造良好的生存和展现才华的空间。具体而言,如何得人和用人呢?

在张居正等人看来,要想平治天下,重在得人才:"治天下者在得人,诚君道之首务也。"② 这应该是人主首先关注的问题。那么,如何才能得才呢? 一方面,对人才不能求全责备:"若夫观人之法,则不可以概求,或全德之士可以大受,或偏长之士可以小知。随才善用,此又为治者之先务也。"③ 在他们看来:"人有一材一艺的,非无可用,然或宜于小,不宜于大。能于此,不能于彼。譬如器皿一般,虽各有用处,终是不能相通,非全才也。惟是君子的人,识见高明,涵养深邃,其体既无所不具,故其用自无所不周。大之可以任经纶匡济之业,小之可以理钱谷甲兵之事,守常达变,无往不宜,岂若器之各适于用,而不能相通者哉! 所以说君子不器。夫此不器之君子,是乃天下之全才。人君得之固当大任,至于一材一艺者,亦必因人而器使之,不可过于求备也。"④

另一方面,不要被花言巧语所蒙蔽,要努力做到远佞防奸。在他们看来:"辞气容色,皆心之符,最可以观人。那有德的人,辞色自无不正。若乃善为甘美之辞,迁就是非,便佞阿谀,而使听之者喜,这便是巧言。务为卑谄之色,柔顺侧媚,迎合人意,而使见之者悦,这便是令色。这等的人,其仁必然少矣。"⑤ 因此,为治者一定要擦亮自己的眼睛,提高警惕。要把正直之人选拔出来:"圣王在上,举

---

① 张居正等:《张居正讲解〈论语〉》,中国华侨出版社 2009 年版,第 138 页。
② 同上书,第 198 页。
③ 同上书,第 131 页。
④ 同上书,第 20 页。
⑤ 同上书,第 3 页。

用正直之士，斥远憸邪之徒，则举措当而人心服矣。"① 要摒弃奸佞之人："盖谄媚之人，阿谀逢迎，非道取悦，人情易为其所惑。奸险之人，内怀狡诈，外示恭谨，人情易为其所欺。若不识而误用之，则其流祸有不可胜言者，所以古之圣王，远佞防奸，如畏鸩毒而避蛇虺。盖为此也。"②

得人固然重要，但用人更为重要："大抵得人固难，而知人与用人尤难，虞舜、武王惟其知之明而用之当，故能成天下之治如此。若知有未真，则取舍犹有所眩惑，用之未尽，则底蕴无由以展布，何以收得人之效乎？故知人善任，尤人君治天下之本，不可不慎也。"③如果"人君以天下之大，任用得人"④，则可获得长治久安之效。"国家用一君子，则不止独得其人之利，而其成就天下之善，为利更无穷也。用一小人，则不止独被其人之害，而其败坏天下之善，为害更无穷也。人君可不审察而慎用之哉！"⑤ 张居正等人还结合《宪问篇》"仲叔圉治宾客，祝鮀治宗庙，王孙贾治军旅"章指出："夫治宾客得其人，则朝聘往来，无失礼于邻国，而不致启衅召祸矣。治宗庙得其人，则祀事精处，神人胥悦，而人心有所系属矣。治军旅得其人，则缓急有备，而敌国人敢窥矣。这三件，乃国之大事，皆择人以任之，而用之又各当其才，此所以内外咸理，而国家可保也。……夫卫灵以无道之君，得人而任之，尚可以保国，况于有道之世，得天下之贤才而善用之乎？所以说君子在朝，则天下必治，人主为社稷计者，宜知急亲贤之为务矣。"⑥

在具体的人才使用问题上，张居正等人认为，一方面，要选用才

① 张居正等：《张居正讲解〈论语〉》，中国华侨出版社 2009 年版，第 87 页。
② 同上书，第 74 页。
③ 同上书，第 128 页。
④ 同上书，第 68 页。
⑤ 同上书，第 189 页。
⑥ 同上书，第 227 页。

德兼备之人："既有其才，又有其节，信非君子不能也。然是人也，自学者言，则为君子；自国家言，则所谓社稷之臣者也。盖有才无节，则平居虽有干济之能，而一遇有事，将诡随而不能振；有节无才，则虽有所执持，而识见不远，经济无方，亦何益于国家之事哉？所以人君用人，于有才而未必有节者，则止用之以理繁治剧；于有节而未必有才者，则止用之以安常守法。至于重大艰难之任，则非才、节兼备之君子，不可以轻授也。"① 另一方面，要优容人才之小过，努力做到人尽其才："人君若以此体察群臣，优容小过，则人人得尽其用，而天下无弃才矣。"② 如果人君都能以"疾恶固不可以不严，而取善尤不可以不恕"的态度对待人才，可谓"盛德。盖凡中材之人，孰能无过，惟事出故为，怙终不悛者，虽摈斥之，亦不足惜，然或一事偶失，而大节无亏，初时有过，而终能迁改，以至迹虽可议，而情有可原，皆当舍短取长，优容爱惜，则人人乐于效用，而天下无弃才矣。虞舜宥过无大，成汤与人不求备，皆此道也，此可以为万世人君之法"③。

　　二是为国以礼。在张居正等人看来，"人君为国不可专倚着法制禁令，必须以礼让为先"。之所以如此，究其原因就在于，"盖礼以别尊卑、辨上下，固有许多仪文节目，然都是恭敬谦逊的真心生发出来。如君臣有朝廷之礼，然上不骄、下不谄，名分自然相安，这就是君臣间的礼让。父子有家庭之礼，然父慈子孝，情意自然相洽，这就是父子间的礼让，是让，乃行礼之实也。若是为人君的，能以礼让为国，或修之威仪言动之间，以示之标准，或严于名器等威之辨，以防其僭逾。凡所行的礼，都出于恭敬谦逊之实，则礼教既足以训俗，诚意又足以感人，那百官万姓们，自然都安份循理，相率而归于礼让，

---

① 张居正等：《张居正讲解〈论语〉》，中国华侨出版社 2009 年版，第 120 页。
② 同上书，第 49 页。
③ 同上书，第 73 页。

纪纲可正，而风俗可淳，其于治国何难之有？若不能以礼让为国，都只在外面粉饰，没有恭敬谦逊的真心，则出之无本，行之无实，虽有许多仪文节目，都不是制礼的初意，虽欲用礼，亦无如之何矣！礼且不可行，而欲其治国，岂不难哉！此可见为国以礼，行礼以让，先王化民成俗之道，莫要于此"[1]。只有为国以礼，才能纲纪正，风俗淳，天下治。

三是为政以德。在张居正等人看来，为人主者当有仁心："盖于取物之中，而寓爱物之意，圣人之仁如此！古之圣王网罟之目，必以四寸，田猎之法，止于三驱，皆以养其不忍之心，而使万物各得其所也。人君能举斯心以加诸民，则人人各遂其生而天下治矣。"[2] 仁心用于政，此之谓德治。德治首先表现为宽以待人："盖人君以天下为度，若专尚严急，则人无所容，而下有怨叛之心。若能宽以御众，而胸襟广大，如天地之量一般，则包涵遍覆，众庶皆仰其恩泽而莫不尊亲矣。"[3] 其次表现为要爱人："盖君者，民之父母，不能爱人，何以使众。必须视之如伤，保之如子，凡鳏寡孤独、穷苦无依的，水旱灾伤、饥寒失所的，都加意周恤，使皆得遂其生，则人心爱戴，而仰上如父母矣。"[4] 最后表现为使民以时："盖国家有造作营建，兴师动众的事，固不免于使民，然使之不以其时，则妨民之业，而竭民之力矣。必待那农事已毕之后，才役使他，不误他的耕种，不碍他的收成，则务本之民，皆得以尽力于田亩，而五谷不可胜食矣。"[5]

四是为政以敬。所谓为政以敬，就是要求人君要勤于政事。在张居正等人看来，作为人君，不可一时怠缓，只有时时孜孜汲汲，才能建功立业："人君总理万机，一或怠缓，则易以废事，惟能励精图治，

---

① 张居正等：《张居正讲解〈论语〉》，中国华侨出版社 2009 年版，第 51—52 页。
② 同上书，第 109 页。
③ 同上书，第 320 页。
④ 同上书，第 4 页。
⑤ 同上。

而孜孜汲汲，宵旰常若不遑，则纪纲法度件件修举，而事功于是乎有成矣。"① "盖人君日有万几，一念不敬，或贻四海之忧，一时不敬，或致千百年之患。必须兢兢业业，事无大小，皆极其敬慎，不敢有怠忽之心，则所处皆当，而自无有于败事矣。"②

五是为政以信。在张居正等人看来，诚信是人君重要的品格："盖信者，人君之大宝。"③ "信之一字，尤为人君之大宝。"④ 何出此言？曰："盖必有爱民之真心，而后有教养之实政，自然国富兵强，民心团结而不可解矣，此信所以为人君之大宝也。"⑤ 信在国家治理中居于重要的位置："民无信，则相欺相诈，无所不至，形虽人而质不异于禽兽，无以自立于天地之间，不若死之为安。故为政者，宁死而不可失信于民，则民亦宁死而不失信于我矣"⑥，所以说"善为国者，不欺其民"⑦，"为治者，必使政教号令之出，皆信如四时，无或朝更而夕改，然后民信从，而天下治也"⑧。"若赏罚不信，则人不服从，号令不信，则人难遵守。必须诚实不贰，凡一言一动都要内外相孚，始终一致，而足以取信于人，则人皆用情，而自不至于欺罔矣。"⑨

六是为政以节。张居正等人认为，为政贵在节俭，"能节，则薄取自见其有余；不节，则厚敛且不见其不足矣"，因此"孔子节用爱人一言"，实为"治天下者之龟鉴"。⑩ 究其原因就在于，只有量入为出，才能确保国库充盈："盖天地生财止有此数，用若不节，岂能常

① 张居正等：《张居正讲解〈论语〉》，中国华侨出版社 2009 年版，第 321 页。
② 同上书，第 4 页。
③ 同上。
④ 同上书，第 25 页。
⑤ 同上书，第 184 页。
⑥ 同上。
⑦ 同上。
⑧ 同上书，第 25 页。
⑨ 同上书，第 4 页。
⑩ 同上书，第 186 页。

盈。必须量入为出，加意撙节。凡奢侈的用度，冗滥的廪禄，不急的兴作，无名的赏赐都裁省了。只是用其所当用，则财常有余，而不至于匮乏矣。"① 往圣先王皆崇尚俭德："帝尧茅茨土阶、大禹恶衣菲食而万世称圣，汉之文帝、宋之仁宗皆以恭俭化民，号为贤主。"② "孔子之称赞大禹，固以其丰、俭适宜，其实还重在俭德上。"③ 在他们看来，奢侈伤风败俗，"盖奢而不孙，则越礼犯分，将至于乱国家之纪纲，坏天下之风俗，为害甚大"④，"骄奢纵欲，横征暴敛，以败坏国家者，往往有之"⑤。因此，"去奢崇俭乃帝王为治之先务，有国家者所当深念也"⑥，"人君富有四海，其势又得以自遂其欲。故致孝鬼神可能也，菲饮食不可能也；致美黻冕可能也，恶衣服不可能也；尽力沟洫可能也，卑宫室不可能也。《书》称禹克勤于邦，克俭于家，盖必俭而后能勤。若一有奉身之念，则虽以天下奉一人而犹恐不足，又焉能勤民而致力于神哉？欲法大禹者，尤当师其俭德可也"⑦。

由上可见，作为专供万历帝经筵日讲的注释著作，《论语直解》独具特色，"是书为万历初进讲所作，时神宗幼冲，故译以常言，先释字词，后言大义，惟不涉考据，取其易解"⑧。因此，它具有说解明白通畅、义理精当的特点，明顾宗孟撰《重订四书直解序》曾评价说："尝观世之说书者，何啻数十百家？……迨未有家为敦彝、户为俎豆，历岁长远，而枣梨之灵愈以不替如江陵张文忠公之《四书直解》者矣。……如于四子之言，字栉句比，大关先圣之精神，弘开诸

---

① 张居正等：《张居正讲解〈论语〉》，中国华侨出版社2009年版，第4页。
② 同上书，第114页。
③ 同上书，第129页。
④ 同上书，第114页。
⑤ 同上。
⑥ 同上。
⑦ 同上书，第129页。
⑧ 王鹏凯等：《论语直解提要》，载"国立编译馆"《新集四书注解群书提要附古今四书总目》上册，台北华泰文化事业公司印行2000年版，第676页。

儒之面目，至每章收束，尤谆谆于圣学、圣政齐治均平之旨。……故先辈谓是书也，上可以告君父，下可以诲臣民，精可以资讲席之披寻，粗可以助黄童之诵阅。……且谨告经生家，欲名书义，且勿以异说纷乱其心神，惟先以《直解》启豁聋聩，随以众解剖析精微，则据地尊立言当，而圣天子尊经守传之功令，亦可不烦申敕矣。"① 清王柏心撰《拟恭进〈四书直解〉〈帝鉴图说〉表》也指出："臣闻六经赅至道，而折衷归四子之书；廿史罗旧闻，而得失炳千秋之鉴，宜敷陈于讲幄，咸进御于经筵。顾传注过深，难资启沃……谨按前明万历时，大学士张居正辑有《四书直解》……一则罕譬而喻，疏畅易通，以浅显之辞，发高深之理……在今时实为纳约于幼君，在当日尤足辅成乎上圣。"②

该书发行后，对于蒙养教育和举业产生了一定的影响，明高兆麟指出："江陵相公《四书直解》，神庙初年进讲后梓行海内，后生小子谁不持诵，人第知为蒙养不可少之书，不知为举业家吃紧之书也。显明直截，义理昭然，于'直解'二字之义，极其切当，上关圣学，下益举子，意甚深远。"③ 它还成了后世讲章的法式，清康熙帝就曾多次提及该书，谕示讲官要以此为范本："讲章词取达意，以简要明白为尚。如本文敷衍太多，则断章未免重复。在本文贵了彻圣贤意旨，归于简当，而断章发挥数语，阐明理道，务去陈言。朕阅张居正《尚书四书直解》，篇末俱无支辞。今后所撰《诗经讲义》亦须要言不烦，期于尽善。"④ "讲章以精切明晰为尚，毋取繁衍。朕阅张居正

① 陈梦雷：《古今图书集成·理学汇编·经典卷》第 293 卷《四书部汇考二》，台北鼎文书局 1977 年版，第 2840 页。

② 张居正：《张文忠公全集》附录二，台湾商务印书馆 1968 年版，第 839—840 页。

③ 陈生玺等：《张居正讲评资治通鉴皇家读本》，上海古籍出版社 1999 年版，第 1578 页。

④ 中国第一历史档案馆整理：《康熙起居注》，中华书局 1984 年版，第 1175 页。

《尚书四书直解》，义俱精实，无泛设之词，可为法也。"①

　　该书在《论语》学史和朱学发展史上占有重要的历史地位，清儒徐乾学曾称美斯编："字栉句比，明白晓畅。盖朱《注》以翼《四书》，《直解》又所以翼《注》，而朱《注》之义益彰明较著于天下。故是书之为功于后世固甚宏……则《四书集注直解》之刻，断断乎不可以已也。"② 与此同时，它还在中学西传过程中扮演过重要的角色，有学者指出，《四书直解》是明末耶稣会传教士将《论语》译入欧洲之重要资藉，其后的西方学人因"多选用耶稣会士的拉丁文《论语》译本，便间接地受《四书直解》的影响"③。

第二节　蕅益的《论语点睛》

　　蕅益（1599—1655），明朝僧人，名智旭，别号八不道人，俗姓钟，俗名际明，江苏吴县木渎镇人。少好儒学，誓灭释老，作《辟佛论》数十篇。及至十七岁，偶阅袾宏的《自知录》和《竹窗随笔》，才知佛法高妙，再也不敢谤佛，且将《辟佛论》付之一炬。由于他博通儒佛，于佛教各门派亦多有涉猎，故一生著述甚丰，计有《佛说阿弥陀佛经要解》《楞伽经义疏》《周易禅解》《四书蕅益解》等。其中《四书蕅益解》包括《论语点睛》《中庸直指》《大学直指》和《孟子择乳》四种著作。兹以《论语点睛》为例，管窥蕅益大师对儒家

---

① "国史馆清史稿校注编纂小组"编纂：《清史稿校注》卷七《本纪七》，台北国史馆1986年版，第202页。

② 张居正、顾宗孟：《四书集注阐微直解》，《四库未收书辑刊》第2辑，北京出版社2000年版，第178—180页。

③ 傅熊：《阅读〈论语〉札记——从〈论语〉看诠释系谱诸问题》，"国立政治大学"文学院编《"孔子与二十一世纪"国际学术研讨会论文集》，台北"国立政治大学"2001年版，第154—155页。

经典的佛学化解读。

一 佛化孔子

孔子在中国古代社会与文化中具有特殊的地位，被尊奉为"大成至圣先师文宣王"。自从汉武帝采用董仲舒建议，定儒家为一尊以后，孔子便成为思想文化界的偶像。随着时代的发展，孔子的形象也与时进化，不断变换着面目，"寖假而孔子变为董江郎、何邵公矣，寖假而孔子变为马季长、郑康成矣，寖假而孔子变为程伊川、朱晦庵矣"①。不过，在蕅益之前，孔子形象无论怎样演化变迁，都没有离开此岸的人文世界，但经蕅益对《论语》的重新解读，孔子寖假而为佛教教主。

第一，孔子传有出世心法。蕅益之所以取名《论语点睛》，究其原因就在于他欲借儒家这部经典阐发出世思想，其《四书蕅益解序》说："解《论语》者曰'点睛'，开出世光明也。"②为此，他撇开了宋明理学家所确立的道统和"人心惟危，道心惟微；惟精惟一，允执厥中"十六字心传，指出："曾子只是世间学问，不曾传得孔子出世心法。"③在他看来，孔子这一心法，承传者只有颜子，曾子和子思未能入此道脉。这在《论语》诠释中多有表现：

> 《先进篇》：季康子问："弟子孰为好学?"孔子对曰："有颜回者好学，不幸短命死矣! 今也则亡。"
>
> 蕅益大师解曰："说了又说，深显曾子、子思不能传得出世道脉。"④

① 梁启超：《梁启超论清学史二种》，复旦大学出版社 1985 年版，第 71 页。
② 蕅益大师：《四书蕅益解》，中国水利水电出版社 2012 年版，第 2 页。
③ 同上书，第 96 页。
④ 同上书，第 110 页。

《先进篇》：颜渊死，子哭之恸。从者曰："子恸矣。"曰："有恸乎？非夫人之为恸而谁为？"

蕅益大师解曰："朝闻夕死，夫复何憾？只是借此以显道脉失传，杜后儒之冒认源流耳。若作孔子真如此哭，则呆矣。"①

《里仁篇》：子曰："参乎！吾道一以贯之。"曾子曰："唯。"子出。门人问曰："何谓也？"曾子曰："夫子之道，忠恕而已矣。"

蕅益大师解曰："此切示下手工夫，不是印证，正是指点初心，须向一门深入耳。忠恕真实贯得去，亦是有个省处，乃能如此答话。然不可便作传道看。颜子既没，孔子之道的无正传。否则两叹'今也则亡'，岂是诳语？"②

既然如此，那么这一未能传世的出世心法的内容到底包括哪些方面呢？在蕅益大师看来，一是自讼。他在诠释《公冶长篇》"子曰：'已矣乎！吾未见能见其过而内自讼者也'"章时指出："千古同慨。盖自讼，正是圣贤心学真血脉。"③能成圣人的，就是因为他能够自责，能够改过。二是无怒无过。他在诠释《雍也篇》"哀公问：'弟子孰为好学？'孔子对曰：'有颜回者好学，不迁怒，不贰过。不幸短命死矣！今也则亡，未闻好学者也'"章时指出："无怒无过，本觉之体；不迁不贰，始觉之功。此方是真正好学。曾子以下，的确不能通此血脉；孔子之道，的确不曾传与他人。有所断故，名为'不迁''不贰'。若到无所断时，则全合无怒无过之本体矣。孔子、颜渊皆居学地，人那得知？"强调个人的心性修养。民国时期的江谦在补注这段文字时引申说："孔子称颜渊好学，即在不迁怒、不贰过。颜渊死

---

① 蕅益大师：《四书蕅益解》，中国水利水电出版社 2012 年版，第 111 页。
② 同上书，第 73 页。
③ 同上书，第 80 页。

而叹曰：'今也则亡。'可知博极群书，身兼众艺，而不免于迁怒屡过者，不得谓之好学也。孔门正学，止是从心性入门，从修身致力，从过勿惮改起行。颜渊短命，是天下众生之不幸，不专谓颜子也。"①江氏《补注》中所指出的"孔门正学，止是从心性入门，从修身致力"着手，正可做蕅益大师此段注文的注脚。三是心不违仁。在诠释"回也，其心三月不违仁，其余则日月至焉而已矣"章时，蕅益大师指出："三月者，如佛家九旬办道之期。'其心''其余'，皆指颜子而说。只因心'不违仁'，得法源本，则其余枝叶，日新月盛，德业并进矣。"② 做到心不违仁，则可以德业并进。

第二，孔子会打禅机。打禅机，是禅宗接引学人的一种方法。禅宗和尚在讲授佛法时，常用含有精义要诀的言辞、动作或事物来暗示教义，使人触机领悟，这种精义要诀称为"禅机"。在蕅益大师看来，孔子也是会打禅机的高手。在诠释《公冶长篇》"子谓子贡曰：'女与回也孰愈？'对曰：'赐也何敢望回。回也闻一以知十，赐也闻一以知二。'子曰：'弗如也！吾与女弗如也'"章时，蕅益大师解曰："子贡之'亿则屡中'是病，颜子之'不违如愚'是药，故以药病对拈，非以胜负相形也。子贡一向落在闻见知解窠臼，却谓颜子'闻一知十'，虽极赞颜子，不知反是谤颜子矣。故夫子直以'弗如'二字贬之。盖凡知见愈多，则其去道愈远。幸而子贡只是知二，若使知三知四，乃至知十，则更不可救药。故彼自谓弗如之处，正是可与之处。如此点示，大有禅门杀活全机。惜当机之未悟，恨后儒之谬解也！"③ 孔子仅用"弗如"二字点示子贡，希望他能触机领悟，及时改正自身存在的不足。蕅益大师进而指出，孔子有时也针对弟子的不切实际的想法突发机锋语，让其在自我省悟中悟道。如《雍也篇》宰

---

① 蕅益大师：《四书蕅益解》，中国水利水电出版社 2012 年版，第 81 页。
② 同上书，第 82 页。
③ 同上书，第 77 页。

我问曰："仁者，虽告之曰'井有仁焉'，其从之也？"子曰："何为其然也？君子可逝也，不可陷也；可欺也，不可罔也。"他解释说："此问大似禅机。盖谓君子既依于仁，设使仁在井中，亦从而依之乎？夫子直以正理答之，不是口头三昧可比。陈旻昭曰：'宰我此问，深得夫子之心。盖在夫子，设使见人坠井，决能跳下井中救出。但此非圣人不能，不可传继。故夫子直以可继可传之道答之。如大舜方可浚井，以听父母之掩，彼有出路故也。若寻常孝子，小杖则受，大杖则走矣。'"①孔子通过禅机之语告诫学生，不要一味地丧失原则，一味地以仁爱之心去对人对事，而是提倡根据实际情况选择最正确的方式。

　　第三，孔子具有法眼与道眼。所谓法眼，就是菩萨之眼，能够清楚地见到一切法妙有的道理，为五眼之一。在蕅益大师看来，孔子就是具有法眼的人。《里仁篇》孔子有言"人之过也，各于其党。观过，斯知仁矣"，蕅益解释这一章说："此法眼也亦慈心也。世人但于仁中求过耳，孰肯于过中求仁哉？然惟过可以观仁，小人有过则必文之，仁人有过必不自掩，故也。"②孔子能从过中求仁的妙有之理，独具慧眼。蕅益认为，孔子还能看到人内心深处的活动。在解读"回也，其心三月不违仁"章时，蕅益指出："颜渊心'不违仁'，孔子向何处知之？岂非法眼、他心智耶？"③如果孔子没有法眼，则无法得知颜渊心不违仁的妙有之理。所谓道眼，即能见正道之眼。《楞严经》卷一说："发妙明心，开我道眼。"在蕅益大师看来，孔子也是一个具有道眼的人。《为政篇》有孔子所言"吾与回言终日，不违如愚。退而省其私，亦足以发。回也不愚"一章，蕅益解曰："私者，人所不见之地，即慎独'独'字。惟孔子具他心道眼，能于言语动静

①　蕅益大师：《四书蕅益解》，中国水利水电出版社2012年版，第85页。
②　同上书，第71—72页。
③　同上书，第82页。

之际，窥见其私，故曰'回也其心三月不违仁'。退，非颜子辞退，乃孔子退而求之于接见问答之表耳。"① 颜渊无论是在何时何地都能做到慎独，做到起心动念不违背孔子之道，但孔子作为圣人，具有道眼，能与他人之心相通，能够知道他人的起心动念，能够从人的言语动静的表象里看出他的所思所想。

如此一来，蕅益大师便把为"开出世光明"需要的东西，通过对《论语》的重新解读，把佛教需要的东西贴上孔圣人的标签，把孔子说成是佛教教主。于是原先"弘我王化"的孔圣人，就成为佛的化身。单从孔子形象的嬗变史来看，蕅益大师的孔子观在当时无疑具有划时代的意义。

二 援引佛教学说解读《论语》

自汉代独尊儒术之后，儒学逐渐形成了与封建专制主义相适应的经学方法。封建统治者把孔孟之道奉为神圣不可侵犯的教条，将《论语》等儒家著作视为经典，认为它们"考诸三五而不谬，建诸天地而不悖，质诸鬼神而无疑，万世以俟圣人而不惑"（《中庸》），所有真理都已被圣人记载在经典之中了，后来者只需通过对这些经典的训解、诠释、发挥，就可以实现儒学的不断发展与更新。可以说，一部儒学思想发展史，就是一部儒家经典的诠释史。历代处于不同历史情境之中的学者在对经典进行训释、解说时，往往将自己的生命体验、理论思考、对时代问题的回应、社会政治见解融入其中。虽然也时有心得，不乏创见，但终因这些作为是在范式框架内进行的，是以不对现有范式的基本预设加以质疑考问为前提的，因此总让人感觉到有一种孙悟空跳不出如来佛手掌心的意味。及至明末，学通儒释、淹贯古今的蕅益大师，却突破了旧有范式的藩篱，通过援佛入儒，创造性阐

① 蕅益大师：《四书蕅益解》，中国水利水电出版社2012年版，第62页。

释《论语》，使"论语学"进入了一个新的发展阶段。

第一，对"仁"的佛性论解读。仁是《论语》的核心概念之一，共出现109次，是孔子思想的核心和宗旨。因此，历来注释《论语》者都对"仁"多有关注，只不过前贤多从儒学的角度来解读，而蕅益大师则从佛学的角度来解读。在蕅益大师看来，儒家的"仁"就是"性体"①，由此一来，德性的"仁"便具有了形而上的意义。他进而指出："仁体即是本来至极之体，犹所云'念佛心'即是佛也。"②仁的本体，即是本来至极之体，是指人之本性。在解读《颜渊篇》"颜渊问仁"章时，蕅益大师对此作了详细的说明：

> 克，能也。能自己复礼，即名为仁。一见仁体，则天下当下消归仁体，别无仁外之天下可得。犹云"十方虚空，悉皆消殒，尽大地是个自己"也，故曰"由己"。由己，正即克己。"己"字，不作两解。夫子此语，分明将仁体和盘托出，单被上根。所以颜子顿开妙悟，只求一个入华屋之方便，故云"请问其目"。"目"者眼目，譬如画龙须点睛耳。所以夫子直示下手工夫，正所谓"流转生死，安乐涅槃，惟汝六根，更非他物"。视听言动，即六根之用，即是自己之事。非教汝不视、不听、不言、不动，只要拣去非礼，便即是礼。礼复，则仁体全矣。古云："但有去翳法，别无与明法。"《经》云："知见立知，即无明本；知见无见，斯即涅槃。"立知即是非礼，今勿视、勿听、勿言、勿动，即是知见无见也。此事人人本具，的确不由别人，只贵直下承当，有何利钝可论？故曰"回虽不敏，请事斯语"。从此三月不

---

① 蕅益大师：《四书蕅益解》，中国水利水电出版社2012年版，第70页。
② 同上书，第93页。

速，进而未止，方名好学。岂曾子、子思所能及哉？①

孔子此语，直指人心，将仁心之体和盘托出。这里所说的"仁体"，就是"本觉之体"，也就是如来藏真如自性。此一如来藏性，本自具足一切万法，故克己复礼也只是复此本自具足的真如本性而已；要作工夫，需从心上入手，在他看来，"仁是心上工夫，若向言色处下手，则愈似而愈非"②。因此，应从视听言动下手，从"非礼"处而"勿视勿听勿言勿动"，"只要拣去非礼，便即是礼。礼复，则仁体全矣"，这一下手工夫"人人本具"，无须别人教诲，只要肯于担当就是了。

第二，对"学"的工夫论解读。"学"在《论语》中出现 64 次，由此可见孔子对"学"的重视。先贤对"学"的解释一方面集中在学习知识的活动，另一方面集中在进德路径层面。蕅益大师是从第二个方面入手的，并作了进一步的引申和发挥，将"学"解读为发明本心、觉悟成佛的工夫论活动。《学而篇》首章就谈到了"学"："学而时习之，不亦说乎？有朋自远方来，不亦乐乎？人不知而不愠，不亦君子乎？"蕅益大师解曰："此章以'学'字为宗主，以'时习'二字为旨趣，以'说'字为血脉。'朋来'及'人不知'，皆是'时习'之时；'乐'及'不愠'皆是'说'之血脉无间断处。盖人人本有灵觉之性，本无物累，本无不说，由其迷此本体，生出许多恐惧忧患。今'学'即是始觉之智，念念觉，于本觉无不觉时，故名'时习'。无时不觉，斯无时不说矣！此觉原是人所同然，故朋来而乐；此觉原无人我对待，故不知不愠。夫能历朋来，人不知之时而无不习、无不说者，斯为君子之学！若以知不知二其心，岂孔子之所谓学

---

① 蕅益大师：《四书蕅益解》，中国水利水电出版社 2012 年版，第 115 页。
② 同上书，第 54 页。

哉?"① 学就是恢复被外物所累、带有许多恐惧忧患的灵觉之性,此灵性原本人人皆有,但有些被外物遮蔽了,迷失了自己的本体,需要不断觉悟,才能逐渐恢复。

在解读《为政篇》"吾十有五而志于学,三十而立,四十而不惑,五十而知天命,六十而耳顺,七十而从心所欲,不逾矩"章时,他进而指出:"只一'学'字到底。'学'者,觉也。念念背尘合觉,谓之'志'。觉不被迷情所动,谓之'立'。觉能破微细疑网,谓之'不惑'。觉能透真妄关头,谓之'知天命'。觉六根皆如来藏,谓之'耳顺'。觉六识皆如来藏,谓之'从心所欲不逾矩'。此是得心自在。若欲得法自在,须至八十九十始可几之。故云:'若圣与仁,则吾岂敢?'此孔子之真语实语,若作谦词解释,冤却大圣一生苦心。"② 这里,蕅益大师以"觉"训"学",在他看来,学就是不断觉悟。想着摆脱尘世的烦恼,恢复自身本有的觉性,就是"志"。本觉之性不为自私自利、名闻利养、五欲六尘、贪瞋痴慢所迷惑,这就是"立"。再进一步,本觉之性能够破掉像网一样把人笼住的疑心,达至"不惑"。再进一步,突破真妄关头,能返妄归真,见得本觉之性,这是"知天命"。眼耳鼻舌身意六根能通达如来藏性(即自性),这就是"耳顺"。眼识耳识鼻识舌识身识意识六识皆真妄不二,全妄即真,此时即"从心所欲不逾矩",得心自在。及至完全到了无心,断掉了一切妄想,不起心不动念,真正能够随众生心,应所知量,就达到了法自在的境界。可见学就是一个始觉合本觉的一个过程。这一过程主要靠自己,"始觉之功,有进无退,名为'学固'。倘自待稍轻,便不能念念兢业惕厉而暂觉还迷矣"③。

第三,用"心外无境"的境界论思想解读《论语》。唯识宗主张

---

① 蕅益大师:《四书蕅益解》,中国水利水电出版社 2012 年版,第 53 页。
② 同上书,第 60 页。
③ 同上书,第 55 页。

三界唯心，心外无境。被其列为"五经十一论"重心的《楞伽经》
说："大慧菩萨摩诃萨而为上首。一切诸佛手灌其顶，自心现境界，
善解其义。"即是说大慧菩萨坐于众人之首，诸佛如来以手给他灌顶，
授予成佛之标记，大慧菩萨当即心地通明，从自心显现出善恶、生死
等境界。《楞伽经》还说："一切法如幻，远离于心识"意为一切诸
法犹如梦幻，生灭无常，这一切都是由心而起，离了心意识，便一无
所有了。此即唯识宗"心外无境"的境界理论。在《论语》解读中，
蕅益大师将这一理论进行了引申和发挥。《颜渊篇》有"爱之欲其
生，恶之欲其死，既欲其生，又欲其死，是惑也"一章，他解曰：
"四个'其'字，正显所爱所恶之境，皆自心所变现耳，同是自心所
现之境，而爱欲其生，恶欲其死。所谓'自心取自心，非幻成幻法'
也，非惑而何？"[①] 在诠释中揭示了"自心显现出善恶"的思想，证
成了"境由心生"的理念。不唯如此，他还警告学者切不可离境谈
心，以免堕于空谈而不自知。这一思想充分体现在他对"贤哉回也！
一箪食，一瓢饮，在陋巷，人不堪其忧，回也不改其乐，贤哉回也"
一章的诠释中，他说："乐不在箪瓢陋巷，亦不离箪瓢陋巷。箪瓢陋
巷，就是他真乐处。惟仁者可久处约。约处，就是安处利处。若云箪
瓢陋巷非可乐，则离境谈心，何啻万里？"[②] 在蕅益大师眼里，境界
的最高层次应是心境合一，他说："乐在其中，则心境一如。"[③] 要想
达到这一境界，一是要做到"随境炼心，不发不观"[④]；二是要做到
"不于妄境生妄惑"[⑤]；三是修己达到极处。他说："尽十方世界是个
自己，竖穷横遍，其体其量其具，皆悉不可思议。人与百姓，不过自
己心中所现一毛头许境界耳。子路只因不达自己，所以连用两个'如

① 蕅益大师：《四书蕅益解》，中国水利水电出版社 2012 年版，第 118 页。
② 同上书，第 82 页。
③ 同上书，第 90 页。
④ 同上书，第 97 页。
⑤ 同上书，第 99 页。

斯而已乎',孔子见得'己'字透彻,所以说到'尧舜犹病'非病不能安百姓也,只病修己未到极则处耳!"① 修身达到"人与百姓"只是"自己心中所现一毛头许境界",就算达到了极致。

第四,用"死生一致"的生死观解读《论语》。《大佛顶首楞严经》说:"始终相成,生灭相继,生死死生,生生死死,如旋火轮,未有休息。"这段文字成分阐明了佛教的"死生一致"的思想。这一思想也被蕅益大师运用到了《论语》的阐释中。他在解读《里仁篇》"朝闻道,夕死可矣"章时指出:"不闻道者如何死得?若知死不可免,如何不急求闻道?若知朝闻可以夕死,便知道是竖穷横遍,不是死了便断灭的。"② 死了也不会断灭,可以轮回。在他看来,"杀身不是死"③,死生是一致的,他说:"孔子云:'朝闻道,夕死可矣。'便是死而不已。又云:'未知生,焉知死?'便是死生一致。"④ 不能把死生分开来看,在诠释"季路问事鬼神"章时,他进一步解释说:"季路看得死生是两橛,所以认定人鬼亦是两事。孔子了知十法界不出一心,生死那有二致?正是深答子路处。"⑤ 可见,死生之所以一致,关键在于"十法界不出一心",也就是说上自佛法界下至地狱法界,皆为吾人一心所作所具,是故其平等,无有差别。

在蕅益大师竭力用佛教学说阐释《论语》的过程中,免不了有许多生搬硬套、牵强附会的地方。这一创造性的做法虽然从训诂学上讲问题良多,但他所关心的并不是注解的文字训诂依据,而是如何通过对《论语》的注解实现阐发佛家教理的目的,从而挽救"因明末丛林衰颓,僧众不事修行,佛门心光暗淡"⑥ 的现状,为佛教开辟属于

---

① 蕅益大师:《四书蕅益解》,中国水利水电出版社 2012 年版,第 133 页。
② 同上书,第 72 页。
③ 同上书,第 139 页。
④ 同上书,第 96 页。
⑤ 同上书,第 111 页。
⑥ 洪燕妮:《德清与智旭对〈中庸〉的诠释》,《世界宗教研究》2012 年第 4 期。

自身的发展空间。从这一意义上来说，蕅益大师的努力还是有相当价值的。该书也因之成为援佛释《论》的代表作。对此，民国时期僧人印光大师曾说：明末蕅益大师，"念儒宗上焉者，取佛法以自益，终难究竟贯通。下焉者习词章以自足，多造谤法恶业；中心痛伤，欲为救援，因取《四书》《周易》以佛法释之。解《论语》《孟子》则略示大义，解《中庸》《大学》，则直指心源。盖以秉法华开权显实之义，以圆顿教理，释治世语言。俾灵山泗水之心法，彻底显露，了无余蕴。其取佛法以自益者，即得究竟实益，即专习词章之流，由兹知佛法广大，不易测度，亦当顿息邪见，渐生正信，知格除物欲，自能明其明德，由是而力求之，当直接孔颜心传，其利益岂能让宋元明清诸儒独得也已？"① 其后的江谦也评论曰："孔子没而微言绝，七十子丧而大义乖，其信然乎？汉儒明于训诂典章，宋儒明于世法义理，皆各有功后来，而于圣言之量未尽也。明蕅益大师以佛知见为《四书解》，而佛儒始通，微言始显。真解也，亦圆解也。……蕅师此解，开出世光明者也，而不离世间法，使人了知本来佛性，深信因果轮回，敦伦而尽分，畏恶而迁善，涤染而修净，佛教昌而儒教益显。非但天下大治所由始，而亦作佛菩萨圣贤自度度他，俾久塞得通、久苦得乐之津梁也。人身难得，佛法难闻，闻世间超世间不二之法尤难。学者其敬受之哉！"②

第三节　林兆恩的《论语正义》

林兆恩（1517—1598），福建省兴化府莆田县赤柱（今城厢区英

---

①　印光大师：《〈四书蕅益解〉重刻序》，见蕅益大师《四书蕅益解》，中国水利水电出版社2012年版，第4页。

②　江谦：《〈论语点睛〉补注序》，见蕅益大师《四书蕅益解》，中国水利水电出版社2012年版，第52页。

龙街赤柱巷）人，字懋勋，别号龙江、三纲主人、常明先生，道号子谷子、心隐子、混虚氏、无始氏等，门徒尊称其为三教先生、三一教主、夏午尼氏道统中一三教度世大宗师等。他幼承庭训，醉心科举；屡试不中后，遂弃科举，创儒、道、释"三教归一"学说。著有《林子全集》《林子三教正宗统论》等。其中包含有《论语正义》上下卷，兹以此为据，探究林兆恩诠释《论语》的特色。

一　超越常规的解经方式

就一般的经书解释而言，大都遵循篇章次序，先列经文，而后予以分章析句、字词解释、义理阐发等。及至明末，受"王学"影响，"自由发挥的解经态度"成为经典解释的特质之一。① 林兆恩的《论语正义》，其解经体例别出心裁，不落俗套，呈现出了自己的特色。

第一，摘取重点词句予以标注。林氏《论语正义》打破常规注释方式，不分篇章，不解释全句，只选取其中在他看来重要的词句予以解释。这也可以从该书的原名中得窥一二，《论语正义》又名《论语标摘正义》，其中的"标摘"二字就表明了此书绝非全文皆注，而是有选择地去注解。为了更方便展示林氏解经特色，兹列表如下：

序号	论语正义	《论语》原文	篇目
1	学而时习之	学而时习之	学而篇首章
2	不亦说乎	不亦说乎	
3	不亦乐乎	不亦乐乎	
4	孝弟为仁之本	孝弟也者，其为仁之本与	学而篇第二章
5	巧言令色鲜矣仁	巧言令色鲜矣仁	学而篇第三章
6	贤贤易色	贤贤易色	学而篇第七章

---

① 吴伯曜：《林兆恩〈四书正义〉研究》，硕士学位论文，台湾"国立"彰化师范大学国文教育研究所，第40页。

续表

序号	论语正义	《论语》原文	篇目
7	礼之用	礼之用	学而篇第十二章
8	贫而乐，富而好礼	未若贫而乐，富而好礼者也	学而篇第十五章
9	为政以德，譬如北辰	为政以德，譬如北辰	为政篇首章
10	三十而立	三十而立	为政篇第四章
11	温故而知新，可以为师矣	温故而知新，可以为师矣	为政篇第十一章
12	君子不器	君子不器	为政篇第十二章
13	知行	先行其言而后从之	为政篇第十三章
14	异端	攻乎异端	为政篇第十六章
15	人而不仁，如礼何	人而不仁，如礼何	八佾篇第三章
16	君子无所争	君子无所争	八佾篇第七章
17	禘说	或问禘之说	八佾篇第十一章
18	安仁	仁者安仁	里仁篇第二章
19	君子无终食之间违仁	君子无终食之间违仁	里仁篇第五章
20	我未见力不足者	我未见力不足者	里仁篇第六章
21	朝闻道	朝闻道	里仁篇第八章
22	君子怀刑，小人怀惠	君子怀刑，小人怀惠	里仁篇第十一章
23	吾道一以贯之	吾道一以贯之	里仁篇第十五章
24	曾子曰"唯"	曾子曰"唯"	
25	忠恕	忠恕而已矣	
26	子使漆雕开仕	子使漆雕开仕	公冶长篇第五章
27	吾未见刚者	吾未见刚者	公冶长篇第十章
28	性与天道，不可得而闻	夫子之言性与天道，不可得而闻也	公冶长篇第十二章
29	未知	未知	公冶长篇第十八章
30	愿闻子之志	愿闻子之志	公冶长篇第二十五章
31	雍也可使南面	雍也可使南面	雍也篇首章
32	有颜回者好学	有颜回者好学	雍也篇第二章
33	与尔邻里乡党	以与尔邻里乡党乎	雍也篇第三章
34	回也其心三月不违仁	回也其心三月不违仁	雍也篇第五章
35	求也艺	求也艺	雍也篇第六章
36	女为君子儒无为小人儒	女为君子儒无为小人儒	雍也篇第十一章
37	行不由径	行不由径	雍也篇第十二章
38	人之生也直	人之生也直	雍也篇第十七章

续表

序号	论语正义	《论语》原文	篇目
39	中人以上	中人以上	雍也篇第十九章
40	仁者寿	仁者寿	雍也篇第二十一章
41	君子可逝也	君子可逝也	雍也篇第二十四章
42	博学	君子博学于文	雍也篇第二十五章
43	约之以礼	约之以礼	
44	子见南子	子见南子	雍也篇第二十六章
45	何事于仁	何事于仁	雍也篇第二十八章
46	述作	述而不作	述而篇首章
47	窃比于我老彭	窃比于我老彭	
48	默而识之识悉音	默而识之	述而篇第二章
49	德之不修	德之不修	述而篇第三章
50	申申如也	申申如也	述而篇第四章
51	志于道	志于道	述而篇第六章
52	自行束修	自行束修以上	述而篇第七章
53	伯夷叔齐何人也	伯夷叔齐何人也	述而篇第十四章
54	乐在其中	乐亦在其中矣	述而篇第十五章
55	学易	五十以学易	述而篇第十六章
56	愤悱	不愤不启，不悱不发	述而篇第八章
57	发愤忘食	发愤忘食	述而篇第十八章
58	生而知之	我非生而知之者	述而篇第十九章
59	子不语怪	子不语怪力乱神	述而篇第二十章
60	二三子以我为隐乎	二三子以我为隐乎	述而篇第二十三章
61	知之次也	知之次也	述而篇第二十七章
62	与其进也	与其进也	述而篇第二十八章
63	我欲仁斯仁至矣	我欲仁斯仁至矣	述而篇第二十九章
64	圣仁	若圣与仁	述而篇第三十三章
65	恭而安	恭而安	述而篇第三十七章
66	启手启足	启予足！启予手	泰伯篇第三章
67	仁以为己任	仁以为己任	泰伯篇第七章
68	民可使由	民可使由之	泰伯篇第九章

序号	论语正义	《论语》原文	篇目
69	有道则见	天下有道则见	泰伯篇第十三章
70	巍巍乎舜禹之有天下也，而不与焉	巍巍乎舜禹之有天下也，而不与焉	泰伯篇第十八章
71	子罕言利	子罕言利与命与仁	子罕篇首章
72	子绝四	子绝四	子罕篇第四章
73	无意	无意	
74	无我	无我	
75	文不在兹	文不在兹乎	子罕篇第五章
76	吾有知乎哉无知也	吾有知乎哉无知也	子罕篇第七章
77	空空如也	空空如也	
78	我叩其两端而竭焉	我叩其两端而竭焉	
79	河图洛书	河不出图	子罕篇第八章
80	仰之弥高	仰之弥高	子罕篇第十章
81	循循善诱	夫子循循然善诱人	
82	卓尔跃如并释	如有所立卓尔	
83	未见其止也	未见其止也	子罕篇第二十章
84	匹夫不可夺志	匹夫不可夺志也	子罕篇第二十五章
85	经权	未可与权	子罕篇第二十九章
86	孔子于乡党	孔子于乡党	乡党篇首章
87	必有寝衣	必有寝衣	乡党篇第七章
88	割不正不食	割不正不食	乡党篇第九章
89	出三日不食之矣	出三日不食之矣	
90	迅雷风烈必变	迅雷风烈必变	乡党篇第十七章
91	德行	德行	先进篇第二章
92	未知生焉知死	未知生焉知死	先进篇第十一章
93	升堂入室	由也升堂矣，未入于室也	先进篇第十四章
94	季氏富于周公	季氏富于周公	先进篇第十六章
95	屡空	屡空	先进篇第十八章
96	赐不受命而货殖焉	赐不受命而货殖焉	
97	亿则屡中	亿则屡中	

续表

序号	论语正义	《论语》原文	篇目
98	不践迹	不践迹	先进篇第十九章
99	子路曾皙冉有公西华侍坐	子路曾皙冉有公西华侍坐	先进篇第二十五章
100	以吾一日长乎尔	以吾一日长乎尔	
101	子路率尔而对	子路率尔而对	
102	求也何如	求！尔何如	
103	赤也何也	赤！尔何如	
104	点尔何如	点！尔何如	
105	此与字，即惟我与尔之与	吾与点也	
106	三子者出	三子者出	
107	克己复礼为仁	克己复礼为仁	颜渊篇首章
108	一日克己复礼天下归仁焉	一日克己复礼天下归仁焉	
109	非礼勿视	非礼勿视	
110	敬而无失	敬而无失	颜渊篇第五章
111	四海兄弟	四海之内，皆兄弟也	
112	四海之内，皆兄弟也。孟子曰："赤子无知而入井，非赤子之罪也。"并释	四海之内，皆兄弟也	
113	居之无倦	居之无倦	颜渊篇第十四章
114	仁礼	樊迟问仁。子曰："爱人。"	颜渊篇第二十二章
115	不如不善者恶之	不如乡人之善者好之，其不善者恶之	子路篇第二十四章
116	有德者必有言，有言者不必有德	有德者必有言，有言者不必有德	宪问篇第五章
117	君子思不出其位	君子思不出其位	宪问篇第二十八章
118	抑亦先觉	抑亦先觉	宪问篇第三十三章
119	下学上达	下学而上达	宪问篇第三十七章
120	知我其天	知我者其天乎	
121	果哉末之难矣	果哉末之难矣	宪问篇第四十二章
122	修己以敬	修己以敬	宪问篇第四十五章
123	原壤夷俟	原壤夷俟	宪问篇第四十六章

序号	论语正义	《论语》原文	篇目
124	女以予为多学而识之者	女以予为多学而识之者与	卫灵公篇第二章
125	无为	无为而治者	卫灵公篇第四章
126	杀身成仁	有杀身以成仁	卫灵公篇第八章
127	行夏之时	行夏之时	卫灵公篇第十章
128	郑声淫	郑声淫	
129	君子求诸己	君子求诸己	卫灵公篇第二十章
130	人能弘道	人能弘道	卫灵公篇第二十八章
131	知及之仁能守之	知及之仁能守之	卫灵公篇第三十二章
132	动之不以礼	动之不以礼	
133	有教无类	有教无类	卫灵公篇第三十八章
134	友多闻	友多闻	季氏篇第四章
135	行义达道	行义以达其道	季氏篇第十一章
136	学诗乎	学诗乎	季氏篇第十三章
137	性相近也	性相近也	阳货篇第二章
138	惟上智与下愚不移	惟上智与下愚不移	阳货篇第三章
139	召，子欲往	召，子欲往	阳货篇第五章
140	多识于鸟兽草木之名	多识于鸟兽草木之名	阳货篇第十章
141	礼乐	礼云礼云，玉帛云乎哉？ 乐云乐云，钟鼓云乎哉	阳货篇第十二章
142	予欲无言	予欲无言	阳货篇第二十章
143	比干谏而死	比干谏而死	微子篇首章
	夷齐饿于首阳并释	伯夷叔齐饿于首阳之下	季氏篇第十二章
144	柳下惠为士师三黜	柳下惠为士师三黜	微子篇第二章
145	无可无不可	无可无不可	微子篇第八章
146	日知其所亡忘音	日知其所亡	子张篇第五章
147	不得其门而入	不得其门而入	子张篇第二十二章
148	允执厥中	允执其中	尧曰篇首章
149	不知命，无以为君子	不知命，无以为君子也	尧曰篇第三章

从上表，我们不难看出：

一是在《论语》20 篇 499 章中（以朱熹《四书章句集注》为据），林兆恩《论语正义》共涉及 20 篇 121 章 149 条，其中最多的是《述而篇》，共涉及 19 章；最少的是《子路篇》，共 1 章。

二是对比官方认定的《论语集注》经文和林氏《论语正义》所引经文，发现除大部一致外，有部分被做了改动，如《八佾篇》中的"先行其言而后从之"，林氏则出"知行"二字注之；《述而篇》"不愤不启，不悱不发，举一隅，不以三隅反，则不复也"章，兆恩只摘取其中的"愤悱"两字予以了注释；同篇有"子不语怪力乱神"章，林氏择取"子不语怪"四字，并对其中的"怪"字予以了详释。

三是有时合并《论语》中的不同篇章进行注释，如《微子篇》中的"比干谏而死"与《季氏篇》中的"伯夷叔齐饿于首阳之下"并释；有时与其他经书的有关章节合并注释，如将《子罕篇》"如有所立卓尔"中的"卓尔"与《孟子·尽心上》"君子引而不发，跃如也"中的"跃如"并释；将《颜渊篇》中的"四海之内，皆兄弟也"与《孟子·滕文公上》中的"赤子无知（原文为'匍匐'）将（原文为'而'）入井，非赤子之罪也"并释。

四是改动经文。如《子罕篇》中的"河不出图"，林氏出注时则改成了"河图洛书"；《先进篇》有"赤！尔何如"句，林氏则改为了"赤也何也"；《尧曰篇》中的"允执厥中"，林氏出注时改为了"允执其中"。

第二，采取了问答的形式。在诠释过程中，林兆恩采取了别具一格的问答式。如《子罕篇》"循循善诱"下，《论语正义》：

> 黄生阳问曰："既多识而非之，又先之以博文也，何与？"林子曰："博之以文，徐以察其志之果专也，然后以约礼教之者，循循之善诱矣。"

> 兆居生问曰："仲尼之教，亦有顿渐与？"林子曰："一以贯

之者，顿教也；先博文而约礼者，渐教也。"①

这是师生之间的答疑解惑。

又，《卫灵公篇》"动之不以礼"下，《论语正义》曰：

> 或问动不以礼。林子曰："即仁即礼，即礼即仁。而生生不息之仁，自有天则者在焉。不思而得也，不勉而中也，岂其有待于安排而拟议邪？若或有待于安排而拟议焉，则是动不本于礼，殆非本体之自然，顺以出之之要道也。故曰未善也。"或问何谓"天则"？林子曰："无所于规也，而自有至圆者存焉；无所于矩也，而自有至方者在焉，此盖天则之自然也。天则者，帝则也。而文王之不识不知，顺帝之则者，动于礼而善也；矩亦则也，而孔子之七十从心所欲不逾矩者，动于礼而善也。又不观之帝尧乎？昔者史氏稽古帝尧曰：'钦明文思安安。'书之开卷，只此'钦'之一字，钦即敬，敬即礼也。钦则自能明，钦则自能文，钦则自能思。又且安安而无所强者，动于礼而善也。故观帝尧之安安也，文王之顺则也，孔子之不逾矩也，则圣学之大成也从可知矣。"②

这是针对其他人的疑问而做出的解答。

二 三教归儒的致思路径

林兆恩先是迷恋于科举，醉心于程朱理学，几次科举失败后，遂

---

① 林兆恩：《论语正义》卷上，《林子全集·亨部》第 1 册，北京图书馆藏明崇祯四年四十一册刻本。

② 林兆恩：《论语正义》卷下，《林子全集·亨部》第 2 册，北京图书馆藏明崇祯四年四十一册刻本。

绝意科举，转而"锐志于心身性命之学，遍叩三门，自兹始也。数年间，如醉如痴，如癫如狂。凡略有道者，辄拜访之，厚币之，或邂逅儒服玄装，虽甚庸流，亦长跪请教"①。在此期间，他曾"栖息于南山寺"②，"日诵贝叶之经……窃其清净之旨，为吾炼心之一助"③。也曾受教于道教人士卓晚春和张三丰，吸纳了其"九转还丹""道一教三"思想。④ 还曾与王学代表人物罗洪先、何心隐有过密切交往，深受阳明学的影响。⑤ 正是由于前期的丰厚的积淀，所以他才能超越三教，提出三教合一的主张。

其嫡传弟子卢文辉在《林子三教正宗统论·叙》中对林兆恩三教合一思想的产生及其特点进行了总结，指出，林兆恩之所以提出三教合一学说，究其原因就在于秦汉以来儒、道、释三教末流违背了原有教旨，纷立门户，导致了错误百出、争斗不断。他说："自秦汉以下，圣人不作，而大道久湮，孔子、老子、释迦之学不明，而儒道释者流，不知所谓'中'，不知所谓'一'，不知所谓'立本''入门''极则'，各立门户以自高，各执偏见以相诋，迷谬愈深，是非舛错。故有华言饰行，巧取世资，托之乎孔子之儒，而不知乃儒之蠹也，非孔子圣教之正也；服石饵金，希慕长生，托之乎老子之道，而不知乃道之蠹也，非老子玄教之正也；削发游方，断弃伦属，托之乎释迦之释，而不知乃释之蠹也，非释迦禅教之正也。三氏之正学既已不明，而千古之真传伊谁可继？幸而吾师三教先生出而倡明之，总持三门，有教无类。"在卢文辉看来，林氏三教合一的特点就是孔、老、释迦

---

① 卢文辉等：《林子本行实录》，光绪二十年版，福建省图书馆藏，第8页。

② 林兆恩：《林子三教正宗统论》第5册《六美条答》，《四库禁毁书丛刊》，北京出版社1997年版。

③ 林兆恩：《林子三教正宗统论》第30册《林子旧稿》，《四库禁毁书丛刊》，北京出版社1997年版。

④ 参见庄恒铠《林兆恩哲学思想研究——以三教合一思想为中心》，硕士学位论文，上海师范大学。

⑤ 同上。

的最初意旨是一致的，其思想可以互补互证，故而三教可以合一："其与儒言儒也，必言孔子之儒，而复举老子之道、释迦之释以印证之，俾知其执中也，未始有异于守中、空中也；一贯也，未始有异于得一、归一也；立本也，未始无道氏之入门、释氏之极则也。其与道言道也，必言老子之道，而复举孔子之儒、释迦之释以印证之，俾知其守中也，未始有异于执中、空中也；得一也，未始有异于一贯、归一也；入门也，未始无儒氏之立本、释氏之极则也。其与释言释也，必言释迦之释，而复举孔子之儒、老子之道以印证之，俾知其空中也，未始有异于执中、守中也；归一也，未始有异于一贯、得一也；极则也，未始无儒氏之立本、道氏之入门也。无所别于儒，无儒而无不儒；无所别于圣，无圣而无不圣；无所别于道，无道而无不道；无所别于玄，无玄而无不玄；无所别于释，无释而无不释；无所别于禅，无禅而无不禅。统而同之，合而一之，归于无名，返于无始。此夏之所由以大，而道统之所由以传也。"① 在此思想指导下，林氏在《论语正义》中对"三教合一"思想展开了具体论述。

第一，直陈三教之不足。在《为政篇》"异端"章下，林兆恩对儒释道三教的缺点予以了详细的剖析。在他看来，儒学的最大问题首先就是支离和不知根本工夫："世之儒者终日口说孔子，不识自性孔子，终日纷纷争辩，不知心上工夫。支离谬漫似足听闻，若语之以入门工夫、根本学问，则亦未之知也。"其次就是门派林立，纷争不断："然儒者之病不特支离为然也，有专主尊德性者，有专主道问学者，有专主先知者，有专主先行者，有专事考据以为博物者，有专务剖窃以为明经者，有自谓崇正之儒而身不正者，有自谓阖邪之儒而心自邪者，有藉此以为进身之阶者，有假此以为邀誉之媒者。"这些派别

① 林兆恩：《林子三教正宗统论》第 1 册《〈三教正宗统论〉叙》，《四库禁毁书丛刊》，北京出版社 1997 年版。

"要皆外心性以为儒，而非仲尼之所谓儒也"。

道教的最大问题首先是億逆和穿凿："若夫后世道门者流，岂知黄帝老子所谓无作无为，守中得一之微旨哉？而其所相授受者，亦皆出于億逆之私、穿凿之见矣。"其次也是诸派驳杂："有所谓熊经鸟伸者，有所谓内视存想者，有面壁而志在降龙伏虎者，有轻举而思以驾凤骖螭者，有吞精咽华以翕日月者，有步罡履斗以窥星辰者，有依卦爻之序而朝屯暮蒙者，有售黄白之术而烧茅弄火者，有希慕长生不死者，有弛志白日飞升者。"这些派别"要皆外心性以为道，非黄帝老子之所谓道也"。

佛教的最大问题首先是不守伦常，"释氏者流""断其伦属"。其次就是宗派众多："有著相而执而不化者，有著空而流而不返者，有舍身以事佛者，有设斋以饭僧者，有咒水默诀以驱群魔者，有枯坐诵经以觊多福者，有持戒定慧而望解脱者，有去贪嗔痴而思清净者，有生而愿超西域者，有死而愿生天堂者。"这些派别"皆外心性以为佛，而非释迦之所谓佛也"。

之所以会出现上述问题，究其原因就在于"大抵二氏多失之偏，而儒门多入于伪。失之偏者固非大中至正之道，而入于伪者，亦岂忠信不欺之心哉？然儒门者流，每以今之和尚而议释迦，以今之道士而议黄帝老子；亦何异乎二氏者流，以今之儒门而议孔子也。要之心性之大，既有所未明，而好胜之心，又不能自克，徒以生平影响记诵，而为口耳之粗者，各立门户以相是非，无惑乎三教之要旨，不明于天下后世也。"①

第二，三教在某些方面具有相通性。在教理的本原问题上，林兆恩认为三教皆源于心，他指出："三教者流，乃三教之流敝，三教之

———————

① 林兆恩：《论语正义》卷上，《林子全集·亨部》第1册，北京图书馆藏明崇祯四年四十一册刻本。

异端也。"那么，何谓之"三教之异端"呢？林子曰："仲尼之时中也，黄帝老子之清静也，释迦之寂定也，悉皆本之于心者，端也。彼三氏者流，而不知所以求端于心者，异端也。"在他看来，三教都存在异端问题："异端之说，非必二氏之学与儒者异而后谓之异端也。学儒而不知尽心知性，便是儒门之异端也；学道而不知修心炼性，便是道门之异端也；学释而不知明心了性，便是释门之异端也。"①

在具体教义上，在林氏看来，一方面三教都强调"不争"。在《八佾篇》"君子无所争"章下，林兆恩注曰："学以不争为大，人而自见自是，自伐自矜，则亦不免于争；惟其不自见，不自是，不自伐，不自矜也，则亦何争之有？老氏'夫惟不争，天下莫能与之争。'释氏'无诤三昧'。而孔子曰：'君子无所争。'由是观之，不争之教，三氏之所同也。"②另一方面，三教都主张改过迁善。在注释《述而篇》"德之不修"时，林子注曰："性本善也，而改过乃所以迁善也。六祖坛经亦曰：'常自见己过，与道即相当。'又曰：'汝当一念自知非，自已灵光常显现。'孔子曰：'过则勿惮改。'又曰：'已矣乎，吾未见能见其过而内自讼者也！'由此观之，改过迁善，而儒佛之教有不同与？"③

在教学方法上，林兆恩认为，儒释都注重顿教和渐教。据《论语正义·子罕篇》"循循善诱"下记载，兆居生问曰："仲尼之教，亦有顿渐与？"林子曰："一以贯之者，顿教也；先博文而约礼者，渐教也。"④

在生死观问题上，林兆恩认为儒释道三家所讲的生死绝非就形体而言，《里仁篇》"朝闻道"下，他注曰："孔子曰：'朝闻道，夕死

---

① 林兆恩：《论语正义》卷上，《林子全集·亨部》第1册，北京图书馆藏明崇祯四年四十一册刻本。

② 同上。

③ 同上。

④ 同上。

可矣。'岂非道家之所谓昭昭灵灵以归天，而其形则既忘之与？生可也，死可也。又岂非释氏之所谓空空洞洞以合虚，而其形则既忘之与？生可也，死可也。古人有言曰：'大事未明，如丧考妣；大事既明，如丧考妣。'何谓也？林子曰：'我生也，而不知我之所以生者，故曰如丧考妣；我生也，而超出我之所以生者，故亦曰如丧考妣。余于是而知释氏之所谓不死，老氏之所谓长生，孔氏之所谓夕死可矣者，岂非所谓大事既明，而超出于生死之外邪？'"① 在《先进篇》"未知生，焉知死"下，兆恩又详细解释了这一问题："孔子之所谓'未知生，焉知死'者，即道家之所谓生门死户也。故生而生也，而其所以生者，固在于此；至于死而死也，而其所以不死者亦在于此。若不知此意，则未有不随死而亡焉者也。《系辞》曰：'原始反终，故知死生之说。'故能知所以原其始而始之，则必知所以反其终而终之，此道家所以长生，释氏所以不死者，而体魄非所论也。尝考之《洪范》九五福章矣，其五曰'考终命'。然而何以谓之'终'也？终也者，终也。盖言未尝死，而亦未尝不死也。而君子之终，殆异于小人之死矣。《尧典》曰：'帝乃殂落。'释者谓之神气归天体魄归地，而孔子所谓'夕死可矣'者，正此意也。"②

　　第三，以儒为本，融通三教。林兆恩为了实现自己"以儒为本，融通三教"的目的，首先对"儒"和"孔子之儒"进行了重新定义，指出："通天地人曰儒，而一体乎万物者也。故儒也者，需也。从人从需，为人所需者，儒也。"儒者贯通天地人，与万物为一体，其本源义为"为人所需"。接着他胪列了孔子、三皇、五帝、三王、天、地，认为这些人物和天、地均是"为人所需"者，故皆可称为

---

　　① 林兆恩：《论语正义》卷上，《林子全集·亨部》第 1 册，北京图书馆藏明崇祯四年四十一册刻本。

　　② 林兆恩：《论语正义》卷下，《林子全集·亨部》第 2 册，北京图书馆藏明崇祯四年四十一册刻本。

"儒"："栖栖皇皇，席不暇暖，孔子以其心之圣为人所需而儒也，岂特孔子以其心之圣为人所需而儒哉？三皇以其皇为人所需者，皇而儒也；五帝以其帝为人所需者，帝而儒也；三王以其王为人所需者，王而儒也。岂特皇帝王以其心之圣为人所需而儒哉？天以其无不覆帱为人所需，天亦儒也；地以其无不持载为人所需，地亦儒也。"因此，儒的引申义可定位为："合天地皇帝王而一之者也；孔子之儒，统天地皇帝王而一之者也。惟其统天地皇帝王而一之，故其为万世一人，万世之一大儒也。"①

　　其次，他认为儒学比释道更加精微，更具包容性，学者在学三教时当先学孔教："德行也者，德之见于行，民可使由之道也。而孔子之所以教人者教以此矣。故圣门高弟，而以颜闵等列为首称者，岂非其以德行为先邪？至于性与天道，曰利曰命曰仁，所谓不可使知者，则罕言之。若非有中人以上之资，殆亦不可得而闻矣。然孔子之所以教人者，尧舜禹汤文武之所以治天下也，最切于民生日用之常，而不可一日无焉。故常人非此，无以乐乐而利利；贤知非此，无以希圣而希天。此孔氏之教之大，而诸凡天下万世，而为我同胞之民者，无一而不在于孔子所容蓄之中矣。若释老之教，则皆精微之致，而专与贤知者道也。故老氏言太极，而释氏乃言无极，无极则太虚矣。老氏言一，而释氏乃方未始一，未始一则太虚矣。若不先之以孔氏之所以教，则所谓精微之致，又焉有从入之门邪？然而孔氏何尝不言太极，不言无极？何尝不言一，不言未始一？孔氏曰：'易有太极'，又曰：'吾道一以贯之'。至于所谓周流六虚者，岂非所谓太虚同体邪？太虚同体，是无极也，是未始一也。由是观之，释老精微之致，孔氏兼之

---

① 　林兆恩：《论语正义》卷上，《林子全集·亨部》第1册，北京图书馆藏明崇祯四年四十一册刻本。

矣。教虽有异，而道则焉有不同哉？故学者之学，当以孔氏之教为先。"①

最后，三教合一是先以儒家的三纲四业作为基础，然后以三教合之于一，即合之于儒。在林氏看来，儒、释、道三者均应改掉自身的缺点："世之儒者，专事于威仪文辞之际，而不知根本工夫，真实学问，此其所以博而寡要，劳而鲜功也。若能反之心性之内，而求之本原之地，斯不谓之儒邪？至于二氏者流，专以离尘超俗为高，不以嗣续纲常为大，此其所以与儒者异也。若能不以蓬岛之旨求之海外，而求之吾身；不以净土之旨求之西方，而求之吾身，不离日用之间，率循常行之道，不荒唐，不枯槁，是亦儒者而已矣。"② 在此基础上，再开启三教合一的序幕。他说："余所谓三教合一者，欲以群道释者流而儒之，以广儒门之大也。"这就是说要使道释归本于儒，换言之，就是以儒学的教旨来整合道教和佛教的教旨："余所谓三教合一之大旨者，盖欲合道释者流而正之以三纲，以明其常道而一之也；合道释者流而正之以四民，以定其常业而一之也。如此，则天下之人无有异道也，无有异民也。而天下之人亦无曰我儒也，亦无曰我道也，亦无曰我释也。此其唐虞三代之盛而无有儒道释之异名，故谓之'一'，一之而归于正。"③ 将三纲立为三教之根本教旨，以士农工商统概民众，从而成立"无异道""无异民"的一体（儒学）两翼（道教、佛教）的新宗教。

① 林兆恩：《论语正义》卷下，《林子全集·亨部》第 2 册，北京图书馆藏明崇祯四年四十一册刻本。
② 林兆恩：《论语正义》卷上，《林子全集·亨部》第 1 册，北京图书馆藏明崇祯四年四十一册刻本。
③ 林兆恩：《林子三教正宗统论》第 1 册《三教合一大旨》，《四库禁毁书丛刊》，北京出版社1997 年版。

三 融通朱王的学术追求

由于林兆恩于朱学和王学都下过功夫，深悟其优劣，加之受明末调和朱学与王学大势的影响，所以在构建自己的理论体系时，对朱学与王学也采取了兼采融通的策略。

第一，兼采朱学。林兆恩对朱子之学采取了既批判其不足，又汲取其思想的态度。首先，直言朱学之不足，这方面的例子虽然不多，但也反映了作者的学术取向。如《为政篇》"先行其言而后从之"下，林兆恩注曰："朱子曰：'曾子于其用处，盖已精察而力行之，但未知其体之一。'是朱子之言，先用而后体；而兆恩之意，先体而后用也。孔子曰：'吾道一以贯之。'所谓'一'者，非其体与？所谓'贯'者，非其用与？邵尧夫曰：'天向一中分造化，人从心上起经纶。'经纶起于心上，君子亦惟善事其心而已。事心则体立，体立则用自行。"① 与朱子之言截然相反。又，《雍也篇》"雍也可使南面"下，朱子注曰："仲弓为人，宽洪简重，有人君之度。"林氏认为此注无据可考，指出："夫仲弓则居敬行简矣，而简字且勿论，其曰宽，曰洪，曰重，曰有人君之度，则亦从何所据而云然乎？"②

其次，对朱学的学术思想予以接续和发展。如主敬是朱子倡导的修养方法之一，在他看来，"敬"之一字，真圣门之纲领，存养之要法③，"主敬"工夫合内外而兼动静，"为礼以敬为本"④，林兆恩接续并发扬了这一方法。

一方面，他主张以敬存心，心不外放。在林氏看来，心主于中则谓之"敬"。在诠释《颜渊篇》"敬而无失"时，针对"何以谓之敬

---

① 林兆恩：《论语正义》卷上，《林子全集·亨部》第1册，北京图书馆藏明崇祯四年四十一册刻本。

② 同上。

③ 黎靖德编：《朱子语类》，中华书局1994年版，第210页。

④ 朱熹：《四书章句集注》，中华书局1983年版，第69页。

也"这一问题，林兆恩指出："心主乎中者，敬也。夫心主于中则能思，敬虽无思也，而心则常主于中矣。礼曰：'俨若思。'故无思而俨若思者敬也。下此一个'若'字最妙，能知一个'若'字，则能知主敬工夫。朱子曰：'《尧典》是第一篇典籍，说尧之德，钦是第一字。圣贤千言万语，大事小事，莫不本于敬，收拾得自家精神在。'又曰：'收拾放心，乃是紧切下工夫处。'黄勉斋曰：'敬是束得虚灵知觉住。'真西山曰：'气之决骤，轶于奔驷，敬则其衔辔也；情之横放，甚于溃川，敬则其隄防也。'"历来圣贤均重视主敬工夫，而要想做到主敬，就必须使心不外逸，"心惟在腔子里，欲其时时惺惺而不放逸也。……《左传》曰：'敬者德之聚也。'子思曰：'心之精神之谓圣，敬则心之精神聚乎其中矣。'"① 只有心在腔子里，才能凝聚心之精神。只有心在腔子里，才能静。在解释"修己以敬"时，他指出："夫修己以敬，固君子之所以事其心矣，岂不以静而后能存，存而不息与？"在他看来，"静不在静，而心在腔子里便能静也。朱子曰：'敬则自然静，不可将静来唤作敬。'故静而心在腔子里者静也，动而心在腔子里者静也。孔子曰：'出门如见大宾，使民如承大祭。'动而心在腔子里者静也。又曰：'立则见其参于前也，在舆则见共倚于衡也。'动而心在腔子里者静也。又曰：'非礼勿视，非礼勿听，非礼勿言，非礼勿动。'动而心在腔子里者静也。又曰：'造次必于是，颠沛必于是。'岂特动静之间，心在腔子里静邪？虽至造次之际，亦要心在腔子里而静也。岂特造次之际，心在腔子里而静邪？虽至颠沛之顷，亦要心在腔子里而静也。此孔门之公案，自有心法者存焉"②。只有心在腔子里，才能无时无刻无地不敬。林子曰："孟子所谓先立乎其大者，存心也。存心也者，心在腔子里，所谓敬者是也。故心在

---

　① 林兆恩：《论语正义》卷下，《林子全集·亨部》第2册，北京图书馆藏明崇祯四年四十一册刻本。
　② 同上。

腔子里而事亲者敬也，心在腔子里而事君者敬也，心在腔子里而士而农而工而商者敬也，心在腔子里而视而听而言而动者敬也，心在腔子里而处于庙廊之上者敬也，心在腔子里而处于三军之中者敬也，心在腔子里而处于造次颠沛之际者敬也。无一时而心不在于腔子里如此，然后方为修己以敬而无失也。"① 只有操存敬心，才能成就圣学和王道，林子曰："敬敬敬，心为一天，存便是敬。故操存此心不少懈，即对越在天不少违也。敬敬敬，出门使民，当主一而无适；斋坐尸立，惟俨然而若思。敬敬敬，仁惟生道，诚乃实理。而敬则生道不息，实理无亏，令人常自惺惺而不放逸也。敬敬敬，圣学之所以成始成终者在是，王道之所以安人安百姓者在是。敬敬敬。"②

另一方面，他倡导礼在于敬，以礼制心。在林兆恩看来，礼之本质就是"敬"，"礼者，敬而已矣。即事即心，无内无外，而礼以制心者，敬以直内也。"③ 心在于礼，自然无失；凡事依礼而行，即为"敬"的工夫。林子曰："非礼勿视者，心要在于礼而视也。心不在于礼而视，则其视也不为色所引而去乎？故曰勿视。非礼勿听者，心要在于礼而听也。心不在于礼而听，则其听也不为声所引而去乎？故曰勿听。勿言勿动，亦复如是。"或问何谓心在于礼？林子曰："心在于礼者，心在于仁也；心在于仁者，心不违仁也。心不违仁，心在腔子里也；心在腔子里，而心存矣。心既存矣，非敬而何？"又曰："未视而敬，敬在视前。及至视也而后敬焉，毋乃已疏乎？未听而敬，敬在听前。及至听也而后敬焉，毋乃已疏乎？未言未动，亦复如是。"④

又，"心法"原本禅语，指的是"佛教师徒之间对于佛教至高精

① 林兆恩：《论语正义》卷下，《林子全集·亨部》第 2 册，北京图书馆藏明崇祯四年四十一册刻本。

② 同上。

③ 同上。

④ 同上。

神境界的默契秘传"①。后为程朱袭取，程颐曾言"《中庸》乃孔门传授心法"②，朱熹则将"人心惟危，道心惟微，惟精惟一，允执厥中"十六字视为"密旨"和"心法"，指出："所谓'人心惟危，道心惟微，惟精惟一，允执厥中'者，尧舜禹相传之密旨也。……莫若深考尧舜相传之心法。"③ 在他看来，正是因为汉唐诸儒未能识得此"传心诀"，才使得"尧、舜、禹、汤、文、武以来转相授受之心不明于天下"④。林兆恩接受了程朱理学的这一思想，更加凸显了"孔门心法"重要性。

在林氏看来，儒、释、道三家都有心法："不有心法，其能时中乎？而知及仁守，孔氏之心法也。不有心法，其能清静乎？而致虚守静，老氏之心法也。不有心法，其能寂灭乎？而如是住，如是降伏，释氏之心法也。"⑤ 儒学的心法为"知及仁守"，佛教的心法为"如是住，如是降伏"，道教的心法为"致虚守静"，它们分别对应的至高境界是"时中""清静"和"寂灭"。

对于三家心法，林兆恩主要探讨了儒家心法。在回答"何者谓之心法也"这一问题时，他指出："尧之钦者，心法也；孔子之敬者，心法也；艮其止，止其所者，心法也；安汝止，钦厥止者，心法也；毋不敬，俨若思者，心法也；於缉熙敬者，心法也；顾諟天之明命者，心法也；先立乎其大者，心法也；求其放心以存心者，心法也。此其略也，纪之经传，不可得而尽述矣。"⑥ 这里所提及的属于心法

---

① 吴伯曜：《林兆恩〈四书正义〉研究》，硕士学位论文，台湾"国立"彰化师范大学国文教育研究所，第 107 页。

② 程颢、程颐：《二程集》，中华书局 1981 年版，第 411 页。

③ 郭齐、尹波：《朱熹集》，四川教育出版社 1996 年版，第 1598—1600 页。

④ 同上书，第 1600 页。

⑤ 林兆恩：《论语正义》卷上，《林子全集·亨部》第 1 册，北京图书馆藏明崇祯四年四十一册刻本。

⑥ 林兆恩：《论语正义》卷下，《林子全集·亨部》第 2 册，北京图书馆藏明崇祯四年四十一册刻本。

范畴的"钦""敬""艮其止，止其所""安汝止，钦厥止""毋不敬，俨若思""於缉熙敬""顾諟天之明命""先立乎其大""求其放心以存心"分别出自《尚书》《论语》《易经》《礼记》《诗经》《大学》《孟子》等儒家经典，因此，从某种程度上来说，研读六经，不仅只停留在诵读辞章，而且应寻求蕴含其中的"心法"。他说："册子莫大于六经，六经亦册子也，而孔门心法存乎其间矣。故诵六经者，非徒诵其辞章焉已也，盖必求其所谓心法，曰一、曰中、曰诚、曰敬，以尊德性、以复吾心之圣人也。"① 通过领悟其中的"一""中""诚""敬"等心性修养功夫，达到成贤成圣的目的。

在林氏看来，儒家心法非常重要。一是如果只是一味地诵读经典，而不能体悟心法，那么只能说是玩物丧志。兆恩指出："若徒口诵其言，而不知有所谓心法焉，虽日玩索，竟亦何为！程子所谓'玩物丧志'者是也。"② 二是孔门心法乃入圣之门。在他看来，"'不入于室'者，以不知有孔门心法焉，故不能事其心而孔子也"③，而"入室者，乃圣人之所由以圣也。而孔门心法，其殆入圣之门乎？"④ 在诠释《宪问篇》"有德者必有言，有言者不必有德"时，他进一步阐明了入门与心法的关系：

> 林子曰："以其圣与仁也，而不可无从入之门焉，则曰入门；以其圣与仁也，而不可无事心之法焉，则曰心法。然而所谓事心之法者，岂非其所从入之门邪？"或问"其仁如天，圣不可知，岂非所谓儒教之极则，最上之一乘邪？而其所从入之门，愿夫子

---

① 林兆恩：《论语正义》卷上，《林子全集·亨部》第1册，北京图书馆藏明崇祯四年四十一册刻本。

② 同上。

③ 林兆恩：《论语正义》卷下，《林子全集·亨部》第2册，北京图书馆藏明崇祯四年四十一册刻本。

④ 同上。

明以告我。"林子曰："由志仁而任仁，由任仁而至于如天之仁者，极则也。而志仁，而任仁，岂非所谓为仁之心法以入门与？由有恒而君子，由君子而至于不可知之圣者，极则也。而有恒，而君子，岂非所谓作圣之心法以入门与？"①

　　三是林兆恩认为，只有学懂、弄通"孔门心法"，才能真正体悟"中""一"及"几希之心"，也才能在"德性之知"上深造自得。他说："儒者之学，自有孔门心法在焉。若不知心法而见闻以为知者，见人之见，闻人之闻，知人之知也。知人之知，故言人之言也。至于言人之言，而每自以为得者，得人之得也。譬司人之财者，非不有所积也。但所积之财，实非其所自有也。财非其所自有矣，而谓之有财此有用也可乎？言非其所自得矣，而谓之有德必有言也可乎？若夫尧舜之中，孔子之一，吾身之内，自有真消息者在焉。孟子所谓几希者是也。故不知心法，则不知几希；不知几希，则不知真消息。不知心法，不知几希，不知真消息，是不以德性之知以为知也。顾乃见人之见以为见，闻人之闻以为闻，知人之知以为知，言人之言以为言，得人之得以为得，则亦何异于司人之财，而自矜其有也？故曰：'君子深造之以道，欲其自得之也。'"②

　　第二，兼采王学。王阳明在《象山文集序》中曾公开宣称："圣人之学，心学也，尧舜禹之相授受。"他以心为本体，认为万事万物均来自于心；心之本体是真心、天心，是太虚，是至善，是良知。生活在晚明的林兆恩，虽然也对王学有异议，如他对王阳明的"知行合一"说就曾提出过批评，指出："时有论知行者，或曰'先知后行'，

---

　　① 林兆恩：《论语正义》卷上，《林子全集·亨部》第1册，北京图书馆藏明崇祯四年四十一册刻本。
　　② 林兆恩：《论语正义》卷下，《林子全集·亨部》第2册，北京图书馆藏明崇祯四年四十一册刻本。

或曰'先行后知'，或曰'知行合一'，纷纷辨说如仇。适林子在坐，佥曰：'林子独无言乎？'林子曰：'余亦何言？余惟太古之时，人多神圣，知行之字未制也；唐虞三代之时，神圣间出，知行之名始立也。降及后世，世道交丧，不惟知行说太详，而先后之辨，亦支离而无纪矣。余亦何言？余惟曰"非知之艰，行之惟艰"尔。'"① 认为求知重在运用。但是，毋庸置疑的是他更多的是承袭和发展了王阳明的思想。

首先，他也承认孔子之学为心学。在诠释《学而篇》"学而时习之"章时，林氏注曰："《论语》二十卷，卷首一字即言学，而不知其所学者何学也。林子曰：'"默而识悉音之，学而不厌"者，学也。识亦知之义也，然其所欲识者何也？识心而已矣。心即仁也，仁即圣也。孔子曰："圣则吾不能，我学不厌。"又曰："若圣与仁，则吾岂敢？抑为之不厌。"为亦学也。故学也者，心学也。所以为仁、所以作圣者，学也。'"这就是说，孔门之学就是通过"识心"，学习所以为仁、所以作圣之道，"为学之要，先自识心，而作圣之机在我矣"②，因此孔门之学可称为"心学"。

在林兆恩看来，孔门之"心学"一方面，围绕修养工夫展开。他指出："不迁怒，不贰过者，学也。事父母能竭其力，事君能致其身者，学也。敏于事，慎于言，就有道而正焉者，学也。日知其所亡，月无忘其所能者，学也。求其放心而已矣者，学也。君子学以致其道，而其所致者果何道也？君子学道则爱人，小人学道则易使。君子小人，分虽不同，而其所学之道同乎否也？学莫先于义利之辨固也，而曰学莫先于辨志，则其所辨者果何志也？岂亦其在于义利之间邪？

---

① 林兆恩：《论语正义》卷上，《林子全集·亨部》第 1 册，北京图书馆藏明崇祯四年四十一册刻本。
② 林兆恩：《论语正义》卷下，《林子全集·亨部》第 2 册，北京图书馆藏明崇祯四年四十一册刻本。

孔子曰：'士志于道。'而十五至学，又岂非以道为志，以道为学与？若读书务博以为学，乃汉以来至于今儒者之学，非古圣人之所谓学也。若读书务博以为学，则汉以来至于今儒者，贤于皋夔稷契远矣。"① 学贵求学问道，而并非一味追求知识广博。另一方面，围绕"德性真知"和恢复本心展开。在解读《学而篇》"学而时习之"时，兆恩指出："学从爻，觉亦从爻，盖指吾心之爻之中而言之也。虚空本体，本体虚空。"或问"吾心之爻之中"，他解释说："尧舜允执厥中之中。中本虚也，而易之爻，盖以象人之真心而虚其中也。岂非所谓天下何思何虑，同归而殊途，一致而百虑者与？故即此虚中而学焉，则为心学，德性之真知也。由此虚中则觉焉，则为先觉，寂感之自然也。其曰天下归仁，以吾真心一点之仁，而归吾心虚中之真去处也。其曰中心安仁，以吾真心一点之仁，而安于吾心虚中之真去处也。《易》曰：'爻者，效此也。'岂不以所画之爻，以效吾虚中之真去处乎？又曰：'爻者言乎其变也。'岂不以千变万化，皆由此中出乎？"②

其次，他也将"心"视为本体。在林氏看来，人们的言行举止皆来源于心。《乡党篇》"孔子于乡党"下，兆恩注曰："孔子燕居则申申夭夭，三变则俨然而温而厉，乡党恂恂，宗庙朝廷惟谨，与下大夫言侃侃，与上大夫言訚訚，见齐衰必变，见冕与瞽者以貌，不尸不容，不变食，不迁坐，色勃足躩，趋翼踧踖，怡怡与与，非外也，皆直从吾心中发出来尔。故能神受无方，欲不踰矩。"③ 认为这些行为非由外铄，皆由心而发。因此，"初学之要，惟在自己心上做工夫。盖心譬木之本根也，本根既已坚固，枝叶自然茂盛。若徒寻枝摘叶，

---

① 林兆恩：《论语正义》卷上，《林子全集·亨部》第1册，北京图书馆藏明崇祯四年四十一册刻本。

② 同上。

③ 同上。

琐屑零碎，穷年屹屹，济得甚事？故虽古之大圣贤，大学问，亦惟近里着己，都从心上做工夫尔"①。

最后，他也将本心别称为"天心"和"真心"。一方面，林兆恩将本心称为"天心"，指出："北辰者，天之心也。而人之所以能旋乾能转坤者，心也。心能旋乾矣，心能转坤矣，不谓之我之北辰，我之天心乎？"那么，何谓"我之天心"呢？林氏指出："尧舜之中，孔子之一，寂然不动，何思何虑之心者，我之天心也。若夫憧憧往来之心，是乃释氏之所谓肉团心，余之所谓五行之心，而列之肝脾肺肾者，是乃人之心，而非我之天心也。"② 将之与"中"和"一"搭挂起来，指出了它与肉体的人心的不同。另一方面，林兆恩将本心称为"真心"，"真心也者，一也，诚也，寂然不动也"③，"我之真心，本无意无必，无固无我也，而无意无必，无固无我者，圣人也，太虚也"④。它既非"五行之心""中心之心"，亦非"圆融不测之心""无所倚之心"⑤，"所谓真心者，盖通于死生之故，而未尝有存亡焉者，乃汝之真心也"，"此心之分量，本自广大，《易》之所谓'周流六虚'者，即此心也；释氏所谓人死性不灭者，即此心也。天地有坏，此心不坏。惟其不坏，故名真心"。⑥

生活在晚明的林兆恩，面对内忧外患、民不聊生的困局，他学贯三教，兼通朱学和王学，力图"以破为立，脚踏实地地创立新的思想体系，以代替旧的思想体系"⑦。为此，他打破常规，采用标摘的方

---

① 林兆恩：《论语正义》卷下，《林子全集·亨部》第 2 册，北京图书馆藏明崇祯四年四十一册刻本。

② 林兆恩：《论语正义》卷上，《林子全集·亨部》第 1 册，北京图书馆藏明崇祯四年四十一册刻本。

③ 同上。

④ 同上。

⑤ 同上。

⑥ 林兆恩：《论语正义》卷下，《林子全集·亨部》第 2 册，北京图书馆藏明崇祯四年四十一册刻本。

⑦ 刘蕙孙：《序》，见林国平《林兆恩与三一教》，福建人民出版社 1992 年版，第 4 页。

式对《论语》经文予以创造性的解读。在诠释过程中，他力主三教合一，归儒宗孔，意欲融出世法与入世法为一，积极为传统政治的合法性寻求经典依据；他融通朱学和王学，试图消弭二者间的矛盾，使之形成合力。这些颇具创新的解释"虽与传统解释的角度、解释的意义不同，但这却是为僵化的四书学，提供新思路与新方向，使《四书》获得新的生命"①。因而无论是在《论语》学史上、《四书》学史上，还是在经学史、儒学史上都具有重要的意义。

---

① 吴伯曜：《林兆恩〈四书正义〉研究》，硕士学位论文，台湾"国立"彰化师范大学国文教育研究所，第165页。

第四章

清代的《论语》注本研究

清代是《论语》研究的总结期，期间多种学派和思想相激相荡，异彩纷呈，无论在研究的深度、广度上，还是在研究的方法上，都超迈前代。其中刘宝楠的《论语正义》是清代考据学的代表作，康有为的《论语注》是清代公羊学家的扛鼎之作，简朝亮的《论语集注补正述疏》则是疏解朱子《论语集注》的皇皇巨著。

第一节　刘宝楠的《论语正义》

刘宝楠（1791—1855），字楚桢，号念楼，江苏宝应人。他知识广博，视野开阔，治学范围包括经传、金石、舆地、诸子百家等。论著有《汉石例》《念楼集》《论语正义》等。其中《论语正义》最为有名。该书凝结了刘氏父子两代人毕生之功。是书内容详博，考证精核，弥补了邢昺《论语注疏》的疏陋不足之处，而且荟萃众说，学有自得，重视义理阐发，成为清代《论语》学的代表作。

一　集汉学家注《论语》之大成

在《论语正义》中，刘宝楠父子运用了科学归纳的方法，重实证，轻臆测，充分地吸收了前人的汉学释《论》成果，对清人的注解考证，更是博采众长，详加采录，成就超迈前人。

首先，荟萃众说。《论语正义》的突出特点就是取材繁富，卷首凡例中"不专主一家""悉为列入"等语，都能在不同程度上说明他们甄采众家，兼收并蓄的注疏指导思想。据粗略统计，《论语正义》所征引的典籍达三百七十余种，数量之多，是此前的各种《论语》注本都无法匹敌的。从时间跨度而言，所引典籍上自先秦，下迄注者当代，长达两千余年。而且所引典籍都注明了书名、篇名，极便学者查考。从内容而言，征引典籍所涉及的学科门类，几乎是无所不包。[①]仅就"汉学"而言，它自东汉兴起以后，在宋代以前相当长的一段时间内，成为中国经学研究的主流，期间硕儒辈出，注《论》之作纷见。

其次，刘氏父子在注疏中大量引用了这些成果。如《公冶长篇》"子曰：'巧言、令色、足恭，左丘明耻之，丘亦耻之。匿怨而友其人，左丘明耻之，丘亦耻之'"下，刘氏父子首先引用《释文》对经文是否有"子曰"二字作了断定，指出："《释文》云：一本此章有'子曰'字，恐非。案：陆所见无'子曰'，与上章合为一章，盖由传写脱误，不当以有者为非也。"《集解》引孔安国注曰："足恭，便僻貌。左丘明，鲁太史。"《论语正义》对此注文中的"足恭，便僻貌"予以了详尽的解释：颜师古《汉书·景十三王传注》云："足恭，谓便辟也。"李贤《后汉书·崔骃传注》云："夸毗，谓佞人足恭，善为进退。"皆读足如字。皇疏引缪协曰："足恭者，以恭足于人意，而不合于礼度。"此读"足"为将树反，见陆氏《音义》。《仲尼·燕居》："恭而不中礼，谓之给。子曰：'给夺慈仁。'"郑注："巧言、足恭之人，似慈仁，实鲜仁。"据郑注义，则"给"如"供

---

① 龚霁芃：《〈论语正义〉的学术成就》，《宜春学院学报》2005 年第 3 期。

给"之给，谓足也。故郑引"足恭"说之，此义亦通。① 在这段文字中，涉及了《论语》郑玄注、皇疏、《释文》及颜师古《汉书·景十三王传注》、李贤《后汉书·崔骃传注》等汉唐时期的注疏成果。通过对这些成果的引用，详细地揭示了经注文的意思。

清代中前期汉学复盛，硕儒经师大都精通音韵训诂之学，其解经著作达到了较高的学术水平。刘氏父子在《论语正义》中大量吸收了同时代人的注解考证，如《先进篇》"鲁人为长府"下，为了考证长府的功用、位置、对王室的作用，刘氏父子引述了阎若璩、翟灏、凌鸣喈、包慎言的注释，并一一做了简要的评析。

　　阎氏若璩《释地》："《左传》昭二十五年：'公居于长府。'杜《注》：'长府，官府名。''九月戊戌，伐季氏，遂入其门。'长府，今不知所在，意其与季氏家实近，公居焉，出不意而攻之。《论语》郑注：'藏财货曰府。'又意公微弱，将攻权臣，必先据藏货财之府，庶可结士心。"

　　翟氏灏《考异》："长府，盖鲁君别馆，稍有蓄积，可备骚警之所。季氏恶公恃此伐己，故于已事后率鲁人卑其闳闳，俾后之君失所凭恃，其心尚可问乎？闵子能为微辞讽之，则与圣人强公弱私之心深有契矣。"

　　凌氏鸣喈《解义》："畴昔昭公尝居是伐季氏矣。定、哀之间，三家因欲改为之，将以弱所恃也。称'鲁人'，众也，是时三家皆欲之。"

　　包氏慎言《温故录》："案长府，官馆之属，非藏名也。《汉书·元帝纪》：'诏曰：惟德薄，不足以充入旧贯之居。其令诸官馆希幸御者勿缮治。'《注》：'应劭曰：旧贯者，常居也。'此足

---

① 刘宝楠：《论语正义》，中华书局 1990 年版，第 202—203 页。

为证昭公欲伐季氏，而先居长府，必其地为君常所临幸，故人不以为疑。鲁人为长府，盖欲扩其旧居以壮观瞻。鲁君失民数世矣，隐民皆取食于季氏，复为长府以重劳之，是为渊驱鱼也。闵子故婉言以讽之。《后汉书·郎𫖳传》𫖳上书曰：'夏禹卑室，尽力致美。又鲁人为长府，闵子骞曰：仍旧贯，何必改作？臣以为诸所缮修，事可减省。'郎𫖳引经亦以长府为官馆，义与元帝《昭》共合符契，不可易也。"

在刘氏父子看来，"诸说略有异同，惟阎氏得之，而义亦未尽，盖府自是藏名"。"若如翟说，鲁人指季平子，凌说鲁人指三家，在定、哀时为长府者，欲改为之，以夺鲁君之所恃。夫昭公居长府，以伐季氏，其事已无成。定、哀即欲伐季氏，亦断无仍居长府，蹈此覆辙，而烦三家之重虑之也。且既患公复居长府，何不毁坏之，而反从而修治也耶？如包说，长府是别宫，非藏名，则昭公居长府以伐季氏，将何所取意耶？诸说于情事多未能合。若阎氏以长府去季氏家近，亦非是。长府自在公宫内也。"①

在注疏中除引用经传著作外，刘氏父子还大量引用小学著作、诸子学、史书、文集、碑刻等资料。如《八佾篇》"邦君树塞门，管氏亦树塞门。邦君为两君之好，有反坫，管氏亦有反坫"下，《论语正义》在疏解经文时引用《汉石经》经文，证明"邦"字在汉代作"国"字。在疏解郑注"人君别内外，于门树屏以蔽之"时，引用了《尔雅》《说文》《苍颉篇》《广雅》《汉文纪注》《荀子·大略篇》《淮南主术训》《吴语》等对"屏"字予以了解释：

《尔雅·释宫》："屏谓之树。"《舍人注》云："以垣当门

---

①　刘宝楠：《论语正义》，中华书局 1990 年版，第 451—453 页。

蔽为树。"郭璞注云"小墙当门中。"《说文》："屏，蔽也。"
《苍颉篇》："屏，墙也。"《明堂位注》："屏谓之树。今桴思
也，刻之为云气虫兽，如今阙上为之矣。"《广雅·释宫》："罘
罳谓之屏。"颜师古《汉文纪注》："罘罳，谓连阙曲阁也，以
覆重刻垣墉之处，其形罘罳然，一曰屏也。"《古今注》："罘
罳，屏之遗象也。"汉西京罘罳合版为之，亦筑土为之，每门
阙殿舍前皆有焉，于今郡国厅前亦树之。案：周人屏制，当是
用土，故亦称萧墙。其庙屏用木，故明堂位谓之疏屏。疏者刻
也，今人家照壁，是其遗象。《荀子·大略篇》："天子外屏，
诸侯内屏，礼也。外屏，不欲见外也；内屏，不欲见内也。"
《淮南主术训》："天子外屏，所以自障。"是屏所以别内外也。
《注》言"人君"，兼有天子、诸侯。《郊特牲》云："台门而
旅树、反坫，大夫之僭礼也。"《注》："此言皆诸侯之礼也。
旅，道也。屏谓之树，树所以蔽行道。管氏'树塞门'，室犹
蔽也。礼：天子外屏，诸侯内屏，大夫以帘，士以帷。"《杂
记》："管仲旅树而反坫，贤大夫也，而难为上也。"《曲礼疏》
谓"诸侯内屏，在路门内，天子外屏，在路门外而近应门"。
江氏永《乡党图考》："屏设于正门，天子以应门为正门，屏在
应门外。诸侯以雉门为正门，屏在雉门内。"以孔《疏》之说
为非。然《吴语》谓"越王入命夫人，王背屏"，此当在路门
内，或春秋时不如制矣。①

　　在这段文字中，除了经传注疏外，刘氏父子征引的材料还涉及了
小学类、史书类、子类、碑刻类等文献，涉及面非常广泛。

---

①　刘宝楠：《论语正义》，中华书局1990年版，第128—129页。

二　实事求是

实事求是，是清儒，尤其是乾嘉学者一贯倡导的学风。刘氏父子承袭了这一学风，该书的"凡例"说："引申经文，实事求是，不专一家"，《后叙》也说："凡以发挥圣道，证明典礼，期于实事求是而已。"① 此言并非虚语，而是得到了切实的贯彻。主要表现在：

第一，慎对古注。刘氏父子对《论语》古注，采取了较为审慎的态度，其原则有二：一是对汉代以来的《论语》古注采取分别对待的态度，汉儒的注释所存无几，故有则必采。魏晋注疏"精驳互见"，"不敢备引"。唐宋以后论著，尤其须甄选别抉。在上述原则的指导下，刘氏父子对汉唐注释，用审视的眼光，借助"非是""最缪""全失本旨"等词语表明自己的态度。如《先进篇》"以吾一日长乎尔，毋吾以也"下，孔注曰："言我问女，女无以我长，故难对。"刘氏父子认为："《注》意'吾以'二字为倒词，于文未顺，又难对之义，非经所有，并非是。"在他们看来，"毋"与"无"同，"'以'，用也"，"夫子自言身老，若四子则年力未衰，宜为世用，故就其平居所发议论诱之尽言，以观其才志何如耳。"② 又《公冶长篇》"非尔所及也"下，孔注曰："言不能止人使不加非义于己。"刘氏父子指出："义与不义，以不欲、无欲观之，其义自见，不必更言非义也。夫子之道不过忠恕，故以为非尔所及。若夫横逆之来，声色之诱，其由外至者，虽圣贤不能禁止之，而使其必无，况在中材以下！君子知其然也，故但修其在己，而不必遽非诸人也。伪孔此注，全失本旨。"③

二是"注义之备者，则据注以释经；略者，则依经以补疏；其有

① 刘宝楠：《论语正义》，中华书局 1990 年版，第 798 页。
② 同上书，第 466—468 页。
③ 同上书，第 183 页。

违失未可从者，则先疏经文，次及注义"①。

"据注以释经"者，如《为政篇》"子张学干禄"下，郑玄注曰："干，求也。禄，禄位也。"此注义已备，刘氏父子则据以释经：

> 《大戴记》有"子张问入官"，即问干禄之意。《鲁论》作"学"，谓学效其法也。于义并通。倪氏思宽《读书记》："《诗》曰：'干禄岂弟。'又曰：'干禄百福。'自古有'干禄'之语。子张是以请学之，犹范迟请学为稼、为圃之事也。"②

"依经以补疏"者，如《里仁篇》"事君数，斯辱矣；朋友数，斯疏矣"下，注曰："数谓'速数'之数。"此注过于简略，刘氏父子乃依经以补疏，《正义》曰：

> "疏"，远也。见《吕览·慎行》注。邢疏云："此章明为臣结交当以礼渐进也。"吴氏嘉宾说："'数'与'疏'对，《记》曰'祭不欲数'是也。君子之交淡如水，小人之交甘若醴。君子淡以成，小人甘以坏，事君与交友皆若是矣。'数'者，昵之至于密焉者也。惟恐其辱，乃所以召辱，不欲其疏，乃所以取疏，故曰上交不谄，下交不渎。"案，吴氏此说，与邢疏合。《宋书·萧思话刘延孙传论》："夫侮因事狎，敬由近疏，疏必相思，狎必相厌，厌思一殊，荣礼自隔。子曰：'事君数，斯疏矣。'"虽引文有误，而其义亦与邢疏同。《释文》云："数，郑世主反，谓数己之功劳。"《隋书·李谔传》："时当官者好自矜伐。谔上书云：'舜戒禹云：女惟不矜，天下莫与汝争能，女惟不伐，天下

---

① 刘宝楠：《论语正义·凡例》，中华书局1990年版，第1页。
② 刘宝楠：《论语正义》，中华书局1990年版，第62页。

莫与女争功。言偃又云：事君数，斯辱矣；朋友数，斯疏矣。此皆先哲之格言。'"正本郑说，以"数"为数已之功劳也。先兄五河君《经义说略》辨之云："如郑此说，则下'朋友数'不可通，当训为数君友之过。《汉书》、《项籍传》、《陈馀传》、《司马相如传下》、《主父偃传》注并云：'数，责也。'《国策·秦策》注'数让'，'责让'，皆数其过之义。《儒行》：'其过失可微辨，而不可面数也。'谓不可面相责让也。"俞氏樾《群经平议》说同。又云："《曲礼》云：'为人臣之礼，不显谏。'故谏有五，而孔子从其讽，其于朋友，则曰'忠告而善道之'。事君而数，则失'不显谏'之义。朋友而数，则非所以'善道'之矣。"此说于义亦顺，因并著之。①

注义违失不可从者，如《述而篇》"饭疏食饮水，曲肱而枕之，乐亦在其中矣"下，《论语集解》引孔安国注曰："疏食，菜食。"刘氏父子认为此注义犹未安。本章言孔子安贫乐道，"疏食"不宜讲成"菜食"。他们以《说文》为本，释"疏"为"粗"，指出，"《论语》三言'疏食'，皆谓粝米，亦当兼稷言之。稷，今之高粱，北方用为常食，比粱黍为贱也。"加之"《说文》无'蔬'字，疑古菜食之字亦作'疏'。《礼记·月令》云：'有能取疏食。'注：'菜曰疏'是也。疏为菜之通名，不为粗恶。"因此，"孔此注误也。"② 论证详密，结论可信。

第二，博辑同异。刘氏父子在义疏时，对于前贤成果，"若说义二三，于义得合，悉为录之，以正向来注疏家墨守之失"③。也就是说，对于前人成说，既不盲从，亦不轻易诋毁，于诸异解可合经义

① 刘宝楠：《论语正义》，中华书局1990年版，第160—161页。
② 同上书，第267页。
③ 刘宝楠：《论语正义·凡例》，中华书局1990年版，第1页。

者，皆并存论列，尊而录之。

如《学而篇》"传不习乎"句，《论语正义》曰："'传不习乎'者，'传'谓师有所传于己也。"此解释来源于郑注："郑注云：'鲁读传为专。今从古。'臧氏庸辑郑注释云：'此传字，从专得声，《鲁论》故省用作专，郑以《古论》作传，于义益明，故从之。'如臧此言，是'专'与'传'同，谓师之所'传'，而字作'专'者，所谓假借为之也。"接下去，刘氏父子又列举了宋翔凤和包慎言的解说：

> 宋氏翔凤《论语发微》："孔子为曾子传孝道而有《孝经》。《孝经说》曰：'《春秋》属商，《孝经》属参。'则曾子以《孝经》专门名其家，故《鲁论》读传为专。所业既专，而习之又久，师资之法无绝，先生之道不湮，曾氏之言，即孔子传习之旨也。"

> 包氏慎言《论语温故录》："专谓所专之业也。《吕氏春秋》曰：'古之学者，说义必称师，说义不称师命之曰叛。'所专之业不习，则臔弃师说，与叛同科。故曾子以此自省。《后汉书·儒林传》：'其耆名高义开门受徒者，编牒不下万人，皆专相传祖，莫或讹杂。扬雄所谓譊譊之学，各习其师。'此即《鲁论》义也。"

在刘氏父子看来，臧庸、宋翔凤、包慎言之说，互相印证，难以取舍，故尊而录之，以证成经义。"案：宋、包二君义同。《广雅·释诂》：'专，业也。'亦谓所专之业。此《鲁论》文既不著，义亦难晓，故既取臧说，兼资宋、包，非敢定于一是也。"①

---

① 刘宝楠：《论语正义》，中华书局 1990 年版，第 10—11 页。

三　考据精审

刘宝楠对小学功夫尤为重视，曾指出："国朝经学昌明，过于汉唐。由训诂声音以求义理，复由仓颉作书之旨以求其本义及其通假，而经学益以大明。虽佶曲不可句读之书，无不晓畅明白。然则欲治圣经，先通小学。世有薄小学为不足道者，非真能治经者也。"① 在他看来，只有小学通，才能研治儒家经典。

在《论语正义》中，刘氏父子就十分重视文字的考订。如《为政篇》"孝乎惟孝，友于兄弟，施于有政"句，刘氏父子对其中的"乎"字作了考证：

> "孝于惟孝，友于兄弟"，皆《逸书》文。东晋古文采入《君陈篇》。《汉石经》及《白虎通·五经篇》所引皆作"孝于。"皇本亦作"于"。《释文》云："孝于，一本作孝乎。"唐、宋《石经》及他传注所引，皆作"孝乎"。惠氏栋《九经古义》谓："后儒据《君陈篇》改'于'为'乎'。"其说良然。案："孝于"与下句"友于"相次，字宜作"于"。《吕氏春秋·审应览》"然则先生圣于"，高诱《注》："于，乎也。"《庄子·人间世》："不为社，且几有翦乎？"《释文》："乎，崔本作于。"《列子·皇帝篇》："今女之鄙至此乎？"《释文》："乎，本又作于。"《庄》《列》二文以"于"为"乎"，与《吕览》同。窃谓此文"孝于"、"友于"字虽是"于"，义则"乎"也。"孝于惟孝"，与《记》云"礼乎礼"、《公羊》"贱乎贱"、《尔雅》"微乎微"、《素问》"形乎形，神乎神"、汉语"肆乎其肆"、韩文"醇乎其

---

① 刘宝楠：《问经图序》，《念楼集》卷六，清末手抄本（无页码），中国国家图书馆北海分馆藏。

醇"相同。《法言》尤多有此句法。①

在这段文字中，刘氏父子先后引用了汉石经、皇本、《尔雅》、《释文》、唐石经、宋石经、惠栋《九经古义》等文献，证明了"孝乎"应为"孝于"，"于"作"乎"解。可见，刘氏父子为求得一字之正解，不惜笔墨，其重视考据之治经方法彰显无遗。

他如《为政篇》的"举直错诸枉"的"错"字，刘氏父子先引《经典释文》"错，郑本作措"，又引《说文》"措，置也"，再引汉《费凤碑》"举直措枉"为证，据以指出"措"为正字，"错"为假借字。又如《公冶长篇》"愿车马衣轻裘"的"轻"字，刘氏父子认为唐以前的本子没有"轻"字，是宋人依《雍也篇》"衣轻裘"误加，并引阮元的《校勘记》，列举四条证据加以证明，这样的考证说服力是比较强的。②

刘氏父子不仅对于文字如此考究，而且对于名物制度亦是。举凡《论语》中出现的国制、官制、堂制、车制、社制、礼器等，刘氏父子都不厌其详，作了最翔实、最精审的考证。《清史列传》本传云："至《八佾》《乡党》二篇所说礼制，皆至详确。"对于《八佾篇》他们用了两卷的篇幅，《乡党篇》用了三卷的篇幅。此外，"如《为政》篇之北辰、车制；《八佾》篇之堂制。夷狄之名、太庙之制，古代的社制，植柏、植松之制，三归、塞门、反坫之制，韶乐、武乐；《公冶长》篇之瑚琏之器，宰、邑制，守龟、山节、藻棁之制；《雍也》篇之釜、乡、党、径、觚；《泰伯》篇之麻冕、纯、鸟、河图、冕、齐、衰、缌袍、狐貉；《乡党》篇之宗庙、朝廷、上大夫、下大夫、公门、纩、练、诊绤络、缁衣、羔裘、素衣、麑裘、寝衣、玄

---

① 刘宝楠：《论语正义》，中华书局1990年版，第66页。
② 刘宝楠：《论语正义》之《校点说明》，中华书局1990年版，第4页。

冠、居室、饮食、车制；《颜渊》篇之十一税；《尧曰》篇之天禄、律历等，均有非常翔实的考证，充分显示出刘宝楠的考证功力。"①

如《八佾篇》"八佾舞于庭"章，刘氏父子对其中的"八佾"舞制进行了解释：

《春秋繁露·三代改制篇》："主天法商制僎溢员，主天法夏僎溢方，主天法质僎溢椭，主天法文僎溢衡。"《汉书·礼乐志·郊祀歌》亦作"溢"，则"溢"、"佾"通也。《左》隐五年《传》："考仲子之宫，将万焉。公问羽数于众仲，众仲对曰：'天子用八，诸侯用六，大夫四，士二。夫舞所以节八音而行八风也，故自八以下。'公从之。"《公羊》、《穀梁传》并谓天子八佾，诸公六佾，诸侯四佾，鲁侯国，用六佾为僭。《穀梁》又引《尸子》说："天子诸侯皆八佾，鲁用六羽为厉乐。"厉者，减也。此礼家异说。服虔《左传·解谊》云："天子八八，诸侯六八，大夫四八，士二八。"与马此《注》同。八八为六十四人，六八为四十八人，四八为三十二人，二八为十六人。《白虎通·礼乐》、高诱《淮南·齐俗训注》并云六六为行列，杜预注《左传》又为六佾三十六人，四佾十六人，二佾四人。《宋书·乐志》载傅隆议，讥杜氏谓舞所以节八音，八音克谐，然后成乐，故必以八人为列。自天子至士，降杀以两，两者减其二列，预以为一列又减二人，至士止有四人，岂复成乐？而深以服义为允。又引《左氏传》郑伯纳晋悼公女乐二八，晋以一八赐魏绛，是乐以八人为列。服氏之义，实为当矣。鲁本六佾，季氏大夫得有四佾，至平子时，取公四佾以往合为八佾，而公止有二佾，故《左

---

① 柳宏：《清代〈论语〉诠释史论》，社会科学出版社 2008 年版，第 222—223 页。

氏》言"禘于襄公，万者二八"，"二八"则二佾也。①

　　刘氏父子通过征引大量文献和服虔、高诱等人的训注，证明一佾实为八人，二佾为十六人，八佾为六十四人，指出了杜预《左传》注的错误，澄清了是非，为后人认识和掌握这一古代制度提供了帮助。

　　刘氏父子兼采宋学释《论》之长。刘氏父子注疏虽受乾嘉考据学的时代风气影响，注重汉学，但他们"不为专己之学，亦不欲分汉、宋门户之见"②，打破汉宋壁垒，在注疏中也兼采宋儒之说。这主要表现在：

　　首先，直接援引宋学家的《论语》注释，吸纳宋学思想。《论语正义》中援引宋学家的注释主要涉及宋儒和清儒，其中宋儒的又主要涉及朱熹的《论语集注》《论语或问》和张栻的《论语解》。如在《学而篇》"父在，观其志"章下引用了朱熹《论语或问》中的语句。《八佾篇》"子入太庙"章、《公冶长篇》"宁武子，邦有道，则知"章、"颜渊季路侍"章、《泰伯篇》"三年学，不至于谷"章、《乡党篇》"孔子于乡党"章、《先进篇》"闵子侍侧"章、"柴也愚"章、"子路、曾皙、冉有、公西华侍坐"章、《颜渊篇》"颜渊问仁"章、《卫灵公篇》"子张问行"章、"不曰如之何、如之何者"章、《季氏篇》"季氏将伐颛顼"章、《子张篇》"丧至乎哀而止"章下引用了朱熹《论语集注》的注文。《为政篇》"吾十有五而志于学"章、《公冶长篇》"子在陈"章、《雍也篇》"非不说子之道"章、《先进篇》"季子然问"章、《颜渊篇》"季康子患盗"章、《卫灵公篇》"君子疾没世而名不称焉"章、《季氏篇》"君子有三畏"章、"君子有三戒"章、"齐景公有马千驷"章、《子张篇》"孟氏使阳肤为士师"章

----

① 刘宝楠：《论语正义》，中华书局 1990 年版，第 78—79 页。
② 刘宝楠：《论语正义·后叙》，中华书局 1990 年版，第 798 页。

下引用了张栻的《论语解》。清儒主要涉及李光地、夏炘、吴嘉宾等宋学家的注释。如《子罕篇》"固天纵之圣，又多能也"、《阳货篇》"性相近，习相远"等注释中引用了李光地《读论语札记》，《里仁篇》"事君数"、《宪问篇》"陈成子弑简公"、《卫灵公篇》"巧言乱德"等注释中引用了吴嘉宾的《论语说》。

其次，阐发宋学思想。经过几代人的努力，宋儒将形而上的"理"标举为牢笼宇宙的万物之本，为伦理秩序的存在和永恒不变找到了哲学依据，并在此基础上提出了道德修养为一切人生根本的命题，描绘出"诚意—正心—修身—齐家—治国—平天下"的封建士大夫人生图景，决定了宋及其以后儒士的内省性人生特征的发展趋向。宋学的这种主张在《论语正义》中也有所体现。如《为政篇》"为政以德"章下，包咸注曰："德者无为，犹北辰之不移，而众星共之。"刘氏父子疏曰：

> 李氏允升《四书证疑》："既曰无政，非无为也。政皆本于德，有为如无也。"又曰："为政以德，则本仁以育万物，本义以正万民，本中和以制礼乐，亦实有宰制，非漠然无为也。"案：李说足以发明此注之意。《礼·中庸》云："《诗》云：'不显惟德，百辟其刑之。'是故君子笃恭而天下平。""笃恭"者，德也，所谓共己正南面也。共己以作之则，则百工尽职，庶务孔修，若上无所为者然，故称舜无为而治也。①

同篇"君子不器"章，刘氏父子在按语中说："此则学为修德之本。君子德成而上，艺成而下，行成而先，事成而后。故知所本，则由明明德以及亲民，由诚意、正心、修身以及治国、平天下，措则

---

① 刘宝楠：《论语正义》，中华书局1990年版，第39页。

正，施则行，复奚役役于一才一艺为哉？"①

这两段文字的解释，无不透显着刘氏父子由"内圣"而后"外王"的宋学取向。

最后，将义理寓于考据之中。在《论语正义》中，刘氏父子已不仅仅局限于单字单句、一名一物的考证，而是注重会通，注重从考据之中阐发义理。

如《学而篇》"礼之用，和为贵"章，《论语正义》曰：

> 案：有子此章之旨，所以发明夫子中庸之义也。《说文》："庸，用也。"凡事所可常用，故"庸"又训"常"。郑君《中庸目录》云："名曰《中庸》者，以其记中和之为用也。"注"君子中庸"云："庸，常也。用中为常道也。"两义自为引申。尧咨舜、舜咨禹云："允执其中。"孟子言"汤执中"，"执中"即用中也。"舜执两端，用其中于民"，"用中"即"中庸"之倒文。《周官·大司乐》言六德："中、和、祗、庸、孝、友。"言"中和"又言"庸"，夫子本之，故言中庸之德。子思本之，乃作《中庸》。而有子于此章已明言之。其谓"以礼节之"者，礼贵得中，知所节，则知所中。《中庸》云："和而不流，强哉矫！中立而不倚，强哉矫！""和而不流"，则礼以节之也，则礼之中也。中庸皆所以行礼，故《礼》篇载之。《逸周书·度训》云："和非中不立，中非礼不慎，礼非乐不履。"乐谓和乐，即此义也。②

在这里，刘氏父子指出本章在于阐发中庸之义，实发前人所未

---

① 刘宝楠：《论语正义》，中华书局 1990 年版，第 56 页。

② 同上书，第 29—30 页。

发。考皇疏曰："此以下明人君行化必礼乐相须。"邢疏曰："夫礼胜则离，谓所居不和也。故礼贵用和，使不至于离也。"朱注曰："盖礼之为体虽严，然皆出于自然之理，故其为用必从容而不迫，乃为可贵。"均未涉及中庸之义。而刘氏父子独发此微义，实为创见。

由上可见，《论语正义》一书是在乾嘉考据学风的影响下完成的一部考据精详、义理精深的《论语》注疏。

首先，是书在皇《疏》、邢《疏》、朱熹《集注》的基础上，指正谬误，兼采善说，对其他诸家的佳注，也时有甄采。对清人注释、考证的新材料，更是博取众长，详加引录。在注释中注重文字训诂、史实考订，尤其对典章制度、风俗礼节、历史故事及人名、地名的注释考证，更为详备，对不能定论的异说，多兼收并蓄，存疑待考。故同时代的儒者陈立在《论语正义序》中评论曰："其疏《论语》也，章句栉比，疏通知远，萃秦汉以来，迄国朝儒先旧说，衷以己意，实事求是。"近人蒋伯潜先生从汉学的角度对此书予以了高度的评价："刘氏荟萃诸家之说，先成长编，加以折衷，纂录成书，极为赅博。末阙数卷，以年老力衰，使其子恭勉续成之。此书经文注文，皆从邢疏本，如汉唐石经及皇侃疏、陆德明《释文》所载不同之文字，则列入疏中。又据翟灏《四书考异》、冯登府《论语异文疏证》，于注史及汉唐人说经史注文集所引《论语》，有不同者，亦悉列入，博稽异同，辨证得失。郑玄《论语注》逸文，亦据惠栋、陈鱣、臧庸、宋翔凤诸人所辑列入。清儒之说，亦多所采录。可谓能集汉学家注《论语》之大成。"①

其次，刘氏父子注重考据，而且由考据上求义理，他们所讲之义理既非宋儒那种借经书之躯壳，而大谈一己之道的义理，更不是讲学家或举业家为了"科第爵禄"，只知采摘"宋儒语录"，"舍宋人一二

---

① 蒋伯潜：《十三经概论》，上海古籍出版社 1983 年影印版，第 519—520 页。

剩语更无所主"，"犹沾沾焉假义理之说，以自饰其浅陋"的"义理"。① 他们所说的义理，是六经之义理，亦即周孔之义理。在他们眼中，诸经义疏已是错误百出，他们的重任是刊落浮词，独求真解。而要求得"其解"，在他们看来，"不必空执义理以求之也，但当正文字，辨音读，释训诂，通传注，则义理自现，而道在其中矣"②，即义理寓于考据之中。对此，《清史列传》给予了评价："其最有功经训者，如谓有子言礼之用章，是发明《中庸》之说；夫子五十知天命，是知天生德于予之义；告子游、子夏问孝，是言士之孝；乘桴浮海，是指今高丽地；兴于诗、立于礼、成于乐，民可使由之，不可使知之，是夫子教门弟子之法；文王既没，文不在兹乎，是指所得之简策；言樊迟从游于舞雩之下，问崇德修慝释惑，是鲁行雩祭、樊迟举雩祭之词；以问朋友切切偲偲、兄弟怡怡，是言朋友择善、兄弟不可择善；谓伯鱼为《周南》《召南》，是谓伯鱼受宝示以闺门之戒；四海困穷，是指洪水之灾，尧举舜敷治之。凡此皆先圣贤之旨，沉霾二千余载，一旦始发其蕴。"可见，《论语正义》的确是《论语》旧注中水平最高的集大成之作。

第二节　康有为的《论语注》

康有为（1858—1927），近代思想家、政治家。原名祖诒，字广厦，号长素，广东南海（今广东广州）人。他出身于仕宦家庭，自幼接受传统儒学教育，重视经世致用之学，后游历香港、上海，购读各种西书译本和报刊，开始接受西学思想。其主要著作有《新学伪经

---

① 焦循：《雕菰集》卷十五《王处士纂〈周易解〉序》，《焦循诗文集》上，广陵书社 2009 年版，第 276 页。

② 王鸣盛：《十七史商榷·序》，商务印书馆 1959 年重印版，第 1 页。

考》《孔子改制考》《论语注》《孟子微》《中庸注》《礼运注》等。其中《论语注》是康有为在戊戌变法失败后，避难印度的大吉岭时所撰，该书完成于公元1902年，刊刻于1917年。在这部书中，康有为融通古今，兼摄中外，陶铸涵泳，以今文经学为枝干，以西学为花果，以期收到"化古昔为今务"的政治功效，带有明显的时代特色。

一　宗主今文经学以释《论》

康有为不是一个纯粹的学者，而是一个欲以经学干政的政治活动家，他想根据时代的需要，通过对《论语》等儒家经典的新阐释，建构一套系统理论，以解决现实社会所提出的问题，重构近代社会的合法性依据。而今文经学恰恰能够满足康有为的上述欲求，因为今文经学的特点是既勘落名物训诂，又不究心于义理性命，其宗旨是"以经术明治乱"[1]，即假借对历史文本作一种"牵引饰说"和"微言大义"的解释去缘饰政治，其关注的是为某种政治社会理念寻找历史经验的学理根据。这种"喜以经术作政论"的解经方法，不是对历史现象的陈述，也不是对历史文本作内在关联的观念解释，而是通过创造性诠释把文本"作为工具去达到任何特殊的利益或目的"[2]。所以康有为的《论语注》以"鲁《论》为正，其引证以今学为主"。这是他的经学立场，也是他的治经原则。这一特点首先从其对《论语》的成书、价值的认识及其作《论语注》的目的中反映出来。

关于《论语》的成书，康有为认为《论语》辑本定自曾子后学之手，过去郑玄以为仲弓、子游、子夏等撰定，实大谬不然，"夫仲弓、游、夏皆年长于曾子，而曾子最长寿，年九十余，安有仲弓、游、夏所辑，而子曾子，且代曾门记其启手足耶？"既然《论语》出

---

① 章太炎：《章太炎全集》（三），上海人民出版社1984年版，第476页。
② 黑格尔：《哲学史讲演录》第1卷，商务印书馆1959年版，第4页。

于曾门，那么它必然带有曾门的特点，"而曾子之学专主守约。观其临没郑重言君子之道，而乃仅在颜色容貌辞气之粗；乃启手足之时，亦不过战兢于守身免毁之戒。所辑曾子之言凡十八章，皆约身笃谨之言，与《戴记曾子》十篇相符合。宋叶水心以曾子未尝闻孔子之大道，殆非过也。"曾子之学术如此，因而"其门弟子之宗旨意识可推矣。故于子张学派攻之不遗，其为一家之学说，而非孔门之全，亦可识矣。夫以孔子之道之大，孔门高弟之学术之深博如此，曾门弟子之宗旨学识狭隘如彼，而乃操採择辑纂之权，是犹使僬侥量龙伯之体，令鄙人数朝庙之器也。其必谬陋粗略，不得其精尽，而遗其千万，不待言矣！"如果是"颜子、子贡、子木、子张、子思辑之，吾知其博大精深必不止是也。"如果是"仲弓、子游、子夏辑之，吾知其微言大义之亦不止此也"。故"《论语》之学实曾学也，不足以尽孔子之学也"。

康有为认为，首先，《论语》不仅辑自"守约"之曾门，而且在后世流传过程中屡遭变故。先是安昌侯张禹混合《齐论》《鲁论》，择善而从以成《张侯论》。"安昌侯张禹受鲁《论》于夏侯建，又从庸生、王吉受齐《论》，择善而从以教成帝，最后行于汉世。然鲁齐之乱，自张禹始矣。"接着刘歆作伪经以夺真经，"刘歆伪《古文论语》托称出孔子壁中，又为传托之孔安国，而马融传而注之，云多有两《子张》，分《尧曰》以下子张问政为《从政》，凡二十一篇，篇次不与齐鲁同。桓谭《新论》谓文异者四百余字，然则篇次文字多异，其伪托窜乱当不止此矣"。随后郑玄合《鲁论》《齐论》《古论》为一，遂使刘歆之伪经羼入曾门之真经，"自郑玄以鲁、齐与古《论》合而为书，择其善者而从之，则真伪混淆，至今已不可复识。于是曾门之真书亦为刘歆之伪学所乱，而孔子之道益杂羼矣"。末误于宋儒之误读，真伪不辨，遂使曾子之学大盛。"宋贤复出求道，推求遗经，而大义微言无所得，仅获《论语》为孔子言行所在，遂以为孔学之全，乃大发明之，翼以《大学》《中庸》《孟子》，号为四子书，拔在六经之上，立于学官，日以试士。盖千年来，自学子束发诵读，至于天下推施奉行，皆奉《论语》为孔教大宗正统，以代六经，而曾子守约之儒学，于是极盛矣。"

如此一来，《论语》是不是还有其研究价值呢？康有为认为，《论语》仍有其研究价值：其一，《论语》记载孔门行事甚详，"孔门之圣事若弟子之言论行事，藉以考其大略。司马迁撰述《仲尼弟子列传》，其所据引不能外《论语》"。其二，"凡人道所以修身待人、天下国家之意，择精语详，他传记无能比焉"。"想见肫肫之大仁，于人道之则，学道之门，中正无邪，甚周甚备，可为世世之法。自六经微绝，微而显，典而则，无有比者；于大道式微之后，得此遗书别择而发明之，亦足为宗守焉。"其三，"《论语》本出今学，实多微言，所发大同神明之道，有极精奥者。"所以，康有为认为，只要剔除刘歆伪篡之古文《论语》，恢复今文《论语》之本来面目，就能使《论语》一书发挥其功能、彰显其价值。正是由于《论语》"上蔽于守约之曾学，下蔽于杂伪之刘说，于大同神明仁命之微义，皆未发焉"，于是他才要注释《论语》，抉发大义，"正伪古之谬，发大同之渐"，注解的基本立场是"其经文以鲁《论》为正，其引证以今文为主……其诸本文字不同，折衷于石经，其众石经不同者，依汉，无则从唐，或从多数"①。从其正伪古之谬、《论语》多微言、本出今文、发大同之渐以及经文、引证以今文为主等的表述，可以非常清楚地看出，康有为在思想观念上是绝对宗主今文经学的。

其次，宗主今文经学，还表现在不论是《论语》的篇次、经文的文句还是经义的解释方面，都斥古文、尊今文。

《论语》的篇次，是康有为非常注重的一个问题，在此问题上，

---

① 康有为：《论语注·序》，中华书局 1984 年版。

康有为秉持不以古文为准的原则。比如《雍也篇》题下康有为注曰："皇《疏》言，《古论》以《雍也》为第三篇，此伪本不足据。足见《古论》之多变异，而前儒亦有知为伪本矣。"① 对于经文文句康有为更是一概摈弃古文，而从今文。比如《为政篇》首章"为政以德，譬如北辰，居其所而众星拱之"下，康有为注曰：

> 郑玄本作"拱"，蔡邕《明堂月令论》引亦作"拱"，《吕氏·始览》引作"拱"，赵歧《孟子注》皆作"拱"，则今文当作"拱"，而"共"为古文，今不从。②

因为"拱"是今文经，所以康有为主张从之。又如《宪问篇》"子张曰：《书》云：'高宗梁闇，三年不言。'何谓也？"下，康有为注曰：

> 伏生《大传·说命篇》三引皆作"梁闇"。伏生传今文，故从之。今本作"谅阴"，《无逸》作"亮阴"，《吕氏春秋》作"谅闇"，《公羊》何休《注》、《汉书·五行志》作"凉"。"亮"、"凉"、"谅"，皆"梁"音，通。"阴"与"闇"通，即今"庵"也。③

因为伏生是传今文的，所以，康有为遵从伏生的观点。

但是，由于《论语》流传已久，有些文句实在分不清究竟是《古论》还是《齐论》了，在这种情况下，康有为断然决定从《鲁论》，因为，《鲁论》是毫无疑问的今文。比如，《微子篇》"楚狂接舆歌而过孔子曰：'凤兮凤兮！何而德之衰也？往者不可谏也，来者

---

① 康有为：《论语注》，中华书局 1984 年版，第 71 页。
② 同上书，第 16 页。
③ 同上书，第 224 页。

犹可追也。期斯已矣，今之从政者殆'"下，康有为注曰：

> 《集解》作"已而已而，今之从政者殆而"，不知为古文欤？
> 为《齐论》欤？《鲁论》作"期斯已矣，今之从政者殆"，今从
> 《鲁论》。汉石经作"何而德之衰也"，与《庄子》合，唐石经及
> 皇本作"何德之衰也"。又："谏""追"下汉《石经》及皇本、
> 高丽本皆有"也"字，今本无之。①

同样，斥古文而从今文，不但表现在篇次与文句上，而且表现在对文
义的解释上，比如《八佾篇》首章"孔子谓季氏，'八佾舞于庭，是
可忍也，孰不可忍也'"下，康有为这样解释道：

> 谓，说也。忍，耐也。季氏，鲁大夫季孙氏也。佾，舞列
> 也。《公羊》《穀梁》谓："天子八，诸公六，诸侯四。"《白虎
> 通》、高诱注《淮南》，谓"每佾六人"。《左传》与马融、服虔
> 以为每佾八人。天子八，诸侯六，大夫四，士二，皆伪古文说，
> 今不从。②

而在更多的时候康有为更是直接批评古文经，特别是刘歆的伪古文
经，而倡言今文经。比如关于孔子五十而学《易》的问题，《述而
篇》有"子曰：'加我数年，五十以学，亦可以无大过矣。'"康有为
先在这句经文下作了小注："郑《注》：《鲁》读'易'为'亦'。"
然后作了非常详细的阐释：

---

① 康有为：《论语注》，中华书局1984年版，第277—278页。
② 同上书，第30页。

　　《汉外黄令高彪碑》："恬虚守约，五十以敩"，正从《鲁》读之句读，则汉人《论语》本无学《易》之说至明。经传易改，碑文难窜乱也。《说文》："敩，觉悟也。"盖为学孜孜，望有豁然证悟之一时，乃不致终身误人，而后可以无大过矣。惠栋曰："君子爱日以学，及时而成，五十以学，斯为晚矣。然秉烛之明，尚可寡过。此圣人之谦辞，当是对老者勉励之词。"《史记》："孔子晚而善《易》，读《易》韦编三绝，曰：'假我数年，若是我于《易》则彬彬矣。'"未审是《齐论》否？或亦刘歆所窜。若今本《论语》作"加我数年，五十以学《易》，可以无大过矣"，此为刘歆《古文论语》窜改。今考《史记·孔子世家》，编此章在自卫反鲁，删《诗》《书》，定《礼》《乐》之后，作《春秋》之前。朱子以为年将七十，此言五十，则与《世家》说无关，足证其为刘歆窜改傅会之伪。[①]

他认为《易》之《彖辞》《象辞》《系辞》《文言》皆孔子所作，数易其稿，乃至韦编三绝，而刘歆为了说明《易》非孔子所作，故改曰学《易》，并傅会《史记》加以证明。"刘歆既以《左传》篡孔子之《春秋》，又造伪说，谓《彖辞》作于文王，《象辞》作于周公，孔子仅为十翼。故改曰学《易》，以明《易》非孔子所作，抑以无大过，以明孔子之为后学。盖欲篡孔子之《易》，窜改《论语》，傅会《史记》，以证成之。幸有鲁读及《史记》今文犹存，犹得以证其伪乱。俾大圣作《易》之事，如日中天也。"[②] 通过把孔子学《易》厘正为孔子作《易》，康有为进一步坐实了今文经学家所主张的孔子作"六经"为后世立法的观点，同时也为其改弦更张、"以经术作政论"打

---

①　康有为：《论语注》，中华书局1984年版，第95—96页。

②　同上书，第95页。

开了方便之门。

但是，康有为对古文经的排斥有的地方是很不公正的，他常常假罪于刘歆，说刘歆篡改了《论语》经文，湮没了孔子的微言大义。例如《述而篇》"述而不作，信而好古，窃比于我老彭"下，康有为在注解中说："《大戴礼虞戴德》《吕氏春秋执一篇》《世本》《汉书古今人表》与包咸，皆以老彭为一人。惟郑氏以老为老聃，分作二人，盖古文伪说。按，此窜改之伪古文也。虽非全行窜入，则孔子以不作好古称老彭，而刘歆增改'窃'字。原文或是'莫比'二字。"① 又如《泰伯篇》"民可使由之，不可使知之"章，康有为注释说："孔子曰：'道之不明也，我知之矣。智者过之，愚者不及。'深忧长叹，欲人人明道。若不使民知，何须忧道不明，而痛叹之乎？愚民之术，乃老子之法，孔学所深恶者。圣人遍开万法，不能执一语以疑之。"因此，他将其视为伪古文，指出"《论语》六经多古文窜乱，今文家无引之，或为刘歆倾孔子伪窜之言，当削附伪古文中。"② 他凡遇与己意解经不通处，便推说是刘歆伪造，以便于发挥己说。

再次，改易经文，曲为之说。今文经学解经好发议论，有时不免穿凿附会，但一般还不至于改动经文本身，虽然康有为遵从的经文是今文而不是古文，但毕竟是经学内部一派的经文。但如果没有根据地改动经文，就意味着超出了"六经注我"畛域了。康有为在《论语注》中，的确有个别地方已经跨出了这一步。康有为为了借《论语》宣扬自己的思想主张，超出了解经的最底线，改易经文，以适己说。如《季氏篇》"天下有道，则政不在大夫"章，康有为认为这里的"不"字是衍字，应据旧本删掉。删去"不"字后，他注释说："政在大夫，盖君主立宪。有道，谓升平也。君主不负责任。故大夫任其

<hr>

① 康有为：《论语注》，中华书局 1984 年版，第 87 页。
② 同上书，第 114 页。

政。"这样一改，本句就成为君主立宪政体的赞歌。接下去"天下有道，则庶人不议"句，康有为同样认为其中的"不"字是衍文，应该删除。他认为此句表明了孔子大同社会的理想："大同，天下为公，则政由国民公议。盖太平制，有道之至也。此章明三世之义，与《春秋》合。惟时各有宜，不能误用，误则生害；当其宜，皆为有道也。《洪范》称'谋及庶人'，'庶人从，谓之大同'。……若如今本'庶人不议'，则专制防民口之厉王为有道耶？与群经义相反，固知衍文之误也。或后人妄增。"① 这样，康有为通过大胆删改《论语》原文字句，便把公羊三世说挂搭在《论语》之上，用孔子的话为升平世为君主立宪——太平世为民主共和的新三世说张目。

最后，阐发孔子改制说等微言大义。今文经学以孔子为哲学家、政治思想家，为"受命""素王"，主张"托古改制"，认为六经皆孔子制作。其特点是注重"微言大义"，结合现实阐发经义，具有较丰富的哲学、政治思想。康有为在《论语注》中也充分发挥了今文经学的这一特点。如《子罕篇》"子畏于匡，曰：'文王既没，文不在兹乎？天下将丧斯文也，后死者不得与斯文也；天之未丧斯文也，匡人其如予何'"章，康有为对此解释曰："文者，文明之道统也。春秋继周文王，有文明之道，文王隐没五百年，文明之道统大集于孔子。后死者，孔子对文王自谓也。言天若绝文明之统，则孔子自谓不得为文明之教主；天若未绝文明之统，则我为文明之教主，匡人必不能违天相害。《春秋》之始元年春王正月，《公羊传》曰：'王者孰谓？谓文王也。'何休述口说曰：'文王者，法其生，不法其死，与后王共之，人道之始也。'王愆期曰：'文王，孔子也。盖至孔子而肇制文明之法，垂之后世，乃为人道之始，为文明之王。'盖孔子未生以前，乱世野蛮，不足为人道也。盖人道进化以文明为率，而孔子之道尤尚

_____

① 康有为：《论语注》，中华书局 1984 年版，第 250 页。

文明。公羊先师口说，与《论语》合符，既皆为今文家之传，又为孔子亲言，至可信也。盖孔子上受天命，为文明之教主，文明之法王，自命如此，并不谦逊矣。"① 孔子为"上受天命"的文王，为后世创制立法，堪为文明教主。康有为进而指出，按照公羊派的纬书《春秋纬》，孔子制作新法以开来世，为新王教主，其大义微言载之"六经"，"孔子仰推天命，俯察时变，却观未来，预测无穷，故作拨乱之法，载之《春秋》。删《书》，则民主首尧舜，以明太平。删《诗》，则民主首文王，以明升平。《礼》以明小康，《乐》以著大同，《系易》则极阴阳变化，幽明死生，神魂之道。作《春秋》以明三统三世，拨乱升平太平之法。故其言曰：'文王既没，文不在兹?'又曰：'天生德于予。'虽藉四代为损益，而受命改制，实为创作新王教主。"② 而孔子的改制也并非凭空而为，而是"取三代之制度而斟酌损益之。如夏时、殷辂、周冕、虞乐，各有所取，然本于周制为多。非徒时近俗宜，文献足征，实以周制上因夏、殷，去短取长，加以美备，最为文明也"③。

二 借助西学以释《论》

康有为的《论语注》，与此前的所有《论语》注疏相比，最突出的是引借西方近代的思想观念阐释《论语》，给《论语注》增加了近代化的色彩。这种解经倾向主要表现在以进化论的哲学思想、自由平等博爱的人权思想、议院两党的政治思想和重商的经济思想来解释《论语》。

首先，运用进化论诠释三世说，为君主立宪寻找学理依据。"三世说"最早见于儒家今文学派的《春秋公羊传》。《春秋公羊传》说：

---

① 康有为：《论语注》，中华书局 1984 年版，第 127 页。
② 同上书，第 87 页。
③ 同上书，第 38 页。

所见异辞、所闻异辞、所传闻异辞。后来历经董仲舒、何休等思想家的发展，逐渐演化成为依次发展的"据乱世""升平世""太平世"三个阶段。康有为用进化论改造儒家传统的公羊三世说，提出"人道进化皆有定位"①的新观念。他在注解《为政篇》"子张问：'十世可知也？'子曰：'殷因于夏礼，所损益可知也；周因于殷礼，所损益可知也。其或继周者，虽百世可知也'"时，说："《春秋》之义，有据乱世，升平世，太平世。子张受此义，故因三世而推问十世，欲知太平世之后如何也。孔子之道有三统、三世，此盖借三统以明三世，因推三世而及百世。夏、殷、周，三统递嬗，各有因革损益，观三代之变，则百世可知也。盖民俗相承，故后王之起，不能不因于前朝；弊化宜革，故一代之兴，不能不损益为新制。人道进化，皆有定位。自族制而为部落，而成国家，由国家而成大统。由独人而渐立酋长，由酋长而渐正君臣，由君臣而渐为立宪，由立宪而渐为共和。由独人而渐为夫妇，由夫妇而渐定父子，由父子而兼锡尔类，由锡类而渐为大同，于是复为独人。"他认为三世的每一世都有其相应的政治制度：据乱世为君主专制，升平世为君主立宪，太平世为民主共和。当人类社会从较低的社会阶段发展到较高的社会阶段时，政府的形式也要相应改变。"盖自据乱进为升平，升平进为太平，进化有渐，因革有由，验之万国，莫不同风。"揆诸中国，孔子生当据乱之世，"今者，大地既通，欧美大变，盖进至升平之世矣。"②中国也应顺历史潮流而行，实行君主立宪，如果中国仍然固守君主专制政体，不及时变法改制，那么其结果必然导致国内大乱不止，外侮接踵而至。这里，康有为借用西方进化论对儒家传统的"三世说"进行了改造，认为社会经历据乱世、升平世再到太平世，历史是进化的。这种理论，在学理上为变

---

① 康有为：《论语注》，中华书局 1984 年版，第 28 页。
② 同上书，第 27—28 页。

法维新、实现君主立宪政体提供了根据。

其次，把西方"自由""平等""博爱"等理念纳入《论语》。既然实行君主立宪政体，那么人民就应当享有自由、平等等权利，于是康有为把西方自由平等等观念附会孔子学说。他在解释《公冶长篇》中子贡所言"我不欲人之加诸我也，吾亦欲无加诸人"这句话时写道："人为天之生，人人直隶于天，人人自立自由。不能自立，为人所加，是六极之弱而无刚德，天演听之，人理则不可也。人各有界，若侵犯人之界，是压人之自立自由，悖天定之公理，尤不可也。"在康有为看来，只有尊重每个人与之俱来的自由权利，才能顺乎天而应乎人；如果压制人的自立自由，那么就违背天理。显而易见，这是康有为借用西方启蒙思想家的天赋人权论对孔子学说进行的阐幽发微式的创造性解释。他认为孔子那里早就有自由思想，只是未发而已。"孔子以生当据乱，世尚幼稚，道虽极美，而行之太早，则如幼童无保傅，易滋流弊，须待进化至升平太平，乃能行之。""近者，世近升平，自由之义渐明"。所以，他特别推崇子贡这句话，认为它最符合近代的平等自由之义。他解释说，"不欲人之加诸我，自立自由也；无加诸人，不侵犯人之自立自由也。"① 并认为这句话是子贡"闻孔子天道之传，又深得仁恕之旨"以后，对孔子太平大同思想"闻一知二"的创造性发挥，它发明了"人人独立，人人平等，人人自由，人人不相侵犯，人人交相亲爱"这样一条"人类公理"。他还特别注重"仁"，并且赋予"仁"以博爱的内涵，如在注释《八佾篇》"人而不仁"章时，他解释说："盖人者仁也，取仁于天，而仁也以博爱为本，故为善之长。"② 再如《颜渊篇》"樊迟问仁，子曰爱人"下，康有为注释曰："盖博爱之谓仁。孔子言仁万殊，而此以爱人言仁，实为仁之本义也。"③

---

① 康有为：《论语注》，中华书局 1984 年版，第 61 页。
② 同上书，第 31 页。
③ 同上书，第 187 页。

再次，把议院和两党轮流执政制引入对《论语》的解释中。实行君主立宪政体，议院是不可或缺的政体形式。对此，康有为十分明了，他在解释《八佾篇》"君子无所争"章时，明确指出："今各国皆立议院，一国之御侮决于是，一国之图存决于是，万国之比较文明定于是，两党之胜负迭进立于是。"议院之作用由此可见一斑。康有为认为，在议院中应实行两党轮流执政制度，"两党迭进，人道之大义，孔子之微义也"，只有使两党争相执政，才能国治才进，"以争，而国治日进而不敢退；以争，而人才日进而不敢退。如两军相当，气衰则败。水愈长而堤愈高，交进迭上，无敢退让，以视从容独立无磨砺之者，其进退相反亦远矣。……故议院以立两党而成治法，真孔子意哉。"这样，康有为便把议院和两党轮流执政制挂上了孔圣人的招牌，附会为孔子的微言大义。他甚至断言即使社会发展到"太平世"，两党轮流执政制这种形式亦不可废除。"即万国全合太平大同，而两党互争之义施之于政教艺业，皆不可废者。"① 康有为还以"无为而治"联系西方政治思想，在注释《卫灵公篇》"无为而治"章时说："盖民主之治，有宪法之定章，有议院之公议，行政之官，悉由师锡，公举得人，故但恭己，无为而可治。若不恭己，则咨用君权，挠犯宪法，亦不能治也。故无为之治，君无责任，而要在恭己矣。此明君主立宪，及民主责任政府之法。今欧人行之，为孔子预言之大义也。"② 在他看来，无为而治，就是当时西欧的君主立宪，认为这是按照孔子的思想来组建的，这当然是附会之说，但却体现了康有为引借西学以解经的特点。

最后，用近代经济思想阐释《论语》。用近代经济思想阐释《论语》。中国传统儒家倡导节衣缩食，并视之为一种美德。康有为

---

① 康有为：《论语注》，中华书局 1984 年版，第 34 页。
② 同上书，第 229—230 页。

则与之相反，认为经济生产的主要目的在于满足人民的消费欲望，节衣缩食并不是什么品德。如他在注解《述而篇》中的一章时写道："孔子尚文，制礼从文。若奢、俭，俱失中，而奢之害大。孔子生当据乱酋长之世，时君大夫以奢相尚，筑台凿池皆役小民，虽以文王之灵台、灵沼号称'子来'，可谓德及民矣，然犹不免役民。其余暴虐之长，则妄用民力，苟违民时，民生日困，无一非民膏民脂。孔子恶之，恶僭不逊也。若华美而合于礼，为文而非奢，孔子所尚矣。后世已用雇役，为天下合计，则财者泉也，以流转为道。若尚俭，则财泉滞而不流，器用窳而不精，智慧窒而不开，人生苦而不乐，官府坏而不饰，民气偷而不振，国家痿而不强。孔子尚文，非尚俭也，尚俭，则为墨学矣。后儒不善读此章，误以孔子恶奢为恶文，于是文美之物皆恶之。历史所美，皆贵俭德，中国文物遂等野蛮，则误解经义之祸也。且圣人之言，为救世之药，参术之与大黄，相反而各适所用。孔子言各有为，但以救时。孔子为圣之时，若当平世，必言与其俭也宁奢。"[1] 这里，康有为实际上提出了两种对立的经济观，一种崇尚节俭，满足于衣衫褴褛，粗茶淡饭的小农生活，流通交换滞后，人民缺乏创造精神，国家经济力量薄弱；另一种崇尚文美，衣不厌锦，食不厌精，流通货畅其流，人民勤奋发明创造，国家经济力量雄厚。在康有为看来，人们应该追求并享受美好的生活，不能仅仅安贫乐道。只有这样，才能民振国强。为此他反对墨子的尚俭主张，提倡用消费刺激生产，拓展商品流通领域，让人类在享受自己的劳动成果中获得人生的快乐。这是符合近代西方经济学家的思想的。

　　总之，康有为试图将《论语》等儒家经典与当时的社会运动搭挂起来，使儒学适应近代社会变迁，《论语》遂充实了近代意

---

　　[1]　康有为：《论语注》，中华书局 1984 年版，第 105—106 页。

义的新内容。这在《论语》学史上乃至整个儒学史上都具有重要的意义。

首先，康有为的《论语注》拓展了传统儒家的"外王学"。康有为认为，《论语》多言"内圣"，鲜及"外王"。"《论语》为言德行之书，间及礼、乐，寡及射、御，绝不及书、数及卜祝、农艺、天文、地舆之学，纯乎其为师氏之学，为后世学之大宗。……后世百治不举，而人心风俗犹有善者，赖此而已。"① 所以后世儒者在对《论语》进行注解时大都侧重于"内圣"，而对其"外王"层面重视不够，致使其中"极精奥之大同神明之道"隐而未发。康有为力图扭转这种解释的片面性，将《论语》中隐而不彰的思想凸显出来。为此，他借助近代西学，沿循"从儒家经典的外在社会效应解读原儒经典的理路"②，对《论语》进行了创造性解释，从而在《论语》中凸显出君主立宪政体的深层蕴含，将儒学与近代政治论说搭挂起来，从而为儒学对于"近代性"作出理论反应奠定了基础，指示了方向，同时也把儒家"外王学"发展到一个新的阶段。这可以说是康有为对儒学发展的一大贡献。

其次，援西入《论》开儒学近代化之先河。检视整个《论语》学史，我们可以看到，虽然在魏晋及宋明时期发生过援道入《论》、援佛入《论》，但由于道家思想、佛教思想本身都是封建社会的寄附品，所以援道解《论》、援佛解《论》，均没有使《论语》学发生质变。而近代西学却是反封建的产物，因此，援西入《论》使《论语》学从古代走向了近代。实际上"康有为一生都在试图援西方自然科学、社会科学以及西方的政治学说来重建儒学系统"，"他提出'援

---

① 康有为著，姜义华等编校：《康有为全集》第一集，上海古籍出版社 1990 年版，第 121—122 页。

② 任剑涛：《经典解读中的原创思想负载——从〈孟子字义疏证〉与〈孟子微〉看》，《中国哲学史》2002 年第 1 期，第 41—50 页。

西入儒'甚至'以西化儒'的方式建构儒学，其目的是想用这种折中的方式来保证儒学的存在。正因为康有为有了十六年亲身感受到西方所谓科学、民主、自由和平等的体验，才有了康有为对儒学坚守如宗教般的庄严性"①。所以他借用西学创造性解释《论语》，用中国人的语言和思维方式，在中西文化的交汇处吐故纳新，把西方进化论、自由平等观、议院和两党轮流执政制度等融为中国近代儒学的组成部分，使之成为转变观念、改造社会的文化支撑点，并在中国传统文化中确立了构建西方近代模式的社会政治体制的内在根据。康有为的解释，使《论语》中"许多隐而不彰的观念至此而发扬光大，取得了二十世纪的新意义。经过此一创发性的转化，古与今乃不至断为两橛，而传统儒学与现代生活复得以融为一体"②。虽然在解释过程中，康有为为了将经典思想与当下社会运动的状况联系起来，不得不突破经典文本的宥限，而具有一种解释的主观随意性，但他仍然借助孔子的招牌，来伸张他源自经典的变法改制思想。诚如萧公权先生所言："康氏的武断解经虽使传统派大为吃惊，但对孔孟学说的破坏极微。他的解释常常超越了字面，但那是对儒家经典意义的延伸而非否定。"③ 这在事实上开了近代以来适应时代需要援西入儒的先河。康有为也因此成为"二十世纪中国思想史上，一位从折衷中西思想中从事儒学现代化伟业的思想家，也是一位从儒家新解释中努力调融中西思潮的学者"④。

---

① 刘星：《东传科学与康有为今文经学的嬗变》，中国社会科学出版社2018年版，第333页。
② 黄俊杰：《从〈孟子微〉看康有为对中西思想的调融》，台北"中央研究院"近代史研究所编《近世中国经世思想研究会论文集》，1984年，第584页。
③ 萧公权：《近代中国与新世界：康有为变法与大同思想研究》，江苏人民出版社1997年版，第81页。
④ 黄俊杰：《从〈孟子微〉看康有为对中西思想的调融》，台北"中央研究院"近代史研究所编《近世中国经世思想研究会论文集》，1984年，第578页。

第三节 简朝亮的《论语集注补正述疏》

简朝亮（1851—1933），字季纪，号竹居，广东顺德简岸乡人。少时家贫，时学时辍，但 14 岁即能遍诵七经。后得师友引荐及资助，简朝亮得以从学于享誉岭南的南海朱次琦（九江）门下。他秉承师教，读书以修身，经学、史学、掌故之学、性理之学、辞章之学，无不涉及，十分渊博，而不为趋时之言。学成后，由于种种原因，屡试不第，39 岁后绝意科场，致力经史之学，以著书讲学为职志，不事标榜，以风节励后学，以实学树楷模。

简朝亮数十年潜心疏证儒家经典，著有《尚书集注述疏》《论语集注补正述疏》《孝经集注述疏》《读书堂问答》等。其中《论语集注补正述疏》一书乃其课徒之讲稿，历经十年写成，由群弟子赞助刊行。该书首列《论语》经文，次录朱熹《论语集注》全文，后列他的述疏，文末附《读书堂答问》二百五十六条。简朝亮的"述疏"，基本上由两部分组成：一是疏通、补充朱熹的《论语集注》，解读翔实，资料丰富，具体特点详下文；二是注释字音，以便读者。他说："如疏无音，亦难读也，故亦相次为疏，以绝废经者议焉。"① 此外，疏中注音还有一个作用，即标明段落。他说："其疏文连而不可断之为音者，其音皆在疏末。其疏文连而可断之为音者，分隶其音。读者亦可因而求段落处也。"② 《论语集注补正述疏》有以下几个阐释特点：

① 简朝亮：《论语集注补正述疏》，北京图书馆出版社 2007 年版，第 650 页。
② 同上书，第 650 页。

一　折中汉宋

在中国经学史上，有所谓汉学、宋学之说。一般认为，汉学强调实事求是，力求广稽博征，言必有据，事必有本，不穿凿附会，不驰骋议论，但流于烦琐；宋学讲求微言大义，好为新说，以义理见长，但其学往往流于空疏。有鉴于此，简朝亮则主张折中汉宋，摒弃门户之见，不论汉学宋学，只要合于孔门义旨，就可采用。他说："为《论语》之学者，明经以师孔子也。惟求其学之叶于经而已矣，乌可立汉学宋学之名而自画哉？""或平之曰'汉学长训诂，宋学长义理。斯不争矣'。是未知叶于经者之为长，其长不以汉、宋分也。"① 如《为政篇》"殷因于夏礼，所损益，可知也；周因于殷礼，所损益，可知也"句，马融注曰："所因，谓三纲五常。"朱熹袭用之，并解释曰："三纲，谓：君为臣纲，父为子纲，夫为妻纲。五常，谓：仁、义、礼、智、信。"② 在简朝亮看来，"义理莫大于纲常，经言殷周所因而知其继也，马氏以纲常释之"，"此汉注非训诂也，朱子采其说，此其义理之长也"③。又，《雍也篇》"君子博学于文，约之以礼"，《集解》所引郑玄注于"约"没有注解，朱熹《论语集注》则曰："约，要也。"简朝亮认为，"'博约'之教，乃开后学。郑氏释此经者不释'约'焉，朱子以'约要'释之。由知而行，皆要也。孟子之学，曰说约，曰守约，其自斯发与？此宋注明义理者以训诂而明，此其训诂之长也。"④ 总之，在简氏看来，无论汉学、宋学，"叶于经者之为长"⑤。

在具体操作过程中，简朝亮践行了自己的解释原则，总括而言，

---

① 简朝亮：《论语集注补正述疏》，北京图书馆出版社 2007 年版，第 1 页。

② 同上书，第 85 页。

③ 同上书，第 1 页。

④ 同上书，第 71 页。

⑤ 同上书，第 1 页。

大约有二，第一，以经通经以明正解。如《学而篇》"道千乘之国：敬事而信，节用而爱人，使民以时"下，对于此条 20 字的经文，简朝亮用了两千七百一十六个字进行了述疏，他先以汉学的考据方法对经文中所涉及的如"道""千乘""千乘之国"，"事""敬""敬事""信"，"节用""爱人""使民""以时"等逐一进行训诂与考证，在此过程中，他采用以经通经的方法，引用了《周官·大司徒》《孟子》《礼记·坊记》《礼记·王制》《周官·小司徒》《周官·大司马》《周官·县师》《易·系辞传》《书·尧典》《坤·文言》《易·中孚传》《大戴礼·王言》《礼记·曲礼》《中庸》《诗·假乐》《书·皋陶谟》僖二十年、二十五年《左传》、隐五年《左传》《尔雅·释天》《诗·墉风》《周官·均人》《书·汤誓》《诗·六月》等儒家经典之经文作注。① 第二，以史通经，以明经术。简朝亮在《述疏》中有时也直抒胸臆，对《论语》加以申论。这种申论往往表现为联系历史，品评人物。如上举《学而篇》，他在解释"信"时，便引用了《左传》中"晋侯降原"、《史记·商君传》中商鞅变法严守信用等进行释说。再如《子路篇》："子贡问曰：'何如斯可谓之士矣？'子曰：'行己有耻，使于四方，不辱君命，可谓士矣。'"士就是能出使专对，不耻君命，不辱国威。据此，简朝亮对历史上几个人物作了品评。在唐代，董晋曾随同兵部侍郎李涵出使回纥，回纥使人说："唐之复土疆，取回纥力焉。约我为市，马既入而归我赂不足，我于使人乎取之。"对于回纥的质问，李涵胆怯不能对，对此董晋回应说："我之复土疆，尔信有力焉。吾非无马，而与尔为市，为赐不既多乎？尔之马岁至，吾数皮而归赀。边吏请致诘也，天子念尔有劳，故下诏禁侵犯。诸戎畏我大国之尔与也，莫敢校焉。尔之父子宁而畜马蕃者，非我谁使之？"董晋的回答有理有力，既折服了对方，

---

① 简朝亮：《论语集注补正述疏》，北京图书馆出版社 2007 年版，第 32—35 页。

又维护了大唐的尊严，故简朝亮慨叹道："若董晋者，其不失辞而利国家者欤！"①《卫灵公篇》："子曰：'志士仁人，无求生以害仁，有杀身以成仁。'"真正的志士仁人，不会因贪生怕死而屈节害义，而只会勇于牺牲以成全仁德。本此，简朝亮以宋代的文天祥和陆秀夫为例，又作了进一步申发。文天祥在抗元的斗争中被俘，誓死不降，英勇就义。他曾在衣带上刻上文字以自勉，其文曰："孔曰成仁，孟曰取义。惟其义尽，所以仁至。读圣贤书，所学何事，而今而后，庶几无愧。"对此，简朝亮道："君子谓此以经术报有宋三百余年养士之恩矣。"南宋另一位抗元名将陆秀夫，为使皇帝免受被俘之辱，便背负皇帝，投海自杀。简朝亮赞叹道："《礼》曰：'国君死社稷。'又曰：'临难毋苟免。'皆以成仁也。宋陆秀夫则成其君而自成者哉！"②

二　申明朱注

《论语集注补正述疏》以朱熹《论语集注》为主体，全录朱子集注，然后以"述曰"加以阐述，尤其是对其中有异义及难懂之处更是如此。如《颜渊篇》首章"颜渊问仁。子曰：'克己复礼为仁。一日克己复礼，天下归仁焉。为仁由己，而由人乎哉？'"朱注曰："仁者，本心之全德。克，胜也。己，谓身之私欲也。复，反也。礼者，天理之节文也。为仁者，所以全其心之德也。盖心之全德，莫非天理，而亦不能不坏于人欲。故为人者必有以胜私欲而复于礼，则事皆天理，而本心之德复全于我矣。"对于朱子此训，其他注经者多有訾议，以为训前"己"为"私欲"无法讲通紧接其后的"为仁由己"之"己"。简朝亮申之曰：

---

① 简朝亮：《论语集注补正述疏》，北京图书馆出版社 2007 年版，第 430 页。
② 同上书，第 499 页。

或曰："《集注》释己，上下同文而异义，汉学家疵之，今而从之，何也?"盖己者身也，自人欲而称己焉则曰克己，自天理而称己焉则曰由己，皆己也。故孟子云："所以考其善不善者，岂有他哉? 于己取之而已矣。"经云"毋我"，又云"我欲仁"，我犹己也。如一己无分，以克己之己淆为由己之己也，将自由而不知自克。呜呼! 其如天下何哉! ……若夫上下同文而异义，群经有之矣。其可知异同者，皆据其上下文而可知也。①

又，《学而篇》"子贡曰：'《诗》云："如切如磋，如琢如磨"'"下，朱注曰："《诗》，《卫风·淇澳》之篇。言治骨角者，既切之而复磋之；治玉石者，既琢之而复磨之；治之已精，而益求其精也。子贡自以无谄无骄为至矣，闻夫子之言，又知义理之无穷，虽有得焉，而未可遽自足也，故引是诗以明之。"简朝亮述曰：

朱子释此诗，不从《尔雅》，何也? 盖有辩焉。《诗·毛传》云："治骨曰切，象曰磋，玉曰琢，石曰磨，道其学而成也。听其规谏以自修，如玉石之见琢磨也。"修与脩通。今考《尔雅·释器》云："骨谓之切，象谓之磋，玉谓之琢，石谓之磨。"《释训》云："如切如磋，道学也；如琢如磨，自脩也。"释经者谓《毛传》从《尔雅》焉，非也。切、磋、琢、磨，《毛传》据所闻言之尔。道学、自脩，《毛传》从《大学》言之也。……盖《尔雅》有汉人添之者。……《释器》云："玉谓之雕，雕谓之琢。"如治璞玉者既琢之，而不复磨之，何以为成器之美乎?《诗·抑》云："白圭之玷，尚可磨也。"将不曰玉谓之磨乎? 盖《尔雅》添文，非出周公，实从《毛传》，故其义有未悉

---

① 简朝亮：《论语集注补正述疏》，北京图书馆出版社 2007 年版，第 334—335 页。

焉。……朱子之义，其审乎《尔雅》者详矣。今从朱子，而经义益明。①

这里，简氏不厘理清了《毛传》的解说由来，而且申明了朱注的精审。

不过，在申述朱注时，他有时太胶着于朱注，故又不免曲为之说。如对管仲的评价，在封建社会历来是一个大关节，因为这涉及封建社会一个极为敏感的君臣问题。当时，在和齐桓公小白夺取政权的过程中，管仲和召忽是辅佐子纠的，后来事败，桓公杀公子纠，召忽死之，管仲不死。以封建社会正统的君臣关系而言，召忽无疑是值得称道的，管仲应当受到谴责。但孔子却高度赞扬管仲说："桓公九合诸侯，不以兵车，管仲之力也。如其仁！如其仁！"这就为后来的学者出了一个难题，于是他们纷陈己见，以弥其说。如朱熹在《论语集注》曾引程颐之说，认为"管仲有功而无罪，故圣人独称其功"②。那么程颐的观点是什么呢？他认为，齐桓公是兄，当嗣续国统，子纠是弟，与之争国是不正当的，故管仲弃子纠而从桓公，是合乎义的，是正当的。简朝亮以此思路，又作了进一步申发。齐桓公与子纠孰长孰幼，是一个难以说清的问题，故简朝亮于此未作深论，而是又补充他说，以弥补程颐的说法。他认为，齐桓公之母尊贵，故桓公当立为君。他说："春秋时，立庶子者以贵不以长，纠与小白皆僖公庶子也，非诸儿母弟也。小白母卫姬宠贵，非纠母鲁女所可同也，故众立小白。"③ 齐桓公当正得立，故管仲弃子纠而从齐桓公，不为不正。这就进一步弥缝了程颐的说法。在《论语集注》中，朱熹还以管仲之例，认为唐代的太子官王珪和魏征不死太子李建成之难，是害于义

① 简朝亮：《论语集注补正述疏》，北京图书馆出版社 2007 年版，第 55 页。
② 同上书，第 460 页。
③ 同上书，第 462 页。

的；他们两人在辅佐唐太宗时虽也立有功业，但他们"先有罪而后有功，则不可以相掩"。① 对此，简朝亮申述说："珪及征不能先几而察乱也，临难皆不死焉……太子官不得为无罪也。"② 但是当时王珪已经被流放，早已不是太子之官，故可以不死太子之难，何罪之有？对此简朝亮又是百般弥缝。他说："其流也，不能辅导太子而流之也。虽太子之官免矣，而吾固尝为太子官而至于流者也，临难之日，人虽不我责，仁人之心何以安乎？"③ 这种解释，未免强词夺理，显得迂腐了。

三 补正朱注

在简朝亮看来，朱子《论语集注》虽然煞费苦心，但其中仍有某些地方需要补正。他说："朱子之为《论语集注》也，自汉迄宋皆集焉，终身累修之，欲其协于经也。其未及修之者，后人补之、正之，宜也。"④ 首先，他认为，在《论语集注》中，朱熹有些注解因袭前人，但未加说明，这必定会给解经者造成一定的释读困难，尤其是会给识见不广的学生设置阅读障碍。因此，他在《论语集注补正述疏》中，补上了这部分内容。如《为政篇》"七十而从心所欲，不踰矩"，朱注曰："从，随也。"简朝亮述曰："从，随，《诗·既醉》郑笺义也。"⑤ 也就是说，朱注是因袭郑注而来。又，《雍也篇》"质胜文则野"，朱注曰："野，野人。言鄙略也。"简朝亮述曰："包氏云：'野，如野人。言鄙略也。'朱子本之，删'如'字焉。盖经以君子言之，则此直为野人矣。"⑥ 不仅指出了朱注之源，而且说明了朱注

---

① 简朝亮：《论语集注补正述疏》，北京图书馆出版社 2007 年版，第 460 页。
② 同上书，第 466 页。
③ 同上书，第 703—704 页。
④ 同上书，第 4 页。
⑤ 同上书，第 63 页。
⑥ 同上书，第 465 页。

对原注修改的原因。其次，简朝亮对朱注之失察之处予以了订正。如《八佾篇》子夏问曰："'巧笑倩兮，美目盼兮，素以为绚兮。'何谓也？"朱注曰："此逸诗也。倩，好口辅也。盼，目黑白分也。素，粉地，画之质也。绚，采色，画之饰也。言人有此倩盼之美质，而又加以华采之饰，如有素地而加采色也。子夏疑其反谓以素为饰，故问之。"简朝亮在述疏此段文字时指出："朱子释'倩盼'者，本《诗·硕人》毛传也。其释'素绚'者，先以经下文绘事言之，斯未叶矣，朱子未及修之耳。如曰：'素，素质也。绚，采饰也。言人有此素质而又加采饰也。子夏疑其以素为饰，故问之。'斯叶矣。"[①] 不仅直截了当地指出了朱注之所本及失当之处，而且提出了自己的答案，对朱注予以修订。又《子罕篇》"文王既没，文不在兹乎"句，朱注："道之显者谓之文，盖礼乐制度之谓。不曰道而曰文，亦谦辞也。"简朝亮认为："《集注》言文者，未洽也。文乃道所由传，孔子岂以谦故而称文邪？谨案：文者，六艺之文也，盖《诗》《书》《礼》《乐》《易》《春秋》之文也。其文先乎文王者，尧、舜、禹、汤皆自文王而继之；其文后乎文王者，武王、周公皆自文王而开之。故以文王既没为统称焉。"[②] 指出了朱子解释的不当之处，并予以了订正。

当然，《论语集注补正述疏》在注解时讲求言必有据，论必有证，有时解释一段经文甚至达近四万言，这就使它显得十分烦琐。关于这一点，简朝亮实际上也已经注意到了。他说，古今《论语》名家众多，故辩之不得不详，其文必然加长。此其一。其二，"惟疏之辩注所以长者，方欲别诸家得失，而明经术，以见经之不能废也。"[③] 但这种繁长的解说，往往使人读来望而生畏，且难得其要，故流传不广。不过，瑕不掩瑜，简朝亮的《论语集注补正述疏》以洽于经义为

---

① 简朝亮：《论语集注补正述疏》，北京图书馆出版社 2007 年版，第 93 页。
② 同上书，第 248 页。
③ 同上书，第 650 页。

旨归，折中汉宋精粹，不但补朱注之略，而且正朱注之讹谬，所作述疏深入浅出，解读翔实，代表了清季及民国初年《论语》研究的最高水平，具有重要的数据价值，在《论语》学史上理应占有一席之地。

第 三 编

《论语》的历史地位和当代价值

第 一 章

《论语》的历史地位和影响

在中国传统社会中，伴随着儒学主流意识形态地位的确立和以经术缘饰政治之风的兴起，儒家经典在传统社会中的地位和作用日渐凸显，影响到了政治①、教育和法律等诸多方面。《论语》作为孔子思想的主要载体，亦可作如是观。

第一节 《论语》与政治

《论语》在中国古代始终受到为治者的青睐，成为君主理政、臣下议政对策的根据或准则，渗透到中国古代政治生活的诸多方面。

一 《论语》成为为政者征引的重要经典

在中国古代，人们喜欢引经据典——引用经典书籍作为论证的依据，为政者自不例外。他们在发布诏书、言政、议政时，也经常援引经典尤其是儒家经典以阐明自己的观点，《论语》也名列其中。

首先，君主征引《论语》。如在汉代，皇帝的诏书中屡屡征引《论语》经文，以之为理政之据。汉武帝元朔元年，发布《举孝廉

---

① 孙德海：《中国特色社会主义协商民族发展研究》，人民出版社 2018 年版，第 61—67 页。

诏》，其中就曾引用"夫十室之邑，必有忠信；三人并行，厥有我师"句，颜师古注曰："《论语》称孔子云：'十室之邑，必有忠信如丘者焉。'又曰：'三人行，必有我师焉。择其善者而从之，其不善者而改之。'故诏引焉。"① 通过检视史书，笔者发现这是《论语》经文首次较为完整地出现在皇帝诏书中，实开后世皇帝征引《论语》缘饰诏令之先河。《论语》经文通过诏令，颁于朝廷，布达于民间，一方面有利于《论语》的传播；另一方面也提高了《论语》的地位。

自武帝后，汉代皇帝在诏书中屡屡称引《论语》。据笔者粗略统计，在《汉书》和《后汉书》中，汉宣帝 2 次，汉元帝 3 次，汉成帝 3 次，汉哀帝 2 次，汉平帝 2 次，光武帝 4 次，汉明帝 2 次，汉章帝 3 次，汉和帝 1 次，汉安帝 1 次，汉顺帝 1 次，汉献帝 1 次，这些诏书涉及察举、刑法、厚葬、教化等诸多方面。如东汉光武帝建武二年，诏曰："顷狱多冤人，用刑深刻，朕甚愍之。孔子云：'刑罚不中，则民无所措手足。'其与中两千石、诸大夫、博士、议郎议省刑法。"② 光武帝以《论语》中孔子所说的话为依据，着手简省刑法。

魏晋南北朝时期，儒学独尊的状态虽然被打破，但其作为社会统治思想的地位却并未丧失，《论语》依然是帝王行政的依据。据《三国志·魏书·文帝纪》记载，黄初三年，魏文帝下诏扩大取士年限："今之计、孝，古之贡士也，十室之邑，必有忠信，若限年然后取士，是吕尚、周晋不显于前世也。其令郡国所选，勿拘老幼；儒通经术，吏达文法，到皆试用。有司纠故不以实者。"这里，曹丕引用《论语·公冶长篇》"十室之邑，必有忠信"之文，说明人才多有，关键在于如何识拔，要打破常规，拔举人才，以充国用。咸熙二年十一月乙未，司马炎"令诸郡中正以六条举淹滞：一曰忠恪匡躬，二曰孝敬

---

① 《汉书·武帝纪》。
② 《后汉书·光武帝纪》。

尽礼，三曰友于兄弟，四曰洁身劳谦，五曰信义可复，六曰学以为己。是时晋德既洽，四海宅心。"① 这段文字主要讲的是官德，其中第二、三、五、六条都直接或间接出自《论语》经文。

降及隋朝，虽享国日浅，但隋文帝、隋炀帝的诏书中也多次提到《论语》经文，如隋文帝三年诏有"然丧与易也，宁在于戚"，是对《论语·八佾篇》"丧，与其易也，宁戚"的化用。隋炀帝大业元年诏有"富而教"三个字，是对《论语·子路篇》中孔子"庶富教"思想的运用。可见隋统治者对《论语》还是相当熟悉的，可以信手拈来，或径引经文，或略加化用，以铺陈己意。

及至唐代，开元盛世的创造者唐玄宗李隆基，在制书、诏书和敕文中多次直接或间接引用《论语》，以此为行政之据。据笔者不完全统计，在《全唐文》中，玄宗在《赐隐士庐鸿一还山制》（卷21）、《春郊礼成推恩制》（卷24）、《南郊推恩制》（卷25）、《出宫人诏》（卷26）、《缓征诏》（卷27）、《劝选人勤学业诏》（卷27）、《整饬民风诏》（卷27）、《遣萧嵩往泰州致祭山川诏》（卷30）、《令蕃客国子监观礼教敕》（卷34）、《戒州县抚民敕》（卷35）、《褒赐韦坚等敕》（卷36）、《答张九龄请西幸改期宣付史馆批》（卷37）、《起义堂颂序》（卷41）等诏书中多次征引《论语》，内容涉及教育、举贤才、祭祀、丧礼、恤民等诸多方面。如《缓征诏》曰："古之为国，藏之于人，百姓不足，君孰与足？比者山东邑郡，历年不稔，朕为之父母，欲安黎庶，恤彼贫弊，拯其流亡，静而思之，非不勤矣。今者风雨咸若，京坻可望，若贷粮地税，庸调正租，一时并征，必无办法。河北诸州，宜宣州县长官勘责，灼然不能支济者，税租且于本州纳，余不须征，却待至春中更别处分。有贷粮迥薄等，亦量事减征。"②

---

① 《晋书·武帝纪》。
② 董诰等：《全唐文》卷二十七，中华书局1983年版，第306页。

这里，玄宗引用了《论语·颜渊篇》经文"百姓不足，君孰与足"作为自己暂缓征收租税的依据，以便民众能更好地从灾难中恢复过来。

其次，臣下上书言政征引《论语》。不仅君主理政大量引用《论语》经文，臣下上书言事时也常常引用《论语》以作为自己立论的根据。这在汉代由陆贾肇其端，高祖曾让他著"秦所以失天下，吾所以得之者，及古成败之国"，"贾凡著十二篇。每奏一篇，高祖未尝不称善，左右呼万岁，称其书曰《新语》"。① 在这十二篇奏疏中，陆贾就曾 11 次引用《论语》经文，分布在六篇中，其中《道基》《术事》《辨惑》《本行》《思务》各 1 次，《慎微》6 次。内容涉及教化、修身、治国等诸多方面。高祖虽不好《诗》《书》，但对陆贾的奏疏却每奏称善，可见高祖对其所作所为还是认可的。

陆贾之后，董仲舒更上层楼，他不仅在其与汉武帝的对策中，而且在其著作《春秋繁露》中，多处引用《论语》经文，以之为自己的理论根据。董仲舒在天人三策中共征引《论语》16 次，其中第一策 7 次，第二策 5 次，第三策 4 次，用以说明仁义、教化、举贤、德治等方面的问题。

如第一策中有这样一段文字："臣闻命者天之令也，性者生之质也，情者人之欲也。或夭或寿，或仁或鄙，陶冶而成之，不能粹美，有治乱之所生，故不齐也。孔子曰：'君子之德风（也），小人之德草（也），草上之风，必偃。'故尧舜行德则民仁寿，桀纣行暴则民鄙夭。夫上之化下，下之从上，犹泥之在钧，唯甄者之所为；犹金之在镕，唯冶者之所铸。'绥之斯来，动之斯和'，此之谓也。"通过直接引用《论语·颜渊篇》"君子之德风，小人之德草，草上之风，必偃"和《论语·子张篇》"绥之斯来，动之斯和"，说明统治者采取

---

① 《汉书·陆贾传》。

什么样的统治措施，就会形成什么样的民风。

值得注意的是，董仲舒对《论语》一书的重视，不仅体现在"天人三策"中，而且在其专著《春秋繁露》中也有充分的体现。在该书的《楚庄王》《玉杯》《竹林》《精华》《随本消息》《俞序》《度制》《身之养重于义》《奉本》《深察名号》《实性》《郊语》《郊祭》《郊事对》《执贽》《山川颂》《祭义》诸篇中，董仲舒共引用了29 次《论语》经文，内容涉及天人关系、古今关系、君臣关系、君民关系等。由此看来，董仲舒对《论语》是非常重视的，《论语》已经成为其著书立说的根据和指南。

除董仲舒之外，两《汉书》中还有许多类似的例子，《汉书·匡张孔马传》载，元帝初即位时，有日蚀地震之变，匡衡引《论语·里仁篇》中的"能以礼让为国乎，何有"谏行仁政，且云："公卿大夫相与循礼恭让，则民不争；如仁乐施，则下不暴；上义高节，则民兴行；宽柔和惠，则众相爱。"哀帝时，有日食，王嘉引《论语·学而篇》中"道千乘之国，敬事而信，节用而爱人，使民以时"劝谏哀帝宽政。《后汉书·宣张二王杜郭吴承郑赵列传》载，群臣谏光武帝加强法律刑罚，杜林谏止，引用《论语·为政篇》"导之以政，齐之以刑，民免而无耻"，谏行宽德，光武帝从之。臣子们在上书言政时，纷纷引用《论语》中孔子及其弟子的话语，以之为自己的理论根据，限于篇幅，兹不赘引。

魏晋南北朝时期，由于政权更迭频繁，学校时兴时废，但每当新政权建立，大臣就奏言皇帝兴学立教。而在奏议中大臣常常征引《论语》以为己据。如魏国初建，袁涣言于太祖曰："今天下大难已除，文武并用，长久之道也。以为可以大收篇籍，明先圣之教，以易民视听，使海内斐然向风，则远人不服可以文德来之。"太祖善其言。①

————————

① 《三国志·魏书·袁涣传》。

这里，袁涣间接引用了《论语·季氏篇》"远人不服，则修文德以来之"，建议朝廷通过兴学立教，怀柔远人。

西晋立国之初，傅玄建言皇帝尊儒尚学，他说："夫儒学者，王教之首也。尊其道，贵其业，重其选，犹恐化之不崇；忽而不以为急，臣惧日有陵迟而不觉也。仲尼有言：'人能弘道，非道弘人。'然则尊其道者，非惟尊其书而已，尊其人之谓也。贵其业者，不妄教非其人也。重其选者，不妄用非其人也。若此，而学校之纲举矣。"①这里，傅玄直接引用了《论语·卫灵公篇》中的经文"人能弘道，非道弘人"，说明人在弘扬儒学中的重要地位。

南凉为鲜卑族政权，秃发利鹿孤当政时，祠部郎中史嵩曾引用《论语·季氏篇》"不学礼，无以立"劝他建学校，开庠序。史嵩说："古之王者，行师以全军为上，破国次之，拯溺救焚，东征西怨。今不以绥宁为先，惟以徙户为务，安土重迁，故有离叛，所以斩将克城，土不加广。今取士拔才，必先弓马，文章学艺为无用之条，非所以来远人，垂不朽也。孔子曰：'不学礼，无以立。'宜建学校，开庠序，选耆德硕儒以训胄子。"利鹿孤善之，于是以田玄冲、赵诞为博士祭酒，以教胄子。②

臣下引用《论语》并非仅仅局限于建言朝廷兴学立教上，在其他方面亦有所表现。如据《北史·儒林传下》载，何妥上八事以谏，其中在第一、二、四三事中，何妥通过间接征引《论语·为政篇》"举直错诸枉，则民服；举枉错诸直，则民不服"、直接引用"君子周而不比，小人比而不周"以及间接引用《论语·先进篇》"仍旧贯如之何？何必改作"，对现实政治中存在的举人、朋党、改作等问题进行了揭露，分析了其危害，并提出了解决方法。

---

① 《晋书·傅玄传》。
② 《晋书·秃发利鹿孤载记》。

又据《贞观政要·诚信》记载,贞观十年,魏征上疏曰:"臣闻为国之基,必资于德礼,君之所保,惟在于诚信。诚信立则下无二心,德礼形则远人斯格。然则德礼诚信,国之大纲,在于君臣父子,不可斯须而废也。故孔子曰:'君使臣以礼,臣事君以忠。'又曰:'自古皆有死,民无信不立。'文子曰:'同言而信,信在言前;同令而行,诚在令外。'然则言而不信,言无信也;令而不从,令无诚也。不信之言,无诚之令,为上则败德,为下则危身,虽在颠沛之中,君子之所不为也。"魏征通过引用《论语·八佾篇》孔子答鲁定公话和《论语·颜渊篇》孔子答子贡语,说明诚信在治国修身方面具有重要的作用。

最后,君臣议政时征引《论语》。君臣议政包括两方面,一方面是君主和臣下议政;另一方面是臣下议政。首先来看君臣议政。如北魏太和年间,孝文帝与群臣在皇信堂议政也曾征引《论语》。据《魏书·高闾传》记载,孝文帝问曰:"《论语》称:'冉子退朝,孔子问曰:"何晏也?"对曰:"有政。"子曰:"其事也。如有政,虽不吾以,吾其与闻之。"何者是政? 何者为事?'"其臣高闾对曰:"臣闻:政者,君上之所施行,合于法度,经国治民之属,皆谓之政;臣下奉教承旨,作而行之,谓之事。然则天下大同,风轨齐一,则政出于天子;王道衰,则政出于诸侯;君道缺,则政出于大夫。故《诗序》曰:'王道衰,政教失,则国异政,家殊俗。'政者,上之所行;事者,下之所奉。"孝文帝又问曰:"若君命为政,子夏为莒父宰,问政,此应奉命而已,何得称政?"尚书游明根曰:"子夏宰民,故得称政。"孝文帝善之。①

又,贞观二年,太宗君臣探讨臣下对君主所做不当之处,该如何做的问题。在讨论过程中,唐太宗间接征引《论语·微子篇》"微子

---

① 《魏书·高祖纪》。

去之，箕子为之奴，比干谏而死。孔子曰：'殷有三人焉。'"，杜如晦直接征引《论语·卫灵公篇》"直哉史鱼！邦有道，如矢；邦无道，如矢"、《论语·季氏篇》"危而不持，颠而不扶，则将焉用彼相"和《论语·泰伯篇》"君子临大节而不可夺也"，他们都引用了《论语》经文。

不仅君臣之间议政征引《论语》，而且臣下在议政时也征引《论语》，以之为自己的论据张目。这在汉代表现得最为明显。唐晏《两汉三国学案》卷九云："夫汉家以经义断事，每有大议论、大狱讼，辄引经义以决之。"当时《论语》虽不在五经之列，但在议政时也常常被征引。在汉代，共进行过三次大的议政活动，一次是汉昭帝时期的盐铁论会议，一次是汉宣帝时期的石渠阁会议，一次是东汉章帝时期的白虎观会议。在这三次会议上，《论语》都扮演了重要的角色。

在盐铁论会议上，贤良文学和御史大夫就王道和霸道的诸多问题展开了激烈的争论。在争论中他们引经据典，各逞己说，直接或间接引用《论语》达97次之多，涉及60篇中的38篇，其中《本议》5次，《通有》1次，《非鞅》3次，《晁错》2次，《刺权》4次，《论儒》7次，《忧边》3次，《轻重》1次，《未通》1次，《地广》6次，《贫富》3次，《毁学》3次，《褒贤》7次，《相刺》2次，《殊路》8次，《讼贤》1次，《遵道》5次，《论诽》5次，《孝养》1次，《刺议》3次，《利议》3次，《散不足》2次，《疾贫》1次，《后刑》3次，《授时》2次，《水旱》1次，《崇礼》1次，《执务》1次，《能言》1次，《西域》1次，《世务》1次，《和亲》2次，《论邹》1次，《刑德》1次，《周秦》2次，《绍圣》1次，《大论》1次，《杂论》1次。

在石渠阁会议上，"诸儒讲五经同异，太子太傅萧望之等平奏其议，上亲称制临决"①。会上共有《尚书议奏》四十二篇，《礼议奏》

---

① 《汉书·宣帝纪》。

三十八篇,《春秋议奏》三十九篇,《论语议奏》十八篇,《五经杂议》十八篇。① 可见,除《尚书》《礼》《春秋》这三本重要的经典外,《论语》在这次会议上也受到了格外的关注,成为诸儒讲论的重点。可惜《论语议奏》已佚,我们无从知道他们争论的问题,以及汉宣帝和萧望之是如何平议的了。

东汉章帝建初四年,为了解决章句烦琐问题和统一经义,召开了白虎观会议,章帝称制临决。会议讨论的结果,由班固整理成《白虎通德论》。在这部书中,通过四十三个名词解释对封建等级制度进行了阐释和规定。在解释过程中,往往引经据典。据笔者统计,《白虎通德论》中共征引《易》17 次,《尚书》52 次,《诗》37 次,《礼》32 次,《春秋》21 次,《孝经》9 次,《论语》57 次。其他的经传笔者没有统计。仅就这"五经二传"而言,《论语》无疑是引证最多的。这些经文分布在《爵》《号》《礼乐》《封公侯》《三军》《诛伐》《谏诤》《辟雍》《圣人》《三正》《三纲六纪》《寿命》《宗族》《姓名》《五经》《嫁娶》《绋冕》《丧服》《崩薨》等篇目中,几乎占到总篇目的二分之一。由引证次数之多和遍布篇目之广,不难看出《论语》在东汉儒者和统治者心目中的地位。

二 《论语》成为统治集团理政治国的依据

《论语》中富含治国理政之策,故有"半部《论语》治天下"之美誉,如其中"修文德以来之"的思想促进了中国古代的民族同化思想的产生与发展。

"修文德以来之"对中国古代民族思想的影响。春秋时期中原诸侯经常发动对邻国和少数民族部落的战争,意在掠夺人口、侵占土地。孔子对这种强迫式同化政策执否定态度,他反对不义之战和残酷

---

① 《汉书·艺文志》。

压迫人民的"苛政"，认为只要统治者自己廉明善良，政治清平安定，自然"近者说，远者来"。"上好礼，则民莫敢不敬；上好义，则民莫敢不服；上好信，则民莫敢不用情。夫如是，则四方之民襁负其子而至矣。"[1]"四方之民"无疑指华夏之外的夷狄之民。暴力镇压不会使他们心服，只能使他们远避他方。合理的方法是"远人不服，则修文德以来之"[2]修明政治，宣教文德，用较高的生产力和发达的文化感染，吸引少数民族，促进四方少数民族的自然同化。对于四方归附之民要"既来之，则安之"[3]，妥善地加以安顿，给他们土地等生产资料，尽量减轻剥削，使他们尽快富裕起来，巩固他们在中原的生活信心。

孔子"修文德""来远人"的民族同化政策，一方面影响了中国古代思想家处理民族问题的政策，如贾谊的"以厚德怀服四夷"[4] 的"战德"观点、董仲舒的"爱及四夷"[5] 的观点、汉宣帝的"推亡固存，信威北夷"[6] 思想、扬雄"在夷貉则来之"[7] 的主张、公孙禄的"以威信怀伏夷狄"[8] 的思想、班固的"恩威并用"的观点、何休的"夷狄能慕王化，修聘礼，受正朔者，当进之"[9] 和"不殊其类"[10] 的见解等。上述理论既丰富多彩，又有一定深度，突出反映了民族关系思想的成熟程度。

另一方面对中国封建社会中开明政治家产生了积极的影响。如汉宣帝五凤年间（前57—前54），匈奴发生内乱，出现了"五单于争

---

① 《论语·子路》。
② 《论语·季氏》。
③ 同上。
④ 《贾谊新书·匈奴》。
⑤ 《春秋繁露·仁义法》。
⑥ 《资治通鉴》卷二十七。
⑦ 《法言·修身》。
⑧ 《汉书·息夫躬传》。
⑨ 《春秋公羊传解诂·庄公二十三年》。
⑩ 《春秋公羊传解诂·昭公四年》。

立"的局面，使自身的势力受到严重的削弱。面对这一千古难逢的良机，汉王朝的多数大臣主张乘机一举歼灭匈奴。宣帝遣朝臣问计于萧望之，萧望之不仅主张要对匈奴"救其灾患"，助之"定其国"，还主张要以平等相待。于是汉宣帝承认并亲自授予匈奴单于掌"与天子同"的黄金玺，此后各帝，无不子承父业，继承这个制度。正是在萧望之关于汉匈关系处理策略的影响下，汉朝的边患问题才真正获得了解决。三国时期的政治家诸葛亮，在未出茅庐之前的《隆中对》中便确定了"西和诸戎，南抚夷越，外结好孙权"，北击曹操，收复中原的战略方针。以后他"五月渡泸，深入不毛"，七擒七纵孟获，使其心服，从而获得了南部稳定的后方。他在总结处理与"南夷"关系的经验时说，军事占领不如输出文化，留兵不如留下"纲纪"，自然同化。唐太宗也是善于处理民族关系的大政治家。在对周边各部族和国家关系的处理上，主张友好相处，以文德服人，尽量不诉诸战争。他在总结历代帝王民族政策的得失时指出："自古帝王虽平定中夏，不能服戎狄。"原因在于"自古皆贵中华，贱夷狄，朕独爱之如一"。[1]因此他除了对威胁唐王朝安全的东突厥、吐谷浑进行军事打击外，对其他民族则都实行安抚政策，设立"羁縻州"，减轻赋税，尊重少数民族风俗习惯，给予较多的自主权。对于归附唐王朝的少数民族将领则大胆重用。这种"修文德以来之"的开明的民族政策得到了少数民族的拥戴。明太祖朱元璋是在反抗元朝民族歧视和民族压迫斗争中涌现出来的民族英雄。但他在处理民族关系时却不是以毒攻毒，以歧视对歧视，而是坚持孔子"齐之以礼"的原则。他认为："如蒙古、色目，虽非华夏族类，然同天地之间，有能知礼义，愿为臣民者，与中原之人抚养无异。"[2]在打击以元顺帝为首的贵族集团的同时，他对

---

[1]　《资治通鉴》卷一九八。

[2]　《明太祖实录》卷二一。

于愿意归附的蒙古、色目王公贵族、官僚大臣收容重用，信任不疑。对于蒙古族人民，他宣布"皆吾赤子"①，不许欺凌迫害，并在尊重其风俗习惯的基础上帮助他们发展生产，从而孤立、瓦解了元顺帝集团，以较小的代价取得了重大军事胜利。在中国历史上，类似的开明政治家还有许多，他们民族政策的共同基础是，只把少数民族视为文化上的异族，却承认他们是可以接受封建礼教的同类。因此，他们可以用比较平等的态度对待少数民族，尽量用汉族地区先进的文化同化少数民族。这些都可以看作孔子"修文德以来之"政策的推广和执行。

孔子"修文德以来之"的民族同化政策在历史上就发挥了这种进步作用。一方面它使少数民族文明水平迅速提高，加速了他们社会前进的步伐；另一方面又使汉族在历史发展过程中具有兼容并蓄，荟萃精华的开放性特点，可以与其他民族在血统上、文化上相互吸收补充，成为世界上最大的民族。可以说孔子的民族思想为中华民族的历史发展奠定了文化心理基础。②

第二节 《论语》与法律的儒家化

汉代以降，随着儒家思想的独尊地位的确立，引儒入法，使法律条文儒家化，使儒家经义法律化，遂成为整个中国法律思想的特点。汉代作为中国法律思想的转型期，这一思想已初露端倪。魏晋以降，儒学对法律的影响日隆一日。及至唐代，法律已完全儒家化。在这场纳儒入法的儒家化过程中，作为儒家重要经典的《论语》的作用也不

---

① 《明太宗实录》卷八八。
② 张践：《浅析孔子的民族思想及其历史影响》，《孔子研究》1987 年第 3 期。

容忽视，其经文中所体现出来的法律精神及原则也被直接或间接地纳入了法律条文中。

一 《论语》所强调的"德主刑辅"思想成为立法的指导思想

孔子说："道之以政，齐之以刑，民免而无耻；道之以德，齐之以礼，有耻且格。"① 意思是用政法来规范人民，用刑罚来整顿人民，人民只是暂时地免于罪过，却没有廉耻之心。如果用道德来诱导人民，用礼教来整顿人民，人民不仅有廉耻之心，而且人心归服。相对于严刑峻法，孔子更侧重春风化雨式的教化，反对不教而诛。他说："不教而诛谓之虐。"② 不事先进行教育就直接惩罚，就是暴虐。这可以说是德主刑辅思想的前身。

这一思想经董仲舒的倡导，受到朝廷的推崇，遂成为封建立法的指导思想。两汉直至明清，各代都十分明确地把"德主刑辅"作为立法的指导思想，强调立法必须符合封建伦理道德的要求。三国时，曹操、诸葛亮是以"重法"而著称的，然而，他们的"重法"也是打着"德主刑辅"的旗帜进行的，曹操说他的立法宗旨是："夫治定之化，以礼为首。拨乱之政，以刑为先。"③ 诸葛亮则主张立法要体现"以教令为先，诛罚为后"④ 的精神，他说："明君治其纲纪，政治当有先后，先理纲，后理纪；先理令，后理罚……理纲则纪张，理令则罚行。"⑤ 这里所说的"纲"，即君为臣纲，父为子纲，夫为妻纲的"三纲"；"纪"，即诸父、兄弟、族人、诸舅、师长、朋友间关系的"六纪"，这表明他是推崇正统的"德主刑辅"思想的。北魏孝文帝拓跋宏是一个亲自参加修律、对封建法制的完善有较大贡献的人物，

———————

① 《论语·为政》。
② 《论语·尧曰》。
③ 《三国志·魏书·高柔传》。
④ 诸葛亮：《诸葛亮集·便宜十六策·教令》，中华书局1960年版，第72页。
⑤ 诸葛亮：《诸葛亮集·便宜十六策·治乱》，中华书局1960年版，第71页。

他强调必须用封建礼教指导立法活动，做到"导之以德化，齐之以刑法"①。隋初制定《开皇律》时，隋文帝杨坚就敕令尚书左仆射高颖、上柱国郑译等人，要坚持以"导德齐礼"为指导思想，把封建道德规范注入法律之中。著名的唐律更是精心地贯彻了"德主刑辅"的立法原则。唐初制定《武德律》《贞观律》时，就特别强调法律要以"禁暴惩奸，弘风阐化，安民立政"②为宗旨。所谓"禁暴惩奸"，即要加强对危害社会秩序的奸顽之徒的打击；所谓"弘风阐化"，就是运用法律手段来维护封建道德和纲常名教。唐高宗审订、长孙无忌等人撰写的《唐律疏议》，在卷一《名例律》中，明确申明撰修所遵循的方针是："德礼为政教之本，刑罚为政教之用，犹昏晓阳秋相须而成者也。"至于宋、元、明、清各代，其律典的内容虽有某些变更，法律条文多寡不同，但立法的基本指导思想和精神均是一本唐律。由于中国封建社会中的立法活动长期坚持了德主刑辅、德刑结合、寓礼于法的原则，这就使封建法律充满了浓厚的伦理色彩。

二 《论语》所强调的"正名"思想成为立法的根本原则

在《论语》中，孔子主张实行维护君、父等级特权的礼治，强调处在不同社会阶层的、扮演不同社会角色的人们必须严格遵守周礼所规定的"君君、臣臣、父父、子子"③的等级名分，各安其位，各行其是，从而达至天下大治。继孔子之后，孟子、荀子、董仲舒等硕儒继承和发展了这一思想，并最终将其确定为"君为臣纲，父为子纲，夫为妻纲"④的"三纲"学说。在三纲中，"父为子纲"是基础，"君为臣纲"是中心，"夫为妻纲"是羽翼，它们合起来构成维护封建君

---

① 《魏书·刑罚志》。
② 《旧唐书·刑法志》。
③ 《论语·颜渊》。
④ 《白虎通德论·三纲六纪》。

主专制制度的精神支柱和制定封建法律的根本原则。据此而建构起来的历代法律都对违反这三纲行为的臣民严惩不贷。

其一，维护君权。君主是封建政权的代表。维护君主的尊严和至高无上的权力，关系到社会秩序的稳定，涉及统治集团的根本利益。因此，历代律典都把维护君权作为首要任务，从各个方面对保障君主的尊严、人身安全、权力不可侵犯作了严密的规定：一是君主的权力不可擅分。二是皇帝的名讳不得触犯。三是皇帝的服御之物不可僭用。四是皇家的太庙、宫殿、山陵等神圣不可侵入。五是皇帝的车驾、仪仗不可冲撞。六是皇宫内外的御道臣下不得行走。七是皇帝的使节不得抗拒。八是皇帝的戚属不得侵辱。封建法律还对臣民严重危害国家安危的行为，如"谋反"（谓谋危社稷）、"谋大逆"（谓谋毁宗庙、山陵及宫阙）、"谋叛"（谓谋背本国，潜从他国）和对君主的"大不敬"，处以最严厉的刑罚。历代律典对这类危及君主和封建王朝统治的行为，均处以重刑，缘坐亲属，不在议、请、赎之列，并为常赦所不原。

其二，保障父权的绝对权威。家庭是中国传统社会的基本单位，在孔子看来，"欲治其国，必先齐其家"①。因此，为了维系父系家长制，就必须强调孝。因为，只有孝，才能"无违"，才能"生，事之以礼；死，葬之以礼，祭之以礼"②，才能不犯上作乱。汉律以"不孝"为大罪，"不孝者，斩首枭之"③。杀害、殴打父母的行为，汉律也严惩不贷，《通典》引汉律曰："杀母，以大逆论"；《太平御览》引汉代判词曰："殴父也，当枭首。"《汉书》中记载了一些对不孝之人处罚的例子。如据《汉书·景帝纪》记载，景帝时，刘恢说有私怨于其父，而自谋反，欲令其父坐死，被景帝以不孝罪弃市。

---

① 《礼记·杂记》。
② 《论语·为政》。
③ 《春秋公羊传·文公十六年》何休注。

　　唐律赋予尊长在家庭中的绝对权力。这主要表现在：一是唐律明文规定尊长享有财产权、对子孙的教令权和主婚权。财产权，即支配家庭财产之权。教令权，即惩戒子孙之权。唐律规定如子孙违反了教令，就要被判处徒刑二年。祖父母、父母因而杀之者，只处以徒刑。主婚权，即决定子孙择偶婚配之权。二是卑幼不得告发尊长。唐律规定除谋反、谋大逆和谋叛罪外，卑幼告发尊长，均视为犯罪。三是设不孝罪。唐律对不孝罪的具体行为和处罚规定如下：咒骂祖父母父母者，处绞刑；祖父母、父母在世，子孙要求别籍异财者，徒三年；对父祖的生活必需品有能力供给而故意不供给，要徒二年；居父母丧而嫁娶，徒三年；听到父母死亡的噩耗匿不举哀者，流二千里；若子孙诈称祖父母、父母死各徒三年；诈称伯叔父母、姑、兄姊死者，徒一年。

　　宋元明清律文基本沿袭唐律的规定，而少有变化。

　　其三，保证夫权。汉统治者为加强家庭中丈夫的统治地位，还制造了"夫为妻纲"的理论。规定妻子要无条件地服从丈夫，服侍丈夫。丈夫可以大量蓄妾，妻子必须绝对忠于丈夫。丈夫与人通奸，最高刑是三年徒刑，而妻子与人通奸或私自改嫁，或夫死未葬嫁人，都要处以死刑。另外，汉律仍以"七弃"为法定的离婚条件，即妻子凡具有不孝顺公婆、无子、淫妒、有恶疾、多言、盗窃中任何一项，丈夫都有权休妻。同时男子还可以找各种借口，将妻子赶走，然而妻子即使在丈夫有恶劣行为的情况下，也不得抛弃丈夫。

　　唐律确认男尊女卑的夫权统治。在婚姻形式上，唐律保护一夫一妻制，不准"有妻更娶"和"以妾为妻"，同时确认和维护男尊女卑的夫权统治：一是惩处女方悔婚罪。二是实行夫妻同罪而异罚。夫妻之间，唐律认为义同长幼，所以夫妻相殴斗，同罪而异罚。同一斗伤罪，妻则加凡人斗伤三等，男则减凡人二等，量刑相差五等之多。并且夫过失杀伤妻妾是不问罪的，而妻过失杀伤夫要按律论处，仅减故意杀伤二等而已。至于比妻身份更低的媵、妾，则《唐律》加刑更重，甚至允许其夫生杀予夺。三是惩治居夫丧嫁娶。对于居夫丧期间而嫁娶者，唐律不仅分别追究当事人的刑事责任，而且进一步追究其他当事人的刑事责任。其对夫权的维护由此可见。

宋元明清律文基本沿袭唐律的规定，而稍有变化。如清律规定，丈夫亡故后，妻子有守节的义务。

综上，中国古代的法律吸收了《论语》礼的内核等级名分，赋予统治者要求维护君权、父权和夫权的具体内容，使之成为巩固统治秩序的一种手段。

三 "父为子隐，子为父隐"与中国古代的亲属容隐制度

亲亲得相容隐，就是法律允许亲属藏匿包庇犯罪而不承担刑事责任的原则。这一刑罚原则，渊源于孔子的"父为子隐，子为父隐"。《论语·子路篇》载："叶公语孔子曰：'吾党有直躬者，其父攘羊，而子证之。'孔子曰：'吾党之直者异于是：父为子隐，子为父隐，直在其中矣。'"邢昺疏云：其父盗羊，而子言于失主，证明其父为盗羊者。叶公以此夸于孔子，说明其乡党中有以正直而行事的人。孔子不同意他的说法，"言吾党之直者，异于此证父之直者。子苟有过，父为隐之，则慈也；父苟有过，子为隐之，则孝也。孝慈则忠，忠则直也。故曰直在其中矣"。由此可知，孔子之所以提倡父子相隐，其目的是维护传统的宗法制度和伦理道德，进而巩固父权制家庭，这也有利于培养人们的忠君思想和巩固传统的统治秩序。

秦朝时，亲亲相容隐原则已初露端倪。秦律不允许子告父、奴告主。如果非要告的话，就要受处罚了。但秦律不禁止妻告夫，丈夫有罪，如果妻先告发，不仅不负连坐责任，且不没收陪嫁的奴仆和衣物。由于秦朝以法家思想为指导，亲亲相容隐没有上升为普遍的法律原则。

到了汉朝，由于儒家学者的鼓吹，亲亲相容隐逐渐上升为法律制度。西汉初期，禁止卑幼控告尊长。如《汉书·衡山王刘赐传》载：汉武帝时，衡山王刘赐谋反，又欲废太子刘爽，立刘孝为太子。刘爽听说后，派人到京城告发。后衡山王事败自杀，而"太子爽告父不孝，弃市"。该事例说明，即使"重首匿之科"的汉武帝也不容许子告父，哪怕是犯谋反罪的父亲。

在汉昭帝始元六年召开的盐铁会议上，御史大夫桑弘羊和贤良文学们曾就是否废除"首匿相坐之法"展开过激烈的争论。据《盐铁论·周秦》记载，贤良文学们要求废除"首匿相坐之法"，即要求允许亲属隐匿不告而不相坐。但桑弘羊坚决反对，在他看来，一是亲属最知情；二是亲属负有不教之责，难咎其责；三是亲属隐匿相坐，可以警告民人，起到预防犯罪的作用。贤良文学们则反对这一主张，在他们看来，"首匿相坐之法立，骨肉之恩废，而刑罪多"，所以反对"父子之相坐"，而主张"子为父隐，父为子隐"。

及至汉宣帝，正式确立了亲亲相容隐的原则。汉宣帝地节四年（前66）曾下诏容许亲属相隐："父子之亲，夫妇之道，天性也。虽有患祸，犹蒙死而存之。诚爱结于心，仁厚之至也，岂能违之哉！自今子首匿父母，妻匿夫，孙匿大父母，皆勿坐。其父母匿子，夫匿妻，大父母匿孙，罪殊死，皆上请廷尉以闻。"[①] 公开规定子孙首匿父母、祖父母，妻子首匿丈夫，都不用承担刑事责任；父母、祖父母匿子孙，除死罪上请减免外，其他也不用承担刑事责任。该诏书不但把孔子所限定的父子相为隐的范围扩大到夫妇、祖孙，而且把这一伦理原则上升为刑罚原则而赋予法律效力，成为《论语》经义法律化的一个重要标志。自此，亲亲相容隐的刑罚原则正式确定下来，并为后世立法者所承袭。宋邢昺

---

① 《汉书·宣帝纪》。

《论语义疏·子路》曾说："今律大功以上得相容隐，告言父祖者入于恶，盖由汉宣此诏推广之。"

降及东汉，班固的《白虎通德论》，一方面从"五行"和天属的角度论述了"父为子隐，子为父隐"的原因，"父为子隐，何法？法木之藏火也；子为父隐，何法？法水逃金也"①，"君不为臣隐，父独为子隐何？以为父子一体，荣耻相及"②。另一方面将相为容隐的范围扩大到兄弟、朋友及夫妻。由于《白虎通德论》是东汉章帝时，诸儒论议五经同异，皇帝"称制临决"的产物，因此我们可以说它基本上代表了东汉政权对这一问题的态度。

在魏晋南北朝时期，不仅容许亲属相隐，如北魏有子孙告父母者处死的律条，《麟趾格》三公曹六十六条规定，母杀其父，子不得相告，告者死，又如后秦姚兴曾下书"听祖父母昆弟相容隐"③，而且出现了相容隐的亲人不得在法庭上做证人的论调，且在现实生活中和法律上得到了认可。如东晋元帝时卫展上书反对"考子正父刑，鞭父母问子所在"的做法。宋文帝时侍中蔡廓建议，"鞫狱不宜令子孙下辞明言父祖之罪，亏教伤情，莫此为大。自今但令家人与囚相见，无乞鞫之诉，便足以明伏罪，不须责家人下辞"。朝议咸以为允，从之。④ 如果相容隐的亲人在法庭上做证人，不但不会受赏，而且要治罪。如梁武帝时建康女子任提女，坐诱口当死。其子景慈对鞫辞云，母实行此。是时法官虞僧虬启称，"案子之事亲，有隐无犯，直躬证父，仲尼为非。景慈素无防闲之道，死有明目之据，陷亲极刑，伤和损俗。凡乞鞫不审，降罪一等，岂得避五岁之刑，忽死母之命？景慈宜加罪辟"。诏流于交州。⑤

---

① 《白虎通德论·五行篇》。
② 《白虎通德论·谏诤篇》。
③ 《晋书·姚兴载记上》。
④ 《宋书·蔡廓传》。
⑤ 《隋书·刑法志》。

及至唐律，进一步完备、健全这一制度。《唐律·名例律》"同居相隐"条说："诸同居，若大功以上亲，及外祖父母、外孙，若孙之妇、夫之兄弟及兄弟妻，有罪相为隐；部曲、奴婢为主隐：皆勿论。即漏露其事及擿语消息亦不坐。其小功以下相隐，减凡人三等。"这个总原则包括四点含义：一是同居共财之亲属，不论有服无服，均可相互隐匿犯罪。甚至部曲奴婢与主人的依附关系也视为某种拟制亲属关系。二是首次正式肯定了尊长为卑幼隐的权利（如祖父母为孙及孙媳隐），规定此种行为与卑幼为尊长隐一样完全不处罚。三是不同居共财的亲属也可以容隐，只要在丧服图大功以上亲属范围内（包括堂兄弟及姊妹，出嫁之姑，姊妹，侄女，子妇、侄妇、众孙以内的所有亲属）。甚至不是大功的亲属（如外祖父母、外孙、孙之妇、夫之兄弟及兄弟妻——均为小功或缌麻亲属）也可以容隐。四是其他不同居的小功以下亲属（包括缌麻及无服亲）隐匿者，减凡人罪三等而轻罚之，也可以说有"半容隐权"。

宋元明清律在容隐制度规定上大体上与唐律相同，但也有一些变化。一是关于《名例》"亲属相为容隐"总原则中，明清律均增加妻子、父母、女婿得容隐之规定。二是关于谋反等国事重罪不得容隐，明清律《诉讼门》"干名犯义"条均增加一项"窝藏奸细"之罪也不得容隐。三是在"知情藏匿罪人"条，明清律取消"匿得相容隐者之侣（同案犯）并不坐"之规定。四是合《唐律》"告祖父母、父母""告期亲尊长""告大功尊长"等条为一条，曰"干名犯义"，刑罚也大为减轻。如告祖父母父母从唐律绞刑减为杖一百徒三年。此外还规定妻之父母与女婿之间"义绝"者许告发得不容隐。五是关于告卑幼，明清律增加被告发之女婿亦同自首免罪，被告发之小功缌麻卑幼亦得减本罪三等之规定（唐律不减）（《大明律》及《大清律》之《名例下》）显然比唐律对卑幼多了一份照护。六是《大清现行刑律》还增加了亲属行强盗之亲属得不容隐可以告发、亲属自流放地逃回唯父祖子孙夫妻雇工人得容隐其余亲属不得容隐等规定。①

综上所述，在中国传统法制中，亲亲容隐制度一直被统治者执守，它不仅是见之于外的法律制度，而且是藏之于内的伦理信仰。它对于中国古代法律乃至整个民族文化产生了不可低估的影响。"亲亲相容隐"首先是纳伦理道德于法律。强调父慈子孝，是为了建立君敬臣忠；实行子为父隐，是为了臣为君讳。这样，家庭和国家，血缘和等级关系便等同起来了，家庭成为国家的缩影，国家是放大了的家庭，国家制度成为伦理准则的扩展，伦理关系成为社会各阶层关系的基础。于是，中国古代的法律渗透着明显的伦理色彩。

第三节 《论语》与官学

《论语》作为传统政治的合法性依据，不仅是士子们必须研读的经典，而且在官学仪式和各类考试中都占有一定的地位。

一 《论语》与汉代官学

在汉代，《论语》是太学博士必须兼通的经典之一。这可从保留下来的汉代博士保举状中求证，《后汉书·朱浮传》注引《汉官仪》中载保举状云："生事爱敬，丧没如礼。通《易》《尚书》《孝经》《论语》，兼综载籍，穷微阐奥。"可见，要想成为博士必须精通《论语》。

在汉代，《论语》还是博士弟子兼习和射策的经典。据《汉书·萧望之传》记载，他被地方推举到太常受业如弟子，曾向博士夏侯胜学习过《论语》。另据《后汉书·包咸传》记载，包咸"少为诸生，

---

① 范忠信：《中国亲属容隐制度的历程、规律及启示》，《政法论坛》1997 年第 4 期。

受业长安，师事博士右师细君，习《鲁诗》《论语》"。这里的"问"
和"习"显然与"讽诵"有明显的不同，"讽诵"只限于文字记忆，
而"问"和"习"则带有研究性质。据此，我认为《论语》在汉代
业已成为博士研习的经典。东汉熹平石经也有助于凿实我这一结论。
东汉熹平四年，为了保证经师讲经有正本，博士学习和考试有标准教
材，蔡邕等奏请正定经文，遂成熹平石经，它"是我国古代由政府统
一颁布的第一套标准教材，是经学发展史上第一部公诸于世的官定经
书"①。这次刊定的石经为《周易》《尚书》《诗》《仪礼》《春秋》并
《公羊传》《论语》。王国维先生认为，"汉魏石经皆取立于学官者刊
之"②，这七部石经中，"除《论语》为专经者所兼习，不特置博士
外，其余皆当时博士之所教授也"③，"且汉石经后各有校记，盖尽列
学官所立诸家异同。……《论语》后有包、周及盍、毛、包、周字，
是《论语》亦用某本而兼存盍、毛、包、周诸本异字也"④。由是观
之，王国维先生是主张《论语》在汉代被立于学官，并为专经之博士
弟子所兼习的。

　　汉代太学是朝廷养士的重要场所，也是候补官员的来源所在，因
此，考试选拔博士弟子，为国家输送大批管理人才就成为太学最重要
的任务。博士弟子的考课形式为"射策"，这是一种以经术为内容的
考试方法。主考人将若干考题写在策上，覆置案头，受试人拈取其
一，叫作"射"；按所射的策上的题目作答。随着太学生人数的不断
增加，射策的竞争也越来越激烈。东汉和帝时，因为当时博士弟子，
为了出人头地，在策试时往往"不依章句，妄生穿凿，以遵师为非
义，意说为得理，轻侮道术"⑤，为了让他们专精师门，弘广师说，

---

① 毛礼锐、沈灌群主编：《中国教育通史》第二卷，山东教育出版社1986年版，第85页。
② 王国维：《魏石经考三》，《观堂集林》第四册，中华书局1959年版，第969页。
③ 王国维：《魏石经考一》，《观堂集林》第四册，中华书局1959年版，第959页。
④ 王国维：《魏石经考三》，《观堂集林》第四册，中华书局1959年版，第962—963页。
⑤ 《后汉书·徐防传》。

不额外增加他们的学业负担，故《论语》"但通度，勿以射策"①。从以上所引，我认为应得出这样的结论：《论语》在汉代也是博士弟子必须掌握的经典，也曾长期在射策考试中占据一席之地。

二 《论语》与魏晋官学

魏晋南北朝时期，战乱频仍，政权更迭迅速，国家统一局面少，分裂状态多，社会稳定时间短，动乱时期长，因之官学教育时断时续。但纵观这一时期，无论任何政权，在建国之初，无不立学兴教，其教育内容也仍以儒家经典为主，《论语》也名列其中。

魏文帝时，"扫除大学之灰炭，补旧石经之缺坏"②，立王肃所注《尚书》《诗》《论语》《三礼》《春秋左氏解》及撰定父朗所作《易传》于学官。王学盛极一时。

晋承魏制，《书》《诗》《易》《三礼》《春秋左传》《论语》等皆为太学与国子学的教授内容，共立博士十九人。及至东晋，元帝修学校，简省博士，由十九人减为九人。其中《论语》设郑氏博士一人。另据《隋书·经籍志》记载：《论语》，"梁、陈之时，郑玄、何晏立于国学，而郑氏甚微，周、齐郑学独立"。

不仅中原王朝如此，即使地处西域的高昌，北周时也曾为《论语》置学官子弟。据《北史·西域传》记载："高昌，北周时有《毛诗》《论语》《孝经》，置学官子弟，以相教授。虽习读之，而皆为胡语。"

三 《论语》与唐代官学

在唐代，《论语》不仅成为唐代中央官学教育的公共必修课，而

---

① 《后汉书·徐防传》注引《东观记》。
② 《三国志·魏书·王肃传》注引《魏略》。

且其中关于"束脩之礼"的说法也变成了政府的规定。

唐代的中央官学教育相当发达,设有六学二馆,即国子学、太学、四门学、律学、书学、算学、弘文馆、崇文馆。其中国子学、太学、四门学教学内容均以儒家经典为主,《论语》成为其中的公共必修课。当时把经典分为大经、中经、小经三类。"凡《礼记》《春秋左氏传》为大经,《诗》《周礼》《仪礼》为中经,《易》《尚书》《春秋公羊传》《穀梁传》为小经。"对于修读经典,还作了如下规定:"通二经者,大经、小经各一,若中经二。通三经者,大经、中经、小经各一。通五经者,大经皆通,余经各一,《孝经》《论语》皆兼通之。"对于修读年限也作了具体规定:《孝经》《论语》共学一年;《尚书》《春秋公羊传》《穀梁传》各一年半;《诗》《周礼》《仪礼》《易》各二年;《礼记》《春秋左氏传》各三年。①

唐政府对《论语》等儒家经典的注本作了明确规定。据《大唐六典·国子监》记载,《周易》,郑玄、王弼注;《尚书》,孔安国、郑玄注;三礼、《毛诗》,郑玄注;《左传》,服虔、杜预注;《公羊传》,何休注;《穀梁传》,范宁注;《论语》,郑玄、何晏注;《孝经》开元御注。安史乱后,唐代政治、经济遭到严重破坏,教育也受到冲击,经籍亡佚,教材无所依据。为了振兴教育,唐文宗开成二年曾立"开成石经",作为通用教材,《论语》位列其中,此时《论语》的注释本,只保留了何晏集解本,而去掉了郑玄注。

唐代官学还将"束脩之礼"变成了正式仪式。《论语·述而篇》载孔子言曰:"自行束脩以上,吾未尝无诲焉。"意思是只要是主动地给我一点见面礼,我从没有不教诲的。换言之,即是学生初次和老师见面时,要奉送一定的礼物,以示对老师的尊敬。唐政府将孔子的这一说法变成了政府的规定。据《文献通考·学校二》记载,唐政府规

---

① 《新唐书·选举志上》。

定，学生在初入学时，都要奉行"束脩之礼"。礼物的多少，由学校的性质决定。例如，国子监和太学的学生，每人送绢三匹；四门学的学生，每人送绢二匹；律学、书学和算学的学生，每人送绢一匹。此外，学生还必须赠送酒肉，分量多少不限。学生的束脩共分五份，其中三份赠给博士，二份赠给助教。唐玄宗开元年间，政府重新修订"束脩"礼，规定中央官学和地方州县学均是束帛五匹、酒二斗、干肉五十条。"束脩之礼"的盛行，一方面说明唐政府对教育的重视；另一方面也反映出当时教师地位的提高。

《论语》在唐代的明经考试中也占有重要的地位。唐代的明经考试主要包括两部分：帖经、经文大义、时务策。《通典》卷十五《选举三》引唐玄宗开元二十五年二月制云："明经每经帖十，取通五以上，免旧试一帖；仍按问大义十条，取六以上，免试经策十条；令答时务策三道，取粗有文理者与及第。"这里，我们主要谈论与本问题内容有关的帖经和经义。经义的考试中，又分两种，一种主要是考对经典的某一句或某一章经、注文的背诵和理解；另一种是将经典中不同篇章的语句合并在一起进行策问。在这两种考试中，《论语》都占有一席之地。

首先来看《论语》与帖经考试。弘文馆、崇文馆是唐朝的高级贵族学校，他们的考试中有帖试《论语》的规定。据《新唐书·选举志上》记载，弘文馆、崇文馆的考试规定："试一大经、一小经，或二中经，或《史记》、前后《汉书》、《三国志》各一，或时务策五道。经史皆试策十道。经通六，史及时务策通三，皆帖《孝经》《论语》共十条通六，为第。"在政府举办的明经考试中，《论语》也是帖试的经典之一。据《通典》卷十五《选举三》记载："开元二十一年，玄宗新注《老子》成，诏天下每岁贡士，减《尚书》《论语》策而加《老子》焉。"《唐会要》卷七十五"帖经条例"作"量减《尚书》《论语》一、二条策，加《老子》策"。

其次来看《论语》与经义考试。有关《论语》与经义考试中的第一种类型的关系的文献记载没有，幸好新疆吐鲁番阿斯塔那 27 号唐墓中出土了一些与《论语郑氏注》有关的对策残片，为我们研究这一问题提供了很好的物证。残片共存七问七对，内容涉及《子张篇》"士见危致命"句、《八佾篇》"哀公问主"句、《乡党篇》"祭肉不出三日"句、"乡人饮酒"句、"曰山梁雌雉"句，另有两问两对分属《乡党篇》《雍也篇》，但不详某句。策问均以"问"字开头，顶格书写。对策均以"对"字开头，空格接写；以下各行均退格书写。对策内容均以"此明"二字开头，以"谨对"二字作结。内容分为经义解说、经文、注文、注文解说、策问篇名五部分。观其内容，可知此种类型的考试主要考察对某一篇章经注文的理解和背诵①。

关于《论语》与第二种经义考试，《文苑英华》收录了权德舆写的三篇明经策问，有助于我们对该问题的研究。第一篇载于该书卷四七五，题为《明经诸经策问七道》，题目涉及经典依次为《春秋》《礼记》《周易》《尚书》《毛诗》《穀梁》《论语》。第二篇载于该书卷四七六，题为《策问明经八道》，题目涉及经典依次为《左氏传》《礼记》《周礼》《周易》《尚书》《毛诗》《穀梁》《论语》。第三篇也在该卷，题为《明经策问七道》，题目涉及经典依次为《左氏传》《礼记》《周易》《尚书》《毛诗》《穀梁》《论语》。可见，在仅存的明经策问中，《论语》都位列其中。

四 《论语》与宋代官学

包括《论语》在内的《四书》在南宋开始进入官学系统。如绍兴二十三年（1153），朱熹任同安县主簿时兼主学事，曾整顿县学，

---

① 王素：《唐写〈论语郑氏注〉对策残卷与唐代经义对策》，《文物》1988 年第 2 期。

并亲自登台，"以《论语》之说授诸生"①。宁宗嘉定五年（1212），国子司业刘爚奏请朝廷将朱熹《论语集注》《孟子集注》立为官学教材获准。淳祐元年（1241）正月，理宗正式下诏确定朱熹《四书集注》为太学教材，这标志着《论语集注》在官学教育系统中的主导地位的确立。三年后，"徐霖以书学魁南省，全尚性理，时竟趋之，即可以钓致科第功名。自此，非《四书》《东西铭》《太极图》《通书》《语录》不复道矣"②。

《论语》在宋代科考中占有重要位置。宋初科考因袭唐代，省试分九科，其中进士科，试诗、赋、论各一首，策五道，帖《论语》十帖，对《春秋》或《礼记》墨义十条。学究科，对墨义《毛诗》五十条，《论语》十条，《尔雅》《孝经》共十条，《周易》《尚书》各二十五条。宋仁宗嘉祐二年（1057）增设明经科，要求兼通《论语》《孝经》。神宗熙宁四年（1071），根据王安石的建议改革贡举法。颁布的贡举新制规定，进士科应举人不在考试诗赋、帖经、墨义，而以《易》《诗》《书》《周礼》《礼记》为大经，《论语》《孟子》为兼经。考试分四场进行，第一场选考本经中之一经；第二场兼经大义十道，后改《论语》《孟子》义各三道，要求"务通义理，不须尽用注疏"；第三场论一首；第四场时务策五道。

哲宗元祐二年（1087），更定科场法，把进士科一分为二：经义进士和诗赋进士，罢试律义。凡诗赋进士，于《易》《诗》《书》《周礼》《礼记》《春秋左传》内听习一经。初试本经义二道，《语》《孟》义各一道，次试赋及律诗各一首，次论一首，末试子、史、时务策二道。凡专经进士，须习两经，以《诗》《礼记》《周礼》《左氏春秋》为大经，《书》《易》《公羊》《穀梁》《仪礼》为中经，《左氏

---

① 朱杰人等编：《朱子全书》，上海古籍出版社、安徽教育出版社 2002 年版，第 1725 页。
② 周密：《癸辛杂识·后集》，中华书局 1988 年版，第 65 页。

春秋》得兼《公羊》《穀梁》《书》,《周礼》得兼《仪礼》或《易》,《礼记》《诗》并兼《书》,愿习二大经者听,不得偏占两中经。初试本经义三道,《论语》义一道,次试本经义三道,《孟子》义一道,次论策,如诗赋科。专经者用经义定取舍,兼诗赋者以诗赋为去留,其名次高下,则于策论参之。①

高宗建炎二年(1128),定诗赋、经义取士,第一场诗赋各一首,习经义者本经义三道,《语》《孟》义各一道;第二场并论一道;第三场并策三道。殿试策如之。

在宋代,童子试考试中也有《论语》。孝宗淳熙八年(1181),规定童子科分为三等:凡全诵《六经》《孝经》《语》《孟》及能文,如《六经》义三道、《语》《孟》义各一道、或赋一道、诗一首为上等,与推恩;诵书外能通一经,为中等,免文解两次;止能诵《六经》《语》《孟》为下等,免文解一次。覆试不合格者,与赐帛。专科学校如书学生,主要学习篆、隶、草三体,还须明晓《说文》《字说》《尔雅》《博雅》《方言》等书,兼通《论语》《孟子》,以知儒家经典大义。②

五　《论语》与元明官学

元代中央官学教学内容中亦有《论语》,"世祖至元七年,命侍臣子弟十有一人入学,以长者四人从许衡,童子七人从王恂。至二十四年,立国子学,而定其制。设博士,通掌学事,分教三斋生员,讲授经旨,是正音训,上严教导之术,下考肄习之业。复设助教,同掌学事,而专守一斋;正、录,申明规矩,督习课业。凡读书必先《孝经》《小学》《论语》《孟子》《大学》《中庸》,次及《诗》《书》

---

① 《宋史·选举志一》。
② 《宋史·选举志二》。

《礼记》《周礼》《春秋》《易》。博士、助教亲授句读、音训，正、录、伴读以次传习之。讲说则依所读之序，正、录、伴读亦以次而传习之。"① 元仁宗皇庆二年（1313）举行科举，其考试程式为："蒙古、色目人，第一场经问五条，《大学》《论语》《孟子》《中庸》内设问，用朱氏章句集注。其义理精明，文辞典雅者为中选。第二场策一道，以时务出题，限五百字以上。汉人、南人，第一场明经、经疑二问，《大学》《论语》《孟子》《中庸》内出题，并用朱氏章句集注，复以己意结之，限三百字以上；经义一道，各治一经，《诗》以朱氏为主，《尚书》以蔡氏为主，《周易》以程氏、朱氏为主，已上三经，兼用古注疏，《春秋》许用《三传》及胡氏《传》，《礼记》用古注疏，限五百字以上，不拘格律。"② 可见，《论语》尤其是朱注《论语》在元代官学和科考中占有主要地位。

明代国子监的课程主要是四书五经。"所习自《四子》本经外，兼及刘向《说苑》及律令、书、数、《御制大诰》。"③ 国子监学生根据学业的程度评定等级："六堂诸生，有积分之法，司业二员分为左右，各提调三堂。凡通《四书》未通经者，居正义、崇志、广业。一年半以上，文理条畅者，升修道、诚心。又一年半，经史兼通、文理俱优者，乃升率性。升至率性，乃积分。其法，孟月试本经义一道，仲月试论一道，诏、诰、表、内科一道，季月试经史第一道，判语二条。每试，文理俱优者与一分，理优文劣者与半分，纰缪者无分。岁内积八分者为及格，与出身。不及者仍坐堂肄业。如有才学超异者，奏请上裁。"④

万历年间，政府开设为宗室子弟开设宗学，"令学生诵习《皇明

---

① 《元史·选举志一》。
② 《宋史·选举志一》。
③ 《明史·选举志一》。
④ 同上。

祖训》《孝顺事实》《为善阴骘》诸书，而《四书》《五经》《通鉴》《性理》亦相兼诵读"①。

　　地方官学的学生考试也以《四书》为主，《明史·选举志一》记载："诸生应试之文，通谓之举业。《四书》义一道，二百字以上。经义一道，三百字以上。取书旨明晰而已，不尚华采也。"

　　在明代科举考试中，科目沿袭唐、宋之旧，而稍变其试士之法，"专取四子书及《易》《书》《诗》《春秋》《礼记》五经命题试士"。"乡试以八月，会试以二月，皆初九日为第一场，又三日为第二场，又三日为第三场。初设科举时，初场试经义二道，《四书》义一道；二场论一道；三场策一道。……后颁科举定式，初场试《四书》义三道，经义四道。《四书》主朱子《集注》，《易》主程《传》、朱子《本义》，《书》主蔡氏传及古注疏，《诗》主朱子《集传》，《春秋》主左氏、公羊、榖梁三传及胡安国、张洽传，《礼记》主古注疏。永乐间，颁《四书五经大全》，废注疏不用。其后，《春秋》亦不用张洽传，《礼记》止用陈澔集说。二场试论一道，判五道，诏、诰、表、内科一道。三场试经史时务策五道。"② 可见，《论语》始终是明代科考的经典之一。

六　《论语》与清代官学

　　清代，选拔国子监学员时，测试《论语》。据《清史稿·选举志一》记载："顺治二年，令直省不拘廪、增、附生，选文行兼优者，大学二人、小学一人送监。……乾隆四年，限大省无过五、六名，中省三、四名，小省一、二名，任缺无滥。学政三年会同督、抚保题，分试两场，略同选拔。试《四书》文、经解、经文、策论，后增

---

① 《明史·选举志一》。
② 《明史·选举志二》。

诗。"儒童入学考试也考试《论语》，"儒童入学考试，初用《四书》文、《孝经》论各一，《孝经》题少，又以《性理》《太极图说》《通书》《西铭》《正蒙》命题。嗣定正试《四书》文二，覆试《四书》文、小学论各一。雍正初，科试加经文。……寻定科试《四书》、经文外，增策论题，仍用《孝经》。乾隆初，覆试兼用小学论"①。

清代国子监"课士之法"亦涉及《论语》："课士之法，月朔、望释奠毕，博士集诸生，讲解经书。上旬助教讲义。既望，学正、学录讲书各一次。会讲、覆讲、上书、覆背，月三回，周而复始。所习《四书》《五经》《性理》《通鉴》诸书，其兼通十三经、二十一史，博极群书者，随资学所诣。……祭酒、司业月望轮课《四书》文一、诗一，曰大课。祭酒季考，司业月课，皆用《四书》《五经》文，并诏、诰、表、策论、判。月朔，博士课经文、经解及策论。月三日，助教课，十八日，学正、学录课，各试《四书》文一、诗一、经文或策一。"②

清代科举考试，亦用《论语》。《清史稿·选举志三》记载："首场《四书》三题，《五经》各四题，士子各占一经。《四书》主朱子集注，《易》主程传、朱子本义，《书》主蔡传，《诗》主朱子集传，《春秋》主胡安国传，《礼记》主陈澔集说。其后《春秋》不用胡传，以《左传》本事为文，参用《公羊》《穀梁》。二场论一道，判五道，诏、诰、表内科一道，三场经史时务策五道。乡、会试同。乾隆间，改会试三月，殿试四月，遂为永制。""有清科目取士，承明制用八股文。取四子书（即《四书》——笔者注）及《易》《书》《诗》《春秋》《礼记》五经命题，谓之制义。"

---

① 《清史稿·选举志一》。
② 同上。

第 二 章

《论语》在东亚的传播与影响

《论语》不仅对中国传统社会产生了深远影响，而且远播东亚，在诸多方面产生了一定的影响。

第一节　《论语》在朝鲜半岛的传播与影响

中国和朝鲜半岛一衣带水，两地人民交往密切，因此，《论语》传入的时间较早，影响也较大。

一　《论语》在三国时期的传播和影响

儒家经典传入朝鲜半岛的时间比较早，据《朝鲜简史》称"早在公元 1 世纪初，就有一些朝鲜人背诵《诗经》《书经》和《春秋》等"①。说明公元 1 世纪之前儒家经书已经传入朝鲜。但具体到《论语》传入朝鲜半岛的具体时间，由于史料的缺乏，已无从查考。不过，"1992 年平壤古墓出土的竹简上写有《论语》的《先进》《颜渊》二篇的内容。经研究，这些竹简是汉四郡时期乐浪郡下层官吏的

---

① 转引自李洪淳《孔子、儒学思想在朝鲜和日本的传播及影响的比较——以汉唐儒学及宋明理学为例》，《孔子儒学与当代社会文集》，齐鲁书社 1991 年版，第 472 页。

随葬品，时间为公元前45年，比河北定州竹简只晚了10年，是迄今朝鲜半岛发现的最古老的《论语》遗存"①。另据日本史记载，285年百济王子曾荐王仁至日本献《论语》和《千字文》（此处之《千字文》当不是梁周兴嗣之《千字文》，而是其他的童蒙读物）。由此可知，公元285年前，《论语》便已传入百济，这是《论语》传入朝鲜半岛的最早文字记载。

《论语》传入朝鲜半岛后，逐渐成为士人的必修课目。百济王朝时曾设立五经博士，其中就有《论语》，另外四经是《礼》《乐》《书》《孝经》。682年新罗仿唐立国学，改称太子监，定必修课目为《论语》和《孝经》；选修课目为《礼记》《周易》《左传》《毛诗》《尚书》《文选》。政府的重视确保了《论语》在朝鲜半岛的传播。

788年，新罗又仿唐科举之制，设读书出身科。录用官吏以读《春秋左氏传》，若《礼记》，若《文选》，而能通其义，兼明《论语》《孝经》者为上；读《曲礼》《论语》《孝经》者为中；读《曲礼》《孝经》者为下。若博通五经、三史、诸子百家书者，超擢用之。②《论语》与科举考试联系在一起，并成为其中的重要组成部分，这对孔子思想在新罗的普及和发展起了强大的推动作用。与此同时，《论语》经文也被广泛征引，如《三国史记·百结先生列传》曰："岁将暮，邻里春粟，其妻闻杵声曰：'人皆有粟春之，我独无焉，何以卒岁？'先生仰天叹曰：'夫死生有命，富贵在天；其来也不可拒，其往也不可追；汝何伤乎？'"其前两句话分别出自《颜渊篇》和《微子篇》。又，《论语》经文也大量出现在碑文中，如《北汉山新罗真兴王巡狩碑》（568年刻成）中有"是以帝王建号，莫不修己以安百姓"的碑文，其中"修己以安百姓"一源自《论语·宪问篇》。

---

① 王国彪：《〈论语〉在朝鲜半岛的早期传播》，《光明日报》2011年8月15日第15版。

② 转引自黄建国《古代中韩典籍交流概说》，载包伟民选编《史学文存》，上海古籍出版社2001年版，第459页。

《智证和尚碑铭序》云："其具体则身仞余，面尺所，仪状魁岸，语言雄亮，真所谓'威而不猛'者。"其中"威而不猛"出自《论语·述而篇》。《真监和尚碑铭序》云："予欲无言，天何言哉？""吾岂匏瓜，壮龄滞迹？"两句均引自《论语·阳货篇》。①

及至高丽朝，政府对《论语》更加重视。据《高丽史》记载，1010 年，显宗曾引用《论语》经文"百姓不足，君孰与足"。1056 年，西京留守奏请文宗，把《论语》《孝经》等儒家经典以及诸子百家书等在诸学院中进行普及。其文曰："西京留守报：京内进士明经等，诸业举人，所业书籍，率皆传写，字多乖错。请分赐秘阁所藏九经、汉晋唐《书》《论语》《孝经》，子史诸家文集，医卜地理律算诸书，置于诸学院，命有司各一本送之。"1135 年，仁宗又把《孝经》《论语》等书分赐于街巷童稚，进一步扩大了《论语》的播传。②

二　《论语》在朝鲜朝的传播和影响

降及朝鲜朝，《论语》的影响进一步扩大，这主要表现在：

首先，《论语》成为臣下上书言政征引的经典之一。如朝鲜朝中期文臣张显光（1554—1637）在两次上疏中都引证《论语》。《告归进言疏（丙寅五月二十七日）》曰："臣窃以为孔子所谓亲丧自致者，谓其当致而必致之，非谓致之至过也。孔子又曰：'生'事之以礼；死，葬之以礼，祭之以礼。'可谓孝矣。"《请停榭庙疏》③ 又曰："又以孔子答孟懿子问孝之语观之，则孝贵无违。无违者，无违其礼也。孔子仍告樊迟曰：'生，事之以礼；死，葬之以礼，祭之以礼。'可

① 王国彪：《〈论语〉在朝鲜半岛的早期传播》，《光明日报》2011 年 8 月 15 日第 15 版。
② 参见任振镐《〈论语〉及其注释书在韩国古代的发展经过》，《南京师范大学学报》1998 年第 1 期。
③ 张显光：《旅轩集》，《韩国文集丛刊》（第 60 辑）韩国民族文化促进会 1990 年版，第 42 页。

谓孝矣。"① 以孔子之语为据，增加了上疏的力量。

其次，《论语》成为朝鲜学者诗歌中的引用对象。引《论语》中富有哲理的话语、观点或场景、情境入诗，将圣人之言行、心态作为其诗情生发和引申的基础，这构成了朝鲜古代汉诗中《论语》元素的主体，数量极多。如李奎报《次韵皇甫书记，用东坡哭任遵圣诗韵哭李大谏眉叟》曰："门第颜回死，孔子称天丧。"以孔子、颜回之间的真挚情谊作比，痛悼师长李仁老。又如李洪男《用"天机行日月，春事勤草木"各成一首》曰："逝者有如斯，方信子在川。"跨越时空，诗人触景生情，真正体悟了孔子临川而叹的真实心态。②

再次，《论语》是朝鲜文人取名的一个重要源泉。韩国古代很多文人的文集、文章命名都源于《论语》，如《知非录》《无忮契》等；很多文人的字号也引自《论语》，如金欣号颜乐堂、严昕号十省堂、申叔周号希贤堂；很多书斋、亭堂等处所的名称也源于《论语》，如"焕章庵""直斋""三畏斋""仁美斋""学习轩""喜惧堂""辅仁堂"等。③这既反映了朝鲜文人的人生态度、理想追求，也体现了其文化水平和审美水准。

最后，《论语》注释本大量涌现。为了进一步推广《论语》，朝鲜学者一改前期只是传播《论语》经文的历史，开始注释《论语》。这方面的著作主要有：

李滉的《论语释义》（载《退溪全书》），其特点是不仅在体制上还是内容上多承袭朱熹的《论语集注》。

尹镌的《论语读书记》，其特点是反对朱注，以己见释《论》。

李瀷的《论语疾书》，其特点是主张实学，提出用历史的方法去

① 张显光：《旅轩集》，《韩国文集丛刊》（第60辑）韩国民族文化促进会1990年版，第71页。
② 王国彪：《朝鲜古代汉诗引用〈论语〉典故研究》，《武陵学刊》2011年第5期。
③ 王国彪：《朝鲜半岛〈论语〉文献的利用与诗情阐释》，《中国社会科学报》2015年11月10日第6版。

考察社会现实，用批判的态度研究学问。

郑齐斗的《论语解》，其特点是反对朱子学穷理的研究方法，提倡阳明学的知行合一。

茶山丁若庸的《论语古今注》，其特点一是不对《论语》全篇作注解，而是对有疑惑的地方作注释；二是参考程朱的新注与汉代的古注而作注。

壶山朴文镐的《论语集注详说》，其特点是一方面改变原有《四书》的体例顺序，把《论语》放在《四书》的首位；另一方面大大减少原有的小注，加进韩、中学者的见解，补充自己的有独创性的见解。

此外，有关《论语》注释书还有洪大容的《论语问辩》及《四书问疑》、魏伯珪的《论语札义》、吴熙常的《论语札义》、柳长源的《四书纂注增补》《四书小注考疑》等。

总之，虽然《论语》注释书为数不多，但是这些书却体现了自己的注释特色，在朝鲜半岛教育、政治、文学、经学史上都占有很重要的地位。①

第二节 《论语》在日本的传播与影响

《论语》经朝鲜半岛传入日本后，在日本的流播和影响呈现出自己的特色。

一 《论语》在日本的早期传播和影响

中日学者大都认为王仁献书是《论语》入日的开始。王仁是朝鲜

---

① 参见任振镐《〈论语〉及其注释书在韩国古代的发展经过》，《南京师范大学学报》1998 年第 1 期。

的华侨，他于晋武帝太康六年（285）应日本应神天皇的邀请，赴日本讲授《论语》。《日本书纪》记载：

> 十五年秋八月壬戌朔丁卯，百济王遣阿直歧，贡良马二匹。阿直歧亦能谈经典，太子菟道稚郎子师焉。于是天皇问阿直歧曰：如胜汝博士亦有耶？对曰：有王仁者是秀也。时遣上毛野君祖荒田别、巫别于百济，仍征王仁也。

> 十六年春二月，王仁来之，则太子菟道稚郎子师之，习经典于王仁，莫不通达。

日本《古事记》载此事说王仁所献的书是"《论语》十卷，《千字文》一卷，并十一卷"。王仁带去的《论语》所系版本，日本学者或谓何晏注本，或谓郑玄注本。《论语》传入日本，成为日本汉学的权舆，也成为日本文化的滥觞。[1]

在此之后，百济又于日本继体天皇七年（513）、十年、钦明天皇十五年（554），先后派遣五经博士段杨尔、高茂安、马丁良、王柳贵、王道良等赴日传授五经。这里所说的五经，据《日本书纪》记载，只包括《礼》《乐》《书》《论语》《孝经》，与中国官学中的五经不同[2]。自此，以《论语》为中心的儒学便盛行于日本，对日本人民的精神生活、物质生活产生了巨大影响。无怪乎简野道明说："《论语》传入日本，也就是日本儒学的发轫。此书对于日本国风民俗的陶冶，实有极大的影响。"[3]

《论语》开始传入日本时，读者仅限于宫廷之中、缙绅之家及僧侣，其句读和解释也只秘密传授于各博士之家，所以接受其思想学说

---

① 参见王载源《儒学东渐及其日本化的过程》，《孔子研究》1989 年第 3 期。
② 程方平：《隋唐五代的儒学——前理学教育思想研究》，云南教育出版社 1991 年版，第 340 页。
③ 转引自杨焕英编著《孔子思想在国外的传播与影响》，教育科学出版社 1987 年版，第 88 页。

和受其影响最大的是统治阶级上层人物。如菟道稚郎子，据《国史纂论》卷一记载："应神天皇爱少子稚郎子，立为皇太子，命其兄大鹪鹩辅之。及天皇崩，太子避之，菟道让位大鹪鹩，曰：'大王仁孝，宜令天下之君矣……。'大鹪鹩曰：'先皇谓天位不可一日空，故预选明德以为贰，我虽不敏，岂违先皇之命乎！'固辞弗嗣。相让空位垂三年。民之贡献者，不知所适归，而大鹪鹩执志益确，太子知其不可夺，乃自杀。大鹪鹩惊骇至菟到道，恸哭尽哀，乃葬于菟道山上。于是登祚，是为仁德天皇。"从上述不难看出，兄弟俩之间所进行的这种推让，显然受了《论语·泰伯》"三以天下让"思想的影响。

又，仁德天皇即位后，体恤民情施行仁政，全仿《论语》之说。《日本书纪》中记载说："（仁德天皇）四年春二月诏群臣曰：朕登高台以远望之，烟气不起于域中，以为百姓既贫而家无炊者，朕闻古圣王之世，人人诵咏德之音，家家有康哉歌。今朕临亿兆于兹三年，颂音不聆，炊烟转疏，既知五谷不登，百姓穷乏也。封畿之内，尚有不给者，况乎畿外诸国邪？"三月，诏曰："自今之后，圣于三载，悉除课役，息百姓之苦。"七年夏，天皇居台上而远望之，烟气多起，是日语皇后曰："朕既富矣，岂有愁乎？"皇后且曰："宫垣坏而不得修，殿屋破之衣被露，何谓富乎？"天皇曰："天之立君是为百姓，然则君以百姓为本。是以古圣王者，一人饥寒，顾之责身，今百姓贫之，则朕贫也；百姓富之，则朕富也。未之有百姓富之，君贫矣。"仁德天皇的这一套关于"君民贫富观"，以及为此推行蠲免民众三年课役的政策，显然与《论语》的影响有关。他所说的"百姓贫之，则朕贫也；百姓富之，则朕富也"云云，恰是《论语·颜渊篇》中所说"百姓足，君孰与不足；百姓不足，君孰与足"的极生动的活用。①

---

① 参见严绍璗《汉籍在日本的流布研究》，江苏古籍出版社 1992 年版，第 7 页。

七世纪初，圣德太子一方面广设国家学堂"学问所"，挂孔子画像于正堂，尊孔子为"先圣"，要求学生必修《论语》，以及《周易》《尚书》《左传》等汉学。另一方面，借用《论语》等儒家经典的思想实行了"冠位制"，制定了《十七条宪法》。"冠位制"用"德、仁、礼、信、义、智"表示官位的高低，冠位共分十二等：大小德、大小仁、大小礼、大小信、大小义、大小智，并用紫青赤黄白黑等颜色的官帽官服区别等级，以此表示官位与身份的高低。《宪法》更是以《论语》中的"礼""信"思想制定出来的。如第四条指出："群卿百僚，以礼为本。其治民之本要在于礼。上不礼而下非齐，下无礼以必有罪。是以群臣有礼，位次不乱；百姓有礼，国家自治。"第九条说："信是义本，每事必信。其善恶成败，要在于信。君臣共信，何事不成？君臣无信，万事悉败。"① 由此可见，《论语》及其思想已经渗入其社会生活的诸多方面。

718 年，元正天皇修"养老令"，确立了日本的大学和国学制度。"学令"规定大学寮以九经为教材，《论语》名列其中，并与《孝经》一起被视为必修课目。"凡经，《周易》《尚书》《周礼》《仪礼》《礼记》《毛诗》《春秋左氏传》各为一经，《论语》《孝经》学者兼习之。"同时对《论语》等经典的注本也作了具体规定："凡教授正业：《周易》，郑玄、王弼注；《尚书》，孔安国、郑玄注；三礼、《毛诗》，郑玄注；《左传》，服虔、杜预注；《孝经》，孔安国、郑玄注；《论语》，郑玄、何晏注。"学习年限是《孝经》《论语》共一年；《礼记》《左传》各三年；《周礼》《仪礼》《毛诗》《周易》各两年；《尚书》一年半。选修的七经按照卷数的多寡又分为大、中、小三经，大经包括《礼记》《左传》；中经包括《周礼》《仪礼》《毛诗》；小经

---

① 程方平：《隋唐五代的儒学——前理学教育思想研究》，云南教育出版社 1991 年版，第 341 页。

包括《周易》《尚书》。通经的标准是：通二经者，大经内通一经，小经内通一经，或通中经两种；其通三经者，大经、中经、小经各通一经；通五经者，大经并通，另于中小经中任选三种；《孝经》《论语》须兼通。① 学生凡通二经以上者，经考试及格，就授以官位，修的经书越多，成绩越好，授予的官位就越大。这样以儒家思想培养官吏，并作为选拔官吏的标准，对《论语》及儒学的普及与盛行，起了极大的推动作用。

二 《论语》在平安和江户时代的传播和影响

及至平安时代，清和天皇之贞观三年（861），天皇第一次亲自讲解《论语》，他把《论语》称为"圆珠经"。"圆珠经"的说法源于梁代皇侃之《论语义疏》。《论语义疏》序文中有"论语小而圆通，有如明珠"。②

江户时代，朱熹《论语集注》的传日，掀起了《论语》学习和普及的新高潮。据考证，朱注大概于 13 世纪上半叶传日，传播者主要是往来于两国间的禅僧、商旅及儒者。朱注在日本的流行有赖于藤原惺窝师徒。藤原惺窝推崇朱熹，他于 1595 年作《四书五经倭训》，成为日本最早采取将朱注的意义用假名注《四书五经》字旁的著作。林罗山是其门生，曾参与幕府的创业，对文教事业的贡献很大。他读到《论语集注》后大为赞赏，立志以振兴程朱之学为己任，于是在京都设席聚徒，宣讲朱注。担任幕府儒官后，他一方面向统治者举荐程朱之学为治国之器，帮助统治者将朱注《论语》推向全国；另一方面，对朱注《四书》进行训点，使其易于读诵，大大促进了《论语》的普及。

---

① 转引自杨焕英编著《孔子思想在国外的传播与影响》，教育科学出版社 1987 年版，第95 页。

② 转引自金谷治《孔子学说在日本的传播》，《孔子研究》1987 年第1 期。

受林罗山的影响，一方面，将军纲吉在元禄四年（1691）把东京神田的一部分命名为昌平坂，设置"学问所"，新建了一座大成殿。第二年他出席了释奠仪式，同时亲自讲解了《论语·学而篇》第一章。另一方面，为了保证朱注的独尊性，幕府实施了"异学之禁"，弹压禁止程朱学以外的学派。如鹿儿岛藩的"造士馆"在安永二年（1773）订定的七条学规中，第一条便规定："讲书用《四书》《五经》《小学》《近思录》等书，注解主程朱说，不可妄杂论异说。"确立了以朱子学为藩学教育的基本方针。

在这一时期，孔子和《论语》的地位也备受推崇，如伊藤仁斋说孔子是绝对的圣人，他推崇《论语》是"至高无上宇宙第一书"。在《论语古义》中，他说："《论语》一书，万世道学之规矩准则，其言至正至当，彻上彻下，增一字则多余，减一字则不足，道至此而尽，学至此而极……孟子曾引用宰我、子贡、有若三人的话说，（孔子）远胜于尧舜，又说，有生民以来，从来没有人像孔子这样受人崇敬。看来，诸子直接聆教于夫子，知夫子确实比任何圣人卓越，留言于后世。我决心以《论语》为至高无上宇宙第一书，原因就在这里。"从中不难看出，伊藤仁斋非常尊重孔子，将孔子视为众圣人中特别突出的特殊圣人。[1]

---

[1] 转引自金谷治《孔子学说在日本的传播》，《孔子研究》1987 年第 1 期。

第 三 章

《论语》的当代价值

《论语》作为中国古代的重要经典，不仅在政治、文化、教育、法律中扮演了重要角色，而且经过创造性转化和发展，其优秀思想中的核心要素在今天仍能在中国特色社会主义建设中发挥作用。

第一节　《论语》中的孝廉思想及其当代价值

孝廉思想是儒家文化中最具特色的奇葩之一，这里的"孝"指孝悌，"廉"指清廉，合而言之，它就蕴含了"百善孝为先，治政廉为首"的理念。在《论语》中，孔子及其弟子就曾对此予以探讨，并围绕这一命题提出了"孝顺亲长""孝治天下""廉能正直"等思想，其中"孝顺亲长"是立身之本，"孝治天下"是执政之策，"廉能正直"是从政之基，这些思想在中国古代社会中为维护社会和谐稳定发挥了重要的作用。时至今日，经过创造性的改造与加工，这些思想完全可以与现代道德思想体系相结合，继续发挥其应有的价值。

一　《论语》中的"孝顺亲长"思想及其当代价值

在《论语》中，孔子指出，处理家庭成员之间关系适用的原则是

"孝悌"。

"孝"，简而言之，包括三个方面：

一是子女要真心地孝敬父母。在孔子看来，对父母的孝首先体现在子女要竭尽全能照顾父母，使父母能够衣食无忧，"事父母，能竭其力"①。其次应该有爱敬之心。孔子说："今之孝者，是谓能养。至于犬马，皆能有养。无敬，何以别乎？"②只有敬养，才能与动物有所区别。所谓敬养，就是要求子女努力做到"无违""无改"和"色恭"。所谓"无违"，是指要遵从父母，"事父母几谏，见志不从，又敬不违，劳而不怨"③。这是说侍奉父母，若发现他们言行有不当之处，要委婉地劝告。当劝而不从之时，为人子者仍要敬从父母，耐心地慢慢开导他们，而不能粗暴的忤逆、对抗。所谓"无改"，是指无论父母在世抑或是死后，子女都不得轻易改变其志向或规矩，"父在观其志，父没观其行，三年无改于父之道，可谓孝矣"④。故孟庄子因不改动父亲的臣下和政策得到了孔子"是难能也"的盛赞。据《论语·子张篇》载，曾子曰："吾闻诸夫子，孟庄子之孝也，其他可能也，其不改父之臣与父之政，是难能也。"所谓"色恭"，就是孝子侍奉父母，要做到和颜悦色。子夏问孝。孔子说："色难。有事，弟子服其劳；有酒食，先生馔。曾是以为孝乎？"⑤在孔子看来，仅仅是替父母做事、供养酒食，这样的孝是表面上的孝，不够深入。只有将对父母深深的爱，和颜悦色地表达出来，才算做到了对父母的孝。所以"盖孝子之有深爱者，必有和气；有和气者，必有愉色；有愉色者，必有婉容；故事亲之际，惟色为难耳"⑥。

---

① 《论语·学而》。
② 《论语·为政》。
③ 《论语·里仁》。
④ 《论语·学而》。
⑤ 《论语·为政》。
⑥ 《礼记·祭义》。

二是不让父母为自己多操心。这主要表现在，一方面，"父母在，不远游，游必有方"①。父母在世的时候，不出远门去求学、做官，万一要出远门，要让父母知道自己的去向，以免父母挂念担忧。另一方面，孝就是让父母心安，不让他们为自己过多地忧虑。《论语·为政篇》载：孟武伯问孝，子曰："父母唯其疾之忧。"即父母只为孝子的疾病发愁，不会为其他方面忧虑。可见，保护好自己的身体和心理，不让父母操心烦恼，也是尽孝。

三是尽孝要守礼。在孔子看来，作为孝子，要对父母以礼相待。孔子说："生，事之以礼；死，葬之以礼，祭之以礼。"无论是父母健在，还是父母过世，都要按照礼要求的规范去做，切不可违礼而动。据《论语·阳货篇》载，宰我问："三年之丧，期已久矣。君子三年不为礼，礼必坏；三年不为乐，乐必崩。旧谷既没，新谷既升，钻燧改火，期可已矣。"子曰："食夫稻，衣夫锦，于女安乎？"曰："安。""女安则为之。夫君子之居丧，食旨不甘，闻乐不乐，居处不安，故不为也。今女安，则为之！"宰我出，子曰："予之不仁也！子生三年，然后免于父母之怀，夫三年之丧，天下之通丧也。予也有三年之爱于其父母乎？"孔子认为，孝在很大程度上源于子女对于父母感恩情感的自然流露，只要子女想到幼时父母对自己的养育之恩，就应该为父母守三年之丧。

"悌"又作"弟"，本意是敬爱、顺从兄长。《论语·学而篇》曰："孝弟也者，其为仁之本与！"朱熹注曰："善事父母为孝，善事兄长为弟。"在家庭伦理中，"悌"道要求兄关爱弟，弟敬从兄。在兄弟之间发生矛盾时，应以礼让为先，即"君子敬而勿失，与人恭而有礼，四海之内皆兄弟也"②。可见，孝是对长辈而言的，悌是对同

---

① 《论语·里仁》。
② 《论语·泰伯》。

辈而言的，二者是做人之根本。

《论语》中的孝悌思想对于维护家庭的和谐与社会的稳定具有重要的借鉴意义。当今社会正处于新常态之下，传统的家庭伦理道德面临着调整和重建，新的尚处于形成过程之中，建设和谐家庭任重而道远。因此，积极弘扬和发展《论语》中的孝悌思想，可以增强人们的孝亲意识，促进家庭的和睦与稳定。这就要求我们：一是在生活上，物质所需，要让父母满足，不虞久缺。二是对父母的爱要发自内心，出自真诚，不能虚情假意。要常回家看看，和父母谈谈心，消除他们的寂寞感，让其感受到子女的爱和家庭的温暖。三是要谅解父母的过失。父母虽贵为长辈，但也没有办法对错误进行免疫，也会做错事、做傻事、做蠢事。对于父母的过错，子女应予以宽容和理解，应委婉地予以劝导，而不是大声斥责。四是在事关自己的终身大事上要征求父母的意见，多听听父母的看法。五是在父母生病时，子女要尽快为其检查治疗，并合理安排时间，多在医院陪护照料。六是父母过世了，子女要知恩图报，尽其哀情，要定期祭祀，追忆感念父母的恩德。这样做不仅有助于培养人们良好的道德观念，形成健康向上的家庭美德，而且有利于化解家庭矛盾，消除社会的不稳定因素，维护安定团结的大好局面。

二 《论语》中的"孝治天下"思想及其当代价值

在孔子看来，从孝弟出发，推及其宗族，进而推及全体社会成员，对全体社会成员实行广博的爱，"弟子入则孝，出则弟，谨而信，泛爱众，而亲仁"①。孔子的这一思想，对于巩固和稳定社会秩序也具有重要的意义，其弟子有若曾说："其为人也孝弟，而好犯上者鲜

---

① 《论语·学而》。

矣；不好犯上，而好作乱者，未之有也。"① 也就是说，能行孝弟之道之人，是很少会做冒犯上级之事的；不喜欢触犯上级之人，是不会喜欢造反的。因此，孔子认为行孝可以治国。据《论语·为政篇》载，或问孔子曰："子奚不为政？"子曰："《书》云：'孝乎惟孝，友于兄弟，施于有政。'是亦为政，奚其为政？"孔子认为，只要孝顺父母，友爱兄弟，并能把这种风气影响到政治上去，这也是间接参与了政治，并不是只有外出做官才算是从政。在这里，孔子将治家与治国联系在了一起，将小孝泛化成了大孝。《礼记·祭义篇》充分发挥了孔子这一思想，其文云："居处不庄，非孝也；事君不忠，非孝也；莅官不敬，非孝也；朋友不信，非孝也；战阵无勇，非孝也。"可见，仕宦为官的职守职责及官风官德行为，统统被儒家学者纳入了孝德规范的评判范围，成为古代官场社会的显规则。

"孝治天下"体现在具体的治国之策上：

一是为政者在施政中必须关心人民的利益，"重民""惠民"，以民为本。《论语·尧曰篇》曰："所重民、食、丧、祭。"也就是说，统治者重视的是百姓、粮食、丧礼和祭祀，而民居其首位。在对待民众问题上，孔子指出："宽则得众，信则民任焉。"②宽厚就能得到百姓的拥护，诚信就能得到百姓的信任。孔子还曾通过高度评价子产提出了"养民"和"使民"的问题，他说子产"有君子之道四焉：其行己也恭，其事上也敬，其养民也惠，其使民也义"③。在孔子看来，子产具有的"君子之道"中，与民众相关的有两项——养护百姓有恩惠，役使百姓有法度。这些思想，充分表明了孔子的亲民立场。

二是实行"富民""教民"的政策。在孔子看来，要治理一

---

① 《论语·学而》。
② 《论语·尧曰》。
③ 《论语·公冶长》。

个人口众多的国家，就要实行富民和教民的政策。有一次，孔子到卫国去，冉有给他驾车，孔子说："庶矣哉！"卫国的人口真多啊！冉有曰："既庶矣，又何加焉？"曰："富之。"曰："既富矣，又何加焉？"曰："教之。"① 这里孔子强调要治理好像卫国这样一个人口较多的国家，首先要让民众富起来，然后再教育他们，提高其道德素质。

三是实行德主刑辅的政策。孔子认为，统治者应该实行德治，"为政以德，譬如北辰，居其所而众星共之"②。群臣百姓就会自动围绕着你转。由此出发，孔子反对刑罚，强调以己之行，感化众人。"季康子问政于孔子曰：'如杀无道，以就有道，何如？'孔子对曰：'子为政，焉用杀？子欲善而民善矣。君子之德风，小人之德草。草上之风，必偃。'"③ 进而在德刑关系上，孔子提出了"德主刑辅"的主张，指出："道之以政，齐之以刑，民免而无耻；道之以德，齐之以礼，有耻且格。"④ 刑只能从外部施加威慑，而不能使人内心诚服；用道德引导百姓，用礼制去同化他们，百姓不仅会有羞耻之心，而且有归服之心。

《论语》中所体现的孔子"孝治天下"的思想，以及由此而延伸出的"为政以德"的治国之策对于构建和谐社会具有极为重要的启示作用。近年来，伴随着经济体制改革的深入发展，一些地方官员为了政绩、为了私利，屡屡在土地征用、房屋拆迁、环境污染、企业重组改制和破产中损害群众的利益，致使群体事件时有发生，严重妨害了社会的和谐与稳定。基于此，我们有必要回首 2500 年前，去汲取孔子的智慧，为构建和谐社会提供镜鉴。一是各级政府和部门在制定政

---

① 《论语·学而》。
② 《论语·为政》。
③ 《论语·颜渊》。
④ 《论语·为政》。

策时，一定不能忘记老百姓的疾苦，一定不能忽视老百姓的呼声，一定要经常性地深入基层、深入群众，真心倾听群众诉求；在依法行政过程中，一定要坚持以人为本，始终把是否维护和实现人民群众的根本利益放在十分重要的位置；一定要按照执政为民和建设法治政府的要求，高度重视人民群众的根本利益，坚持"民生问题无小事，群众利益大于天"的原则，始终把"关注民生、重视民生、改善民生、保障民生"作为践行"立党为公，执政为民"理念的内在要求，狠下决心，对症下药，切实解决损害群众利益的突出问题。二是政府应进一步提高城乡居民吃、穿、用消费水平，使城乡居民由"吃饱、穿暖、够用、能住"逐步转向"吃得营养、穿得漂亮、用得方便、住得舒服"。为此，要大力推行惠民政策，不断增加城乡居民收入；要不断完善社会保障和救助制度，提高最低保障标准，健全低保标准动态调整机制，使人民生活更加富裕安康，社会自然和谐稳定。三是政府要加强对城乡居民的教育和引导，提高文明素质。在城镇对居民随手乱扔果皮和烟蒂、随地吐痰、乱扔垃圾、谈吐不文明、损毁公物等违反社会公德的不文明言行进行有效劝导和教育，增强居民的环保意识，提高居民的文明素质。在乡村，教育村民守法，培养村民法制意识，树立正确的荣辱观；引导村民不收"高价彩礼"、不铺张浪费、不随地吐痰、不乱扔垃圾、不乱泼污水、不乱堆柴草和农家肥，自觉养成勤劳、节俭、言行文明的良好习惯。总之，通过文明礼仪教育与引导，促进城乡群众守法、讲礼、爱清洁，养成健康文明的生活习惯。

三 《论语》中的"廉能正直"思想及其当代价值

在孔子看来，为政者要想实现"孝治天下"的目标，必须做到"廉能正直"。这主要表现在：

一是为政者要严以律己。孔子认为，为政者要率先垂范，以身作则，行为端正。"政者，正也。子帅以正，孰敢不正?"① "其身正，不令而行；其身不正，虽令不从。"② 即君主要治理好国家，必须端正自己本身，严于要求自己。如果己正，管理国政就不会有什么困难，如果自己不端正，随心所欲，为所欲为，就不可能去端正别人，其国家也无法治理。把为政者自身的"正"或"不正"，作为衡量政治好坏的先决条件。因为，孔子深知，为政者的德行直接影响民众的德行。所谓"上好礼，则民莫敢不敬；上好义，则民莫敢不服；上好信，则民莫敢不用情"③。"君子笃于亲，则民兴于仁；故旧不遗，则民不偷。"④ "苟正其身矣，于从政乎何有? 不能正其身，如正人何?"⑤

二是为政者要"节用"。孔子说："道千乘之国，敬事而信，节用而爱人，使民以时。"⑥ 在孔子看来，节用与敬事、诚信、爱人、使民以时都是同一个层次的道德范畴，是为政者的道德行为规范，是为政者以德治国必备的道德观念。如何做到节用呢? 在孔子看来，这就是"惠而不费"。子曰："因民之所利而利之，斯不亦惠而不费乎?"⑦ 从事因人民能得到利益的事情而获利，这就是惠而不费。民众愿意做，为政者和民众都获利，既顺应民心使百姓获利，又使政府不用投入而获利，真真是治国理政的良策。

三是个人要节俭。孔子认为，就君子仁人而言，在吃、穿、住、娱乐等方面，都应坚持勤俭节约的原则，不能贪得无厌。所以在饮食上，孔子主张"食无求饱"⑧，追求"饭疏食，饮水，曲肱而枕之，

---

① 《论语·颜渊》。
② 《论语·子路》。
③ 同上。
④ 《论语·泰伯》。
⑤ 《论语·子路》。
⑥ 《论语·学而》。
⑦ 《论语·尧曰》。
⑧ 《论语·学而》。

乐在其中矣"① 的恬淡自然的生活方式，对生活简朴的弟子颜回大加赞扬："贤哉回也！一箪食，一瓢饮，在陋巷，人不堪其忧，回也不改其乐。"② 在穿上，孔子主张由奢入俭，他说："麻冕，礼也，今也纯，俭，吾从众。"③ 麻冕是古礼，古制以绩麻为冕，其工细，故贵；现在改用黑丝作冕，比麻冕节省了，所以孔子从众，也用黑丝冕。可见孔子为了节省资源，甚至把自己钟爱的古礼都改变了。在居住问题上，孔子主张"居无求安"④，在住的方面不应要求过高，因此他反对管仲"有三归""官事不摄"，认为管仲不节俭；斥责管仲"树塞门""有反坫"，与邦君比肩，斥其不知礼。⑤ 在他看来，外在条件的好坏并不重要，关键在于自己的心态，只有自己不感觉到条件简陋，那么条件再差也不会影响自己的心情。据《论语·子罕篇》记载，子欲居九夷。或曰："陋，如之何？"子曰："君子居之，何陋之有？"由此可见，孔子主张生活简朴，讲究内在的道德修养、君子人格，不追求外在的生活奢侈、豪华气派。在娱乐问题上，孔子明确提出反对"损者三乐"，在他看来，"乐骄乐，乐佚游，乐宴乐，损矣"⑥，以骄奢放纵取乐为快乐，以尽情游荡为快乐，以贪图安逸为快乐，是有害的。

孔子的"廉能正直"思想为我们建设廉洁高效、勤俭节约的公务员队伍，加强党风廉政建设提供了有益的启示。当下，有些地方官员喜欢搞不切实际的高指标，搞劳民伤财的"形象工程"，既影响了当地经济持续健康发展，也引发了不少社会矛盾和问题；一些地方和单位做事讲排场、比阔气，热衷盖高档办公大楼、搞高档装修，竞相举

---

① 《论语·述而》。
② 《论语·雍也》。
③ 《论语·子罕》。
④ 《论语·学而》。
⑤ 《论语·八佾》。
⑥ 《论语·季氏》。

办各种各样的节日、各类各层次的论坛，花钱大手大脚，铺张浪费严重。要想刹住这股歪风，有必要吸收和借鉴《论语》中的"廉能正直"思想。一是党委和政府要带头节约资源。建设节约型社会，党委和政府的引导和表率作用至关重要，因此各级党政机关要坚决落实中央八项规定，严格执行《党政机关厉行节约反对浪费条例》，大力削减"三公"经费，制定各级机关节能、节电、节水、节材及物品循环重用的目标措施；各级各类政府机关应积极采取有效措施，不断加强节约型机关建设，不断修订完善涉及节约型机关的各项制度，使节约型机关各项管理日趋制度化、科学化。二是要增强公务员的节约意识。要把树立节俭意识与大局意识、责任意识、公仆意识教育结合起来，在每年的节能宣传周、世界环境日、无车日等活动中，扎实开展各项勤俭节约活动。要积极提倡"低碳办公"的理念，在打造"低碳"型政府的实践中，将节约的理念贯彻始终，让节约成为每个公务人员自觉的、持久的行为习惯。通过规范日常行为，使他们从点滴做起，从细节做起，从身边做起，在思想上和行动上自觉养成勤俭节约的良好习惯，努力形成人人节约、事事节约、处处节约的良好风气，努力降低行政成本，减少资源浪费。

第二节 《论语》中的生态文明思想及其当代价值

生态文明是以尊重和维护自然为前提，以人与人、人与自然、人与社会和谐共生为宗旨，以建立可持续的生产方式和消费方式为内涵，以引导人们走上持续、和谐的发展道路为着眼点的一种人类文明形态。这一文明形态不是凭空产生的，而是渊源有自。在中国古代思想家那里，已经闪烁着古代生态文明思想的光辉。中国伟大的思想家、儒家学派的创始人孔子就是其中之一。在反映其思想的名著《论语》中，就包含与生态文明相关的"敬天畏命"思想、"仁爱万物"思想和"节约资源"思想，充分挖掘这些思想的内涵，将有助于当代生态文明建设。

一 《论语》中的"敬畏天命"思想及其现代价值

天命观是孔子生态文明思想的基石。夏、商、周三代的信仰从敬上帝，到拜鬼神，再到尊人崇德，信仰下移使周人的祭祀和信仰逐渐功利化。孔子在反思周人信仰的基础上，秉承上古三代的信仰精神，创造性地提出了"敬畏天命"的思想，形象地反映了人与自然的关系。

在对待"天"的问题上，孔子虽一方面承认它是客观存在的天，如他说："天何言哉？四时行焉，百物生焉。天何言哉？"[1] 客观存在的天不用说话，四季照常运行，百物照样生长。但另一方面却更多地认为它是主宰一切的上天。如《论语》有言："富贵在天。"[2] "巍巍乎！唯天为大，唯尧则之。"[3] 在孔子看来，一是这个主宰之天握有生死大权，能决定人之命运及生命始终。当其弟子颜渊不幸短命而死时，他便叹息说："噫！天丧予！天丧予！"[4] 这是老天爷要我的命啊！表明孔子对主宰之天无可奈何。二是这个主宰之天也是历史发展的主宰。当他在匡地遭遇围困时，孔子异常镇定，安慰弟子说："文王既没，文不在兹乎？天之将丧斯文也，后死者不得与于斯文也。天之未丧斯文也，匡人其如予何？"[5] 孔子坚定自己的信念，认为自己是周文化的继承者和传播者。但这种文化的传承，其决定性作用在天，非人力之所能为，表明他对主宰之天的崇奉。

---

[1] 《论语·阳货》。
[2] 《论语·颜渊》。
[3] 《论语·泰伯》。
[4] 《论语·先进》。
[5] 《论语·子罕》。

对于"命"，在孔子看来，它是一种不可逆转、不可抗拒、不以人的意志和努力为转移的强大的力量。如冉伯牛患恶疾将死，孔子执其手，呼"命矣夫"①，认为人的生死是命中注定的，"生死有命"②。孔子还说："道之将行也与？命也；道之将废也与？命也。公伯寮其如命何！""道"能否推行，在天命而不在人为，即所谓"谋事在人，成事在天"。因此，孔子主张要使人为的努力应顺天命，必须首先把握天命，故他提出了"知命"之说，并将此作为君子必备的品质，"不知命，无以为君子也"③。

孔子主张在"天"或"命"面前不能为所欲为，而要有所敬畏。据《论语·季氏篇》记载，子曰："君子有三畏：畏天命，畏大人，畏圣人之言。"其中"畏天命"被列为君子"三畏"之首，孔子对"天命"的重视程度由此可见一斑。从这句话也可以看出，"孔子要求人们在作为宇宙的最高主宰的天面前，在对待天的命令的过程中必须始终保持一颗敬畏之心。然而，孔子对'天''天命'的敬畏，并不只是简单的恐惧，更多的是对'天''天命'的尊重和敬重。在孔子'敬畏天命'的思想里，'敬'体现的是一种人生态度和价值追求，促使人类自强不息，有所作为；'畏'显发的是一条警示的界限和自省的智慧，告诫人类要'厚德载物''敬畏天命'，就是要求人们在面对具有神圣性和主宰性的'天''天命'时，要自觉的规范自己的言行，有所为和有所不为，在'天''天命'面前要谨慎行事，不能肆虐妄为，轻举妄动，否则就会'获罪于天，无所祷也'"④。

虽然孔子对"天"和"命"有一份特殊的敬畏心理，但他并不主张人们绝对地服天从命，而是应积极地"知天命"，并自称"五十

---

① 《论语·雍也》。
② 《论语·颜渊》。
③ 《论语·尧曰》。
④ 闫建华：《论孔子的天命观及其所蕴涵的生态伦理思想》，《山西财经大学学报》2011 年第 2 期。

而知天命"①。"知天命"的目的是利用天命,而求"知天命"本身,不仅体现了人为的努力,而且体现了人们对认知"上天"的追求。在孔子看来,人们只有"敬天畏命""知天命",不做伤天害命之事,"天"才会泽慧万民,否则,"四海穷困,天禄永终"②。

孔子的"敬畏天命"思想对于维护生态平衡和人类社会健康发展具有重要的借鉴意义。众所周知,自然界是人类生存和发展的基础,人与自然的关系,既有相互联系、相互依存、相互渗透的一面,亦有相互对立的一面。人类为了更好地生存和发展,总是力图征服自然、改变自然,而自然界也时常通过报复人类,提醒人们不要无节制地破坏自然。人与自然之间这种对立同一的关系,实际上就是作用与反作用的关系,如果这种关系处理不好,就会造成人与自然之间的失衡,不仅破坏生态环境,而且会危及人类的生存。从我国当前的现实情况来看,改革开放以来,为了发展经济,许多地方把自然作为征服的对象,致使我们的生存环境遭到严重破坏:一是空气污染严重。据环境保护部公告(2011 年第 55 号),2011 年上半年,113 个环保重点城市空气中,45 个城市空气质量超标,占 39.8%;17 个城市二氧化硫平均浓度超标,占 15.1%;35 个城市可吸入颗粒物平均浓度超标,占 31.0%。二是水污染严重。据环境保护部公告(2011 年第 55 号),2011 年上半年,全国地表水 21 项指标中有 13 项指标出现超标现象(不计化学需氧量)。其中,总磷、氨氮、五日生化需氧量和高锰酸盐指数超标较为严重,超标断面占断面总数的 20% 以上。在重金属超标方面,2011 年上半年,19 个地表水国控断面共出现 31 次重金属超标现象。从流域看,超标断面主要分布在海河流域和西南诸河。其中,海河流域重金属超标现象最为严重,超标断面占总超标断面 36.8%;

---

① 《论语·为政》。

② 《论语·尧曰》。

溶溪河的溪口断面、清水江治乌、石花村和茶洞断面以及龙潭河妙泉入口断面锰超标较严重，最大超标倍数分别为 30.0 倍、18.7 倍、13.6 倍、10.3 倍和 18.6 倍。三是我国水土流失面积已达 356 万平方公里，占国土面积的 1/3，土地荒漠化和水土流失速度还在加剧，每年沙漠化土地达到 3460 平方公里，相当于每年损失掉一个中等县的土地面积，大江大河输沙量增加，河水变浑，河床抬高，生态环境严重恶化，我国生态建设要求非常迫切。[①] 因此，我们必须抛弃人与自然对立的观念，借鉴和吸取孔子"敬畏天命"思想中的积极因素，一方面积极树立"敬畏"意识，充分尊重自然界的发展规律，不能只顾满足私利，对大自然肆无忌惮地去采掘、猎取、强取豪夺，致使各种资源都成为短近的功利替代物。另一方面，在遵循自然规律的前提下，充分发挥人的主观能动性，不断深化对自然的认识，按照适度改造自然的原则，树立尊重自然、崇尚自然、顺应自然的观念，通过合理、有节制地开发、利用自然，保护生态平衡，与自然界建立一种和谐相处、同步发展的关系，达到人类与自然共生、共存的境界。

二 《论语》中的"仁爱万物"思想及其现代价值

孔子认为，为了实现社会整体和谐有序发展的美好愿望，必须用"仁"来调整人与人、人与自然万物之间的关系。为此，他提出了"仁爱万物"的思想，阐明了处理人与人、人与自然关系的基本准则。

首先，仁者爱人。"仁"是孔子思想的核心，在《论语》中，共出现 109 次。它从"人"从"二"，从字形结构来看，也就是两个人，讲的是人与人之间的关系。因此，"仁"的基础和首要要求就是"爱人"。在孔子看来，如果以"爱人"作为人们处理人与人之间关

---

① 林红梅：《生态文明是重建人与自然关系的必然选择》，《南京林业大学学报》（人文社会科学版）2008 年第 3 期。

系的纽带，那么整个社会就会和谐融洽。因此，当弟子樊迟向孔子请教"仁"的含义时，孔子曰："爱人。"孔子所说的"爱人"，是指从顺敬父母、友爱兄弟的亲情出发，推及其宗族，"入则孝，出则悌"，并由宗族关系推及全体社会成员，对全体社会成员实行广博的爱，即"泛爱众"。孔子的这一思想，对于巩固和稳定社会秩序也具有重要的意义，其弟子有若曾说："其为人也孝弟，而好犯上者鲜矣；不好犯上，而好作乱者，未之有也。"

其次，仁爱万物。孔子的仁学，不仅要"爱人"，而且要"爱物"；不仅要将爱施之于人类，而且要施之于万物。只有这样，人的仁德才是圆满的。一方面，对于谷物瓜果之类，孔子坚持"不时不食"，吃东西要应时令、按季节，到什么时候吃什么东西。只有这样，食物才能得天地物候之气，其营养价值才能得以充分发挥。如果不是应季的食物，那么它就失去了季节的特性，其营养价值就会改变。因此，孔子提倡吃应季的食物。另一方面，对于动物而言，在孔子及其弟子看来，人的道德情感不仅与"同类"之人是相通的，而且与"异类"之物也是相通的。据《论语·泰伯篇》记载：曾子有疾，孟敬子问之。曾子言曰："鸟之将死，其鸣也哀；人之将死，其言也善。"这表明，曾子认为动物是有灵性的，它们和人类在某些方面具有相似性，因此，动物和人类应是平等的，不应受到人们的无端伤害。由此出发，本着惜生和重生的原则，孔子主张对自然界及自然界之物施以爱心，呼吁取之以时、取之有度，并带头实践自己的主张，"子钓而不纲，弋不射宿"①。这就是说，孔子只用鱼钩钓鱼，不用大网捞鱼；孔子只射飞鸟，不射栖息的鸟。孔子之所以这样做，是因为鸟飞空中，如遇来弋，逃生更加容易；鸟宿巢中，或休息，或育雏，飞矢射来，难躲其祸。老鸟若死，小鸟难活。同理，对鱼而言，被钓

---

① 《论语·述而》。

到的概率很小，如遭遇网纲，会疏而不漏，一网打尽。孔子不射宿鸟、不网鱼的生态伦理主张，不仅充分体现了孔子博大仁爱的伦理情怀，而且充分体现了孔子为了大多数人的生存利益而反对毁灭野生资源的生态伦理思想和对可再生资源保持可持续性发展的社会发展战略思想。

最后，融入自然。孔子认为，外在优美的自然环境不仅是人类高质量生存的保证，而且是人类得到审美享受的自然基础。他曾说："智者乐水，仁者乐山。"① 意思就是美好的山水可以陶冶人们的性情，更能给人以美的享受。孔子非常喜欢享受大自然的恩赐。据《论语·先进篇》记载：孔子和子路、曾晳、冉有、公西华一起畅谈各自的理想，其中子路的志向是："千乘之国，摄乎大国之间，加之以师旅，因之以饥馑，由也为之，比及三年，可使有勇，且知方也。"冉有的志向是："方六七十，如五六十，求也为之，比及三年，可使足民。"公西华的志向是："宗庙之事，如会同，端章甫，愿为小相焉。"而曾晳的志向是："莫春者，春服既成，冠者五六人，童子六七人，浴乎沂，风乎舞雩，咏而归。"前三人都把治国理政作为自己的志向，都向往"学而优则仕"的生活，而曾晳则向往单纯、简明、朴素、自然的生活。孔子听后，喟然叹曰："吾与点（曾晳的名——笔者注）也！"可见，孔子就是向往曾晳的这种人与自然和谐同化的理想境界。

孔子"仁爱万物"的生态伦理思想对当今人类处理人与自然的关系具有极为重要的启示作用。我们说，人类与万物都是自然界的有机组成部分，都在自然界的发展过程中发挥着各自的作用，都有其自身独特的存在价值。二者在自然界中本应相亲相爱，尤其是人类理应把爱护一切自然万物视为自己的崇高职责。唯其如此，才能有效地维护

① 《论语·雍也》。

地球生态圈的完整性。但在现实生活中，尤其是在快速发展的中国，人口增长、过度开发、环境污染、气候变化让越来越多的物种濒临灭绝。根据国际自然与自然资源保护联盟 2003 年公布的《濒危物种红色名录》，我国有 422 个物种面临灭绝的威胁，其中哺乳动物 81 种、鸟类 75 种、鱼类 46 种、爬行动物 31 种、植物 184 种。在该组织 2007 年更新的《濒危物种红色名录》中，更多的鸟类和哺乳动物被写进了严重濒危的名单。2007 年 6 月，第 14 届 CITES（濒危野生动植物物种国际公约）缔约国大会上通过了 CITES 附录，这个附录是受国际贸易影响而有灭绝危险的野生生物名录，我国的 1999 个动植物种名列其中，占到了 CITES 附录所收录的物种总数的 6%。有鉴于此，我们有必要汲取孔子"仁爱万物"的思想，加大对动植物的保护，使人们更好地享受自然带来的愉悦。一是要严格执行《濒危野生动植物种国际贸易公约》《野生动物保护法》和各项保护野生动物的法规，采取有力措施打击走私和非法经营濒危物种的违法犯罪行为，实现对濒危动植物物种的重点保护。二是采取必要和有效的措施，限制、减少和延缓人口的增长、林地和草地的开垦、城市的扩大、湖泊及湿地的开发、河流的污染这些人为因素和经济活动对野生动植物的繁衍生息的干扰和影响。三是建立自然保护区，一方面，对于濒危动物而言，通过建立生态保护区，保护濒危动物的生存环境、取食区域、繁殖条件、求偶或迁徙通道，使它们能够在各自的分布区内满足生存的基本要求。另一方面，对濒临灭绝的植物而言，通过建立自然保护区，成立植物保护和利用一体化的职能组织，把植物资源的开发和保护很好地结合起来。在自然保护区内的旅游活动，应以生态旅游为主，以合理开发旅游资源、防止生态破坏为主要内容，以最自然的野生状态向旅游者开放，使人们真正地享受自然界的恩赐，达到与自然万物的融合。四是进行广泛深入的"仁爱万物"的宣传教育，使全社会都认识到保护生物资源的重要性和重大意义，把自然保护事业变成广大人民群众的自觉行为，使他们主动地参加到保护生物资源的活动中去。

三 《论语》中的"节约资源"思想及其现代价值

在《论语》中，孔子从两个层面论述了"节约资源"思想。

第一个层面是从政府的角度，孔子认为，作为为政者首先应做到"节用"，他说："道千乘之国，敬事而信，节用而爱人，使民以时。"① 治理有兵车千辆的国家，应该谨慎地处理国家的事务以取信于民，应以爱人为念，节省财用。使用民力，要顾及他们的生产时间，以免耽误农时。可见，在孔子看来，节用与敬事、诚信、爱人、使民以时都是同一个层次的道德范畴，是为政者的道德行为规范，是为政者以德治国必备的道德观念。如何做到节用呢？孔子认为，一是惠而不费，据《论语·尧曰篇》记载，子张问于孔子曰："何如斯可以从政矣？"子曰："尊五美，屏四恶，斯可以从政矣。"子张曰："何谓五美？"曰："君子惠而不费，劳而不怨，欲而不贪，泰而不骄，威而不猛。"子张曰："何谓惠而不费？"子曰："因民之所利而利之，斯不亦惠而不费乎？……"从事因人民能得到利益的事情而获利，这就是惠而不费。民众愿意做，为政者和民众都获利，既顺应民心使百姓获利，又使政府不用投入而获利，真是治国理政的良策。二是为礼用俭。礼是儒家政治思想的核心理念之一，孔子就曾极力主张"为国以礼"②。礼的含义主要包括两个方面：一是属于社会秩序和社会制度方面的规定，是进行统治的根本法规，治国之纲。二是关于社会秩序和社会制度的具体表现形式，如与祭祀、出征、朝聘、婚丧嫁娶、待人接物等政治和社会生活密切相关的礼仪规定。虽然礼如此重

---

① 《论语·学而》。
② 《论语·先进》。

要，但孔子主张为礼用俭。当其弟子林放向他请教"礼的本质"问题时，孔子说："大哉问！礼，与其奢也，宁俭；丧，与其易也，宁戚。"① 在孔子看来，礼是反映人内在情感的，不是做给别人看的。所以为礼不必铺张浪费，而应节俭为上；丧礼不用办得十分完美，只要能让人感到哀伤就好。孔子之所以提出这样的主张，究其原因在于其思想里有"奢则不孙，俭则固。与其不孙也，宁固"② 的观念，奢侈豪华就会有违礼的本质，而节俭朴素则有助于固守仁德。因此与其不恭顺，宁可固守仁德。孔子上述主张，无疑都有助于节约和保护自然资源。

第二个层面是从个人生活角度而言，孔子认为在吃、穿、住、娱乐等方面，都应坚持勤俭节约的原则，不能贪得无厌。所以在《论语·子路篇》中他对卫国的公子荆大加称赞："子谓卫公子荆善居室。始有，曰：'苟合矣。'少有，曰：'苟完矣。'富有，曰：'苟美矣。'"孔子认为卫国的公子荆善于管理经济，居家理财。刚开始有一点，他说："差不多也就够了。"稍为多一点儿时，他说："差不多就算完备了。"更多一点儿时，他说："差不多算是完美了。"有鉴于此，在饮食上，孔子主张"食无求饱"③，追求"饭疏食，饮水，曲肱而枕之，乐在其中矣"④ 的恬淡自然的生活方式，对生活简朴的弟子颜回大加赞扬："贤哉回也！一箪食，一瓢饮，在陋巷，人不堪其忧，回也不改其乐。"⑤ 在穿上，孔子主张由奢入俭，他说："麻冕，礼也，今也纯，俭，吾从众。"⑥ 麻冕是古礼，古制以绩麻为冕，其工细，故贵；现在改用黑丝作冕，比麻冕节省了，所以孔子从众，也

① 《论语·八佾》。
② 《论语·述而》。
③ 《论语·学而》。
④ 《论语·述而》。
⑤ 《论语·雍也》。
⑥ 《论语·子罕》。

用黑丝冕。可见孔子为了节省资源，甚至把自己钟爱的古礼都改变了。在居住问题上，孔子主张"居无求安"①，在住的方面不应要求过高，因此他反对管仲"有三归""官事不摄"，认为管仲不节俭；斥责管仲"树塞门""有反坫"，与邦君比肩，斥其不知礼。② 在他看来，外在条件的好坏并不重要，关键在于自己的心态，只有自己不感觉到条件简陋，那么条件再差也不会影响自己的心情。据《论语·子罕篇》记载，子欲居九夷。或曰："陋，如之何？"子曰："君子居之，何陋之有？"由此可见，孔子主张生活简朴、节用资源，讲究内在的道德修养、君子人格，不追求外在的生活奢侈、豪华气派。在娱乐问题上，孔子明确提出反对"损者三乐"，在他看来，"乐骄乐，乐佚游，乐宴乐，损矣"③，以骄奢放纵取乐为快乐，以尽情游荡为快乐，以贪图安逸为快乐，是有害的。由于人的欲望仅靠自身是不能完全满足的，为此必须诉诸自然万物，而无限膨胀的欲望必然会造成对自然的破坏，因此，孔子反对"骄乐""佚游""宴乐"这三种行为，无疑也是在反对过度破坏和掠夺自然资源。

孔子的"节约资源"思想在生产力水平有限、直接可用资源不足的时代，对维持人类生存和维护社会发展，以及保护生态资源无疑具有重要的意义。时至今日，虽然生产力水平大大提高，可供直接利用的资源数量也增加了，但是如果我们不能坚持取之有度、用之有节的消费观念，一味地过度攫取和肆意挥霍，那么，终将得到大自然的报复。在我们中国，伴随着经济的快速发展，资源浪费的现象尤为突出，这主要表现在：一是我国的矿产资源利用方式还比较粗放，一些地方采富弃贫、一矿多开、大矿小开的现象较为普遍。同时，矿产资源总回收率和共伴生矿产资源综合利用率分别为30%和35%左右，

---

① 《论语·学而》。
② 《论语·八佾》。
③ 《论语·季氏》。

比国外先进水平低 20 个百分点。大中型矿山中，几乎没有开展综合利用的矿山占 43%。二是资源的过度消耗十分惊人。如 2003 年，中国 GDP 占全球的 4%，但消耗了全球 55% 的水泥，36% 的钢铁，30% 的煤炭，25% 的铝。中国每创造 1 美元 GDP 所耗能源，是美国的 4.3 倍，是日本的 11.5 倍。现在依然没有多大的好转。三是一些活动讲究排场，大吃大喝。酒店、食堂吃剩的粮食、鱼肉类、蔬菜、瓜果、酒、饮料等方面的浪费不计其数。四是城市的形象工程造成了电能的巨大浪费。为了展示中国现代化的形象，各个地方政府竭尽全能制造形象工程，人为炮制了一些光亮工程和景观照明，而且彻夜长明，耗费了大量的电能。五是水资源浪费严重。中国万元国内生产总值用水量为 406 吨，是世界平均水平的 4 倍。万元工业增加值用水量为 222 吨，是发达国家的 5—10 倍。全国城市供水管网漏损率高达 20%，仅此每年浪费水达 100 亿吨以上。由此可见，我们有必要吸取孔子的智慧，大兴资源节约之风，为建立节约型社会努力。一是政府带头节约资源。要建设节约型社会，政府的引导和表率作用至关重要，因此各级政府应制定各级机关节能、节电、节水、节材及物品循环重用的目标措施，各级党政机关后勤服务部门要加强对办公楼宇的管理，尤其是加强对公共部门用水、用电以及各类设备和车辆用油等各方面的节约监管。政府部门公务接待活动要厉行节俭，不互相攀比，不讲排场、摆阔气；领导干部下基层要轻车简从，不搞特殊化。要坚决制止兴建豪华办公楼，严禁滥用公款消费、大吃大喝、铺张浪费。二是推行严格的节能评估和审查制度。严格按照国家发改委出台的《国家固定资产投资项目节能评估和审查暂行办法》规定的秩序操作，新上项目必须进行节能评估和节能审查，未进行节能评估审查或审查未通过的项目，一律不予审批、核准；项目建设达不到评估要求的，不予验收，禁止其生产经营。三是有效推进技术进步和新技术应用。一方面，通过引进、开发和推广先进适用技术、工艺和设备，实现提高技术水平、节约资源能源、保护生态环境的目标；另一方面，推进实施高耗能企业技术改造升级工程。通过对石化、钢铁、建材、电力四大高能耗、高排放企业的强化改造和升级，实现绿色发展。另外，还需有效推进建筑节能技术应用，积极开发可再生能源和新能源。四是不断加大宣传力度，积极营造"节约资源"的浓烈氛围，力争使全体社会成员转变观念，从自身做起，变向往奢华为崇尚俭朴，让节约成为时尚；变让我节约为我要节约，变我要浪费为我想节约。

参考文献

一 古籍

班固：《汉书》，中华书局 1962 年版。

陈寿：《三国志》，中华书局 1959 年版。

范晔：《后汉书》，中华书局 1965 年版。

房玄龄等：《晋书》，中华书局 1974 年版。

李延寿：《南史》，中华书局 1975 年版。

李延寿：《北史》，中华书局 1974 年版。

令狐德棻等：《周书》，中华书局 1971 年版。

刘昫等：《旧唐书》，中华书局 1975 年版。

刘珍等撰，吴树平校注：《东观汉记》，中州古籍出版社 1987 年版。

欧阳修等：《新唐书》，中华书局 1975 年版。

宋濂等：《元史》，中华书局 1976 年版。

脱脱：《宋史》，中华书局 1963 年版。

司马迁：《史记》，中华书局 1959 年版。

沈约：《宋书》，中华书局 1974 年版。

魏收：《魏书》，中华书局 1974 年版。

魏征等：《隋书》，中华书局 1973 年版。

萧子显：《南齐书》，中华书局 1972 年版。

姚思廉：《梁书》，中华书局 1973 年版。

姚思廉：《陈书》，中华书局 1972 年版。

张廷玉：《明史》，中华书局 1974 年版。

赵尔巽、柯劭忞等：《清史稿》，中华书局 1977 年版。

陈鼎：《东林列传》，中华书局 2000 年版。

陈澧：《东塾读书记》，中西书局 2012 年版。

陈确：《陈确集》，中华书局 1979 年版。

陈献章：《陈献章集》，中华书局 1987 年版。

程颢、程颐：《二程遗书》，上海古籍出版社 2000 年版。

程颢、程颐：《二程集》，中华书局 1981 年版。

戴震：《戴震集》，上海古籍出版社 1980 年版。

董诰等编：《全唐文》，中华书局 1983 年版。

杜佑：《通典》，中华书局 1988 年版。

方东树：《汉学商兑》，商务印书馆 1937 年版。

方濬师：《蕉轩随录》，中华书局 1995 年版。

方以智：《通雅》，中国书店 1990 年版。

方以智：《浮山文集前编》，《续修四库全书》本，上海古籍出版社。

顾大韶：《炳烛斋稿》，《四库禁毁书丛刊》，北京出版社 1998 年影印本。

顾宪成：《小心斋札记》，《四库全书》本，台湾商务印书馆影印文渊阁本。

顾炎武著，黄汝成集释：《日知录集释》，岳麓书社 1994 年版。

葛洪：《抱朴子》，上海古籍出版社 1990 年版。

郭齐、尹波：《朱熹集》，四川教育出版社 1996 年版。

龚自珍：《龚自珍全集》，中华书局 1959 年版。

韩愈：《韩昌黎文集校注》，上海古籍出版社 1986 年版。

何晏：《论语集解》，《儒藏·精华编·四书类论语属》，北京大学出版社 2005 年版。

胡广等：《论语集注大全》，《四库全书》本，台湾商务印书馆影印文
　渊阁本。

皇侃：《论语义疏》，《儒藏·精华编·四书类论语属》，北京大学出
　版社 2005 年版。

黄宗羲、全祖望：《宋元学案》，中华书局 1986 年版。

黄宗羲：《黄宗羲全集》，浙江古籍出版社 1994 年版。

黄佐：《翰林记》，中华书局 1985 年版。

慧立、彦悰：《大慈恩寺三藏法师传》，孙毓棠、谢方点校，中华书局
　2000 年版。

江藩：《国朝汉学师承记》，《汉学师承记（外二种）》，生活·读书·
　新知三联书店 1998 年版。

江侠庵编译：《先秦经籍考》，上海文艺出版社 1990 年影印版。

简朝亮：《论语集注补正述疏》，北京图书馆出版社 2007 年版。

蒋伯潜：《十三经概论》，上海古籍出版社 1983 年影印版。

焦循：《焦循诗文集》，广陵书社 2009 年版。

康有为：《论语注》，中华书局 1984 年版。

康有为著，姜义华等编校：《康有为全集》，上海古籍出版社 1990
　年版。

李东阳等：《大明会典》，江苏广陵古籍刻印社 1989 年版。

李林甫等：《唐六典》，中华书局 1992 年版。

李焘：《续资治通鉴长编》，中华书局 1995 年版。

李元度：《天岳山馆文钞》，清光绪四年刻本。

李贽：《焚书续焚书》，中华书局 1975 年版。

黎靖德编：《朱子语类》，中华书局 1994 年版。

梁启超：《清代学术概论》，《梁启超论清学史二种》，复旦大学出版
　社 1985 年版。

梁启超：《中国近三百年学术史》，中国书店1985年版。

梁启超：《先秦政治思想》，天津古籍出版社2004年版。

梁启超：《梁启超论清学史二种》，复旦大学出版社1985年版。

林兆恩：《林子三教正宗统论》，《四库禁毁书丛刊》，北京出版社
　1997年版。

林兆恩：《论语正义》，北京图书馆藏明崇祯四年四十一册刻本。

凌廷堪：《校礼堂文集》，中华书局1998年版。

刘宝楠：《论语正义》，中华书局1990年版。

刘宗周：《刘子遗书》，《四库全书》本，台湾商务印书馆影印文渊
　阁本。

陆德明：《经典释文》，上海古籍出版社1985年版。

陆陇其：《松阳钞存》，《四库全书》本，台湾商务印书馆影印文渊
　阁本。

陆世仪：《思辨录辑要》，《四库全书》本，台湾商务印书馆影印文渊
　阁本。

陆心源：《唐文拾遗》，《续修四库全书》本，上海古籍出版社。

陆陇其：《三鱼堂文集》，《四库全书》本，台湾商务印书馆影印文渊
　阁本。

卢文辉等：《林子本行实录》，光绪二十年版，福建省图书馆藏。

马端临：《文献通考》，中华书局1986年版。

马国翰：《玉函山房辑佚书》，上海古籍出版社1990年版。

马宗霍：《中国经学史》，上海书店1984年版。

妙源：《虚堂和堂语录》，台北新文丰出版有限公司1983年版。

蕅益大师：《四书蕅益解》，中国水利水电出版社2012年版。

皮锡瑞：《经学历史》，中华书局1959年版。

全祖望：《鲒埼亭集外篇》，《全祖望集汇校集注》，上海古籍出版社
　2000年版。

邵博:《邵氏闻见后录》,中华书局 1983 年版。

释道宣:《广弘明集》,上海古籍出版社 1991 年版。

释僧佑:《弘明集》,上海古籍出版社 1991 年版。

司马光:《司马文正公传家集》,《四库全书》本,台湾商务印书馆影印文渊阁本。

苏轼:《苏轼文集》,中华书局 1986 年版。

孙旬:《皇明书抄》,台湾学生书局 1986 年版。

孙复:《孙明复小集》,《四库全书》本,台湾商务印书馆影印文渊阁本。

宋濂:《宋濂全集》,浙江古籍出版社 1999 年版。

宋翔凤:《论语说义》,凤凰出版社 2005 年版。

王鸣盛:《十七史商榷》,商务印书馆 1959 年重印版。

王钦若等:《册府元龟》,中华书局 1960 年影印版。

王廷相:《王廷相集》,中华书局 1989 年版。

王阳明:《王阳明全集》,上海古籍出版社 1992 年版。

王云五:《薛文清公读书录》,商务印书馆 1937 年版。

邢昺:《论语注疏》,《儒藏·精华编·四书类论语属》,北京大学出版社 2005 年版。

徐松:《宋会要辑稿》,河南大学出版社 2001 年版。

颜元:《颜元集》,中华书局 1987 年版。

颜之推撰,王利器集解:《颜氏家训集解》,上海古籍出版社 1980 年版。

永瑢等:《四库全书总目》,中华书局 1965 年版。

袁中道:《珂雪斋近集》,上海书店 1982 年版。

张伯端:《青华秘文》,《道藏》,上海书店出版社 1988 年版。

张岱:《四书遇》,浙江古籍出版社 1985 年版。

张居正等:《张居正讲解〈论语〉》,中国华侨出版社 2009 年版。

张居正、顾宗孟：《四书集注阐微直解》，《四库未收书辑刊》，北京出版社 2000 年版。

张履祥：《杨园先生全集》，《四库全书存目丛书》，齐鲁书社 1997 年影印本。

张栻：《张南轩先生文集》，中华书局 1985 年版。

张栻：《论语解》，中华书局 1985 年版。

张栻：《孟子说》，《四库全书》本，台湾商务印书馆影印文渊阁本。

周密：《癸辛杂识》，中华书局 1988 年版。

诸葛亮：《诸葛亮集》，中华书局 1960 年版。

朱杰人等编：《朱子全书》，上海古籍出版社、安徽教育出版社 2002 年版。

朱熹：《四书章句集注》，中华书局 1983 年版。

朱熹编，杨廉新增：《伊洛渊源录新增》，日本京都中文出版社 1972 年版。

朱汉民等：《中国学术史》，江西教育出版社 2001 年版。

朱彝尊：《经义考》，中华书局 1998 年影印版。

《张载集》，中华书局 1978 年版。

庄绰：《鸡肋篇》，中华书局 1983 年版。

二　专著

陈谷嘉：《张栻与湖湘学派研究》，湖南教育出版社 1991 年版。

陈梦雷编、蒋廷锡校订：《古今图书集成》，中华书局、巴蜀书社 1985 年版。

陈其泰：《清代公羊学》，东方出版社 1997 年版。

陈生玺等：《张居正讲评资治通鉴皇家读本》，上海古籍出版社 1999 年版。

程树德：《论语集释》，中华书局 1990 年版。

程方平：《隋唐五代的儒学——前理学教育思想研究》，云南教育出版社 1991 年版。

董洪利：《孟子研究》，江苏古籍出版社 1997 年版。

葛兆光：《中国思想史》，复旦大学出版社 2001 年版。

顾宏义、戴扬本等编：《历代四书序跋题记资料汇编》，上海古籍出版社 2010 年版。

黄爱平：《四库全书纂修研究》，中国人民大学出版社 1989 年版。

黄爱平：《朴学与清代社会》，河北人民出版社 2003 年版。

黄侃：《汉唐玄学论》，上海古籍出版社 1980 年版。

黄留珠：《秦汉仕进制度》，西北大学出版社 1985 年版。

李凯：《儒家原典与中国诗学》，中国社会科学出版社 2002 年版。

李申：《中国儒教史》，上海人民出版社 1999 年版。

柳宏：《清代〈论语〉诠释史论》，社会科学出版社 2008 年版。

刘星：《东传科学与康有为今文经学的嬗变》，中国社会科学出版社 2018 年版。

骆承烈：《石头上的儒家文献》，齐鲁书社 2001 年版。

马西沙、韩秉方：《中国民间宗教史》，上海人民出版社 1992 年版。

牟润孙：《论儒释两家之讲经与义疏》，《注史斋丛稿》中华书局 1987 年版。

庞朴：《中国儒学》，东方出版中心 1997 年版。

钱穆：《先秦诸子系年》，商务印书馆 2001 年版。

钱穆：《两汉今古文平议》，商务印书馆 2001 年版。

钱穆：《论语新解》，生活·读书·新知三联书店 2002 年版。

单承彬：《论语源流考述》，吉林人民出版社 2002 年版。

石训、姚瀛艇等：《中国宋代哲学》，河南人民出版社 1992 年版。

苏宝荣、武建宇：《训诂学》，语文出版社 2005 年版。

孙德海：《中国特色社会主义协商民族发展研究》，人民出版社 2018

年版。

汤用彤：《魏晋玄学论稿》，中华书局 1983 年版。

藤塚邻著，陈东译：《论语总说》，国际文化出版公司 2005 年版。

王国维：《观堂集林》，中华书局 1959 年版。

王筠：《说文解字句读》，中华书局 1988 年版。

王鹏凯：《历代论语著述综录》，花木兰文化工作坊 2005 年版。

王素：《唐写本论语郑氏注及其研究》，北京大学出版社 2005 年版。

王先明：《近代新学——中国传统学术文化的嬗变与重构》，商务印书
　　馆 2000 年版。

吴琦幸：《汉字文化在认知教育中的投射》，上海教育出版社 1990
　　年版。

武斌：《中华文化海外传播史》，陕西人民出版社 1998 年版。

许纪霖、陈达凯：《中国现代化史》，生活·读书·新知三联书店
　　1995 年版。

徐文明：《顿悟心法：六祖坛经导读》，金城出版社 2010 年版。

萧公权：《近代中国与新世界：康有为变法与大同思想研究》，江苏人
　　民出版社 1997 年版。

萧捷父：《明清启蒙学术流变》，辽宁教育出版社 1995 年版。

杨焕英编著：《孔子思想在国外的传播与影响》，教育科学出版社
　　1987 年版。

杨志玖：《陋室文存》，中华书局 2002 年版。

赵南坪：《中国哲学史》（中译本），暨南学校出版部 1925 年版。

朱维铮编：《周予同经学史论著选集》（增订本），上海人民出版社
　　1996 年版。

张岱年主编：《孔子大辞典》，上海辞书出版社 1993 年版。

张岂之：《中国儒学思想史》，陕西人民出版社 1990 年版。

张显光：《旅轩集》，《韩国文集丛刊》，韩国民族文化促进会 1990

年版。

章太炎：《章太炎全集》，上海人民出版社 1984 年版。

宗白华：《美学与意境》，人民出版社 1987 年版。

周大璞主编，黄孝德、罗邦柱分撰：《训诂学初稿》，武汉大学出版社 2002 年版。

曾贻芬、崔文印：《中国历史文献学史述要》，商务印书馆 2000 年版。

三 论文

期刊论文

蔡鹃颖：《论语邢昺疏概说》，《"国立"台湾师范大学国文研究所集刊》第 35 号，纵横出版社 1991 年版。

陈宝良：《明代儒佛道的合流及其世俗化》，《浙江学刊》2002 年第 2 期。

杜松柏：《论语学之形成》，《孔孟月刊》第 21 卷 9 期，1983 年 5 月。

高建立：《两宋时期"以儒摄佛"的思想暗流与传统儒学的新生》，《哲学研究》2006 年第 8 期。

范忠信：《中国亲属容隐制度的历程、规律及启示》，《政法论坛》1997 年第 4 期。

龚雾芃：《〈论语正义〉的学术成就》，《宜春学院学报》2005 年第 3 期。

洪燕妮：《德清与智旭对〈中庸〉的诠释》，《世界宗教研究》2012 年第 4 期。

金谷治：《孔子学说在日本的传播》，《孔子研究》1987 年第 1 期。

康宇：《论明代"江门心学"的经典诠释思想——以陈献章、湛若水为中心》，《中国哲学史》2012 年第 2 期。

孔祥骅：《〈论语〉〈公羊〉相通说——略论清代刘逢禄的〈论语〉

学》,《华东师范大学学报》1999 年第 5 期。

孔祥骅:《略论戴望的〈论语〉学》,《管子学刊》1999 年第 4 期。

亢学军、侯建军:《明代考据学复兴与晚明学风的转变》,《河北学刊》2005 年第 5 期。

李文献:《皇侃〈论语义疏〉中之玄学思想》,《"国立"侨生大学先修班学报》1998 年第 6 期。

梁启雄:《论语注疏汇考》,《燕京学报》第 34 期,1948 年 6 月。

林红梅:《生态文明是重建人与自然关系的必然选择》,《南京林业大学学报》(人文社会科学版)2008 年第 3 期。

刘立志:《〈论语〉学名目溯源》,《江海学刊》2005 年第 5 期。

任剑涛:《经典解读中的原创思想负载——从〈孟子字义疏证〉与〈孟子微〉看》,《中国哲学史》2002 年第 1 期。

任振镐:《〈论语〉及其注释书在韩国古代的发展经过》,《南京师范大学学报》1998 年第 1 期。

史炳军:《阳明心学的意义》,《西北大学学报》1997 年第 3 期。

孙宝山:《王阳明的〈论语〉诠释》,《孔子研究》2014 年第 1 期。

王国彪:《朝鲜古代汉诗引用〈论语〉典故研究》,《武陵学刊》2011 年第 5 期。

王国彪:《朝鲜半岛〈论语〉文献的利用与诗情阐释》,《中国社会科学报》2015 年 11 月 10 日。

王国彪:《〈论语〉在朝鲜半岛的早期传播》,《光明日报》2011 年 8 月 15 日国学版。

王宏海、曹清林:《韩愈、李翱的经学思想透析》,《河北师范大学学报》2005 年第 2 期。

王嘉琦、李玉平:《郑玄〈论语注〉训诂术语系考论》,《唐山师范学院学报》2014 年第 6 期。

王素:《唐写〈论语郑氏注〉对策残卷与唐代经义对策》,《文物》

1988 年第 2 期。

王铁：《试论〈论语〉的结集与版本变迁诸问题》，《孔子研究》1989 年第 3 期。

王义军：《传统的命运与创新的意谓——现代解释学的启示》，《中国青年政治学院学报》2002 年第 2 期。

王载源：《儒学东渐及其日本化的过程》，《孔子研究》1989 年第 3 期。

杨朝明《新出竹书与〈论语〉成书问题再认识》，《中国哲学史》2003 年第 3 期。

闫建华：《论孔子的天命观及其所蕴涵的生态伦理思想》，《山西财经大学学报》2011 年第 2 期。

元尚：《我国历史上的论语学》，《光明日报》2000 年 2 月 25 日国学版。

查屏球：《盛唐经学的窘境——论开、天文化特点与经学发展关系》，《中国文化研究》2000 年秋之卷。

张践：《浅析孔子的民族思想及其历史影响》，《孔子研究》1987 年第 3 期。

张涛、任利伟：《疑经变古思潮中的宋代易学考辨》，《古籍整理研究学刊》2009 年第 2 期

朱汉民、张国骥：《两宋的〈论语〉诠释与儒学重建》，《中国哲学史》2008 年第 4 期。

　　学位论文

吴伯曜：《林兆恩〈四书正义〉研究》，硕士学位论文，台湾"国立"彰化师范大学国文教育研究所。

郑又荣：《张居正等辑著〈论语直解〉研究》，硕士学位论文，"国立"高雄师范大学国文学系。

周翔宇：《经典诠释的新发展——明代〈春秋〉学研究》，博士学位

论文，华中师范大学，2015 年。

庄恒铠：《林兆恩哲学思想研究——以三教合一思想为中心》，硕士学位论文，上海师范大学。

后　记

　　"荏苒冬春谢，寒暑忽流易。"转眼间从事"论语学"研究已逾十六载，期间虽不断有论著面世，但终因"才力困不逮"，时常有"文不达意，言难表心"之感，无奈下只好抱着"文章不厌千回改，精雕细凿始成金"的心态，不断修改与完善。今天呈献给大家的这本小册子就是我持续研探、思索的产物。

　　在新书即将付梓之际，我首先感谢赵伯雄、王育济、李存山三位先生，是他们引导着我在"论语学"领域里披荆斩棘，深耕易耨。其次，感谢那些为我的论著出版、发表提供过帮助的诸位师友，是他们给了我信心和勇气，尤其要感谢山东大学儒学高等研究院的曾振宇教授，他不仅将我纳入其"泰山学者团队"，而且将本书纳入"泰山学者"建设工程研究成果，为出版提供了资助。再次，感谢中国社会科学出版社的孙萍女士，她从书名到篇章设计都提出了宝贵的建议。最后感谢我的妻子李衍平女士，她不辞劳苦，承担了文稿的汇总、校对等多项基础工作。

　　小书的出版只是自己学术生涯中的一个小结，接下来的日子里吾将不忘初心，砥砺前行，继续在"论语学"的大海里游弋。

作　者

2019 年 6 月 29 日于聊城大学东校区 6 号教学楼 B301 室